“十三五”职业教育国家规划教材
计算机应用技能培养系列规划教材

办公自动化技术可视化教程

（第2版）

主　审　孙晓雷
主　编　邵　杰
副主编　邵静岚　张　波　陈万顺　汪朝霞
参　编（按姓氏笔画排序）
李春秋　邱意敏　董方珉　谢　朱

BANGONG ZIDONGHUA JISHU KESHIHUA JIAOCHENG

北京师范大学出版集团
BEIJING NORMAL UNIVERSITY PUBLISHING GROUP
安徽大学出版社

图书在版编目(CIP)数据

办公自动化技术可视化教程/邵杰主编. —2版. —合肥:安徽大学出版社,2021.12
计算机应用技能培养系列规划教材
ISBN 978-7-5664-2342-9

Ⅰ. ①办… Ⅱ. ①邵… Ⅲ. ①办公自动化—职业教育—教材 Ⅳ. ①C931.4

中国版本图书馆CIP数据核字(2021)第264999号

办公自动化技术可视化教程(第2版) **邵 杰 主编**

出版发行: 北京师范大学出版集团
安 徽 大 学 出 版 社
(安徽省合肥市肥西路3号 邮编 230039)
www.bnupg.com.cn
www.ahupress.com.cn
印 刷: 合肥远东印务有限责任公司
经 销: 全国新华书店
开 本: 184 mm×260 mm
印 张: 22
字 数: 623千字
版 次: 2021年12月第2版
印 次: 2021年12月第1次印刷
定 价: 66.00元
ISBN 978-7-5664-2342-9

策划编辑:刘中飞 宋 夏
责任编辑:刘中飞 宋 夏
责任校对:陈玉婷
装帧设计:李 军
美术编辑:李 军
责任印制:赵明炎

前 言

为贯彻落实《中国教育现代化 2035》和《"十四五"职业教育规划教材建设实施方案》，全面提升教育质量，充分发挥教材在提高人才培养质量中的基础性作用，编者在总结了多年教学经验的基础上，针对办公自动化技术的特点，采用全新的思路与编写方式，开发出这本将案例与知识点有机融合的创新特色教材，极大地提高了教材的易学性，满足了特色化教学的需求。

本书具有如下特点：

1. 突出教材的易用性。根据软件学习的核心是掌握操作步骤这一特点，用简练的文字突出操作要点，便于读者快速阅读和记忆。

2. 注重学习的趣味性。根据本课程知识点的学习规律，精心设计了相应的案例，把知识点有机地融合在案例中，以达到引人入胜、学有所成的效果。

3. 采用独特翔实的图解标注法，将界面与对话框的每一步操作精确、清晰、直观地标示在图中，使每一步的操作和界面都能呈现在读者眼前，使学习变得轻松简单。

4. 条理清楚，循序渐进，由浅入深，并根据学习规律设计了科学的教学路径和实用的教学案例。

5. 提供了教材案例中所有的素材，使读者对每一个知识点的学习与操作均无障碍。读者所需的教材素材可联系安徽大学出版社(329318343@qq. com)获取。

6. 本书提供全部知识点的教学视频，为学生自学与复习提供了全天候的宝贵资源。

7. 本书除免费提供教学资源外，还配套教学管理云平台(蓝墨云班课)，供读者在计算机或手机上使用。读者可扫描右侧二维码下载云班课 app，注册并登录。教师可创建多个班级，并上传视频、音频、图片等文件。学生可在线使用，也可下载或上传文件。在教学管理上，云平台具有数据分析和统计功能，可导出统计数据或生成统计数据图形；云平台还具有课堂点名、抢答、随机抽取、指定学生回答、实时评分、设置分组及分组评价、布置作业、设计投票问卷、举办头脑风暴、在线答疑讨论等功能。使用本书的教师可与主编联系，咨询如何创建蓝墨云班课(http://www. mosoteach. cn/)。

8. 免费在安徽省网络课程学习中心（e 会学，http：// www. ehuixue. cn/）提供“办公自动化技术”慕课，读者可在 e 会学搜索“办公自动化技术”（http：// www. ehuixue. cn/index/Orgclist/course？ cid＝30640）注册学习，也可扫描右侧二维码下载安装 e 会学手机 app。

本书由邵杰担任主编，由邵静岚、张波、陈万顺、汪朝霞担任副主编。李春秋、邱意敏、董方珉、谢朱参与编写。本书视频由邵杰制作讲解。芜湖职业技术学院孙晓雷教授主审本书，并提出了许多宝贵的建议，在此表示诚挚的感谢！

本书编者所在单位如下：邵杰、张波、陈万顺：芜湖职业技术学院；邵静岚：芜湖市大数据中心；汪朝霞：安徽机电职业技术学院；邱意敏：安徽工程大学；李春秋：安徽商贸职业技术学院；谢朱：芜湖宜居国际博览中心有限公司；董方珉：蚌埠工艺美术学校。

由于编者水平有限，书中疏漏之处在所难免，敬请读者朋友批评指正。如发现问题，请通过电子邮箱 714758043@qq. com 或微信 zhangping188498 联系编者，敬谢为感！

编　者

2021 年 10 月

目录

第1章 办公自动化概述

办公自动化是信息革命的产物，也是信息社会化的重要技术保障。办公设备的研发与更新，计算机技术、通信技术、网络技术等新技术的快速发展，为办公自动化的实现和办公效率的提高提供了坚实的技术支持和设备保障。同时，随着社会的发展，市场需求的旺盛，用现代化的办公自动化技术装备办公体系，完善办公功能和结构，改进办公人员信息处理方法，大大提高工作效率和质量，已是大势所趋。因而办公自动化作为一门综合性新兴学科，已经越来越引起人们的重视。

1.1 办公自动化简介

1.1.1 办公自动化的定义

最早提出办公室自动化概念的是美国通用汽车公司的职员 D·S·哈特，他在1936年提出了“办公室自动化”的建议和构想。

使用机器来处理办公业务，起初只是出现在美国的部分企业中。因此被称为“办公室自动化”。随着社会经济和科学技术的发展，办公室自动化早已超出了狭窄的单一办公室范畴，而是囊括了有关办公与管理的所有领域，因此称为“办公自动化”（Office Automation，OA）。

20世纪70年代，麻省理工学院教授 M. C. Zisman 为办公自动化进行了最初的定义：办公自动化就是将计算机技术、通信技术、系统科学及行为科学应用于传统的数据处理技术难以处理的，数量庞大且结构不明确的，包括非数字型信息的，办公事务处理的一项综合技术。从世界范围来看，办公自动化的发展经历了 3 个阶段：1975 年以前为第一阶段，采用单机设备（文字处理机、复印机、传真机、交换机等）完成单项工作；20 世纪 70 年代后期到 80 年代初期为第二阶段，一些综合设备（如专业交换机、局域网等）进入办公领域，使得数据和设备在一定范围内被共享成为现实；20 世纪 80 年代之后为第三阶段，数据、文字、声音、图像等多媒体信息，通过广域网被传输、处理和存储，从而在更大范围内实现了资源共享。到了 20 世纪 90 年代，办公自动化又被赋予了新的概念，就是将现代办公设备与国际互联网结合起来，形成一种全新的办公方式，即“办公自动化系统”。

随着技术的快速发展，有专家对“办公自动化”提出了新的理解，认为：办公自动化是利用先进的科学技术，使一部分办公业务活动物化于人以外的各种设备中，并使这些设备与办公室人员构成服务于某种目标的人机信息处理系统；其目的是尽可能充分利用信息资源，辅助决策，提高生产率，达到既定的目标。

综上所述，本书认为：办公自动化是以先进的科学技术，如计算机技术、通信技术、系统科学和行为科学为支柱的综合性学科，通过使先进的科学技术、设备与办公人员结合，构建成服务于办公目标的人机信息处理系统，提高办公活动自动化的程度，最终实现提高办公效率和办公质量的目的。

可以注意到，办公自动化强调：①利用先进的科学技术与设备；②是人、机、信息结合的处理系统；③以提高办公效率和办公质量为目的。

1.1.2 办公自动化的特点

办公自动化是信息社会化和社会信息化的重要标志之一，它具有以下特点。

1. 办公自动化是飞速发展的一门综合性新兴学科

办公自动化的理论基础是行为科学、管理科学、系统科学、社会学、统计学、人机工程学等，其技术基础是计算机技术、通信技术、自动化技术等，其中计算机技术、通信技术、系统科学、行为科学是办公自动化的四大支柱（或称四大支撑）。办公自动化以行为科学为主导，以系统科学为理论基础，综合运用计算机技术和通信技术，完成各项办公业务。它不是简单的自动化学科的分支，而是信息化社会的时代产物，是一门综合的学科。

2. 办公自动化是一个人机信息系统

在办公自动化系统中，“人”是决定因素，是信息加工的设计者、指导者和成果享用者；而“机”是指各种办公设备，它是办公自动化的必要条件，是信息加工的工具和手段；“信息”是办公自动化中被加工的对象。办公自动化充分体现了人、机和信息三者的关系。一个典型的办公自动化系统应包括信息采集、信息加工、信息传递和信息保存四个基本环节。

3. 办公自动化实现了办公信息一体化处理

信息通常有以下几种主要形式。

①文字：包括各种文件、信函、档案、手稿等。

②数据：包括数据文件、报表等。

③语音：包括电话、声音邮件、多媒体文件等。

④矢量：包括照片、统计图表、传真图像、扫描文件等静态图形。

⑤图像：各种视频等动态图像。

办公自动化系统把基于不同技术的办公设备用联网的方式组成一个整体，以计算机为主体，将各种形式的信息组合在一个系统中，使办公室真正具有综合处理各类信息的功能。

4. 办公自动化以提高办公效率和办公质量为目标

办公自动化使办公设备成为智能处理信息的工具，是人们生产更高价值信息的手段之一。它将许多独立的办公职能一体化，并提高自动化程度，从而提高办公效率和办公质量。

1.1.3 办公自动化的功能

根据办公实际需要，办公自动化系统的基本功能包括以下几个部分。

1. 文字处理

文字处理是办公自动化的基础。长期以来，办公人员依靠纸、笔等工具来完成文字工作，主要包括文字的编辑、修改、存储等。随着社会经济的快速发展，加快文字处理速度，设计更完善的文字处理系统已成为提高办公效率的重要环节。文字处理是指用计算机等现代化输入输出设备处理文字资料，包括文字的输入、校对、打印输出、存档等。利用电子编辑技术可以直观、便捷地对文字进行增删和修改。

2. 数据处理

办公室的大量工作都与信息的收集和整理有关，而数据是信息的主要形式之一，因此对数据的处理就显得尤为重要。数据处理是将原始数据资料通过现代化的办公设备收集起来，输入计算机、平板、手机等设备中，利用计算机程序对其进行处理，由计算机等设备来完成数据的增加、删除、存储、修改、分类、查询和检索。最常见的数据处理有事务调度、日程安排、人事安排、出差安排、设施管理等。

3. 语音处理

在日常的办公活动中，语音信息与文字信息一样重要。人们收发信息的主要手段之一就是语音。语音处理包括网络电视、电话会议声音信息的传送，各种会议报告、培训、讲座、交流、谈判等录音信息。把这些语音信息数字化并存储在光、磁介质上供以后检索使用，在指定的需求人发出请求时，将这些数字化信息传送到指定地点。

4. 图形图像处理

为了进一步提高办公效率与办公质量，使办公室收集和提供的资料图文并茂，就要求办公自动化系统能完成图形和图像的处理，这也是当今计算机多媒体技术研究开发的目的之一。图形处理是指用计算机等设备来完成各种图形的制作，它不但保证了图形的精确度，还能提高工作效率。图像处理主要是指用计算机等设备完成图像的输入和输出，并对数字图像进行处理，增强和改善图像的质量，在处理大量信息时，还能具备检测、识别、寻找目标的图像分析功能。同时，还可以利用光学字符阅读器直接将字母和数字输入计算机，用光电扫描仪或数字化仪将图形文字输入计算机。

5. 表格处理

办公人员由于业务的需要，常常需要编制各种各样的表格。传统的方法是由人工制表、运算、汇总和填数，效率不高。电子表格是用计算机软件来完成表格的设计、处理和制表等操作，不仅可以使办公人员摆脱繁琐的工作、避免大量重复的抄写整理工作，还可以快捷准确地得到美观的信息表格。

6. 通信

办公自动化系统可以把各种设备连成通信网络，实现办公信息的共享、远程访问、节省通信费用、方便获取信息与无纸化办公等目标。

7. 电子邮件收发

电子邮件是计算机网络技术高速发展给人类传递信息带来的一项重大变革。电子邮件系统是可以利用计算机网络，将声音、数据、文字、图形图像及其组合信息，由一个地方快速地传输到另一个，或多个地方的通信系统。随着计算机技术的发展、电子签名技术的应用和个人信用的提高，电子邮件给传统的邮件和传真等办公通信业务带来巨大的冲击，它能更好地为用户服务，极大地提高办公效率。目前广泛使用的办公收发电子邮件工具有 Outlook、Foxmail 等。

8. 人事管理

在办公自动化工作中，人事管理是办公自动化的主要内容。人事管理的主要内容有人员的信息、照片、履历、档案、职务和角色设置等。通过办公自动化系统可以及时、快速、方便地进行日常管理，提高办公效率和质量。

9. 论坛管理

“论坛”类似现实生活中的公告牌，用于系统内部人员发布信息。论坛管理主要负责对信息分类、更新等工作。公告牌可以用来发布各种通知或其他公用信息，可在内部开通电子邮件，并具备与系统外部乃至互联网的信息交流能力。各级领导和业务人员可以在统一的图形化环境里，方便地得到与其工作相关的信息，即使是在家中或出差也可不间断工作。

10. 综合信息管理

综合信息管理可以提供单位职工的电话号码查询，增进职工与单位和外界的沟通；提供国内外相关法律、法规查询，并提供相关咨询服务。综合信息服务不仅能实现单位内部信息资源的共享，而且还可以让社会各界共享政府、企事业单位公开发布的信息，如企业形象宣传等。

1.1.4 办公自动化的意义

随着社会的发展，市场需求越来越多样化和复杂化，市场竞争日趋激烈和残酷。用现代化的科学技术装备办公体系，将会大大提高工作效率和质量，节省人力、物力和财力。办公自动化建设具有以下重要意义。

1. 实现办公活动的高效率、高质量

现代化的技术、设备、理念进入办公领域，使参与办公活动的人员能够使用新的技术来改变传统的信息生成、传输、处理的手段和方法，提高办公效率和质量。例如，改变公文的交换形式，实现电子文档交换和网上交换；改变办公事项的审批方式，实现网上办公事项的审批；快速保管和检索文件电子档案；实现电子化收集、统计、打印和复印信息等。

2. 实现办公信息处理的大容量和高速度

以计算机为处理中心、其他办公设备为辅助的办公信息处理系统，可以实现办公信息处理的大容量和高速度，在相应的软件配合下，还可以向办公人员提供多形式（纸质、电子、图片、视频、声音）、多层次的服务。

3. 实现办公活动的智能化

在办公自动化中，人和机器设备是重要的组成部分。办公自动化系统就是人机合一的系统，而办公自动化中所采用的智能化的机器设备可以代替工作人员来完成那些重复的、琐碎的、需要进一步思考和具有一定技能才能完成的工作，以提高办公的速度和准确性。

1.1.5 办公自动化的发展趋势

办公自动化的迅速发展在一定程度上满足了人们改革办公条件、减轻工作负担、提高办公效率的要求，但也更加刺激了人们对更先进的自动化系统的渴求。随着计算机、通信和网络技术的发展，未来办公自动化系统将呈现以下发展趋势。

1. 办公环境网络化

办公自动化系统能把多种办公设备连成局域网，再将局域网连接到互联网，实现更大范围的数据通信和资源共享，使办公人员真正做到“秀才不出门，尽知天下事”。

办公环境网络化使数据通信快捷且费用低廉，实时性和交互性功能更加强大。

2. 办公操作无纸化

近年来，我国纸张消费水平急剧上升，成为世界第二大纸张消费国，这与建设节约型社会背道而驰。办公环境的网络化改变了传统的信息传递方式，不仅可以节约纸张，而且速度快、准确性高，便于将办公文档编排和复用，非常适合电子商务和电子政务的办公需要。

3. 办公服务无人化

无人办公适合那些办公流程及作业内容相对稳定，工作比较枯燥，易疲劳，易出错，劳动量大的工作场合。配置具有自动化功能的先进设备，就可以实现办公服务无人化，如自动存取款、自动充值、自动复印、夜间传真及电子邮件自动收发等业务。

4. 办公业务集成化

许多单位的办公自动化系统最初往往只是单机运行，一般是各个部门分别构建自己的操作系统。由于所采用的软、硬件出自多家厂商，其功能、数据结构、界面等会有所不同，导致信息在交流和使用过程中产生较大的障碍。因此，人们对办公业务集成性的要求越来越强烈，具体有下面四个方面的要求：一是网络的集成，即实现不同系统下的数据传输，这是整个系统集成的基础；二是应用程序的集成，以实现不同的应用程序在同一环境下运行或同一应用程序在不同环境下运行；三是数据的集成，不仅包括相互交换数据，而且要实现数据的相互操作，以实现数据共享；四是界面的集成，以实现不同系统下操作环境和操作界面的一致，至少是相似。

5. 办公设备移动化

人们可通过便携式办公自动化设备，如笔记本电脑通过无线上网轻而易举地与外界连接，完成信息交换、指令传达、工作汇报，实现移动办公。同时，利用移动存储设备可以便捷地将数据从一处移到另一处。

6. 办公信息多媒体化

多媒体的核心词是媒体(medium)，它包含媒质和媒介两个方面的含义。媒质是指存储信息的实体，如磁盘、光盘和闪存等；媒介是指表示和传递信息的载体，即信息的表现形式，例如，一个信息既可以用文字的形式表示，也可以用声音、图像、动画和视频等形式表现。多媒体技术在办公自动化中的应用，使人们处理信息的手段和内容更加丰富，使数据、文字、图形图像、音频及视频等各种载体的信息均能使用计算机或其他办公设备获取和处理，它更加符合人们喜欢以视觉、听觉、感觉方式获取及处理信息的习惯。目前，在人事档案库中增添个人照片、历史档案材料的光盘存储等就是其典型应用。

7. 办公系统智能化

给机器赋予人的智能，这一直是人类的梦想。人工智能是当前计算机技术研究的前沿，已经取得了阶段性成果。这些成果虽然还远未达到让机器像人一样思考和工作的程度，但已经可以在很多方面对办公活动给以辅助。办公系统智能化包括：手写输入、语音识别、语音合成，图形识别、文字识别、基于自然语言的人机界面、多语互译、事务处理和辅助决策的专家系统等智能设备。

1.2　办公自动化系统的组成与安全保障

1.2.1　办公自动化系统的组成

办公自动化系统能把基于不同技术的办公设备用联网的方法组成一个整体，将文字、语音、数据、图像、视频处理等功能组合在一个系统中，使现代办公具有综合处理信息的功能。办公自动化系统主要由办公人员、办公信息、办公流程和办公设备组成。

1. 办公人员

办公人员是办公自动化系统的核心组成要素。它包括领导、中层干部、管理决策人员、秘书等工作人员，以及系统管理员、软硬件维护人员、录入员等。这些人应当具有现代科学技术知识、现代管理知识与业务技能。他们的自身素质、业务水平、敬业精神、对系统的使用水平和了解程度，对系统的运行效率乃至系统的运行成败都是至关重要的。

2. 办公信息

办公信息是各类办公活动的处理对象和最终获得的结果。办公实际上就是处理办公信息，这些信息对不同的办公活动提供支持与服务，它们可以为事务工作提供基础数据与信息，为研究工作提供素材，还能为管理工作提供服务，为决策工作提供依据。办公自动化系统是进行信息处理并提供大量信息的人工系统，包括信息收集、输入、处理、存储、交换和输出。

3. 办公流程

办公流程是有关办公业务处理、办公过程和办公人员管理的规章制度与管理规则，它是构建办公信息系统的依据之一。办公流程的科学化、系统化和规范化，将会使办公活动的各项业务易于纳入到自动化处理的轨道上。应该注意的是，由于办公信息系统往往要实际模仿具体的办公过程，如果办公流程或者组织机构发生变化，也必然会导致办公系统的变化。同时，在新系统运行之后，也会出现一些新要求、新规定和新的处理方法。这就要求办公系统与现行办公流程之间要有一个平稳的过渡与切换，并做到良好的衔接。

4. 办公设备

办公设备是决定办公质量与效率的物质基础。在传统的办公活动中，人们只能借助于笔、墨、纸、砚、记事本、记录本、电话等工具，而在现代化的办公系统中，办公设备包括计算机、互联网、打印机、扫描仪、电话、智能手机、传真机、复印机、投影机、数码相机、数码摄像机、数码一体机以及各类办公软件。办公自动化要求办公设备主要以现代化设备为主。

1.2.2 办公自动化系统的安全保障

办公自动化系统与各项业务工作密切结合且应用广泛，其安全性问题日益突出，如何做好办公自动化系统的安全控制已经成为至关重要和紧迫的课题。

1. 办公自动化系统安全

办公自动化是政府、企业和事业单位信息化的重要组成部分，是它们正常运营的保障。如果病毒大规模爆发，系统崩溃，就会使众多基于办公自动化的业务无法正常运行，导致人力、物力、财力产生巨大的损失，甚至倒闭。其中的原因有本身安全防范的不周与疏忽，也有办公自动化系统自身安全防范功能的不足。因此，办公自动化系统的安全性问题必须引起人们的高度重视。

办公自动化系统安全是指计算机系统的硬件、软件和数据受到保护，不因自然的、技术的和人为的原因而遭到破坏、更改和泄露，办公自动化系统能连续正常运行，即包括硬件安全、软件安全、数据安全和运行安全。

2. 办公自动化系统经常出现的问题

(1)病毒感染。计算机病毒(computer virus)是编制者在计算机程序中插入的破坏计算机功能或者数据的代码，能影响计算机的正常使用，能自我复制的一组计算机指令或者程序代码。计算机病毒具有传播性、隐蔽性、感染性、潜伏性、可激发性、表现性和破坏性等特点。计算机病毒可以通过网络扩散与传染，一旦办公自动化系统中的某一环节感染了病毒，那么整个系统将会很快被感染，造成系统的崩溃，损失是难以估价的。

随着计算机和网络技术的不断进步和应用，计算机病毒不断出现，而且其破坏性不断增强。如 2006 年出现的“熊猫烧香”病毒，当年如洪水猛兽般威胁着整个社会的网络，造成了网络的大面积瘫痪，以及文件和数据的丢失。

(2)黑客入侵。在信息安全里，“黑客”指研究智取计算机安全系统的人员。利用公共通信网络，如互联网和电话系统，在未经许可的情况下，载入对方系统，或调试和分析计算机安全系统。“黑客”一词最早用来称呼研究盗用电话系统的人士。

目前的办公自动化网络多以以太网为基础，在同一以太网中任何两个节点之间的通信数据包不仅可以被这两个节点的网卡所接受，同时还可以被处在同一以太网中的其他任一节点的网卡所截取。为了工作方便，一般的办公自动化网络都具备了与外网和互联网互相连接的出入口，因此外网和互联网中的黑客完全有可能捕获到发生在某一以太网上的所有数据包，然后对其解包分析，窃取情报信息。网络安全被称为“没有硝烟的战争”。目前，互联网已经深度渗透到经济、政治、文化、社会等领域，成为事关国家安全的基础设施和斗争“阵地”。随着“斯诺登”事件的曝出，一些国家刻意组织黑客入侵、窃取情报信息的行为已不是秘密。

(3)数据破坏。在办公自动化网络中，有很多因素可能导致数据被破坏。

①病毒破坏。病毒可能会攻击系统中的原始数据，删除、更改、替换文件，还有可能攻击破坏 CMOS 中的数据。

②黑客入侵。黑客基于各种原因入侵网络，其中恶意入侵对网络的危害是多方面的，其中一种危害就是盗取和破坏数据，如删除和覆盖原始数据库、破坏应用程序数据、破坏服务器数据、盗取数据库中的各种数据等。

③意外丢失。由于自然灾害、偶发事件、误操作等原因造成数据被破坏。

3. 办公自动化系统安全对策及措施

(1)入侵防范。入侵防范要实行内外网隔离、访问控制、内部网络隔离和分段管理。在内部的办公自动化网络和外网之间设置物理隔离，以实现内外网的隔离，是保护办公自动化网络安全最主要、最有效、最经济的措施之一。

(2)技术保障。技术保障要进行物理防备和安全防护，系统的重要数据库要采取加密和验证措施；用户对数据的存取要有明确的授权策略。

(3)物理保护与数据备份。为了防止数据被破坏，要在网络核心设备上设置物理保护措施，包括设置电源冗余模块、交换端口冗余备份及数据备份。

(4)加速立法。建立完善的计算机信息系统安全法律体系是系统安全的法律基石，主要包括：由国家最高领导部门组织制定计算机安全方针、政策，颁布法令；建立计算机安全法律体系，加快信息系统法制化进程。

(5)宣传教育。开展计算机信息系统安全的宣传和教育工作，使全体人员了解计算机信息系统安全的重要性，提高个人修养，加强职业道德，培养良好的系统使用习惯，是保障信息系统安全、杜绝隐患的重要工作内容。

第2章

办公常用工具软件

项目1　合理管理文件

项目任务描述与分析

合理有序地管理好文件是文秘人员有效工作的基础，建立符合自己工作要求的文件夹结构是以后处理文件、查找文件的基础，同时也可以提高办公的效率。要想做到这一点就必须熟练掌握文件、文件夹的查看、复制、移动、删除、重命名、查找、搜索等操作。本项目所介绍的就是有关上述问题的处理。

办公的工作资料通常是放在文件夹中的，这个文件夹就是工作文件夹。它应该放在除C盘以外的盘中。因为工作文件夹中是工作中常用的重要资料，如果放在C盘，一旦C盘中毒或系统崩溃，就要重装系统，而重装系统时C盘的资料可能会丢失。除非将C盘中的资料拷贝到其他盘上，而这样相对比较麻烦。如果重做系统的人不了解哪些是资料，他将无法进行拷贝，或者是重做系统的人和你沟通不及时、不充分，这样就可能误将C盘中的资料删除，给工作带来损失。下面以某人的工作文件资料管理为例，利用资源管理器对文件进行相应的管理。

任务1　文件的显示与属性的设置

1. 文件夹的展开与折叠

步骤1　①右击【开始】。②单击【打开Windows资源管理器】(见图2.1.1)，即可启动“资源管理器”，见图2.1.2。

步骤 2 单击 Windows 文件夹前的【▷】(见图 2.1.2),可展开该文件夹,文件夹展开后的效果见图 2.1.2 右侧。

图 2.1.1

步骤 3 单击 Windows 文件夹前的【◢】(见图 2.1.2),可将展开后的文件夹折叠。

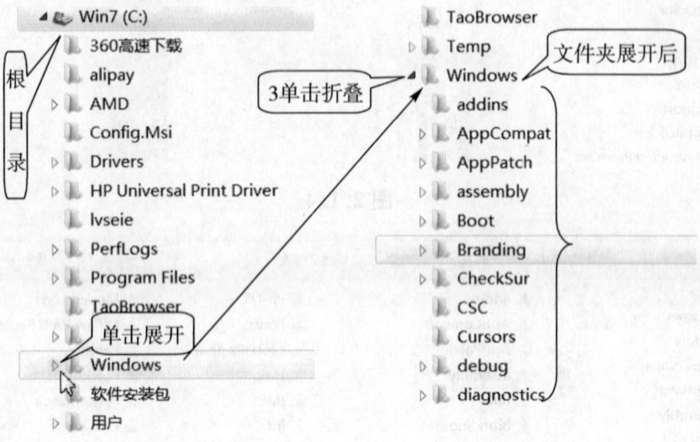

图 2.1.2

2. 改变窗口中文件的显示方式

窗口中的文件可以以不同方式显示,改变显示方式的方法如下。

步骤 ①单击【C:\Windows】。②单击【查看】\【超大图标】(见图 2.1.3),则文件和文件夹就以超大图标方式显示,如图 2.1.4 所示。③单击【查看】\【列表】,则文件和文件夹就以列表方式显示,如图 2.1.5 所示。④单击【查看】\【详细信息】,则文件和文件夹就以详细信息方式显示,如图 2.1.6 所示。在这种方式下可以看到文件的名称、大小、类型和修改时间,便于查找文件。

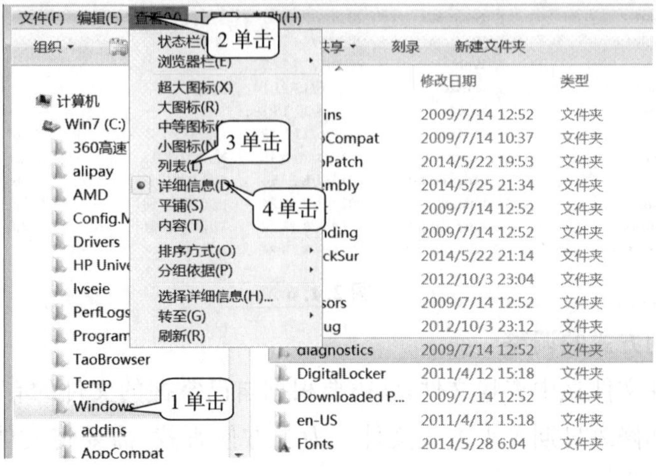

图 2.1.3

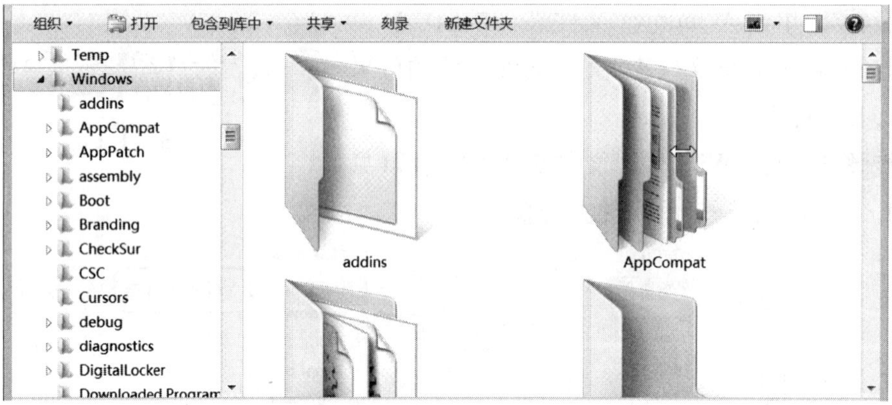

图 2.1.4

图 2.1.5

图 2.1.6

3. 文件排列方式的调整

如果需要在文件夹中查找文件，就需要根据自己掌握的文件的有关信息，如文件名、大小、类型和修改日期等来查找文件。为了方便查找，需要将文件按照所掌握的信息状况进行排列。

步骤 1 单击【查看】\【详细信息】(参见图 2.1.3)，则文件和文件夹就以详细信息方式显示，见图 2.1.7。

步骤 2 单击【名称】(见图 2.1.7)，则文件将按文件名第一个字母(A～Z)的顺序排列，排列后的结果如图 2.1.7 所示，排列后就可根据字母(A～Z)顺序来快速找到文件。

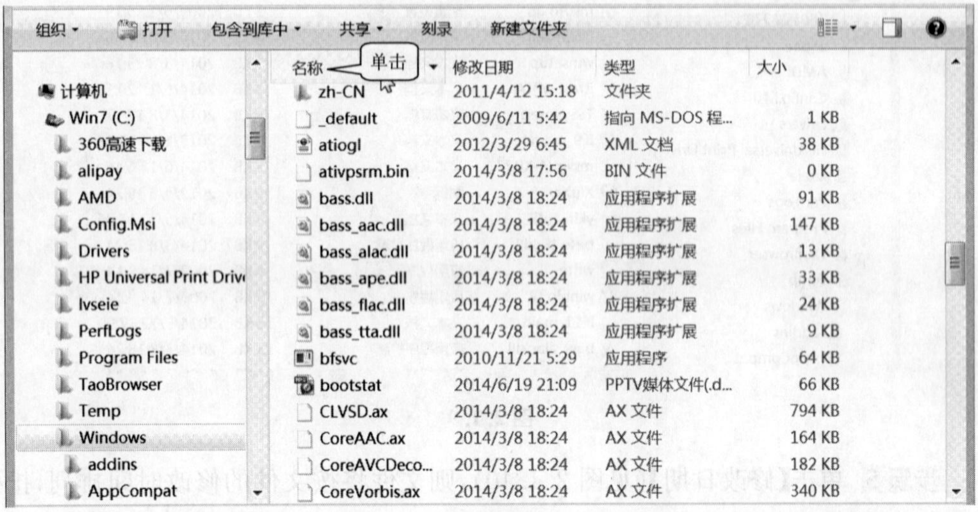

图 2.1.7

步骤 3 单击【类型】(见图 2.1.8)，则文件将按文件类型排列，排列后的结果如图 2.1.8 所示，排列后就可根据文件类型的排列来快速找到文件。

图 2.1.8

步骤 4 单击【大小】(见图 2.1.9)，则文件将按文件大小排列，排列后的结果如图 2.1.9 所示，排列后就可根据文件大小快速找到文件。

图 2.1.9

步骤 5 单击【修改日期】(见图 2.1.10)，则文件将按文件的修改时间排列，排列后的结果如图 2.1.10 所示，排列后就可根据文件排列的时间顺序来快速找到文件。

图 2.1.10

任务 2 文件和文件夹的选定

步骤 1 按住【Ctrl】键不放，逐个单击要选定的文件(见图 2.1.11)，则可以选定多个文件。

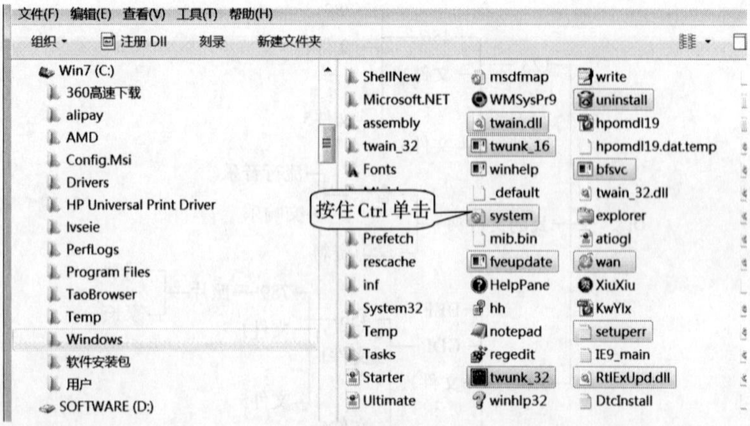

图 2.1.11

步骤 2 ①单击第一个文件。②按住【Shift】键不放，单击最后一个文件（见图 2.1.12），则可以选定连在一起的多个文件。

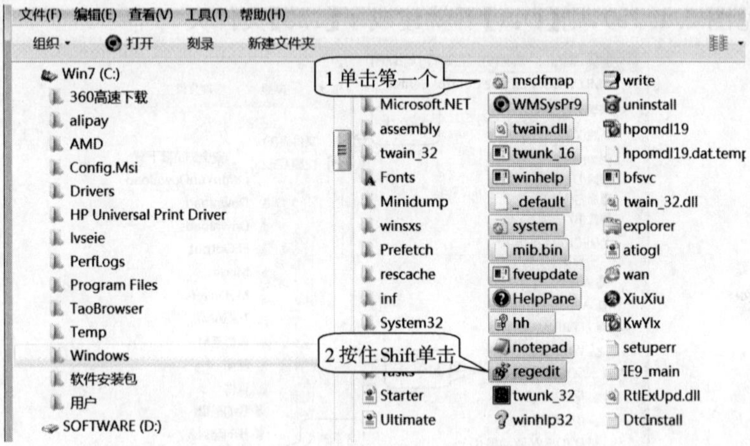

图 2.1.12

步骤 3 单击【编辑】\【全选】，则可以选定窗口右边的全部文件。

任务 3 创建自己的文件夹

在 D 盘创建如图 2.1.13 所示的文件夹结构，然后再将文件夹结构变为如图 2.1.14所示的结构。

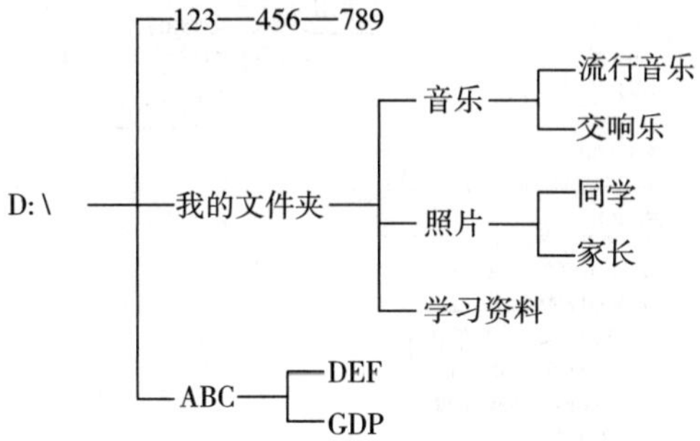

图 2.1.13

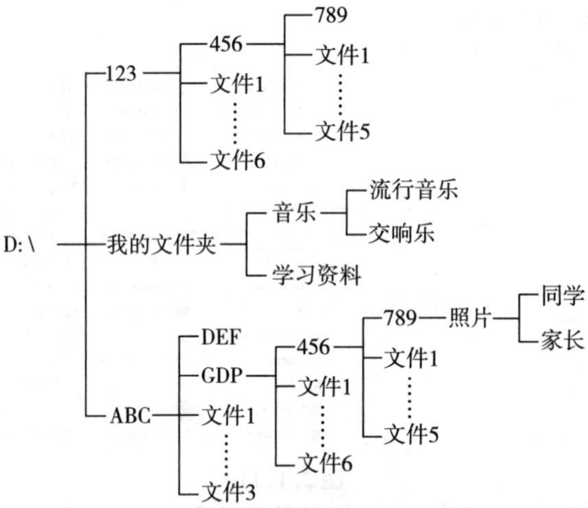

图 2.1.14

步骤 1 ①单击【(D:)】。②单击【文件】\【新建】\【文件夹】。③输入【123】，然后按回车键（见图 2.1.15），则【D:\】下就建成了【123】文件夹。

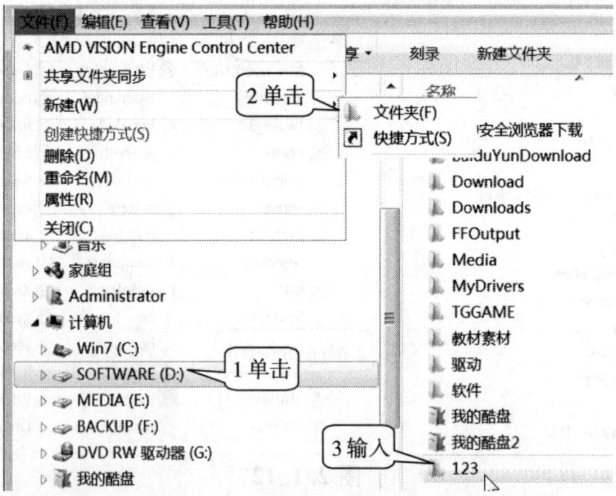

图 2.1.15

步骤 2 ①单击【123】文件夹。②单击【文件】\【新建】\【文件夹】。③输入【456】，然后按回车键（见图 2.1.16），则【D:\123】下的【456】文件夹就建成了。

图 2.1.16

步骤 3 ①单击【456】。②单击【文件】\【新建】\【文件夹】。③输入【789】,然后按回车键(见图2.1.17),则【D:\123\456】下就建成了【789】文件夹。

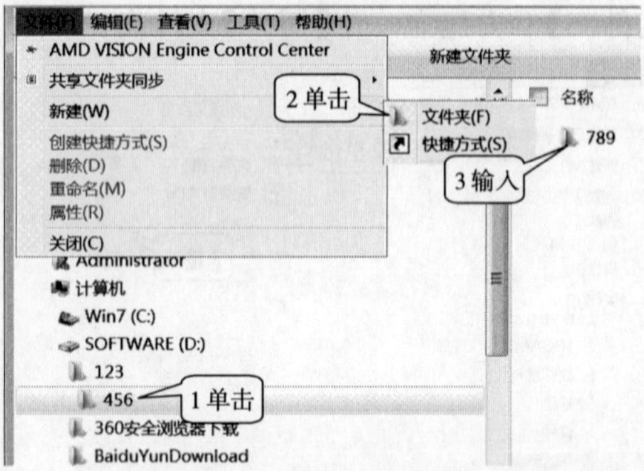

图 2.1.17

步骤 4 ①单击【(D:)】。②单击【文件】\【新建】\【文件夹】。③输入【我的文件夹】,然后按回车键(见图 2.1.18),则【D:\】下就建成了【我的文件夹】文件夹。

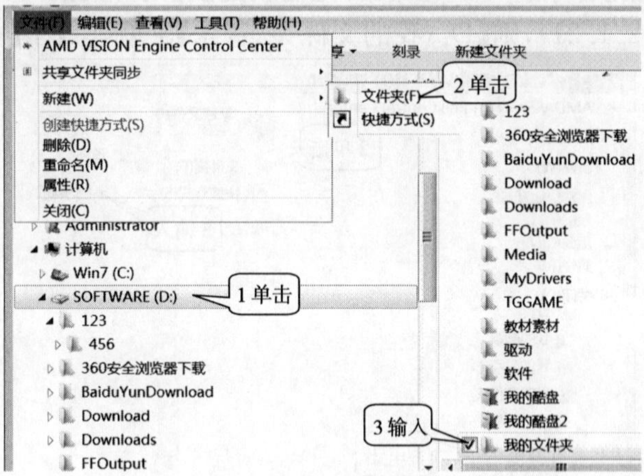

图 2.1.18

步骤 5 ①单击【我的文件夹】。②单击【文件】\【新建】\【文件夹】。③输入“音乐”,然后按回车键(见图 2.1.19),则【D:\我的文件夹】下就建成了【音乐】文件夹。

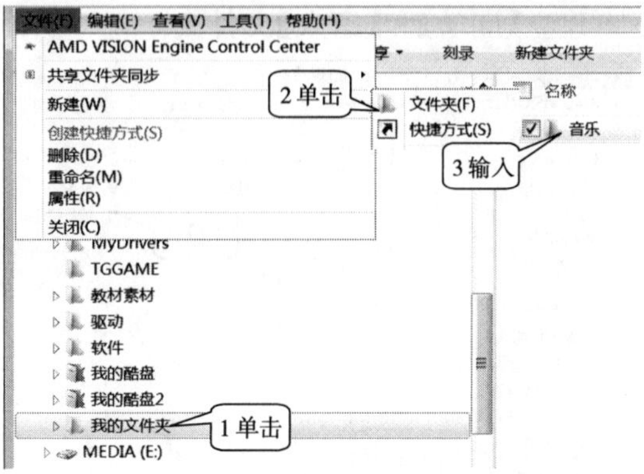

图 2.1.19

步骤 6 ①单击【我的文件夹】。②单击【文件】\【新建】\【文件夹】。③输入【学习资料】，然后按回车键（见图 2.1.20），则【D:\我的文件夹】下就建成了【学习资料】文件夹。同理在【我的文件夹】下再建立一个【照片】文件夹。

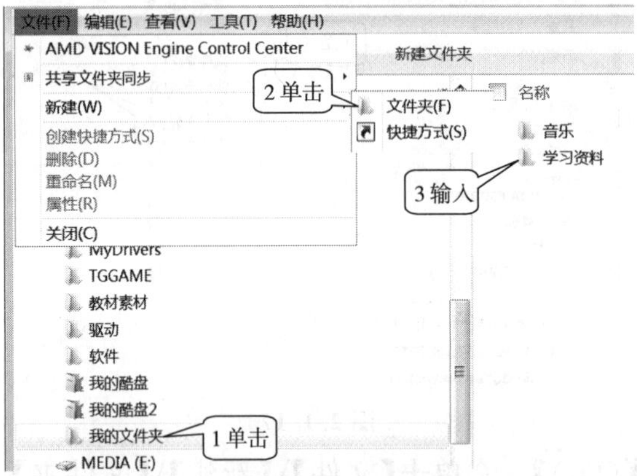

图 2.1.20

步骤 7 ①单击【音乐】。②单击【文件】\【新建】\【文件夹】。③输入“交响乐”，然后按回车键（见图 2.1.21），则【D:\我的文件夹\音乐】下就建成了【交响乐】文件夹。

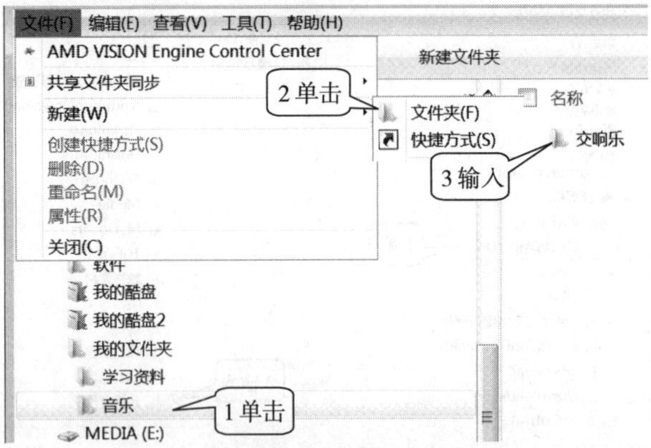

图 2.1.21

步骤 8 ①单击【音乐】。②单击【文件】\【新建】\【文件夹】。③输入“流行音乐”，然后按回车键（见图 2.1.22），则【D:\我的文件夹\音乐】下就建成了【流行音乐】文件夹。同理，在【照片】下再建立【同学】和【家人】文件夹。

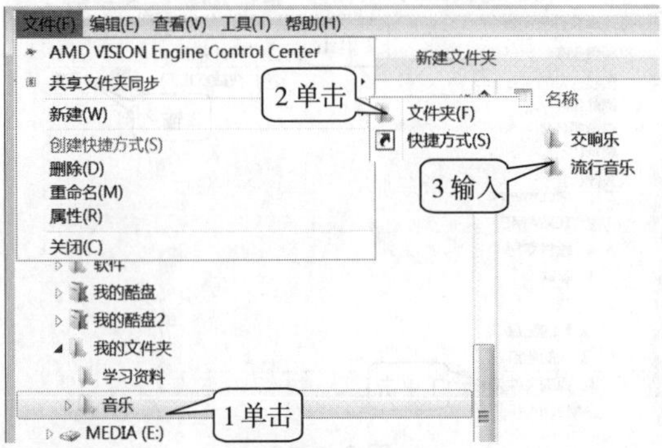

图 2.1.22

步骤 9 ①单击【(D:)】。②单击【文件】\【新建】\【文件夹】。③输入“ABC”，然后按回车键(见图 2.1.23)，则【D:\】中下就建成了【ABC】文件夹。

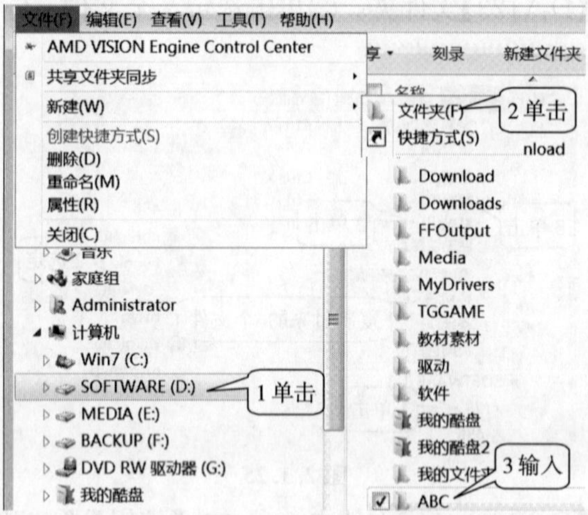

图 2.1.23

步骤 10 ①单击【ABC】文件夹。②单击【文件】\【新建】\【文件夹】。③输入“DEF”，然后按回车键，则【D:\ABC】下的【DEF】文件夹就建成了。

步骤 11 ①单击【ABC】文件夹。②单击【文件】\【新建】\【文件夹】。③输入“GDP”，然后按回车键，则【D:\ABC】下的【GDP】文件夹就建成了。

任务 4 文件和文件夹的复制、移动、重命名与删除

1. 文件和文件夹的复制

步骤 1 ①单击【C:\Windows】文件夹。②单击选定 6 个文件。③单击【编辑】\【复制】(见图 2.1.24)。

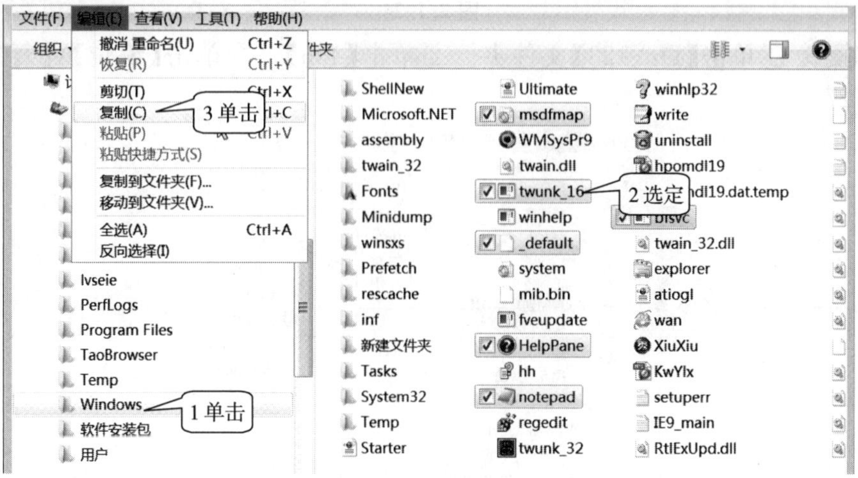

图 2.1.24

步骤 2 ①单击【D:\123】文件夹。②单击【编辑】\【粘贴】(见图 2.1.25)，则 6 个文件就被复制过来了。

步骤 3 ①单击【D:\123】文件夹。②单击选定 5 个文件。③单击【编辑】\【复制】(见图2.1.25)。

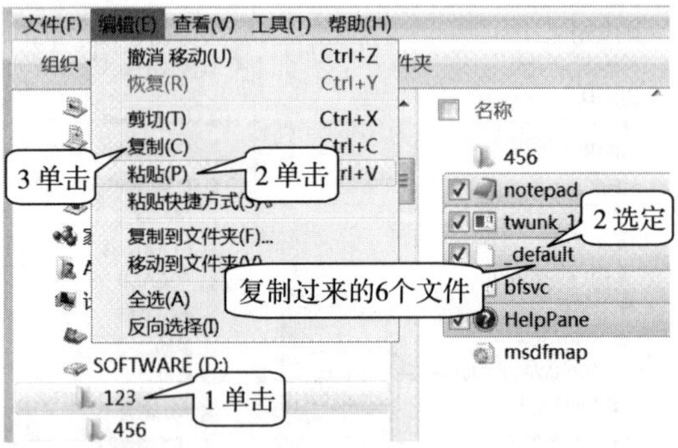

图 2.1.25

步骤 4 ①单击【D:\123\456】文件夹。②单击【编辑】\【粘贴】(见图 2.1.26)，则 5 个文件就被复制过来了。

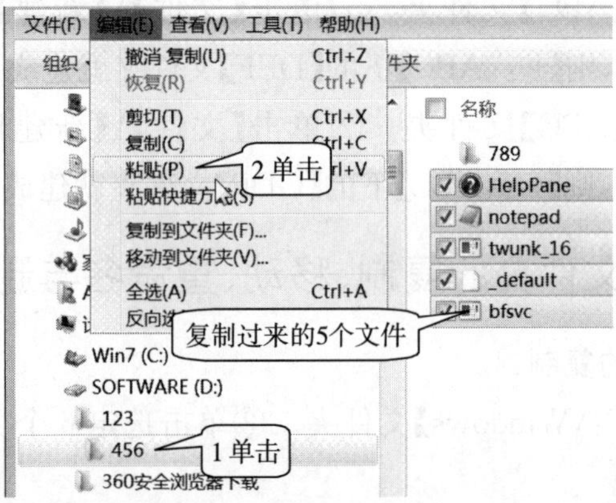

图 2.1.26

步骤 5 ①单击【D:\123】文件夹。②单击【456】。③单击【编辑】\【复制】(见图 2.1.27)。

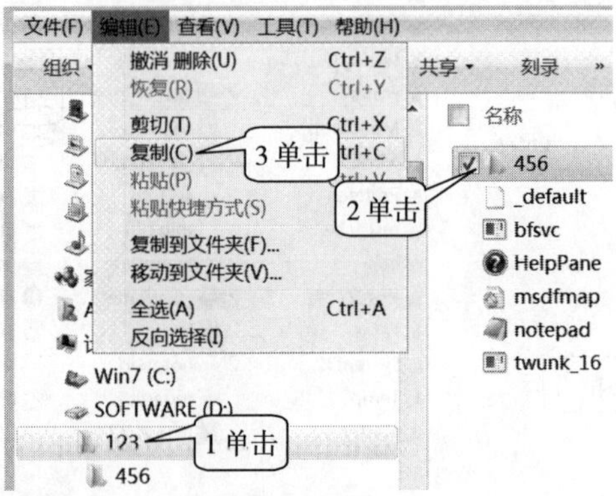

图 2.1.27

步骤 6 ①单击【D:\ABC\GDP】文件夹。②单击【编辑】\【粘贴】(见图 2.1.28)，则 456 下的所有文件和文件夹就被复制过来了。

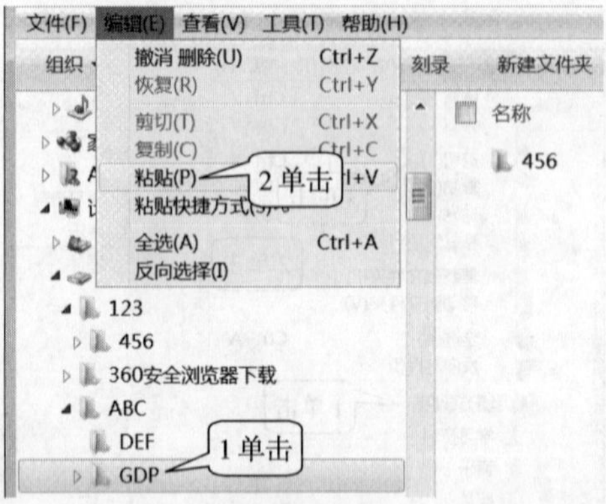

图 2.1.28

步骤 7 ①单击【D:\123\456】文件夹。②单击选定 3 个文件。③单击【编辑】\【复制】(见图 2.1.29)。

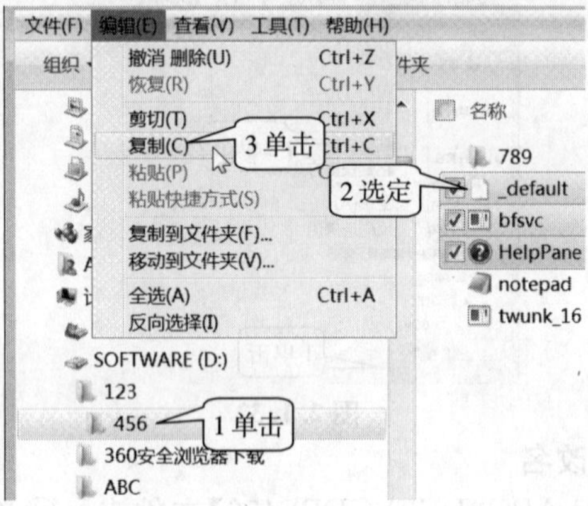

图 2.1.29

步骤 8 ①单击【D:\ABC】文件夹。②单击【编辑】\【粘贴】(见图 2.1.30)，则 3 个文件就被复制过来了。

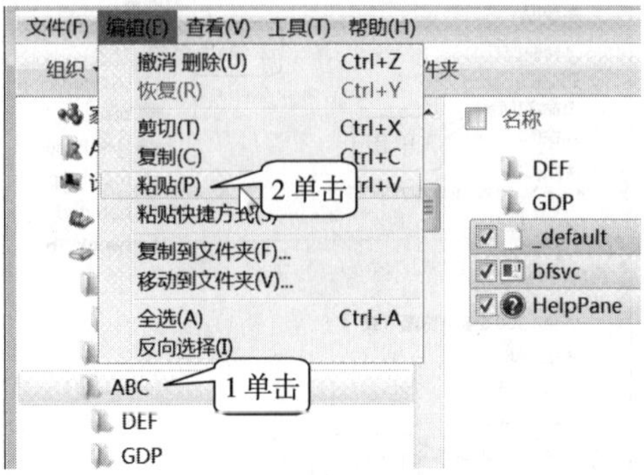

图 2.1.30

2. 文件和文件夹的移动

步骤 1 ①单击【D:\我的文件夹】文件夹。②单击【照片】。③单击【编辑】\【剪切】(见图 2.1.31)。

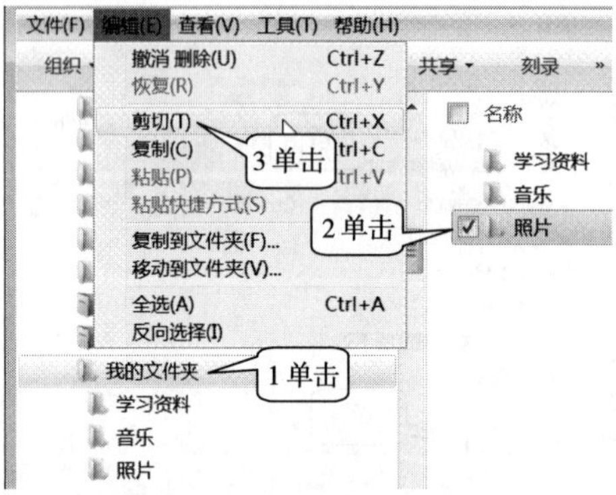

图 2.1.31

步骤 2 ①单击【D:\ABC\DEF\GDP\456\789】文件夹。②单击【编辑】\【粘贴】(见图 2.1.32),则文件夹就被移动过来了。

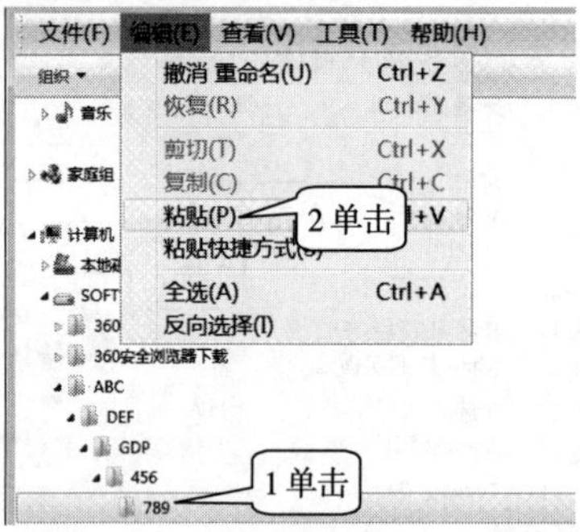

图 2.1.32

3. 文件和文件夹的改名

步骤 1 ①单击【D:\ABC\DEF\GDP\456】文件夹。②单击【789】。③单击【文件】\【重命名】(见图 2.1.33)。

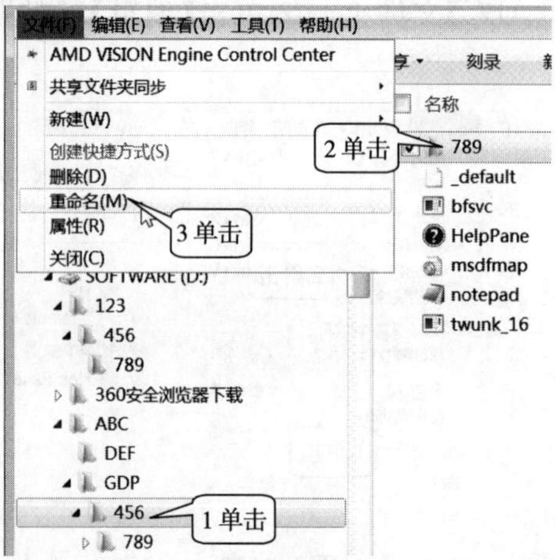

图 2.1.33

步骤 2 输入新文件名【改名】，然后按回车键。

步骤 3 ①单击【D:\ABC\DEF\GDP\456】的某个文件。②单击【文件】\【重命名】。

步骤 4 输入新文件名"时钟"，然后按回车键。

4. 文件和文件夹的删除

步骤 1 ①单击【D:\ABC\DEF\GDP\456】文件夹。②单击选定 3 个文件，然后按 Delete。③单击【是】(见图 2.1.34)。

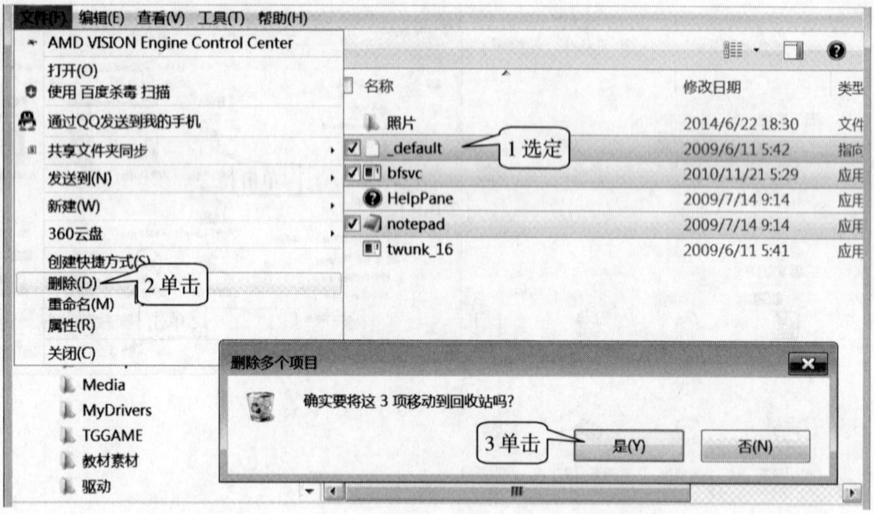

图 2.1.34

步骤 2 ①单击【D:\ABC\DEF\GDP\456】，然后按 Delete。②单击【是】。

项目 2　图片处理软件

项目任务描述与分析

随着智能手机的普及，企事业单位、各种团体组织的商务活动和社会活动资料，以及技术资料等信息，往往需要以电子图片和视频形式保存。因此，用智能手机拍摄和记录相关活动和资料十分普遍。这些资料除了用于存档之外，有时还需要放在网站上展示。因此对图片浏览、选择与处理也是文秘人员日常要做的工作。这些工作通常是通过相应的软件来完成的。下面就以"美图秀秀"为例介绍相关的应用。美图秀秀可以非常方便地在百度、360 安全卫士中的 360 软件管家、百度卫士中的软件管理中下载。

任务 1 调节图片的光效

步骤 1 双击桌面上的【美图秀秀】图标 ，打开该软件，主界面见图 2.2.1。

图 2.2.1

步骤 2 ①单击【打开】，出现图 2.2.1 所示的【打开一张图片】对话框。②单击选择【教材素材】\【图片】，则图片文件夹中的图片将在右边窗口中显示。③单击【图片】。④单击【人物 10】。⑤单击【打开】(见图 2.2.1)，出现图 2.2.2。

图 2.2.2

步骤 3 单击图 2.2.2 左侧的【光效】按钮 光效，出现图 2.2.3。

图 2.2.3

步骤 4 ①拖动【智能补光】滑块，调节智能补光效果。②拖动【亮度】滑块，调节图片亮度。③拖动【对比度】滑块，调节图片对比度。④拖动【高光调节】滑块，调节高光效果。⑤拖动【暗部改善】滑块，调节图片暗部效果。⑥拖动【褪色】滑块，调节图片褪色效果。⑦单击【关闭】(见图 2.2.3)，回到图 2.2.2 界面。

任务 2 调节图片的细节与色彩

步骤 1 单击图 2.2.2 左侧的【细节】按钮 细节，出现图 2.2.4。

步骤 2 ①拖动【锐化】滑块，调节图片锐度。②拖动【清晰度】滑块，调节图片清晰度。③拖动【暗角】滑块，调节图片暗角效果。④拖动【颗粒】滑块，调节图片颗粒效果。⑤拖动【色散】滑块，调节图片色散效果。⑥单击【关闭】(见图 2.2.4)，回到图 2.2.2 界面。

图 2.2.4

步骤 3 单击图 2.2.2 左侧的【色彩】按钮 色彩，出现图 2.2.5。

步骤 4 ①拖动【饱和度】滑块，调节图片色彩饱和度。②拖动【色温】滑块，调节图片色温。③拖动【色调】滑块，调节图片色调。④单击【色调分离】。⑤单击【饱和度】(见图 2.2.5)，出现图 2.2.6。

图 2.2.5

图 2.2.6

步骤 5 ①拖动【红】滑块，调节图片偏红效果。②拖动【橙】滑块，调节图片偏橙效果。③拖动【黄】滑块，调节图片偏黄效果。④拖动【绿】滑块，调节图片偏绿效果。⑤拖动【蓝】滑块，调节图片偏蓝效果。⑥拖动【紫】滑块，调节图片偏紫效果。⑦单击【关闭】(见图 2.2.6)，回到图 2.2.2 界面。

任务 3 裁剪图片

步骤 1 单击图 2.2.2 中的【裁剪】按钮裁剪，出现图 2.2.7。

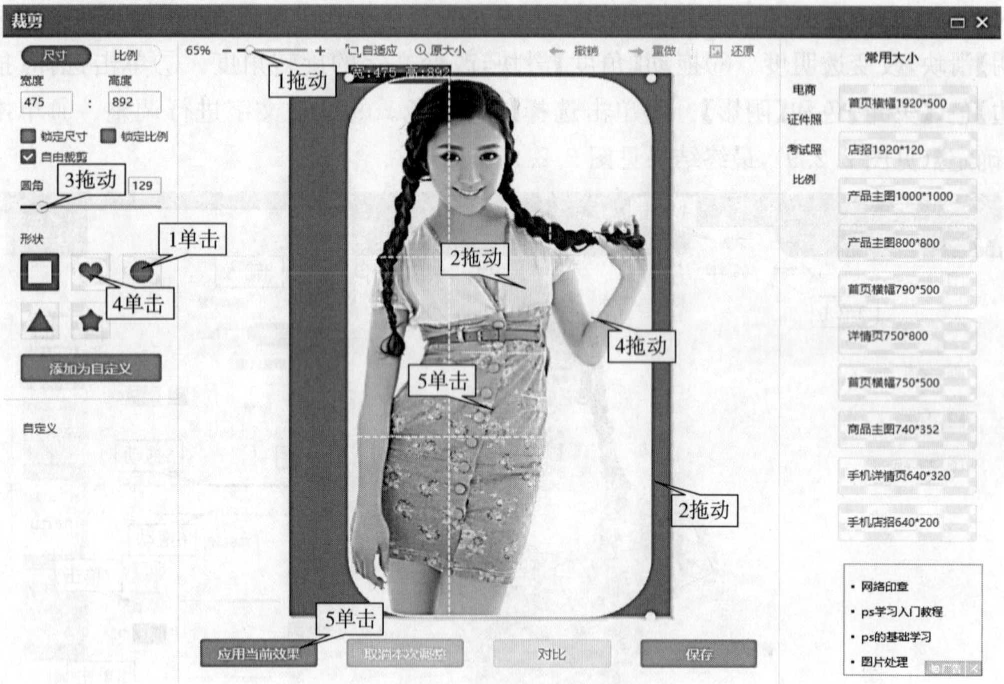

图 2.2.7

步骤 2 ①拖动【缩放】滑块，缩放图片。②拖动边框裁剪图片。③拖动【圆角】滑块，调节图片圆角大小。④单击【心形】按钮，可将图片裁剪为心形。⑤单击【应用当前效果】，出现图 2.2.8。

图 2.2.8

步骤 3 单击【保存】按钮，在出现的对话框中指定路径即可。

任务 4 添加文字与旋转图片

步骤 单击【文字】。②单击【输入文字】按钮，出现图 2.2.9 所示的【文字编辑】对话框。③输入文字。④单击选择字体，文字的其他格式设置方法相同。⑤拖动【透明】滑块，改变透明度。⑥拖动【角度】滑块，改变文字的旋转角度。⑦单击选择【描边】色、【荧光】色和【阴影】。⑧单击选择【背景】色。⑨拖动文字进行调整。⑩单击【确定】(见图 2.2.9)，最终结果见图 2.2.9。

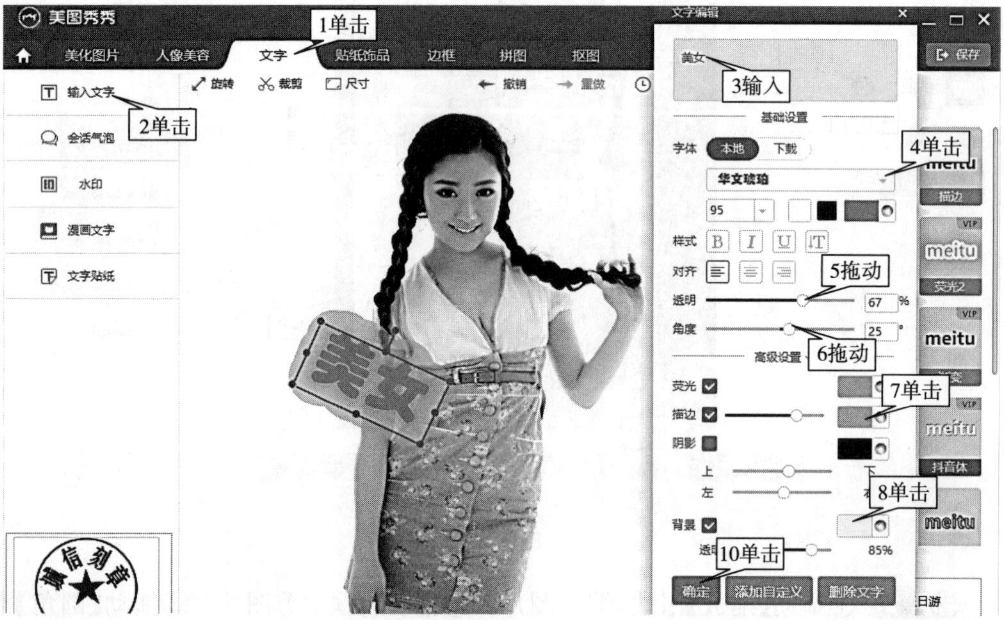

图 2.2.9

任务 5 添加边框和场景

步骤 1 ①单击【边框】。②单击【海报边框】(见图 2.2.10)，出现图 2.2.11。

图 2.2.10

步骤 2 ①单击选择一种样式。②单击【应用当前效果】(见图 2.2.11),出现图2.2.12。

图 2.2.11

步骤 3 单击【保存】(见图 2.2.12),在出现的对话框中指定路径即可。

图 2.2.12

步骤 4 打开【教材素材】\【图片】\【94.jpg】。

步骤 5 ①单击【边框】。②单击【炫彩边框】(见图 2.2.13),出现图 2.2.14。

步骤 6 ①拖动滚动条找到边框。②单击选择所要的样式。③拖动【透明度】滑块,调整边框的透明度。④单击【应用当前效果】(见图 2.2.14),回到图 2.2.13。

步骤 7 单击【保存】(参见图 2.2.13)，在出现的对话框中指定路径即可。

图 2.2.13

图 2.2.14

任务 6　抠图与合成图片

1. 自动抠图

步骤 1　打开【教材素材】\【图片】\【天安门. jpg】，见图 2. 2. 15。

图 2. 2. 15

步骤 2　①单击【抠图】。②单击【裁剪】按钮 （见图 2. 2. 15），出现图 2. 2. 16。

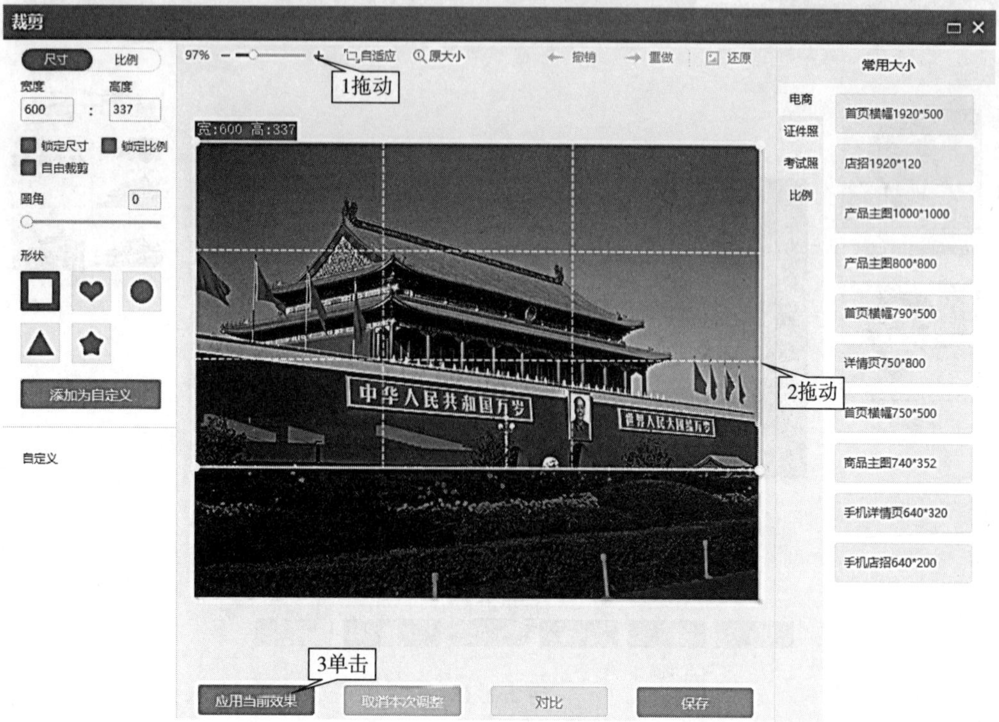

图 2. 2. 16

步骤 3 ①拖动滑块改变图片大小。②拖动图片边线裁剪图片。③单击【应用当前效果】按钮（见图 2.2.16），出现图 2.2.17。

图 2.2.17

步骤 4 单击【自动抠图】按钮 自动抠图（见图 2.2.17），出现图 2.2.18。

图 2.2.18

步骤 5 ①按照图 2.2.18 的轨迹在图片上拖动。②单击【换背景】按钮，(见图 2.2.18)，出现图 2.2.19。

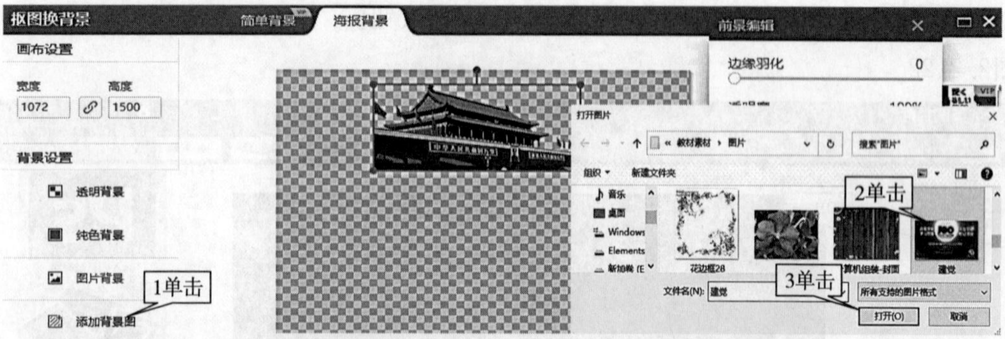

图 2.2.19

步骤 6 ①单击【添加背景图】按钮 添加背景图，出现图 2.2.19 所示的对话框，找到【教材素材】\【图片】\【建党.jpg】。②单击【建党.jpg】图片。③单击【打开】(见图 2.2.19)，出现图 2.2.20。

步骤 7 ①拖动天安门图片移动位置。②拖动天安门图片的边线调整大小。③单击【保存图片】按钮(见图 2.2.20)，在出现的对话框中指定路径即可。

图 2.2.20

2. 手动抠图

步骤 1 打开【教材素材】\【图片】\【人物. jpg】。

步骤 2 ①单击【抠图】。②单击【手动抠图】按钮 手动抠图（见图 2. 2. 21），出现图2. 2. 22。

图 2. 2. 21

图 2. 2. 22

步骤 3 ①拖动滑块放大图片，这样便于抠图。②在抠图起点单击。③沿着要抠的图形的边缘移动鼠标，并在图形边界有弧度或有转折的地方单击，注意图中有小圆点的地方就是单击鼠标的位置。单击的点越多抠出的图就越精细。④由于放大以后画面会显示不全，所以要拖动图 2.2.22 中的白框来使放大的抠图区域在图片上移动，以便于抠图。⑤为不影响选取头像还需拖动整体显示框让出位置便于移动鼠标。⑥最后回到起点单击鼠标，结束抠图。这样虚线包围的部分就是抠出的图形，并且还有多个控点出现。这些控点就是单击鼠标时形成的。⑦拖动控点可以改变控点的位置，这样便可修正抠图的精细程度。⑧单击【换背景】按钮 换背景 （见图 2.2.22），出现图 2.2.23。

图 2.2.23

步骤 4 ①单击【添加背景图】按钮 添加背景图，出现图 2.2.23 所示的对话框，找到【教材素材】\【图片】\【82.jpg】。②单击【82.jpg】图片。③单击【打开】。④拖动抠出图片的边线，调整大小。⑤拖动抠出图片改变其与背景的位置。⑥拖动【边缘羽化】滑块 边缘羽化，改变抠出图片的羽化程度，以使图片边缘柔和。⑦拖动【透明度】滑块 透明度，改变抠出图片的透明度。⑧单击【保存图片】按钮 保存图片（见图 2.2.23），在出现的对话框中指定路径即可，最终结果如图 2.2.24 所示。

图 2.2.24

项目 3　压缩软件

项目任务描述与分析

现代办公中我们常常会遇到压缩文件。不论是从网上下载的相关资料，还是相关单位送来的资料，往往都是以压缩文件的形式提供的。同时为了便于文件的传送，对于我们自己的文件也需要进行压缩，因此掌握文件的压缩与文件的解压缩。也是日常办公所必备的技能。下面就以 360 压缩为例介绍相关的应用。

任务 1　文件压缩

步骤 1　双击桌面上的【360 压缩】图标，出现【360 压缩】主界面，见图 2.3.1。

步骤 2　①单击选择盘符，然后通过双击盘符中的文件夹找到所要压缩的文件或文件夹。②选择需要压缩的【图片】。③单击【添加】按钮，出现图 2.3.1 所示的【您将创建一个压缩文件-360 压缩】对话框。④输入压缩文件名。⑤单击▆可以改变压缩后文件的存放位置，不单击的话压缩文件就放在原文件夹下。⑥单击【立即压缩】按钮（见图 2.3.1），就会出现图 2.3.1 所示的压缩进度条。最终就会形成一个压缩文件，见图 2.3.1。

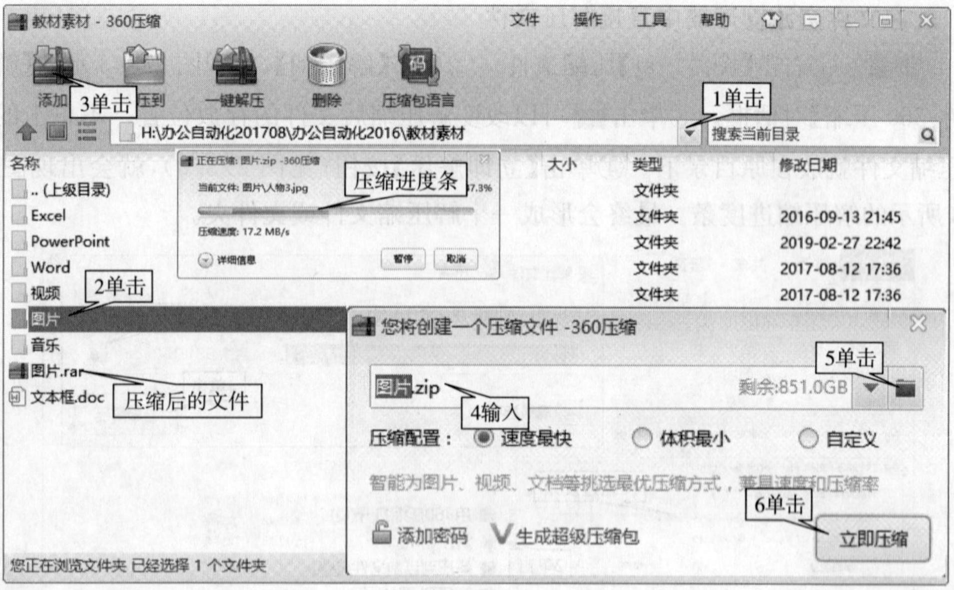

图 2.3.1

任务 2 文件解压

1. 在 360 压缩界面中解压压缩文件

步骤 ①单击需要解压的压缩文件【图片】。②单击【解压到】按钮，出现图 2.3.2 所示的【解压文件-360 压缩】对话框。③单击 ▆ 可以改变解压缩后文件的存放位置。不单击的话解压缩文件就放在原目录下。④单击【立即解压】按钮(见图 2.3.2)，就会出现图 2.3.2 所示的解压缩进度条。最终就会形成一个解压缩文件或文件夹。

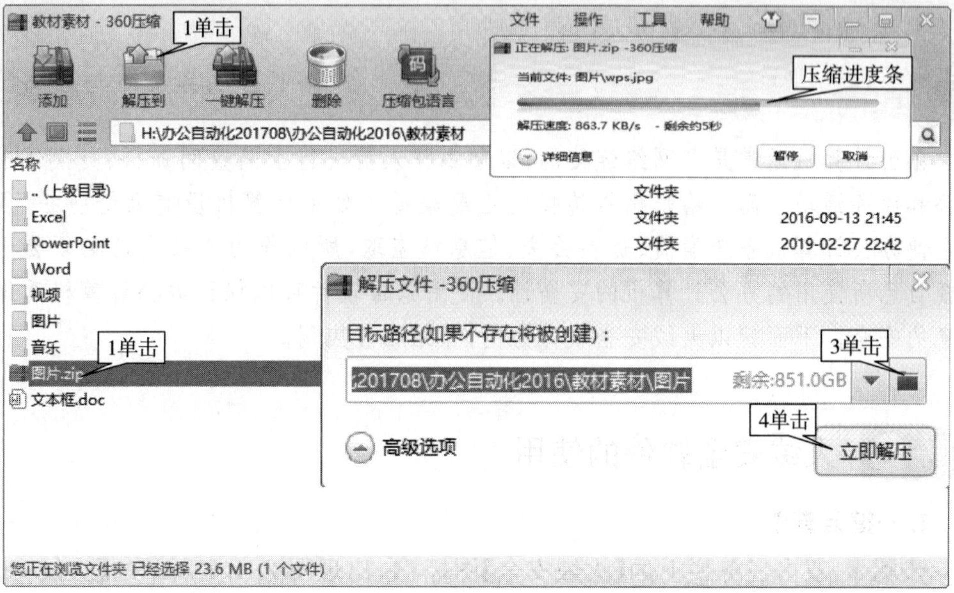

图 2.3.2

2. 在文件资源管理器中直接解压文件

步骤 ①右击【图片. rar】压缩文件。②单击【解压到】，出现图 2. 3. 3 示的【解压文件-360 压缩】对话框。③单击 可以改变解压缩后文件的存放位置。不单击的话解压缩文件就放在原目录下。④单击【立即解压】按钮（见图 2. 3. 3），就会出现图 2. 3. 3 所示的解压缩进度条。最终会形成一个解压缩文件或文件夹。

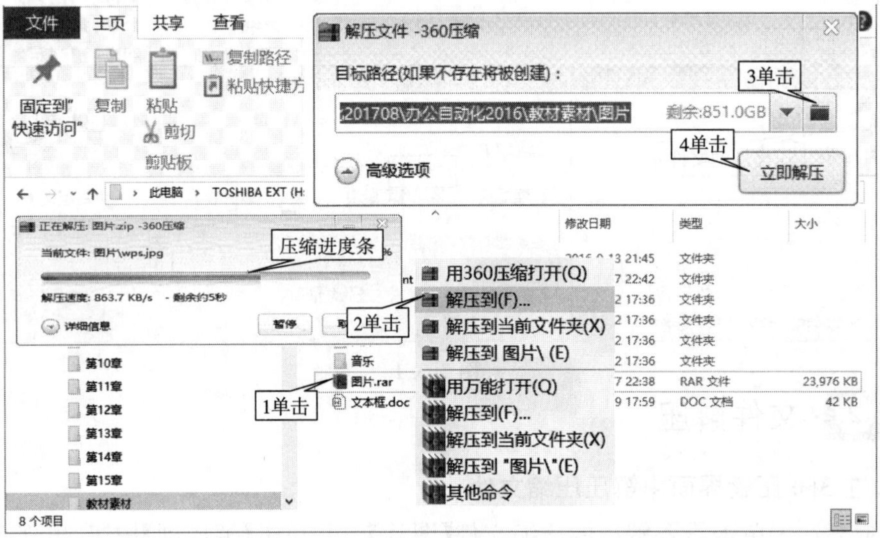

图 2. 3. 3

项目 4　杀毒软件

项目任务描述与分析

办公计算机通常是与网络连接的，以便工作人员进行上网查阅资料、交换信息等办公和商务活动。而网络是病毒传播的主要渠道。如果计算机没有做好防护，很可能会使办公计算机系统崩溃、资料丢失、信息被盗取，所以作为文秘人员必须要十分重视自己所使用的办公计算机的安全性。使用杀毒软件可以保证办公计算机系统和信息的安全。下面就以火绒安全软件为例，介绍相关应用。

任务 1　火绒安全软件的使用

1. 一键云查杀

步骤 1 双击任务栏上的【火绒安全】图标 ，出现图 2. 4. 1 所示的【火绒安全】主界面。

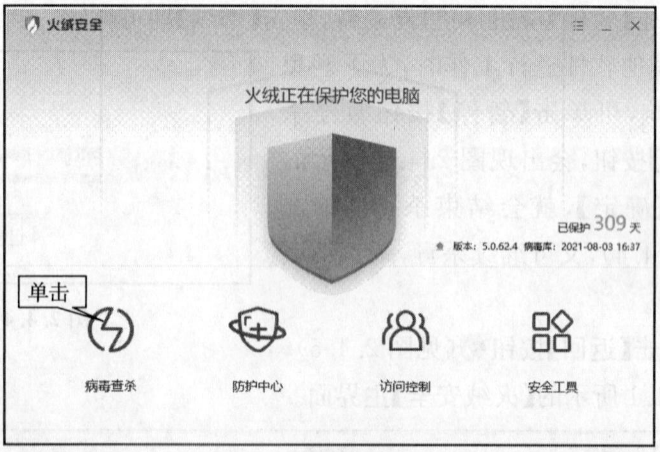

图 2.4.1

步骤 2 单击【病毒查杀】，出现图 2.4.2，单击【快速查杀】，出现图 2.4.3。

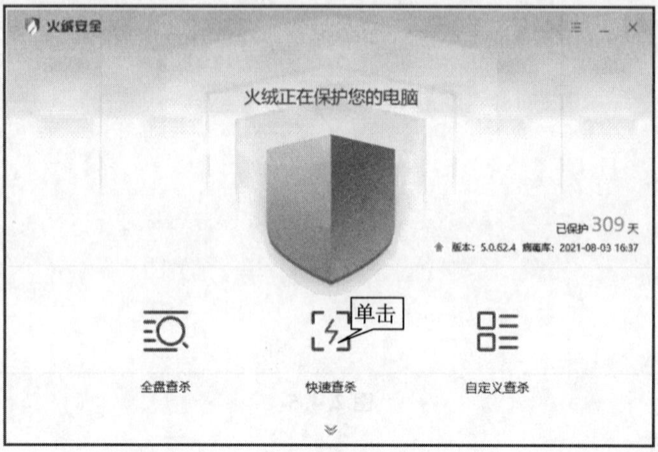

图 2.4.2

图 2.4.3

步骤 3 单击【暂停】按钮，可暂停杀毒，单击【继续】即可继续。当已开始杀毒，但临时又要运行其他软件进行工作时，为了避免杀毒软件的影响，可单击【暂停】按钮暂停杀毒。单击【停止】按钮，会出现图 2.4.4 所示的对话框。单击【确定】，就会结束杀毒。单击【取消】(见图 2.4.4)，又可继续杀毒，杀毒结束后出现图 2.4.5。

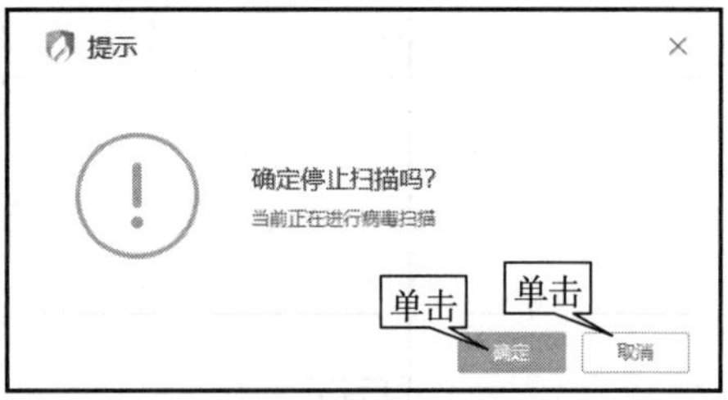

图 2.4.4

步骤 4 单击【返回】按钮(见图 2.4.5)，即可回到图 2.4.1 所示的【火绒安全】主界面。

图 2.4.5

2. 全盘扫描

单击【病毒查杀】，出现图 2.4.6。单击【全盘查杀】，出现图 2.4.7。也可以【暂停】或【继续】，操作方法同【快速查杀】一样。

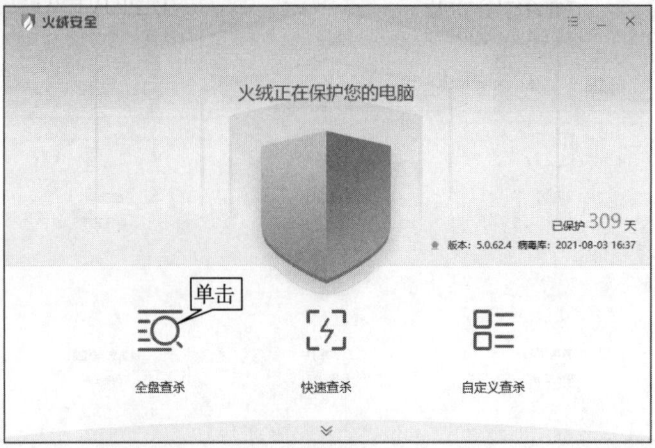

图 2.4.6

图 2.4.7

3. 自定义杀毒

步骤 1 单击图 2.4.6 中的【自定义查杀】，出现图 2.4.8。

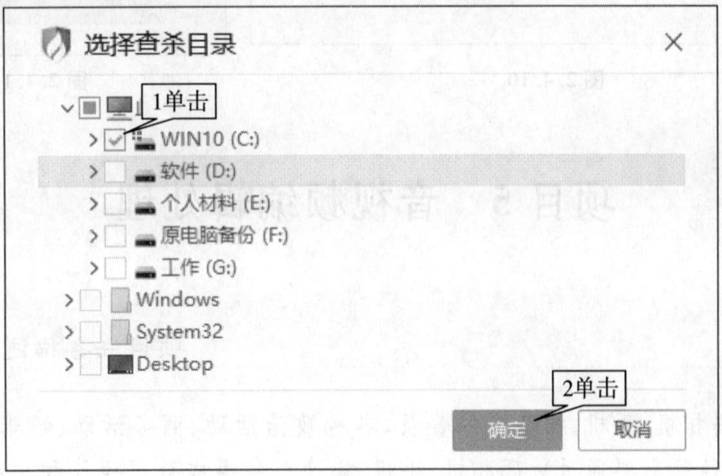

图 2.4.8

步骤 2 ①单击勾选要查杀的盘。②单击【确定】按钮(见图 2.4.8)，出现图 2.4.9 所示的界面。也可以【取消扫描】或【继续扫描】，操作方法与【一键云查杀】相同。

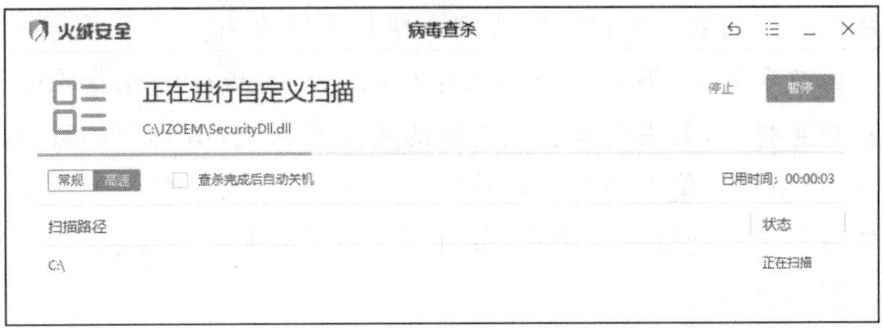

图 2.4.9

任务 2 杀毒软件的升级

步骤 1 单击【菜单】☰，出现图 2.4.10 所示的界面。

步骤 2 单击【检查更新】，升级完成后出现图 2.4.11 所示的界面。

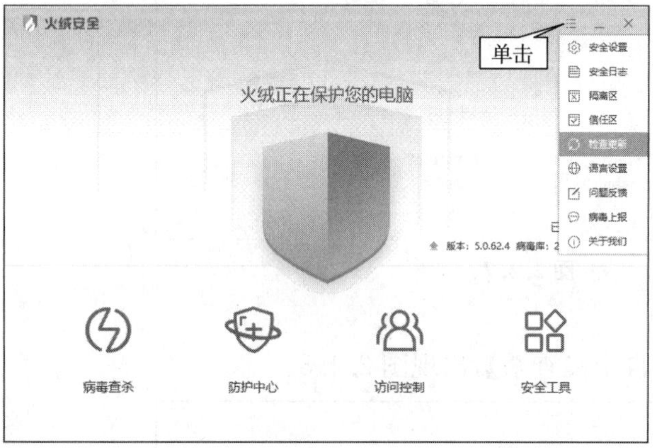

图 2.4.10

图 2.4.11

项目 5 音视频编辑处理

项目任务描述与分析

随着数码相机、手机、摄像机的普及，各种政治活动、商务活动、娱乐活动及技术资料等信息，往往需要通过数码相机、手机、摄像机拍摄成数码照片和视频，以电子文档形式保存。因此，用数码相机、摄像机或者手机拍摄和记录相关活动和资料，已经是十分普遍的做法了。这些资料除存档之外，有时还需要放在网站上展示。因此对视频的浏览、选择与处理也是文秘人员日常要做的工作。这些工作通常是通过相应的软件来完成的。下面就以“剪辑师”为例介绍相关的应用。剪辑师是一款录屏与视频剪辑一体化的免费软件（下载网址 https://study.seewoedu.cn/software），为初级视频制作用户量身打造，入手简单。在关键的使用步骤上，剪辑师均贴心地给出了指引和使用方法，帮助初次使用的用户轻松上手，制作属于自己的视频短片。为平衡满足初级用户使用和丰富功能两种需求，剪辑师保留了经典的转场、水印音视频淡入淡出等功能，一切恰到好处。

任务 *1* 剪辑师的用户注册

第一次打开剪辑师时需要先连接网络注册，再登录，以后就无需联网登录，直接使用了。注册登录操作如下。

步骤 1 ①输入用户名称。②输入手机号。③单击【获取验证码】，在手机上会收到短信验证码。④输入手机短信收到的验证码。⑤单击【下一步】按钮(图 2.5.1)，出现图 2.5.2。

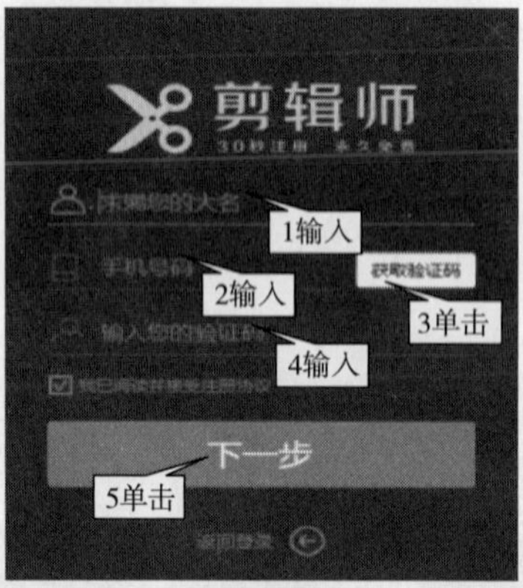

图 2.5.1

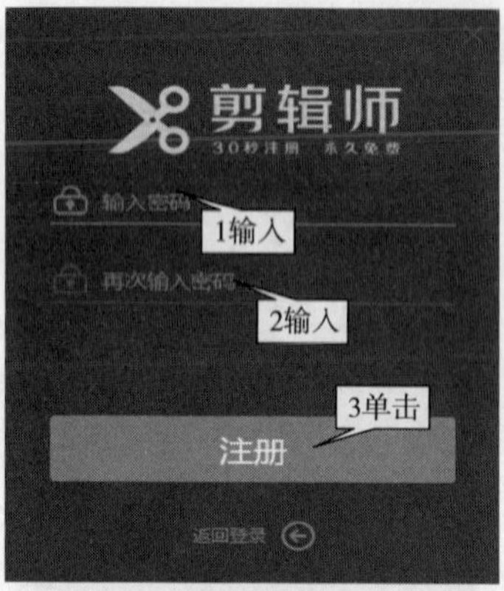

图 2.5.2

步骤 2 ①输入你设定的密码。②再次输入你设定的密码，这个密码是你以后打开软件使用时必须要输入的密码。③单击【注册】(图 2.5.2)，出现图 2.5.3，注册成功后出现图 2.5.4。

图 2.5.3

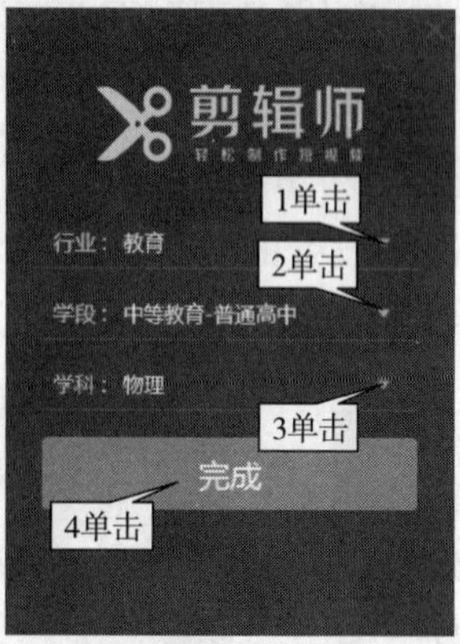

图 2.5.4

步骤 3 ①单击选择行业。②单击选择学段。③单击选择学科。④单击【完成】(图 2.5.4)，出现图 2.5.5。

步骤 4 关闭图 2.5.5 窗口，完成注册。

图 2.5.5

任务 2 录制屏幕视频

现代办公对视频的需求越来越多，从工作总结、工作汇报、形势报告到学习讲座，都会越来越多地应用到视频。用视频形式展现与保留可以使用录屏工具。报告通常会配合 PPT 讲解，利用录屏软件就可以将 PPT 的画面和讲演者的声音同时录制下来，形成一个报告视频。

步骤 1 打开剪辑师。

步骤 2 ①输入手机号。②输入你设定的密码。③单击勾选【记住密码】。④单击【登录】（图 2.5.6），出现图 2.5.7。

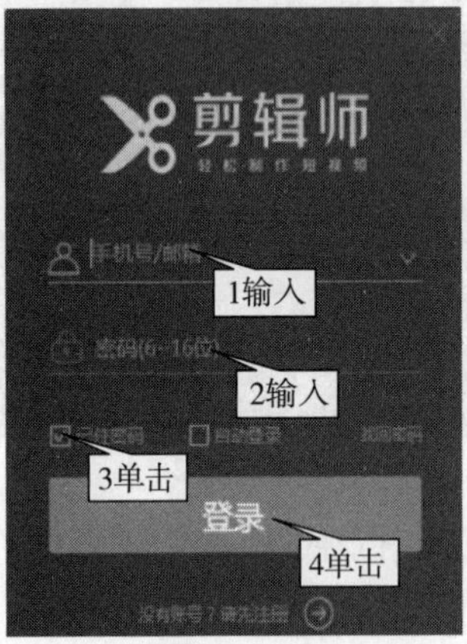

图 2.5.6

图 2.5.7

步骤 3 单击【录屏】（图 2.5.7），出现图 2.5.8 和图 2.5.9。图 2.5.8 给出了录制视频的控制键提示。

步骤 4 ①单击【音频】按钮。②单击勾选【麦克风】。③单击勾选【系统声音】（图 2.5.9）。这样设置的目的是在录制视频时，能同时将麦克风和电脑播放的视频和音频中的声音记录下来。

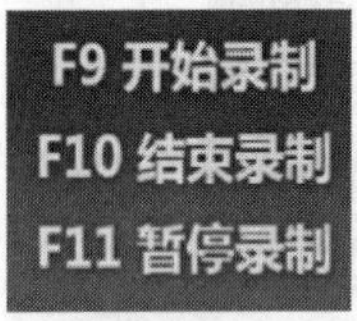

图 2.5.8

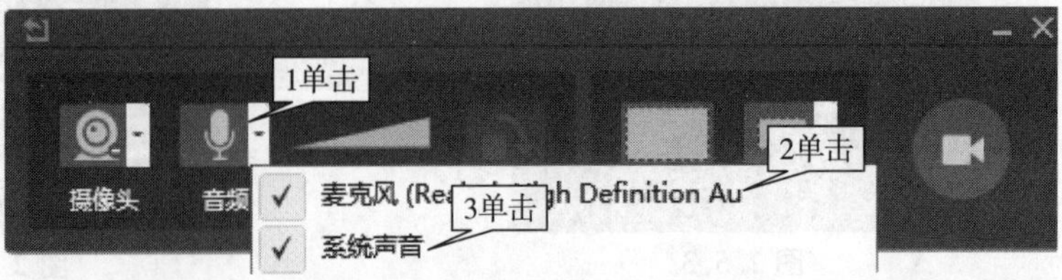

图 2.5.9

步骤 5 ①单击【摄像头】按钮，可以选择在录制屏幕视频的同时录制电脑摄像头中报告人的视频。②拖动音量滑块，可以调整麦克风的输入音量。③单击【全屏】按钮，可以录制全屏，而不是录制屏幕的局部。④单击摄像机按钮，或者按 F9 开始录像（图 2.5.10）。录像过程中如果需要暂停，就按 F11。如果录像结束，就按 F10。结束录制后出现图 2.5.11。

图 2.5.10

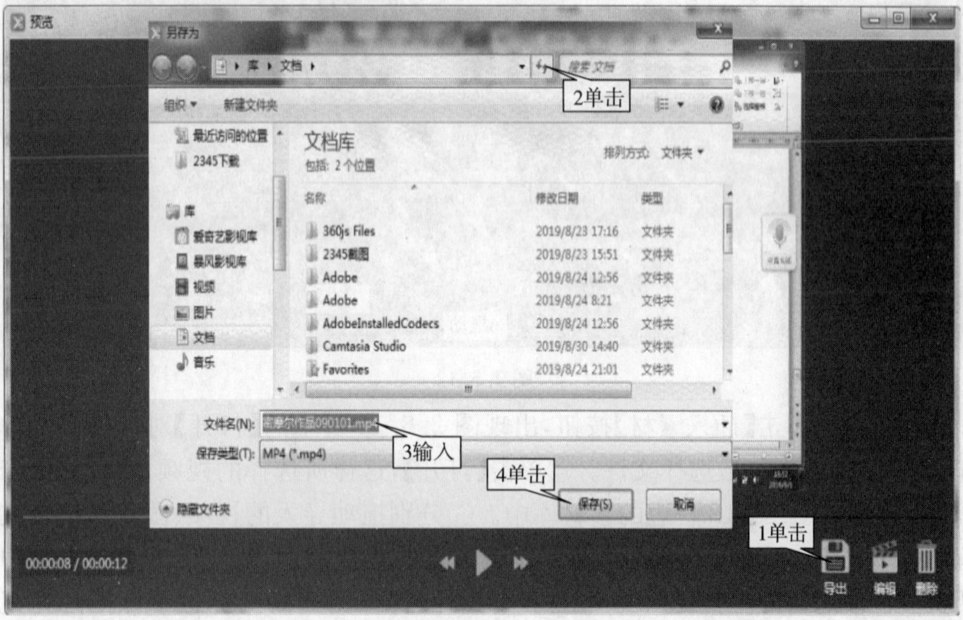

图 2.5.11

按 F9 开始录像后，讲演者就可以通过操作电脑，并且通过电脑上的麦克风对 PPT 进行讲解，从而完成报告的全过程。录屏软件会将报告人的讲解声音和电脑上的 PPT 画面同时录制到视频中，最终形成一个报告视频。在录制过程中，选择打开摄像头，录屏软件在录制 PPT 画面的同时就会把讲演摄像头中讲演者的头像同时叠加到视频上。

步骤 6 ①单击【导出】按钮，出现图 2.5.11 所示的【另存为】对话框。②单击选择视频保存的位置。③输入文件名。④单击【保存】(图 2.5.11)。单击【编辑】就会进入视频编辑界面。单击【删除】就会删除当前录制的视频。

任务 3 编辑视频

1. 导入与调整素材

步骤 1 打开【剪辑师】，登录后，会出现图 2.5.7 所示的界面。

步骤 2 单击【编辑】按钮(图 2.5.7)，出现图 2.5.12。

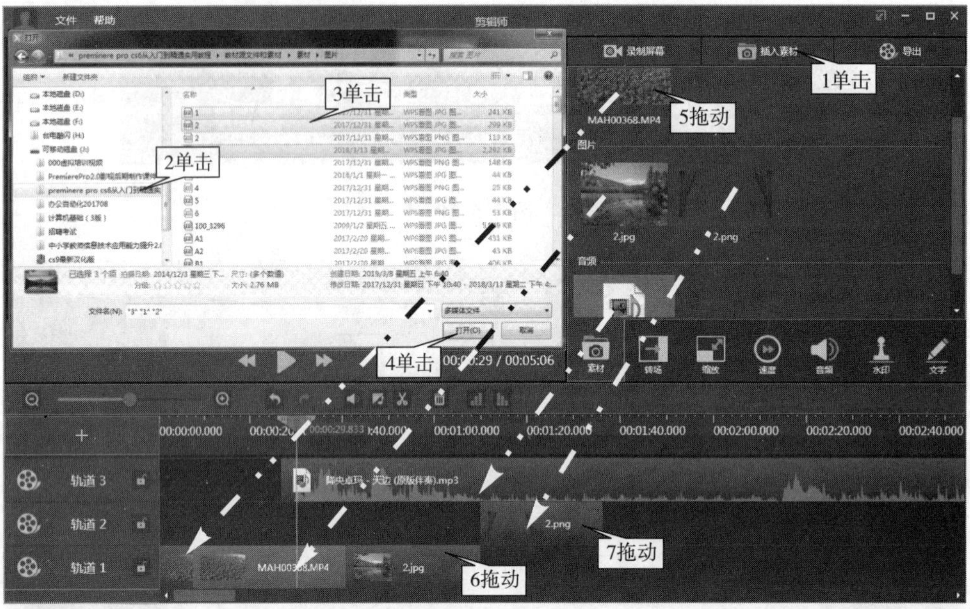

图 2.5.12

步骤 3 ①单击【插入素材】按钮，出现图 2.5.12 所示的【打开】对话框。②单击选择文件路径。③单击选择文件。④单击【打开】，这样所选择的视频、图片和声音文件就会显示在图 2.5.12 右边的素材库中。⑤分别拖动导入的视频、图片和声音文件到轨道 1、轨道 2 和轨道 3 上。⑥拖动轨道 2 上的图片右侧，改变该图片在视频中显示的时间长短。⑦拖动轨道 2 上的另一个图片右侧(图 2.5.12)，改变该图片在视频中显示的时间长短。

2. 轨道上素材的移动、删除和剪切

步骤 ①拖动时间轴缩放滑块，可调整轨道上视频显示的长短。②拖动播放头到要剪断的位置。③单击【分割】按钮，就可以把视频剪开。④单击选中一段视频。⑤单击【删除】按钮，就可以把这段视频删除掉。⑥拖动视频到轨道的其他地方或者是另一个轨道，就可以将视频移动(图 2.5.13)。

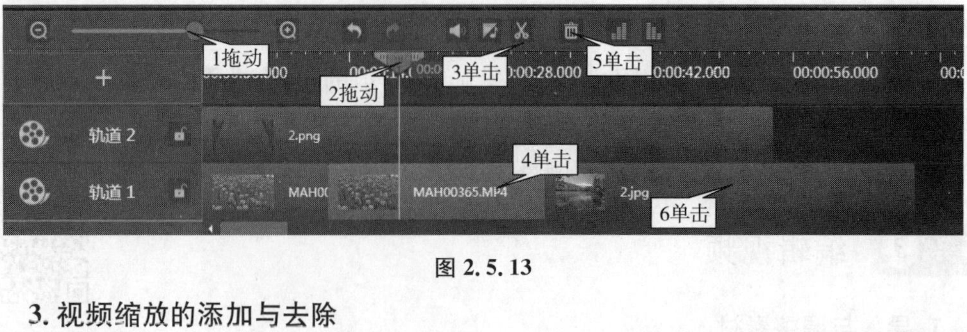

图 2.5.13

3. 视频缩放的添加与去除

步骤 ①拖动播放头到要缩放的位置。②单击【缩放】按钮。③拖动控点，改变大小。轨道上方会出现一个三角标记。④向右拖动播放头到下一个要缩放的位置。⑤拖动控点，改变大小。轨道上方会出现一个三角标记。通过上述方法，可增加多个缩放标记。这样视频就会在标记处进行缩放变化。⑥单击三角标记。⑦单击【删除】按钮(图 2.5.14)，就可删除缩放三角标记。

图 2.5.14

4. 视频音量的调整与降噪

步骤 ①单击要处理的视频。②单击【音频】按钮。③拖动音量滑块，可改变音量。④单击勾选【降噪】，可降低视频的噪音(图 2.5.15)。

图 2.5.15

5. 添加字幕

步骤 ①单击【文字】按钮。②输入文字。③选定文字。④单击选择字体。⑤单击选择字号。⑥拖动到轨道 2 上。⑦向右拖动文字部分偏右侧，改变文字在视频中显示的时间长短。⑧单击选中文字。⑨拖动文字边框，移动文字在屏幕中的位置(图 2.5.16)。

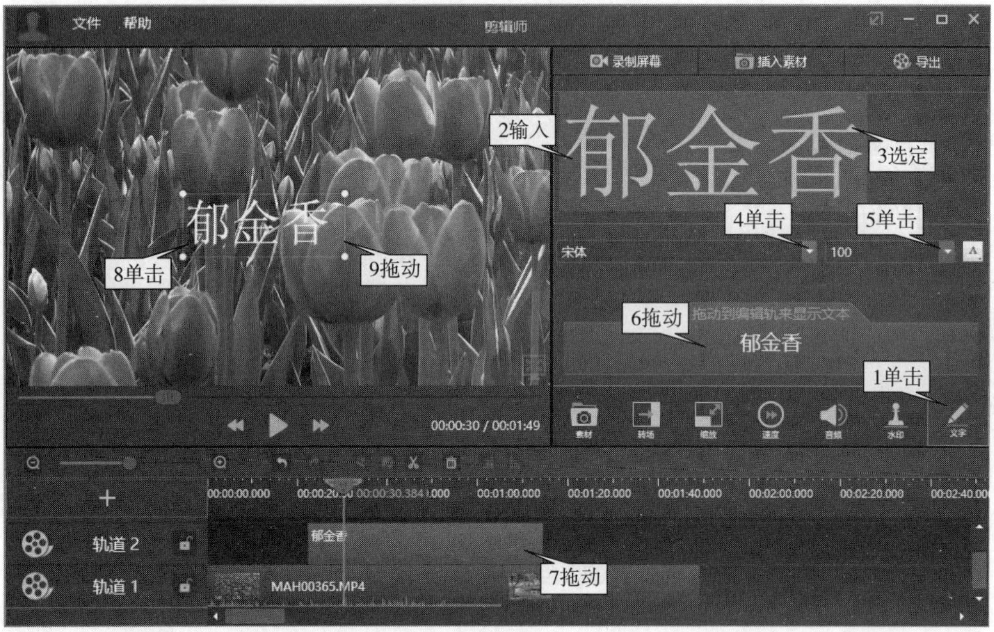

图 2.5.16

6. 设置快慢镜头

步骤 ①单击选定要设置的视频。②单击【速度】按钮。③拖动【速度调节】滑块，向左是设置慢镜头，向右是设置快镜头(图 2.5.17)。

图 2.5.17

7. 导出视频

步骤 1 ①单击【导出】按钮，会弹出图 2.5.18 所示的【导出设置】对话框。② 单击【HD】按钮，生成的视频是 1080P 格式的高清视频（1280×720 是标清视频），会弹出图 2.5.18 所示的【另存为】对话框。③单击选择文件保存位置。④输入文件名。⑤单击【保存】（图 2.5.18），出现图 2.5.19，当进度条到 100%后，出现图2.5.20，表示导出完成。

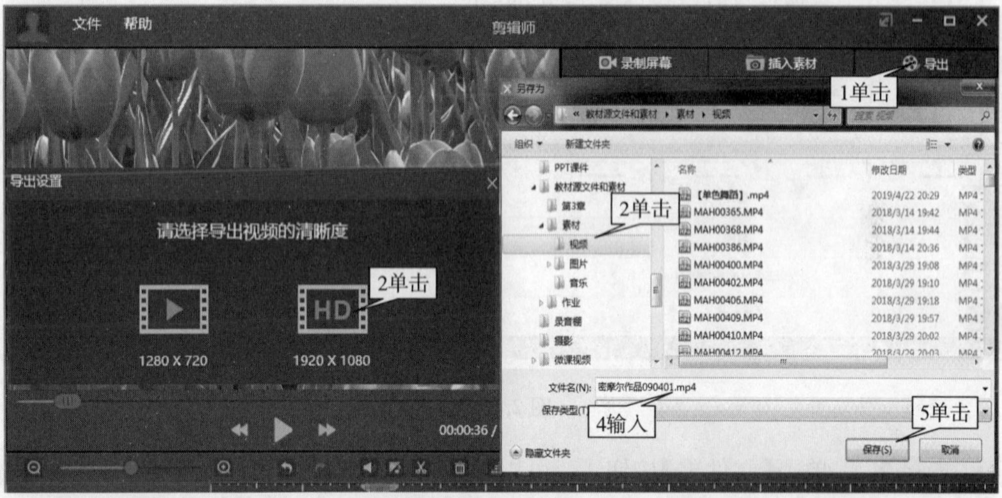

图 2.5.18

图 2.5.19

图 2.5.20

步骤 2 单击【打开文件夹】（图 2.5.20），就可以看到导出的视频文件。

任务 4 分离视频中的音频

由于我们现在拍摄视频和录制音频的设备种类不止一种，有手机、录音笔、数码相机、数码摄像机等。这些设备录制时它的音频和视频格式可能会不一致。为了方便使用，需要通过相应的软件将这些不一致的格式转换成需要的音视频格式。格式工厂是一款免费软件，支持视频、音频、图片等多种格式，可以将文件轻松转换成想要的格式；可以修复损坏的文件，让转换质量无破损；可以把多媒体文件“减肥”，使它们变得“瘦小、苗条”，节省硬盘空间，方便保存和备份。格式工厂可指定格式转换，图片支持缩放、旋转、水印等常用功能，最新版中增加了屏幕录像功能。

步骤 1 ①单击【音频】。②单击【分离器】(图 2.5.21)，出现图 2.5.22。

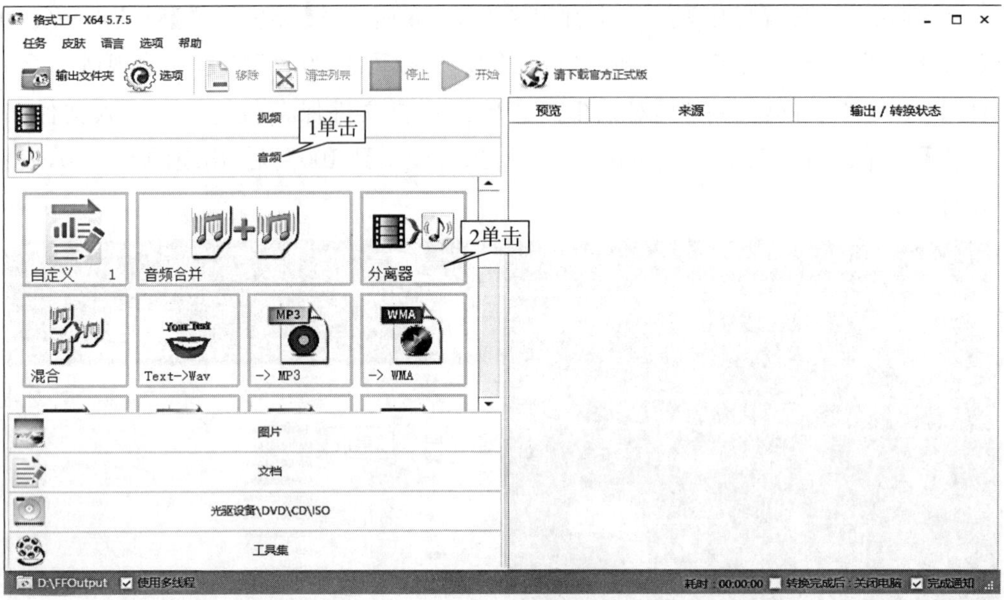

图 2.5.21

步骤 2 ①单击【文件夹】按钮，可以改变分离后文件的存放路径。②单击【添加文件】按钮，在打开的对话框中找到要分离的文件，并双击将其添加进来。③单击【添加文件】按钮，可再次添加文件。④单击【确定】(图 2.5.22)，出现图 2.5.23。

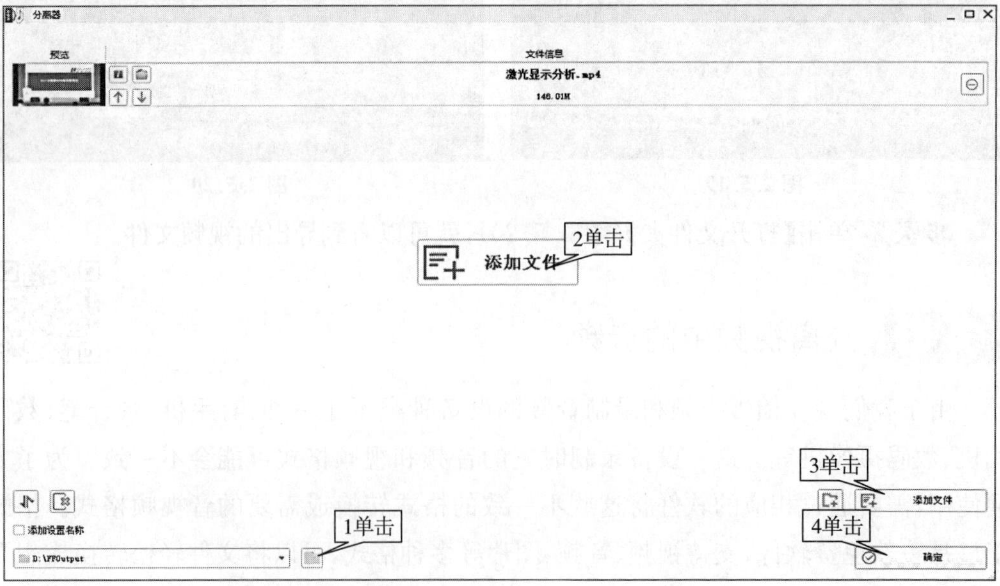

图 2.5.22

步骤 3 ①单击【选项】按钮 选项，可以打开图 2.5.23 所示的【选项】对话框。

②单击【改变】按钮 改变 ，可以改变分离后文件的存放路径。③单击【确定】。④单击【开始】按钮 开始（图 2.5.23），分离结束后，出现图 2.5.24。

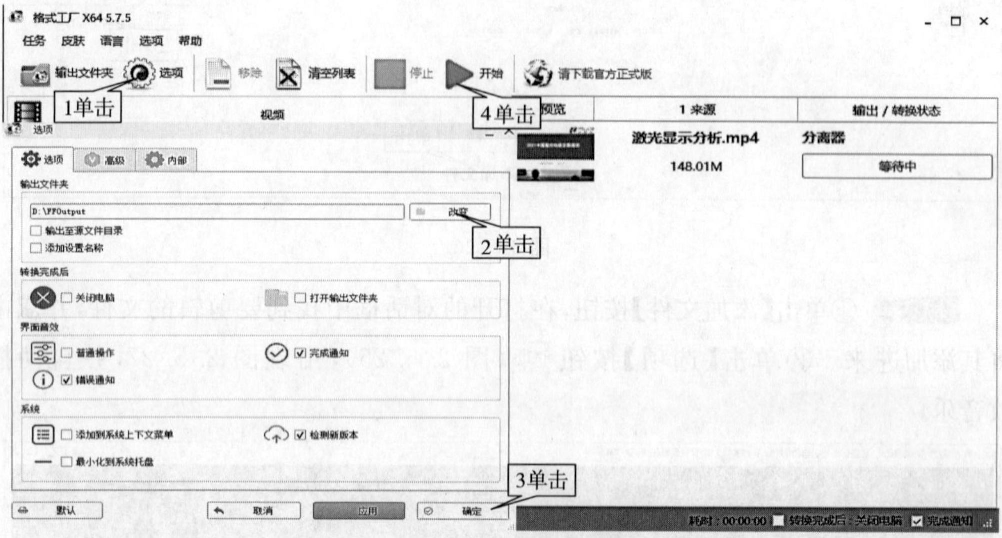

图 2.5.23

步骤 4　单击【播放】按钮 （图 2.5.24），即可打开资源管理器，看到分离的文件。

图 2.5.24

任务 5　剪辑音频

步骤 1　①单击【音频】。②单击【自定义】按钮（图 2.5.25），出现图 2.5.26。

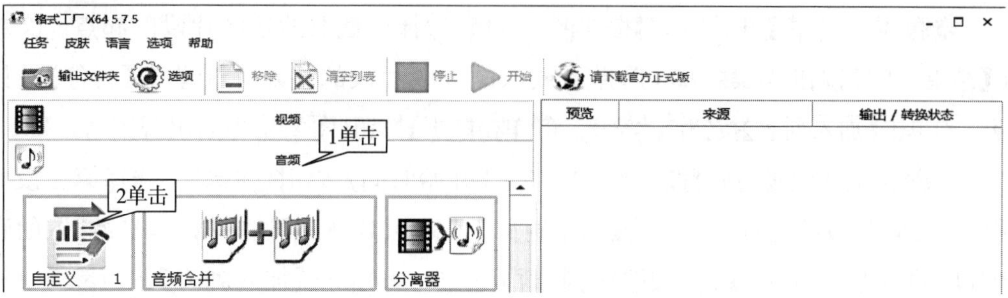

图 2.5.25

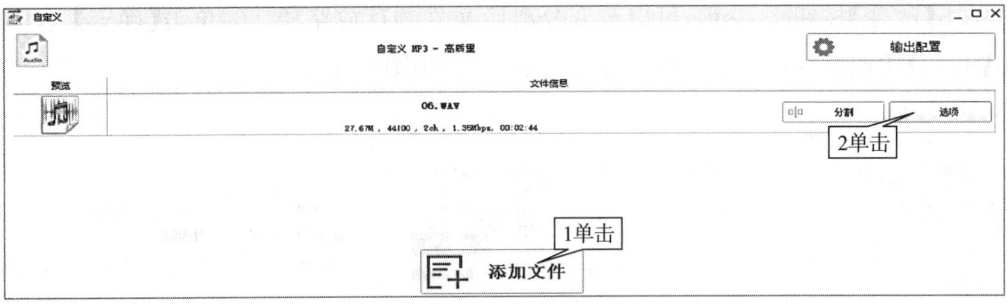

图 2.5.26

步骤 2 ①单击【添加文件】按钮，在打开的对话框中找到要剪辑的文件，并双击将其添加进来。②单击【选项】按钮 选项（图 2.5.26），出现图 2.5.27，并自动播放音乐。

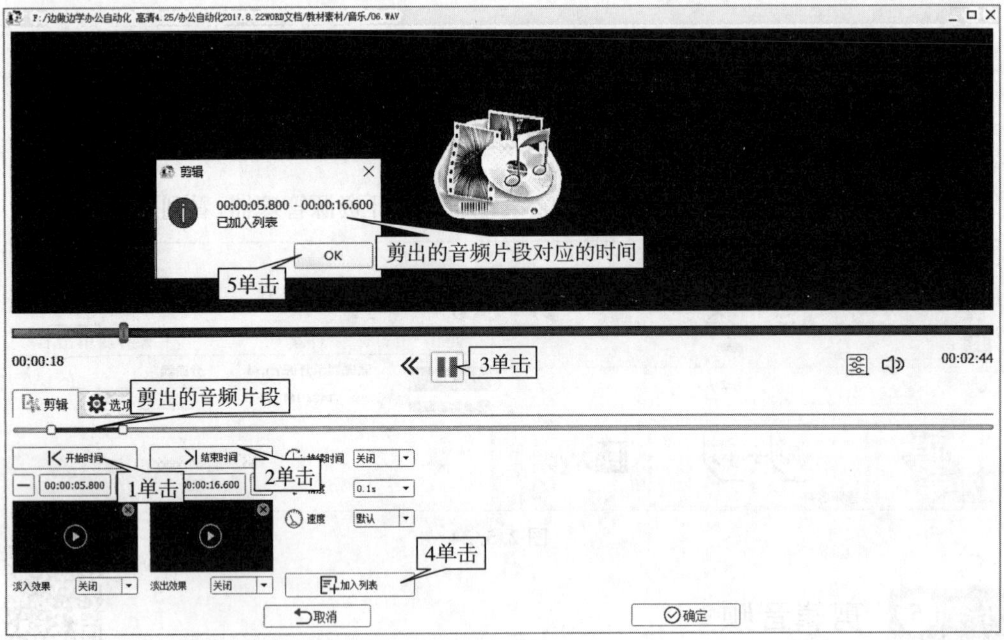

图 2.5.27

步骤 3 ①单击【开始时间】按钮|< 开始时间，选择要截取的音频片段的起点。②单击【结束时间】按钮>| 结束时间，选择要截取的音频片段的终点。③单击【暂停】按钮❚❚。④单击【加入列表】按钮 加入列表。⑤单击【OK】按钮（图 2.5.27），出现图 2.5.28。

步骤 4 ①单击【播放】按钮▶。②单击【开始时间】按钮|< 开始时间，选择第二段要截取的音频片段的起点。③单击【结束时间】按钮>| 结束时间，选择第二段要截取的音频片段的终点。④单击【暂停】按钮❚❚，暂停播放。⑤单击【加入列表】按钮 加入列表。⑥单击【OK】按钮。⑦单击【确定】（图 2.5.28），出现图 2.5.29。如果还需要截取其

他片段的音频，可以重复上述操作。

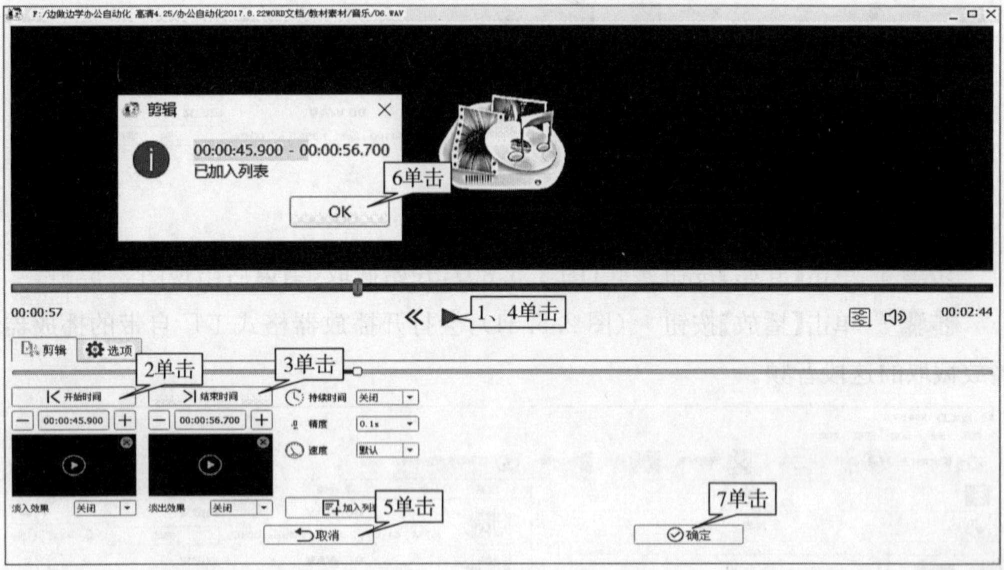

图 2.5.28

步骤 5 ①单击【文件夹】按钮 可以改变截取后文件的存放路径。②单击【确定】(图 2.5.29)，出现图 2.5.30。

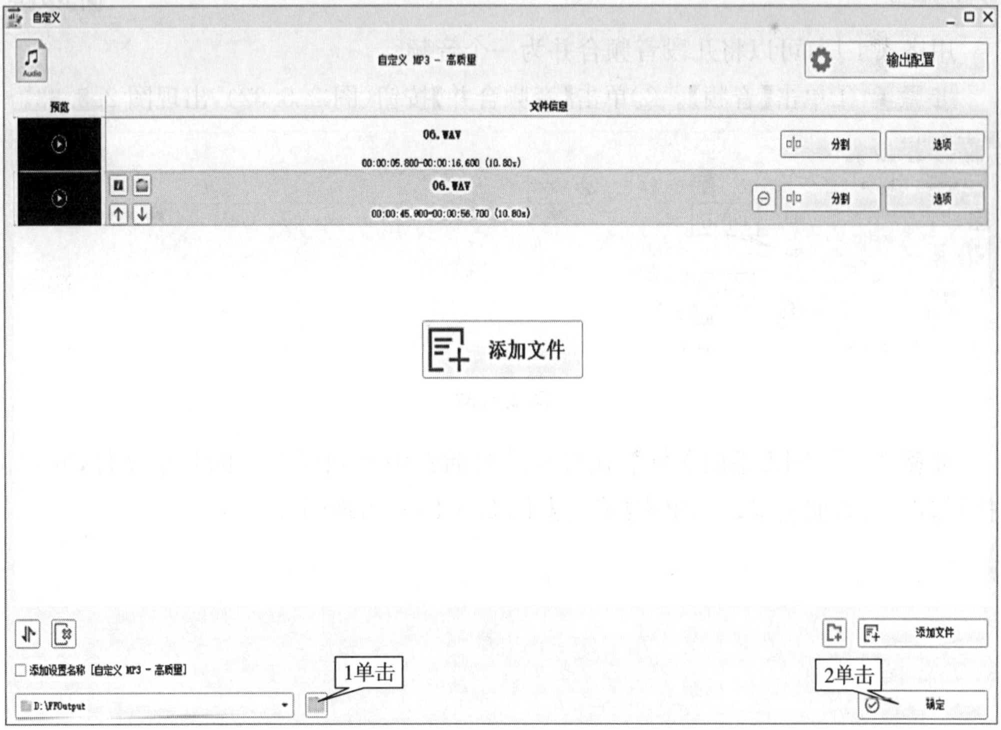

图 2.5.29

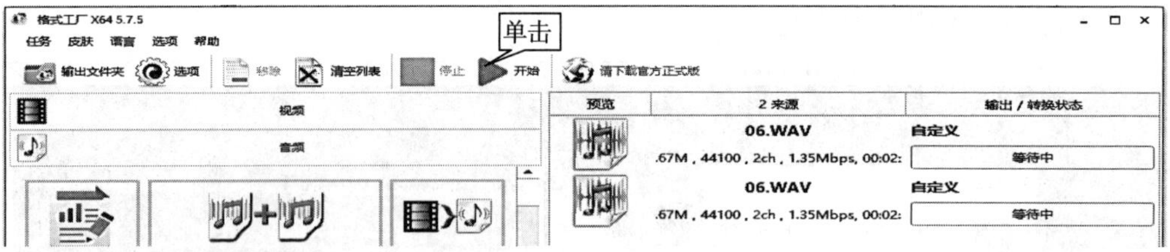

图 2.5.30

步骤 6 单击【开始】按钮（图 2.5.30），开始截取，结束后出现图 2.5.31。

步骤 7 单击【播放】按钮（图 2.5.31），会打开播放器格式工厂自带的播放器，播放截取的这段音频。

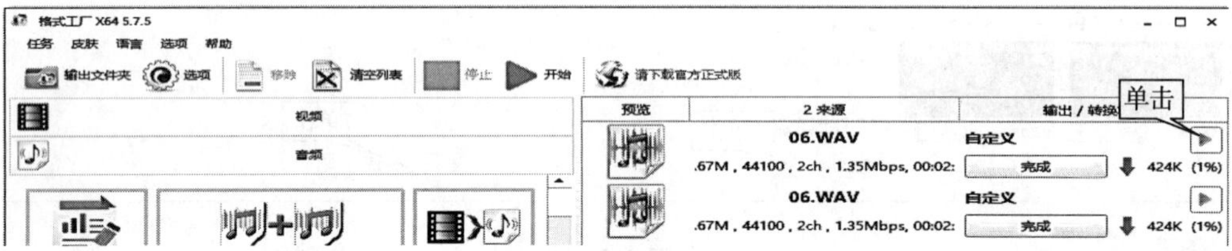

图 2.5.31

任务 6 合并音频

用格式工厂，可以将几段音频合并为一个音频。

步骤 1 ①单击【音频】。②单击【音频合并】按钮（图 2.5.32），出现图 2.5.33。

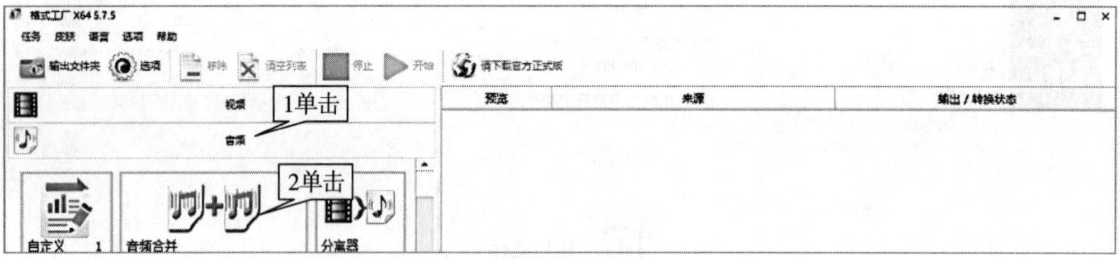

图 2.5.32

步骤 2 ①单击【添加文件】，在打开的对话框中找到要合并的几个文件，并单击【打开】，将其添加进来。②单击【确定】（图 2.5.33），出现图 2.5.34。

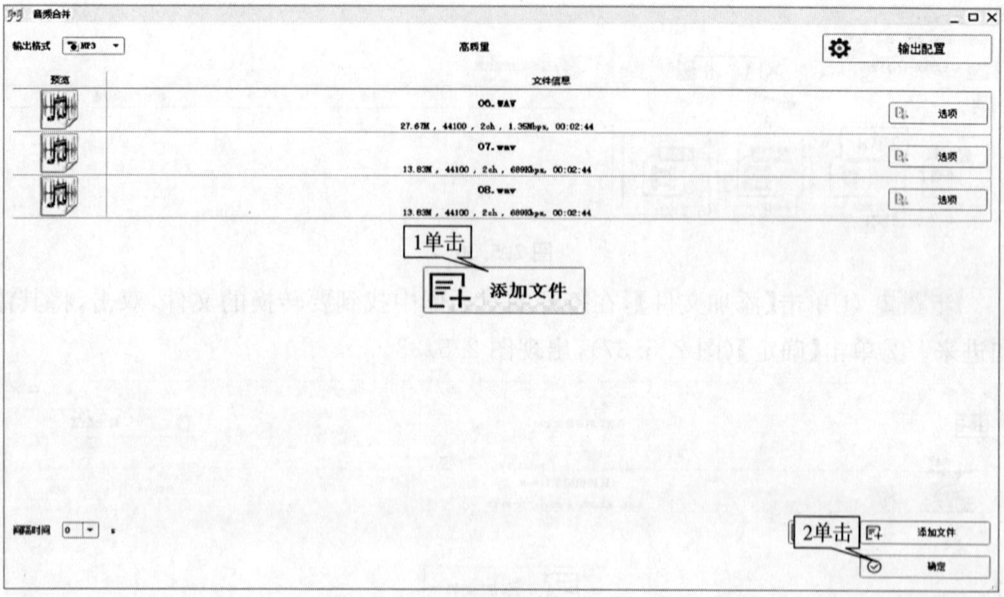

图 2.5.33

图 2.5.34

步骤 3　单击【开始】按钮▶开始(图 2.5.34)，开始合并，结束后出现图 2.5.35。

步骤 4　单击【播放】按钮▶(图 2.5.35)，会打开播放器格式工厂自带的播放器，播放合并的这段音频。

图 2.5.35

任务 7　将视频文件转为 MP4

步骤 1　①单击【视频】。②单击【MP4】按钮(图 2.5.36)，出现图 2.5.37。

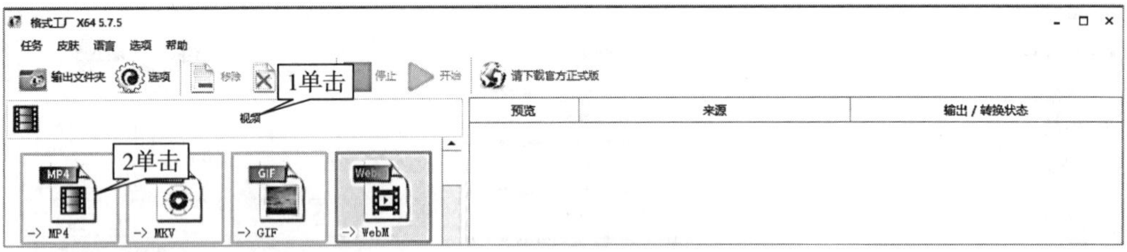

图 2.5.36

步骤 2 ①单击【添加文件】，在打开的对话框中找到要转换的文件，双击，将其添加进来。②单击【确定】（图 2.5.37），出现图 2.5.38。

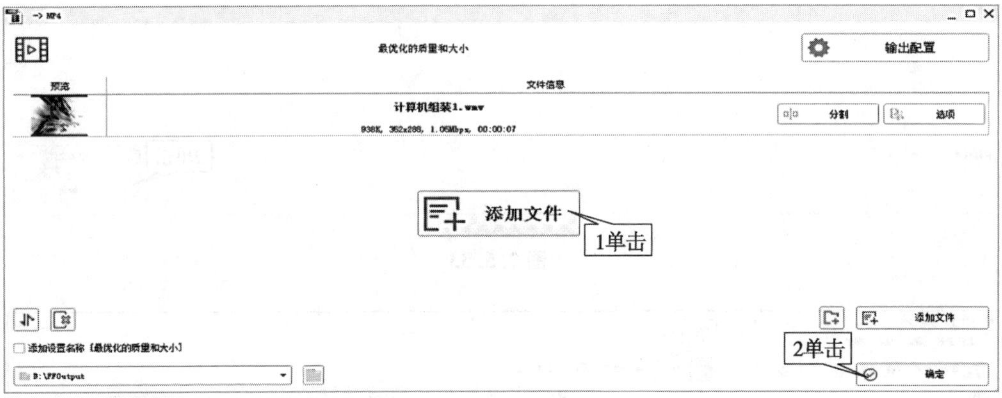

图 2.5.37

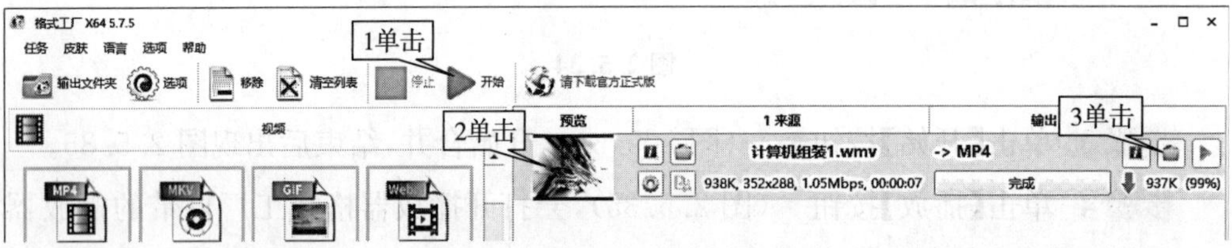

图 2.5.38

步骤 3 ①单击【开始】按钮 开始（图 2.5.38），开始转换，结束后结果见图 2.5.39。②单击转换好的文件（图 2.5.38）。③单击【文件夹】按钮，即可打开资源管理器，看到转换后的文件。

图 2.5.39

任务 8 其他视频格式间的相互转换

步骤 1 ①单击【视频】。②单击【AVI WMV MPG】按钮(图 2.5.39)，出现图 2.5.40。

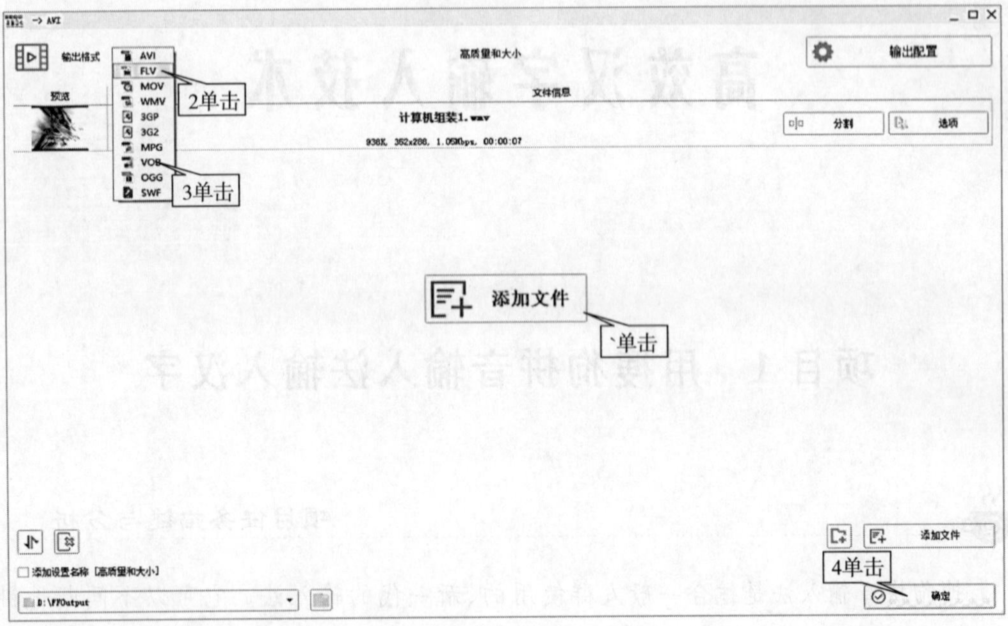

图 2.5.40

步骤 2 ①单击【添加文件】，在打开的对话框中找到要转换 WMV 的文件，并双击将其添加进来。②单击【输出格式】按钮右侧的下拉列表。③单击选中【VOB】。④单击【确定】(图 2.5.40)，出现图 2.5.41。

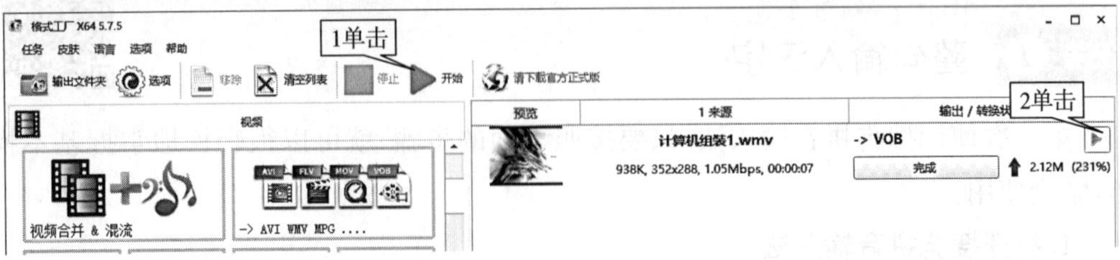

图 2.5.41

步骤 3 ①单击【开始】按钮▶开始，开始转换，结束后结果见图 2.5.41，这样就把 WMV 文件转换成了 VOB 格式的文件。②单击【播放】按钮▶(图 2.5.41)，会打开格式工厂自带的播放器，播放转换了格式的视频。其他格式视频文件之间的转换方法相同。

第3章

高效汉字输入技术

项目1 用搜狗拼音输入法输入汉字

项目任务描述与分析

搜狗拼音输入法是适合一般人群使用的、新一代的输入法。它可以不间断地键入整句话的拼音，提高输入效率；另外还提供了其他许多功能，比如：自学习和自定义词等。通过使用这两种功能，该输入法可以在与你的交流过程中不断学习你的专业术语和用词习惯，从而成为得心应手的工具。本项目旨在使读者全面掌握和应用搜狗拼音输入法的各项功能，以应对不同条件下的输入需求，提高汉字输入的速度。

任务1 整句输入汉字

第一次使用搜狗拼音输入法，只要按照下面的步骤，就可以很轻松地掌握基本操作，学会使用。

1. 打开搜狗拼音输入法

步骤 ①单击"输入法"按钮。②单击"搜狗拼音输入法"(图 3.1.1)，出现图3.1.2所示的搜狗拼音输入法的状态条，表示输入法已经打开。

2. 整句输入汉字

步骤1 单击中英文标点(图 3.1.2)，使其变为中文标点状态，结果见图3.1.3。

步骤2 连续键入一句话的拼音。例如，输入"大家喜欢和他打篮球"。在连续键入拼音过程中，你会看到输入窗口上面是你输入的拼音，下面是根据拼音转换成的汉字，输入法会一边接受你输入的拼音，一边将拼音根据语义转为汉字。这种转换过程是不断变化的，直到你输入一个标点符号为止。输入标点符号的目的是告诉输入法软件，本句的拼音已经输入完毕，可以进行拼音到汉字的转换处理。

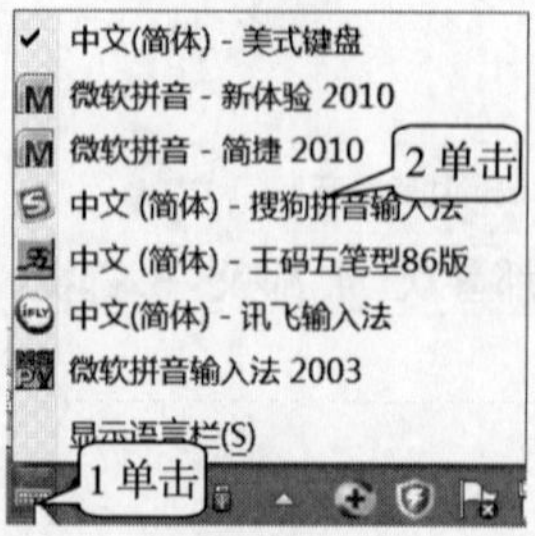

图 3.1.1

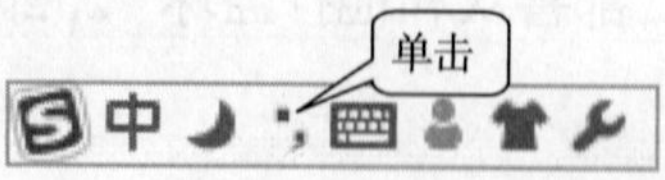

图 3.1.2

图 3.1.3

步骤 3　一句话输入完以后，再输入一个标点符号，则图 3.1.4 上的文字就被放到文档中了。

图 3.1.4

步骤 4　再输入下一个句子的拼音。

该输入法就是连续输入一句话的拼音，然后它将以标点符号为一句话的结束点，并根据这句话的拼音，分析其语意后将其转换为汉字。

3. 在输入完后修改转换结果

搜狗拼音输入法的大多数自动转换都是正确的，但正确率并不是 100%，错误是难免的。对于错误的转换结果，可以在输入整句话之后进行修改。以上面例子为例，继续操作，在完整句子拼音输入完之后，将【他】修改成【她】，可以按键盘上的左右方向键，将光标移动到【ta】前，见图 3.1.5，则输入法会把【ta】的同音字列在后面供你选择，这里要【她】便按键盘上的【3】键，然后再按空格键即可。如果下面的候选字中没有所要的字，则可以按键盘上的【，】或【。】键翻页查找。

图 3.1.5

4. 在输入完后修改拼音

在输入一句话的拼音时，如果拼音输错，就会造成转换的汉字不正确，见图 3.1.6。这时只要用键盘上的方向键将光标移到错的拼音处修改即可。在图 3.1.6 中，将光标移到【ji】后，并补上【a】，结果见图 3.1.7，然后按空格键即可。

图 3.1.6

图 3.1.7

5. 在输入完后增加拼音

在输入一句话的拼音时，如果某个字的拼音输漏，就会造成转换的汉字不正确，见图 3.1.8。这时只要用键盘上的方向键将光标移到输漏的拼音处，再补输漏掉的拼音即可。在图 3.1.8 中，将光标移到【dou】后，并补上【xi】，结果见图 3.1.9，然后按空格键即可。

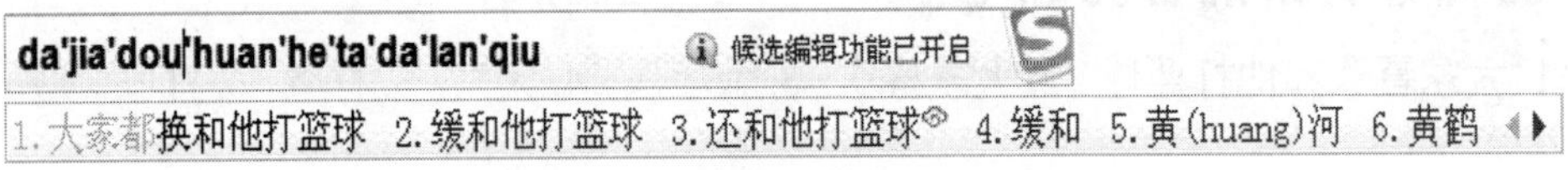

图 3.1.8

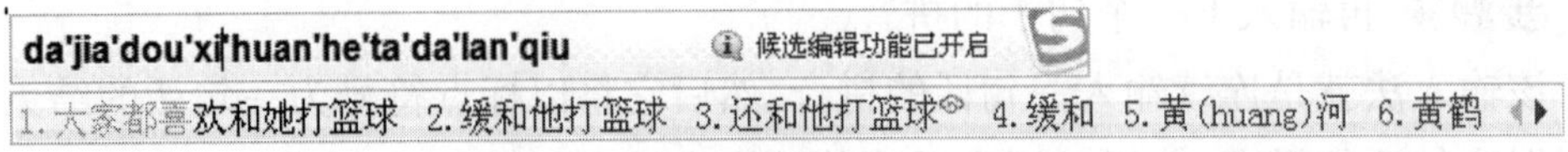

图 3.1.9

需要特别说明的是，在输入一句话的拼音时，有些字可以只输声母而不输韵母，至于哪些字可以这样做，可由自己定，但只输声母不输韵母的字越多，准确率就越低。

任务 2 按词输入汉字

搜狗拼音输入法也可以以词为单位输入汉字。

1. 二字词的输入

二字词的输入分为两种情况。

(1)常用的二字词：方法是输入两个字的声母：声母＋声母。

例如，输入“我们”，首先输入【wm】，出现图 3.1.10，然后按“空格”键。

图 3.1.10

同样，大家(dj)、同志(tzh)、形式(xsh)、黑板(hb)、活动(hd)、电脑(dn)、朋友(py)、新年(xn)、事情(shq)、事业(shy)、发展(fzh)、感动(gd)、今天(jt)、环境(hj)，承

认(chr)、需要(xy)、知道(zhd)、安全(aq)、规律(gl)、比较(bj)，这些词也同输入“我们”一样进行操作。需要说明的是：常用的二字词是根据日常生活中的使用确定的，生活中用得多的二字词，就可以认为是常用的二字词。

(2)不常用的二字词：方法是不完整的输入两个字的声母和韵母：声母+(韵母)+声母+(韵母)，其中每个字的韵母都可以省略不输。

例如，输入“精心”，首先输入 jingxin，出现图 3.1.11，然后按“2”键。

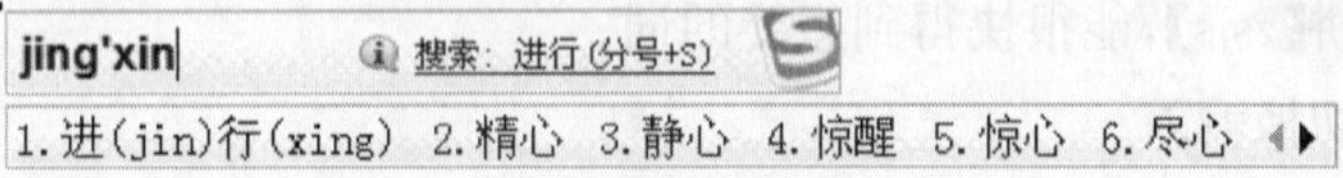

图 3.1.11

省略韵母可以少敲击几个键，提高输入速度，同时也解决了有些字韵母读不准和不清楚的难题。但省略的结果会使重码词增多，有时反而影响输入速度。

2. 三字以上词的输入

三字以上词的输入方法是输入三个字的声母：声母+声母+声母。

例如，输入“计算机”，首先输入 jsj，出现图 3.1.12，然后按“空格”键。

图 3.1.12

如果下面的候选词中没有所要的词，则可以按键盘上的【，】或【。】键翻页查找。

3. 四字以上的词

四字以上的词的输入方法是输入每个字的声母：声母+声母+声母+声母。

例如，输入“雾里看花”，首先输入 wlkh，出现图 3.1.13，然后按“空格”键。

图 3.1.13

任务 3 学用其他功能

1. 翻页选字

搜狗拼音输入法默认的翻页键是逗号和句号，即输入拼音后，按句号键向后翻页选字，按逗号键向前翻页选字。找到所选的字后，按其相对应的数字键即可输入。之所以推荐用这两个键翻页，是因为用【逗号】和【句号】时，手不用移开键盘主操作区，效率最高，也不容易出错。输入法默认的翻页键还有减号和等号。

2. 使用简拼

搜狗输入法现在支持的是声母简拼和声母的首字母简拼。例如，输入【张靓颖】，只要输入【zhly】或者【zly】，就可以输入【张靓颖】。同时，搜狗输入法支持简拼全拼的混合输入，例如，输入【srf】、【sruf】、【shrfa】，都可以输入【输入法】。

注意：这里声母首字母简拼的作用和模糊音中的【z，s，c】相同。但是，这属于两码事，即使没有选择设置里的模糊音，同样可以用【zly】输入【张靓颖】。有效地用声母的首字母简拼可以提高输入效率，减少误打。例如，输入【指示精神】，如果输入传统的声母简拼，只能输入【zhshjsh】，需要输入的多，而且多个 h 容易造成误打，而输入声母的首字母简拼【zsjs】，能很快得到想要的词。

3. 中英文切换输入

输入法默认是按下【Shift】键就切换到英文输入状态，再按一下【Shift】键就会返回中文状态。用鼠标点击状态栏上面的中字图标也可以切换。

除了用【Shift】键切换以外，搜狗输入法也支持回车输入英文，在输入较短的英文时使用，能省去切换到英文状态下的麻烦。具体使用方法是：

输入英文【word】，见图 3.1.14，直接敲回车即可输入 word。

图 3.1.14

4. 设定候选词

输入法默认的是 5 个候选词，搜狗的候选词中首词满意率与传统的输入法相比已经大大提高，第一页的 5 个候选词均为最常用的词。默认推荐候选词的数量是 5。这是因为候选词太多会造成查找困难，导致输入效率下降。

首页显示候选词的数量可以更改，方法为：

步骤 1 ①右击【搜狗输入法】。②单击【设置属性】（图 3.1.15），出现图 3.1.16。

步骤 2 ①单击【外观】。②单击【候选项数】。③单击【9】（首页候选词数量可设为 2～9）。④单击【确定】（见图 3.1.16）。

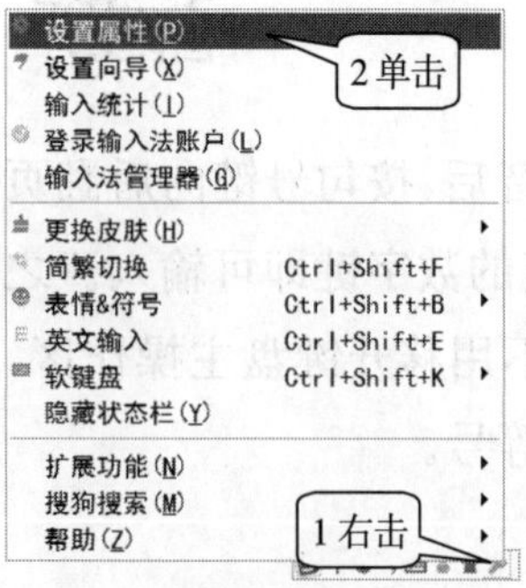

图 3.1.15

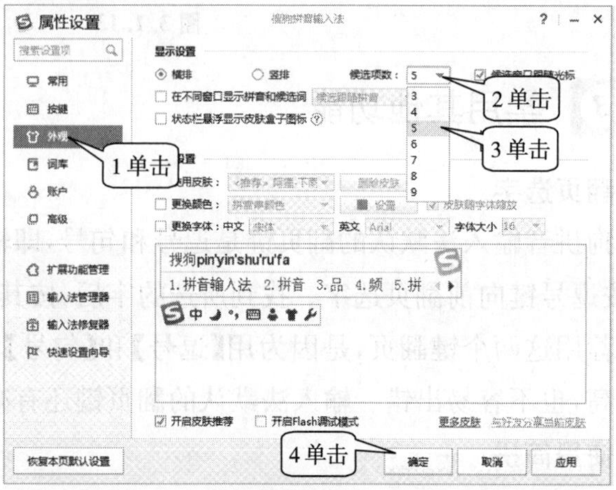

图 3.1.16

5. 自定义短语

自定义短语是指用指定的字符串来代替输入的词、短句、人名和产品名称等。

步骤 1 ①输入 wo，并将鼠标指到 wo 上，会出现“添加短语”，见图 3.1.17。

步骤 2 单击添加短语（在图 3.1.17 中），出现图 3.1.18。

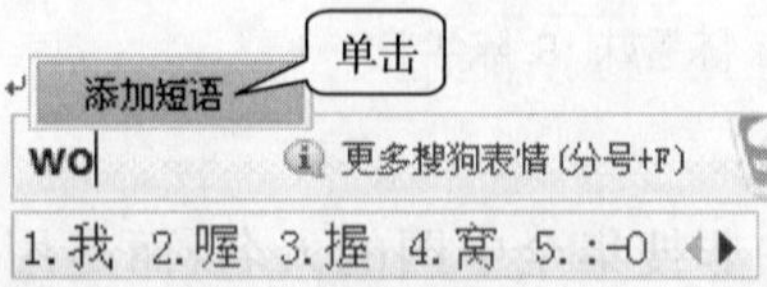

图 3.1.17

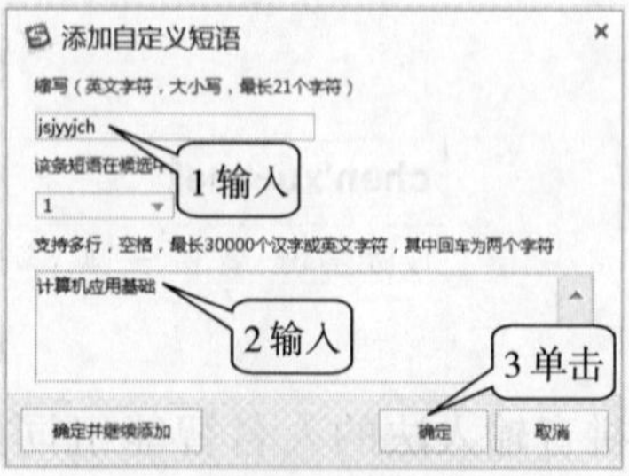

图 3.1.18

步骤 3 ①输入短语【计算机应用基础】。②输入字符串【jsjyyjch】。③单击【确定】按钮（在图 3.1.18 中），即可完成短语的定义。以后只要输入【jsjyyjch】，即可得到【计算机应用基础】。自定义字符串的数量最少为 1 个，最多为 21 个，也就是说【计算机应用基础】还可以用另一个字符代替。读者可以尝试自定义用【J】来代替【计算机应用基础】。

6. 自学习

搜狗拼音输入法有自学习功能，学习能力强，速度快。同时还可以像编辑自造词那样来编辑自学习的词语。所谓“自学习”就是由输入法自己学习。比如，输入一句话，其拼音经过转换后有些地方转换不正确，此时便可以像前面那样修改转换不对的字，当下一次再输入同样一段拼音，输入法就记住了刚才所作的修改。再一次转换时就不会出错了。比如，输入【suimujingmaiqunguangjue】时，会出现图 3.1.19。经过重新选择同音字后就得到了图 3.1.20 所示的【岁暮景迈群光绝】，当第二次再输入同样的拼音时，无需选择同音字，就会得到正确的短语词【岁暮景迈群光绝】。

图 3.1.19

图 3.1.20

7. 快速输入人名

输入人名的拼音，搜狗输入法识别人名的能力较强，会在候选词中出现人名，见图3.1.21。这就是人名智能组词给出的其中一个人名，并且输入框有【更多人名（分号＋R)】的提示，如果提供的人名选项不是你想要的，那么此时可以按【分号＋R】键进入人名组词模式，见图 3.1.22，选择想要的人名。

图 3.1.21

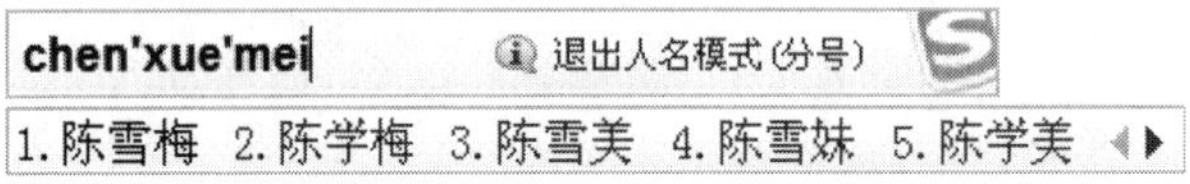

图 3.1.22

搜狗拼音输入法的人名智能组词模式，并非搜集全中国的人名，而是用智能分析，计算出合适的人名给出结果，可组出的人名逾十亿，正可谓“十亿中国人名，一次拼写成功”。

8. 模糊音输入

模糊音是专为容易混淆某些音节的人设计的。例如，想输入【使】，但又分不清 sh 和 s 的读音，而错误地输入【si】时，也可以出来【使】，见图 3.1.23。

搜狗支持的模糊音有：

声母模糊音：s 和 sh、c 和 ch、z 和 zh、l 和 n、f 和 h、r 和 l。

韵母模糊音：an 和 ang、en 和 eng、in 和 ing、ian 和 iang、uan 和 uang。

这就是说在输入这些声母或韵母时，如果读不准，可以不加以区分。

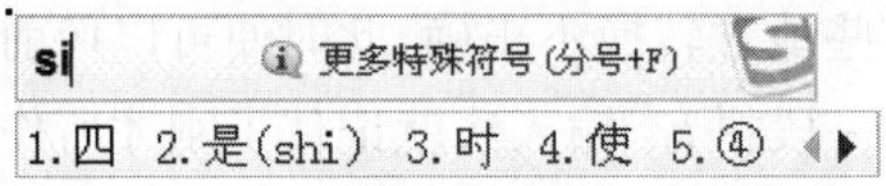

图 3.1.23

9. 用拆分法快速输入生僻字

对于类似于靐、嫑、犇这样一些字，看似简单，但是又很复杂。知道组成这个文字的部分，却不知道文字的读音，只能通过笔画输入，可是笔画输入又较为繁琐。因此搜狗输入法提供了便捷的拆分输入，化繁为简，即直接输入生僻字的组成部分的拼音即可，见图 3.1.24。

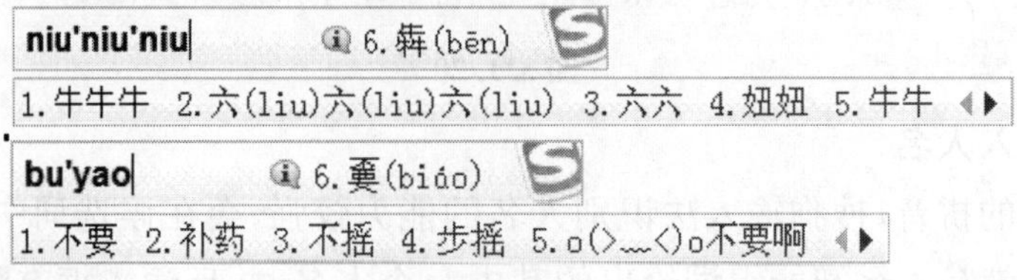

图 3.1.24

10. U 模式下的笔画输入

U 模式是专门为输入不会读的字所设计的。在输入 u 后，依次输入一个字的笔画，笔画为：横、竖、撇、捺、折。

其中横用【h】键，竖用【s】键，撇用【p】键，捺用【n】键，折用【z】键，同时小键盘上的1、2、3、4、5 也可分别代表 h、s、p、n、z。这里的笔顺规则与普通手机上的五笔输入是完全一样的。其中点也可以用 d 来输入。

值得一提的是，竖心的笔顺是点点竖（nns），而不是竖点点。例如，图 3.1.25 就是【你】字的输入。

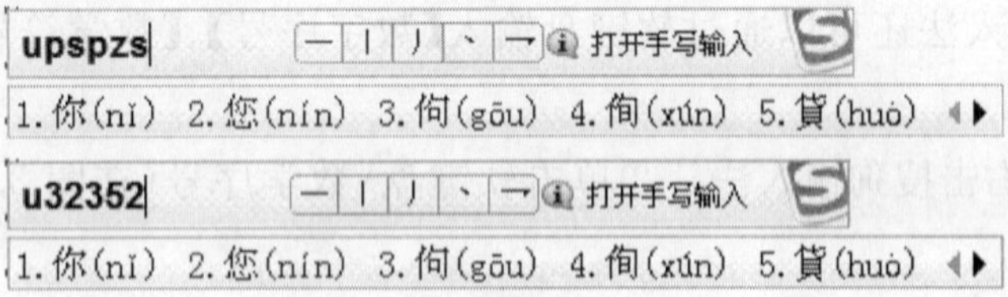

图 3.1.25

11. 手写模式输入

当要输入不会读的字，又嫌笔画模式不好用时，可以使用手写模式，使用手写模式的方法如下。

步骤 1 按【U】键，出现图 3.1.26。

图 3.1.26

步骤 2 单击【打开手写输入】，出现图 3.1.27。

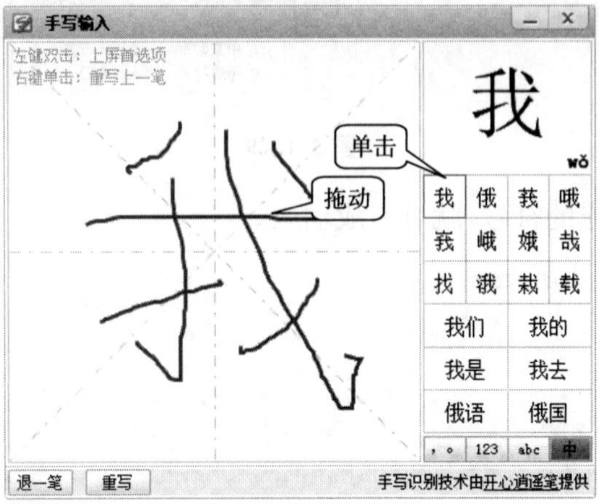

图 3.1.27

步骤 3 拖动鼠标，写出文字，见图 3.1.27。

步骤 4 双击鼠标，即可完成输入（或者单击右侧候选框中想要的字）。

12. 笔画筛选

笔画筛选用于输入单字时，用笔画来快速确定该字。使用方法是输入一个字或多个字后，按下【Tab】键（Tab 键如果是翻页的话也不受影响），然后用 h、s、p、n、z 依次输入第一个字的笔画，一直到找到该字为止。要退出笔画筛选模式，只需删掉已经输入的笔画辅助码即可。例如，快速确定【珍】字，输入 zhen 后，出现图 3.1.28。按下【Tab】键，然后输入珍的前两笔【hh】，就可确定该字。

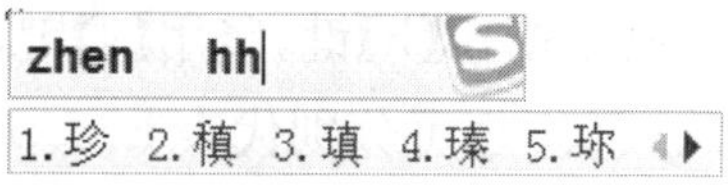

图 3.1.28

13. 输入其他符号

搜狗拼音输入法还可以通过软键盘输入【数字序号】、【数学符号】、【特殊符号】等，方法是：

步骤 1 ①右击搜狗输入法。②单击软键盘\数学序号（在图 3.1.29 中），出现图3.1.30。

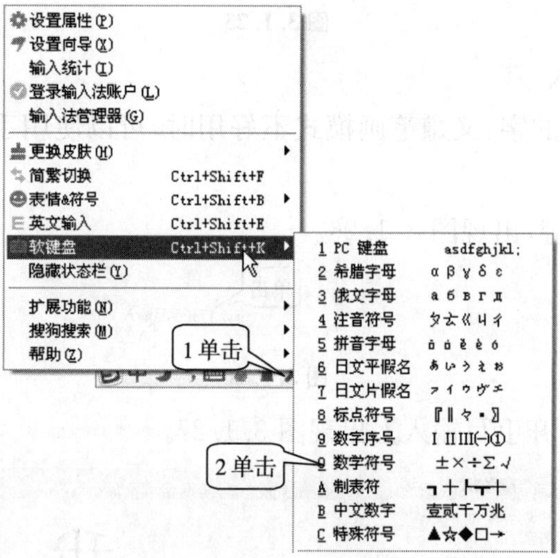

图 3.1.29

步骤 2 单击相应的符号，就可完成输入。

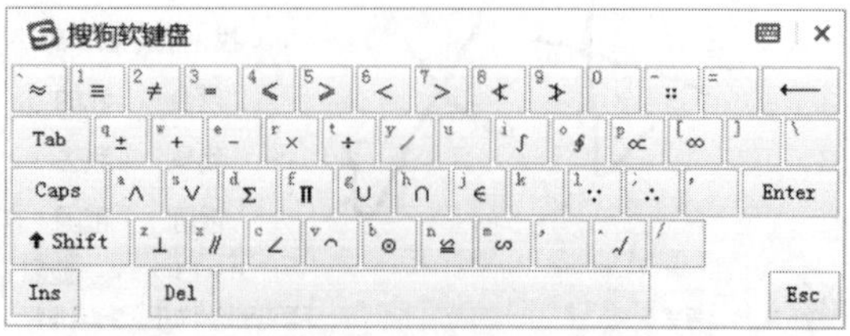

图 3.1.30

步骤 3 单击软键盘右上角的 ，选择【关闭软键盘】，即可关闭软键盘。

项目 2　快速输入与校对审核

项目任务描述与分析

汉字输入是文秘人员的主要工作之一，文秘人员汉字输入的工作量大，劳动强度也大。所以减轻劳动强度，提高输入速度是文秘人员所期望的。目前网络技术和软件技术的发展为我们提供了提高输入速度的条件，可以通过朗读或说话来将文字输入计算机，这一技术就是语音输入技术。语音输入是通过网络云技术将朗读的声音通过网络传送给远方的高性能计算机，并且由它将声音识别转换成文字信息。再通过网络送回到计算机，从而完成文字的输入。其输入的速度基本上和人的朗读速度相同。所以它也是一种高效、快捷、方便的输入方法。但是语音输入的识别率不是百分之百，需要后期通过其他的输入法对错误的地方加以修改。

OCR 输入则是用扫描仪将整页的印刷文稿或者表格输入计算机，由计算机上的OCR 软件识别并自动转变为汉字，替代人工输入汉字和表格的工作。其输入速度远远超出人们手工输入的速度，是一种高效的输入方法。

文秘人员在输入文稿之后，要对输入的内容进行校对。这是一项比较费时、费力的工作。但是可以通过语音合成软件，将输入的文稿由计算机软件朗读。而文秘人员只要看着原稿就可以完成校对工作了。这样就会大大提高校对速度，减轻劳动强度。

任务 1　语音输入汉字

搜狗输入法是基于“云计算”方式实现的智能语音输入法，语音输入的方法如下。

步骤 1　将麦克风插入计算机，并且调整好麦克风的音量。

步骤 2　确保网络是通的，单击输入图 3.2.1 中的麦克风，出现图 3.2.2。

步骤 3　对着麦克风朗读，计算机就会将声音转换成汉字显示在屏幕上，单击【完成】按钮，即可完成输入(见图 3.2.2)，出现图 3.2.3。

步骤 4　如果要继续输入，只需单击图 3.2.3 中的麦克风按钮即可。

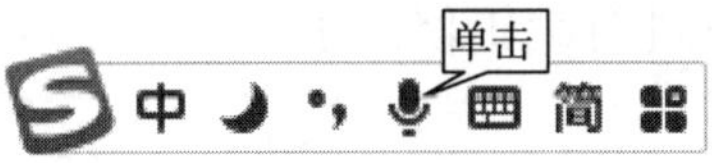

图 3.2.1

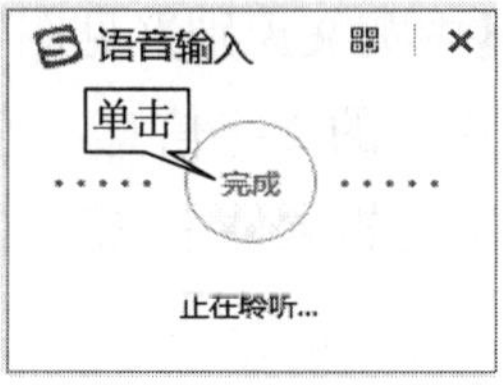

图 3.2.2

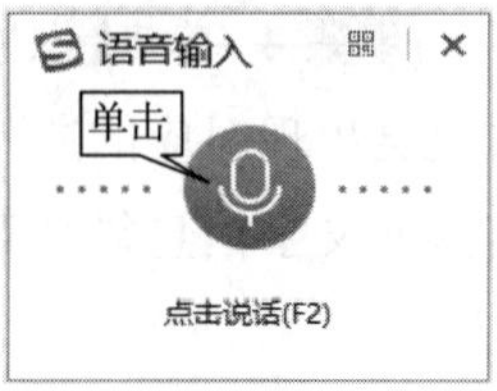

图 3.2.3

任务 2 扫描输入汉字

1. 用扫描仪输入汉字

对于打印在纸上的印刷体文字的输入，最好是采用扫描输入方式，即先用扫描仪把纸上的文字扫描成图片文件，然后再用相应的文字识别软件，将扫描的图片文件中的文字识别出来，变成可以在 word 等文字编辑软件中修改和编辑的电子文档。这种输入方式识别文字的速度非常快。通常，在我们购买扫描仪时，就会获赠相应的文字识别软件。下面以吉星数字扫描仪及赠送的文字识别软件为例，介绍扫描输入文字的方法。

步骤 1 首先用数字扫描仪或者普通扫描仪将纸质文稿扫描成图片文件，保存在计算机上。

步骤 2 打开扫描仪赠送的文字识别软件，见图 3.2.4。

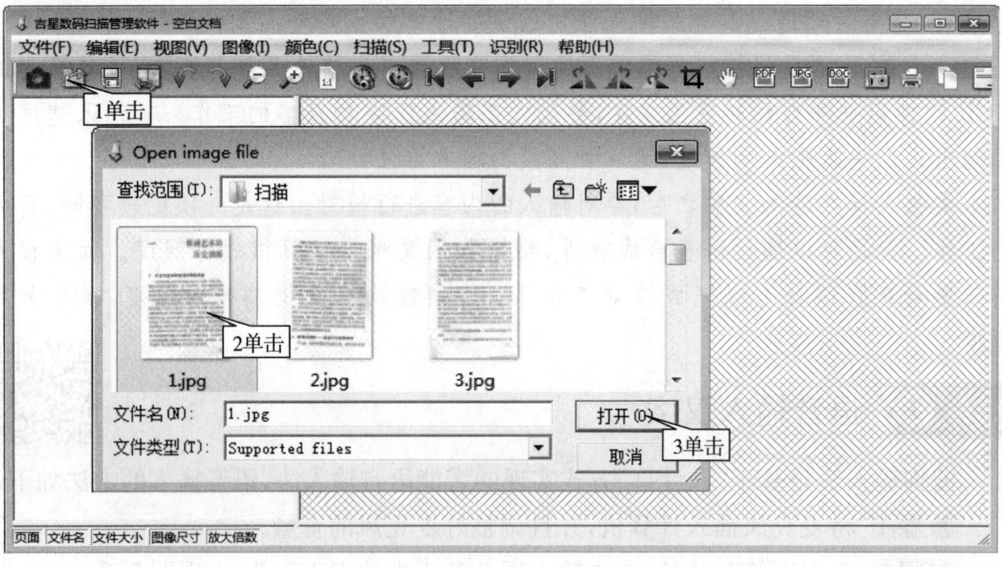

图 3.2.4

步骤 3 ①单击【打开】按钮，出现图 3.2.4 所示的选择图片文件对话框。②单击选择扫描产生的图片文件。③单击【打开】按钮(见图 3.2.4)，出现图 3.2.5。

步骤 4 单击【识别】\【中英文识别】(见图 3.2.5)，经过十秒钟之后，在窗口的下方就会出现对应的这张图片上的文字信息。这就完成了这张纸质文稿的文字输入，将这些文字信息复制到文字编辑软件中，就可以对它进行编辑修改了。

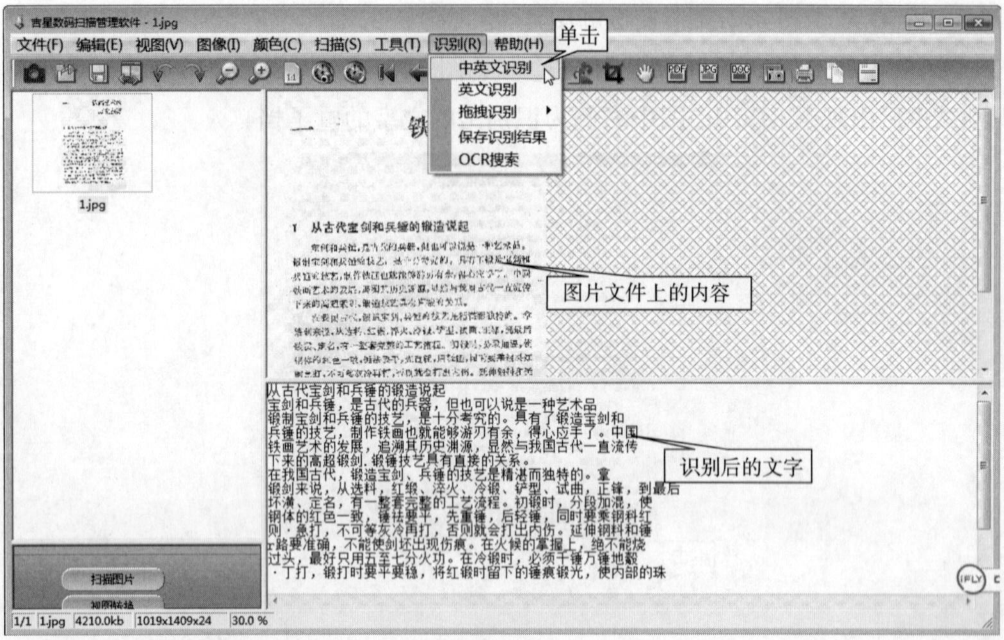

图 3.2.5

2. 用手机输入汉字

步骤 1 打开手机 QQ,打开一个好友窗口。

步骤 2 单击【拍摄】按钮（见图 3.2.6),会打开图 3.2.7 所示的拍摄界面。

步骤 3 拍摄文稿,然后单击【发送】按钮,回到图 3.2.6 界面。

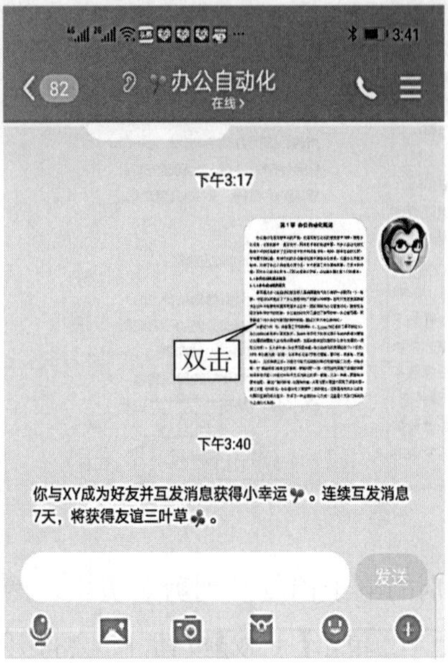

图 3.2.6

第 1 章 办公自动化概述

办公自动化是信息革命的产物，也是信息社会化的重要技术保障。随着办公设备、计算机技术、通信技术、网络技术等的快速发展，为办公自动化的实现和水平的提高提供了坚实的技术支持和设备保障。同时，随着社会的发展，市场需求的旺盛，用现代化的办公自动化技术装备办公体系，完善办公功能和结构，改进了办公人员信息处理方法，大大提高工作效率和质量，已是大势所趋。因而办公自动化作为一门综合性新兴学科，已经越来越引起人们的重视。

1.1 办公自动化基本概念

1.1.1 办公自动化的定义

最早提出办公室自动化概念的人是美国通用汽车公司的一名职员D·S·哈特，他在1936年提出了“办公室自动化”的建议和构想。起初只是在美国的部分企业中开始使用机器来处理办公业务，因此被称为办公室自动化，随着社会经济和科学技术的发展，办公室自动化早已超出了狭窄的单一办公室范畴，而是囊括了有关办公与管理的所有领域，因此又称为办公自动化。

20世纪70年 代，麻省理工学院教授M. C. Zisman为它进行了最初的定义：办公自动化就是将计算机技术、系统科学及行为科学应用于传统的数据处理难以处理的数量庞大且结构不明确的、包括非数字型信息的办公事务处理的一项综合技术1。三十多年来，从世界范围来看，办公自动化的发展经历了3个阶段：1975 年以前为第一阶段，采用单机设备(文字处理机、复印机、传真机、交换机等)， 完成单项工作。20世纪70年代后期到80年代初期为第二阶段，开始采用一些 综合设备(如专业交换机、局域网等)。在一定范围内实现了数据的共享和设备的共享。20世纪80年代之后为第三阶段，数据、文字、声音、图像等多媒体信息， 通过广域网传输、处理和存储，从而在更大范围内实现了资源共享。到了20世 纪90年代，办公自动化又被赋予了新的概念，这就是将现代办公设备与国际互联网结合起来，形成了一种全新的办公方式。这正是今天我们所说的办公自动化系统。

图 3.2.7

步骤 4 双击图 3.2.6 中发送的图片，出现图 3.2.8。

步骤 5 单击【截取图中文字】按钮 文 (见图 3.2.8)，电脑便开始进行文字识别，识别结束后出现图 3.2.9。图中右侧为识别出的文字的电子档。

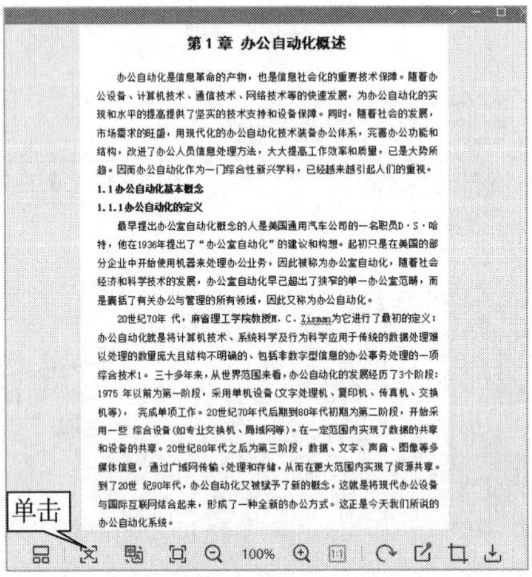

图 3.2.8

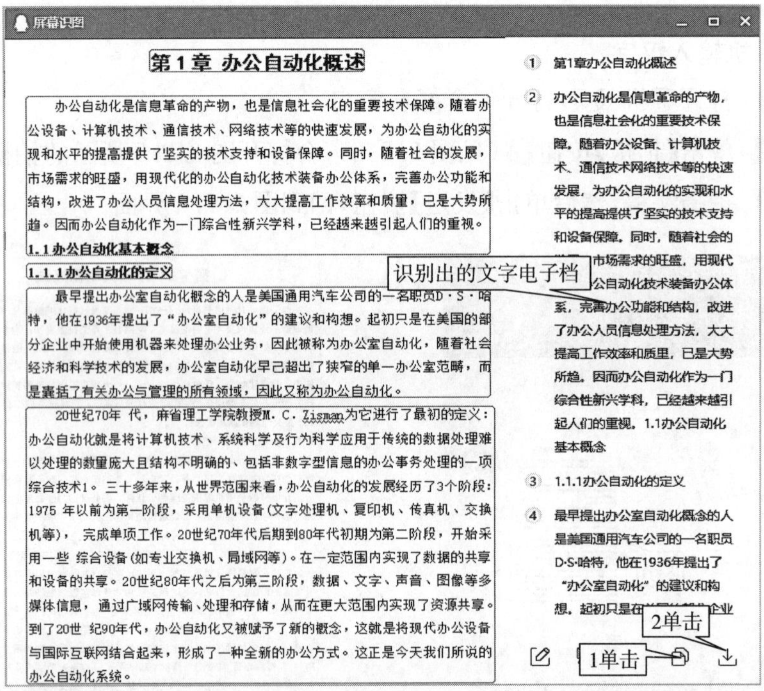

图 3.2.9

步骤 6 ①单击【复制】按钮，就可以将识别的电子档复制到剪贴板中。然后再将其粘贴到文字编辑软件中，即完成文字的输入。②单击【下载】按钮，会打开相应的对话框，在对话框中指定下载文件的位置，即可将该电子档保存为一个 txt 文件。

任务 3　校对与审核文稿

语音合成技术又称文语转换(text to speech)技术。语音合成技术解决的主要问题是将文字信息转化为声音信息,即让机器像人一样开口说话。通过语音合成技术可以实现由计算机朗读文档的功能。这样我们就可以由计算机来朗读文档,而文秘人员只要看着原稿稿件就可完成文稿的校对。而审核稿件的方法就是由计算机来朗读稿件,文秘人员通过听计算机的朗读来发现稿件中的问题,然后再进行修改,从而达到审核稿件的目的。这里所介绍的是 WPS2019 所带的语音合成功能。WPS2019 是一个免费下载的软件,可以从各大网站下载,需要强调的是:语音合成功能必须要保证计算机处于联网状态。

步骤 1　打开 WPS2019,见图 3.2.10。

步骤 2　单击【新建】按钮(见图 3.2.10),出现图 3.2.11。

图 3.2.10

步骤 3　单击【文字】选项卡(见图 3.2.11),在 WPS 中打开一篇文章,见图 3.2.12。

图 3.2.11

步骤 4　①单击【特色应用】选项卡。②单击【朗读】按钮。③单击【全文朗读】即可以开始朗读整个文章(见图 3.2.12)。

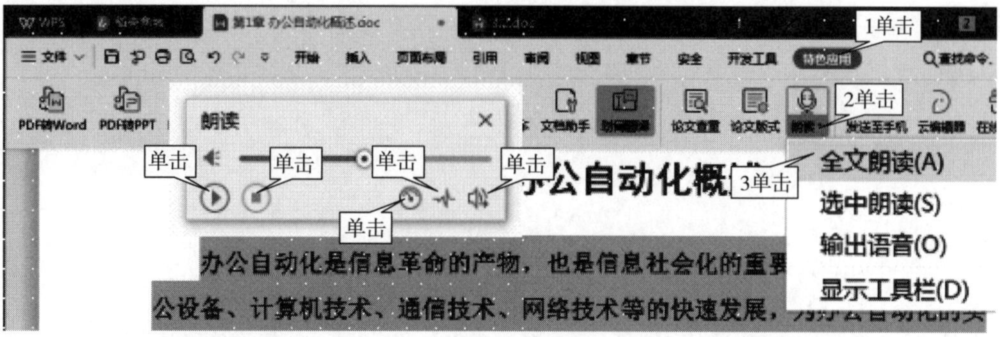

图 3.2.12

单击【选中朗读】可以朗读选中的部分；单击【输出语音】可以将朗读的音频文件输出；单击【显示工具栏】可以在朗读时出现如图 3.2.12 所示的【朗读】控制对话框。

在图 3.2.12 所示的【朗读】对话框中，单击【播放】按钮，可以开始播放朗读的声音。单击【停止】按钮 ，则停止朗读。单击【语速】按钮，可以调整朗读的语速。单击【语调】按钮，可以调整朗读的语调。单击【音量】按钮，可以调整朗读的音量。

任务 4 在线翻译

随着国际交往的日益频繁，企事业单位需要和国外进行各种贸易和商务交流。这就不免会遇到一些英文文档。为了高效的翻译和看懂相应的文档，可以利用搜狗输入法提供的在线翻译功能来辅助翻译。

步骤 1 单击【工具箱】按钮（见图 3.2.13），出现图 3.2.14。

图 3.2.13

图 3.2.14

步骤 2 单击【在线翻译】按钮（见图 3.2.14），出现图 3.2.15。

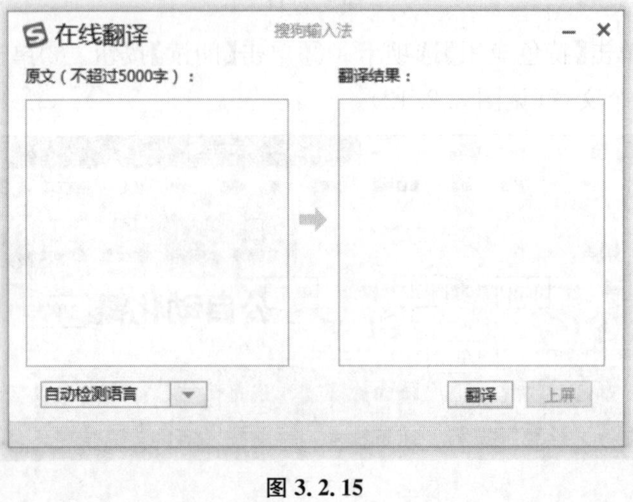

图 3.2.15

步骤 3 ①输入或粘贴文字。②单击【翻译】,即可将中文翻译成英文,并放在右侧窗口中。③单击【上屏】,即可将英文插入到文档中。

任务 5 翻译网页和文字

步骤 1 打开 360 浏览器,并打开一个英文网页,见图 3.2.16。

步骤 2 ①单击【译】按钮译▾。②单击【翻译当前网页】按钮(见图 3.2.16),出现图3.2.17。

图 3.2.16

图 3.2.17

步骤 3 ①单击选择【英语】。②单击选择【中文(简体)】(见图 3.2.17),网页就会立刻变成图 3.2.17 所示的中文了。

步骤 4 ①单击【译】按钮译▾。②单击【翻译文字】按钮(见图 3.2.16),出现图3.2.18。

步骤5 ①输入或复制粘贴英文。②单击【翻译】（见图 3.2.18），结果见图3.2.18。

图 3.2.18

第4章

办公文字处理

项目1 编辑与保存技巧

项目任务描述与分析

进行文本编辑有多种方法，也有一些技巧，选择一种效率高的方法或使用一些技巧会加快文档编辑速度。在工作中，有时会由于各种各样的原因突然断电，如果在断电之前没有保存文档，则前面输入的文字就会全部丢失。另外有时可能会由于急于去做其他事情而忘记保存刚刚输入的部分文字，就关闭了计算机，那么刚刚输入的文字部分就没有被保存下来。为了将这种忘记保存和由于客观原因不能保存造成的损失减少到最低限度，就可以通过启用定时保存功能让 Word 每隔一分钟就自动保存一次，这样就会使各种原因造成的文字丢失限制在最后一分钟输入的部分。

如果输入的文档是不公开的，为了防止没有权限的人阅读文档，就应该将文档进行加密保存，只有知道密码的人才能打开或修改文档。

在对文档进行修改时，如果不想破坏原稿，就不要用“保存”命令，因为“保存”命令会将原稿覆盖掉，而应该用“另存为”命令将修改后的稿件换一个文件名保存起来。为了方便区别原稿和修改稿，通常另存为时采用的文件名是原文件名后面加1至2个字符。这样如果对修改稿不满意，以后还可以启用原稿。下面就介绍解决上述问题的方法。

任务1 文字的编辑技巧

1. 输入下面文字

奇瑞汽车股份有限公司成立于1997年1月8日，注册资本41亿元。公司以打造“国际品牌”为战略目标，经过十五年的创新发展，现已成为国内最大的集汽车整车、动力总成和关键零部件的研发、试制、生产和销售为一体的自主品牌汽车制造企业，以及中国最大的乘用车出口企业。

目前，公司已具备年产 90 万辆整车、90 万台套发动机及 80 万台变速箱的生产能力，建立了 A00、A0、A、B、SUV 五大乘用车产品平台，上市产品覆盖十一大系列，共二十一款车型。

奇瑞以“安全、节能、环保”为产品发展目标，先后通过 ISO9001、德国莱茵公司 ISO/TS16949 等国际质量体系认证。

2013 年，奇瑞累计销量突破 400 万辆，连续 12 年蝉联中国自主品牌乘用车年度销量第一位；产品远销 80 余个国家和地区，累计出口已超过 80 万辆，并连续 10 年成为中国最大的乘用车出口企业。

2. 将一行断为两行

在修改文章的时候，如果遇到要从某处开始另起一个段落，就需要以下操作。

步骤 1 在断点处单击（见图 4.1.1），将插入点定位在断点处。

步骤 2 按回车，结果见图 4.1.2。

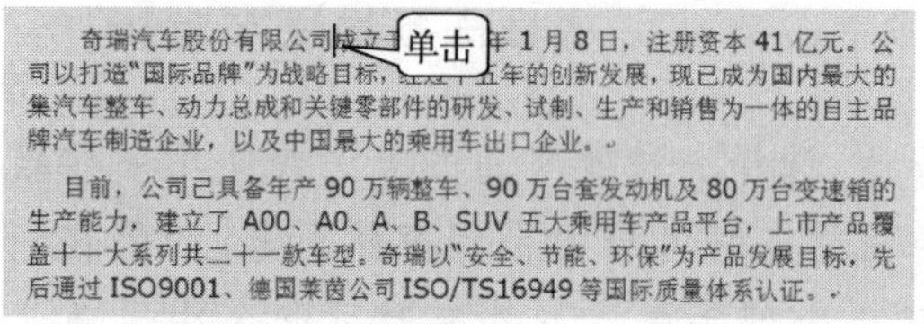

奇瑞汽车股份有限公司成立[illegible]年 1 月 8 日，注册资本 41 亿元。公司以打造“国际品牌”为战略目标，[illegible]五年的创新发展，现已成为国内最大的集汽车整车、动力总成和关键零部件的研发、试制、生产和销售为一体的自主品牌汽车制造企业，以及中国最大的乘用车出口企业。

目前，公司已具备年产 90 万辆整车、90 万台套发动机及 80 万台变速箱的生产能力，建立了 A00、A0、A、B、SUV 五大乘用车产品平台，上市产品覆盖十一大系列共二十一款车型。奇瑞以“安全、节能、环保”为产品发展目标，先后通过 ISO9001、德国莱茵公司 ISO/TS16949 等国际质量体系认证。

图 4.1.1

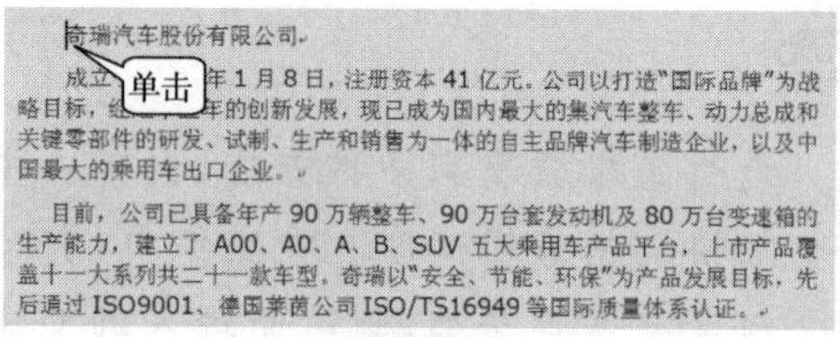

奇瑞汽车股份有限公司

成立[illegible]年 1 月 8 日，注册资本 41 亿元。公司以打造“国际品牌”为战略目标，[illegible]年的创新发展，现已成为国内最大的集汽车整车、动力总成和关键零部件的研发、试制、生产和销售为一体的自主品牌汽车制造企业，以及中国最大的乘用车出口企业。

目前，公司已具备年产 90 万辆整车、90 万台套发动机及 80 万台变速箱的生产能力，建立了 A00、A0、A、B、SUV 五大乘用车产品平台，上市产品覆盖十一大系列共二十一款车型。奇瑞以“安全、节能、环保”为产品发展目标，先后通过 ISO9001、德国莱茵公司 ISO/TS16949 等国际质量体系认证。

图 4.1.2

3. 整行水平移动

在调整文章标题时，往往需要把标题放在中间，或者是偏左偏右的位置。这就需要将标题在水平方向左右移动，这样的操作就是整行水平移动。方法为：

步骤 1 在行首单击（见图 4.1.2），将插入点定位在行首。

步骤 2 按空格键右移，结果见图 4.1.3。按【Backspace】键左移，结果见图 4.1.4。

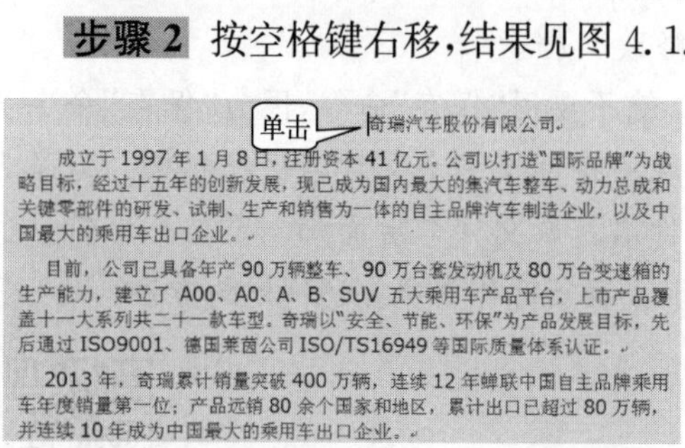

奇瑞汽车股份有限公司

成立于 1997 年 1 月 8 日，注册资本 41 亿元。公司以打造“国际品牌”为战略目标，经过十五年的创新发展，现已成为国内最大的集汽车整车、动力总成和关键零部件的研发、试制、生产和销售为一体的自主品牌汽车制造企业，以及中国最大的乘用车出口企业。

目前，公司已具备年产 90 万辆整车、90 万台套发动机及 80 万台变速箱的生产能力，建立了 A00、A0、A、B、SUV 五大乘用车产品平台，上市产品覆盖十一大系列共二十一款车型。奇瑞以“安全、节能、环保”为产品发展目标，先后通过 ISO9001、德国莱茵公司 ISO/TS16949 等国际质量体系认证。

2013 年，奇瑞累计销量突破 400 万辆，连续 12 年蝉联中国自主品牌乘用车年度销量第一位；产品远销 80 余个国家和地区，累计出口已超过 80 万辆，并连续 10 年成为中国最大的乘用车出口企业。

图 4.1.3

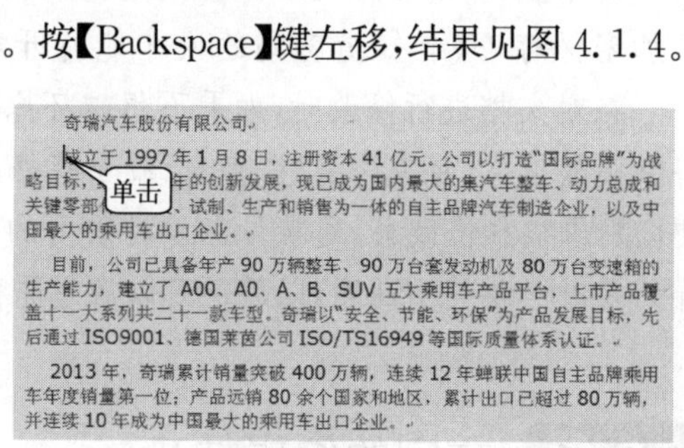

奇瑞汽车股份有限公司

成立于 1997 年 1 月 8 日，注册资本 41 亿元。公司以打造“国际品牌”为战略目标，[illegible]年的创新发展，现已成为国内最大的集汽车整车、动力总成和关键零部[illegible]、试制、生产和销售为一体的自主品牌汽车制造企业，以及中国最大的乘用车出口企业。

目前，公司已具备年产 90 万辆整车、90 万台套发动机及 80 万台变速箱的生产能力，建立了 A00、A0、A、B、SUV 五大乘用车产品平台，上市产品覆盖十一大系列共二十一款车型。奇瑞以“安全、节能、环保”为产品发展目标，先后通过 ISO9001、德国莱茵公司 ISO/TS16949 等国际质量体系认证。

2013 年，奇瑞累计销量突破 400 万辆，连续 12 年蝉联中国自主品牌乘用车年度销量第一位；产品远销 80 余个国家和地区，累计出口已超过 80 万辆，并连续 10 年成为中国最大的乘用车出口企业。

图 4.1.4

4. 将两行并为一行

在修改文章时，如果需要将下面一行并到上面一行，或者是将下面一个段落合并到上面一个段落，就需要将两行并为一行。其操作为：

步骤1 在需并行的行首单击(见图 4.1.5)。

步骤2 按【Backspace】键 1～n 次，直到这行并到上行为止，结果参见图 4.1.1。

5. 整段垂直移动

在排版文章时，有时需要在一段前空若干行，或者是将一段前面的空行消除。这就是整段垂直移动。操作步骤如下。

步骤1 在段首单击(参见图 4.1.5)，将插入点定位在段首。

步骤2 按回车键，则整段下移，结果参见图 4.1.5；按【Backspace】键，则整段上移。

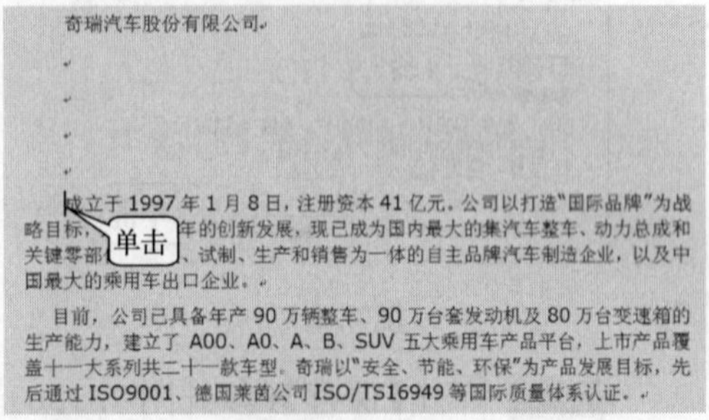
奇瑞汽车股份有限公司
单击
成立于 1997 年 1 月 8 日，注册资本 41 亿元。公司以打造"国际品牌"为战略目标，
年的创新发展，现已成为国内最大的集汽车整车、动力总成和关键零部
、试制、生产和销售为一体的自主品牌汽车制造企业，以及中国最大的乘用车出口企业。
目前，公司已具备年产 90 万辆整车、90 万台套发动机及 80 万台变速箱的生产能力，建立了 A00、A0、A、B、SUV 五大乘用车产品平台，上市产品覆盖十一大系列共二十一款车型。奇瑞以"安全、节能、环保"为产品发展目标，先后通过 ISO9001、德国莱茵公司 ISO/TS16949 等国际质量体系认证。

图 4.1.5

6. 在任意位置输入文字

通常在有文字的地方输入文字很简单，只要在输入处单击定位插入点，就可以输入文字了。但是，要在空白地方的任意一处输入文字，就需要在该处双击，才能定位插入点输入文字。

任务 2　文档保存技巧

1. 加密保存

步骤1 ①单击【文件】。②单击【保护文档(权限)】。③单击【用密码进行加密】(见图4.1.6)，出现图 4.1.7 所示的【加密文档】对话框。

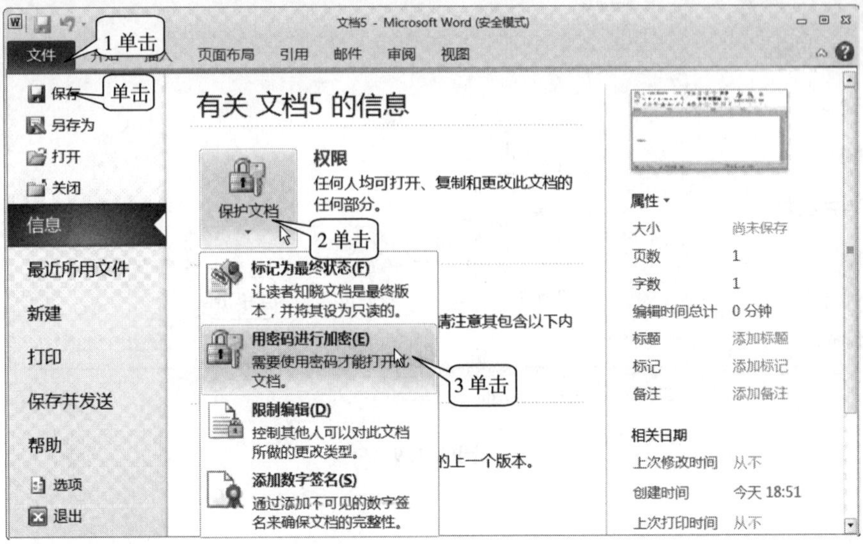
文档5 - Microsoft Word (安全模式)
1 单击
文件
开始
插入
页面布局
引用
邮件
审阅
视图
保存
单击
另存为
打开
关闭
信息
最近所用文件
新建
打印
保存并发送
帮助
选项
退出
有关 文档5 的信息
权限
任何人均可打开、复制和更改此文档的任何部分。
保护文档
2 单击
标记为最终状态(F)
让读者知晓文档是最终版本，并将其设为只读的。
用密码进行加密(E)
需要使用密码才能打开此文档。
3 单击
限制编辑(D)
控制其他人可以对此文档所做的更改类型。
添加数字签名(S)
通过添加不可见的数字签名来确保文档的完整性。
请注意其包含以下内
的上一个版本。
属性
大小
尚未保存
页数
1
字数
1
编辑时间总计
0 分钟
标题
添加标题
标记
添加标记
备注
添加备注
相关日期
上次修改时间
从不
创建时间
今天 18:51
上次打印时间
从不

图 4.1.6

步骤 2 ①输入密码。②单击【确定】(见图 4.1.7)。

步骤 3 ①再次输入密码。②单击【确定】(见图 4.1.8)。

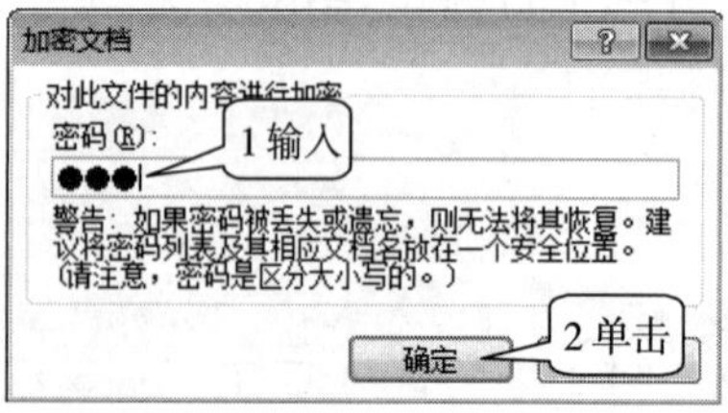

图 4.1.7

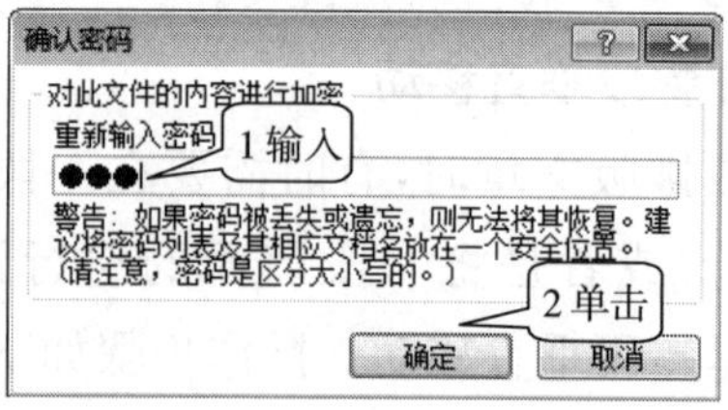

图 4.1.8

步骤 4 单击【保存】(参见图 4.1.6)，这样密码就被保存到文件中了，以后打开它时就必须输入密码。

2. 保存文档的修改稿(副本)

在对文档进行修改后，为了不破坏原稿，需保留原稿以备它用，这时就要把修改稿换名保存，方法如下。

步骤 ①单击【文件】\【另存为】。②单击选择文件夹。③输入【奇瑞汽车副本】。④单击【保存】(见图 4.1.9)。

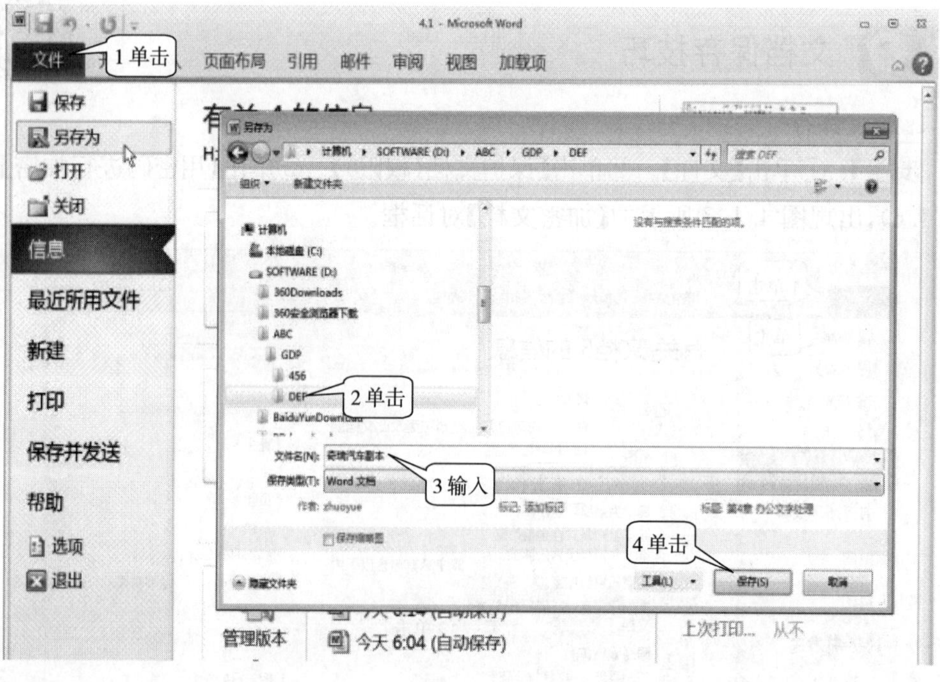

图 4.1.9

3. 定时保存与恢复文档

步骤 1 单击【文件】\【选项】(参见图 4.1.9)，出现如图 4.1.10 所示的【Word 选项】对话框。

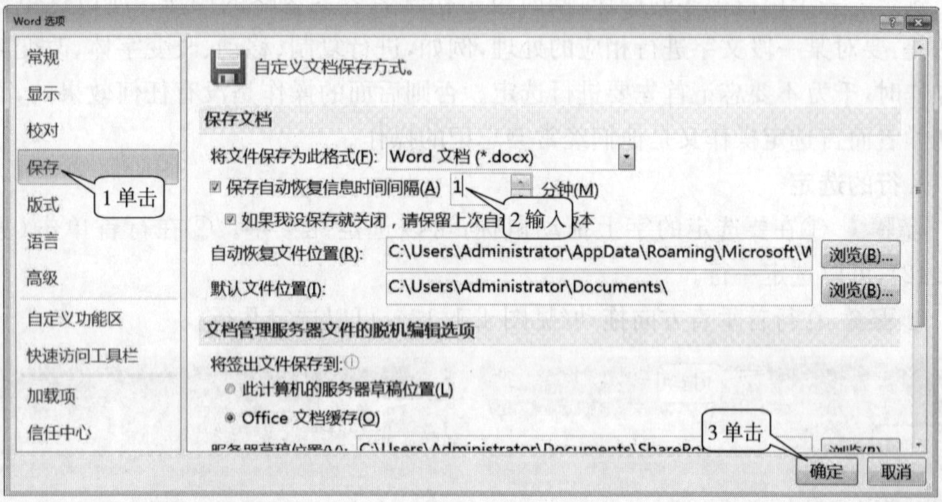

图 4.1.10

步骤 2 ①单击【保存】。②输入【1】。③单击【确定】(见图 4.1.10)。这样 Word 每隔一分钟就自动保存一次。如果由于各种各样的原因突然断电，而在断电之前没有保存文档，或者忘记保存已经输入的部分文字，就关闭了计算机时，再重新开机后就可按照下述方法恢复没有保存的内容。

步骤 3 打开先前没有保存的文件，出现图 4.1.11，从图中可以看出在打开的窗口左侧增加了【文档恢复】窗格。按照下面的操作方法就可以恢复未保存的部分。

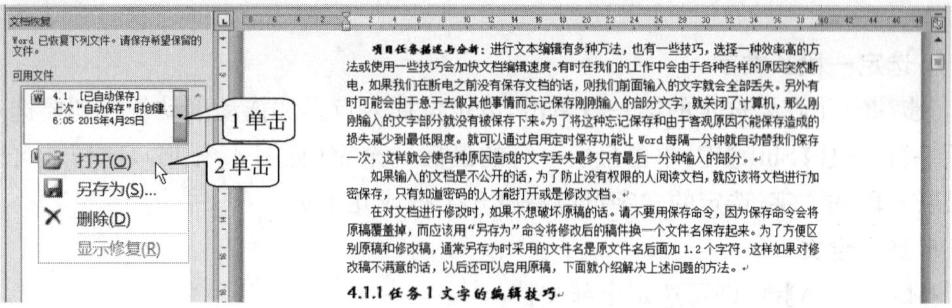

图 4.1.11

步骤 4 ①单击【自动恢复】下拉菜单。②单击【打开】(见图 4.1.11)，这样在先前输入而没有被保存的部分就会显示出来。

步骤 5 单击【文件】\【另存为】，将该文件换名保存即可。

任务 3 文字选定技巧

选定是一个用得很多的操作，同时也是初学者容易忽略的操作。所以这里要强调的是：要对某一段文字进行相应的处理，例如，进行复制、移动、改变字体、改变颜色等操作时，千万不要忘记首先要进行选定。否则后面的操作是没有任何效果的，而对于初学者而言选定操作又是他们经常会忘记的操作。

1. 行的选定

步骤 1 ①在要选定的字上拖动鼠标，可以选定几个字。②在行首单击（见图 4.1.12），可以选定一行。

步骤 2 在行首垂直方向拖动（见图 4.1.13），可以选定几行。

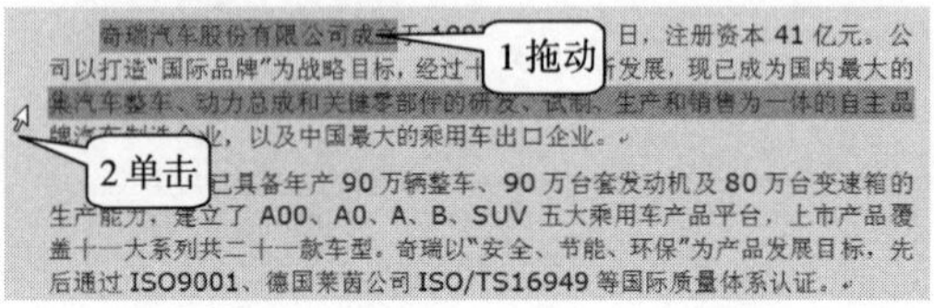

图 4.1.12

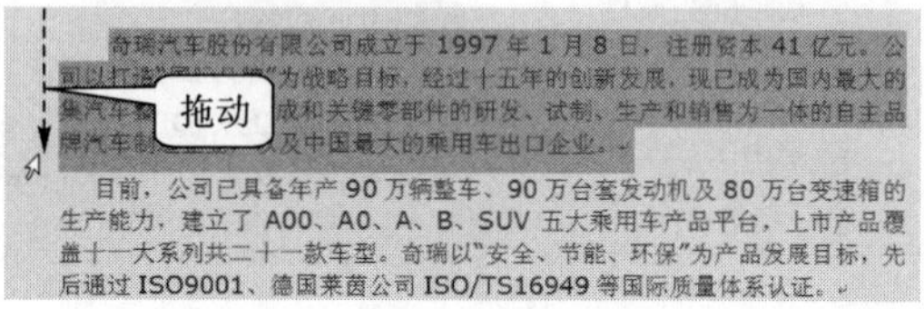

图 4.1.13

2. 段落的概念

当输入文字到行尾时，Word 会自动换行。当输入完一个段落的文字，而段落的最后一行文字又没有到行尾时，就需要按回车键强制换行，另起一行，开始下一个段落的输入。从开始输入到按回车键之间的所有的文字称为一个段落。

3. 选定段落

将鼠标移到段落左边，使其变为空心箭头，再双击（见图 4.1.14），就可以选定整个段落。

4. 选定一段长文字

步骤 ①在要选定的第一行单击，以定位插入点。②拖动滚动条找到要选定的最后一行，按住【Shift】键，单击最后一行的最后一个字（见图 4.1.15），这样就可以选定很长一段的文字，选定的文字可以跨越几十行或几十页。

5. 选定全文

按【Ctrl＋A】键，即可选定全部文档。

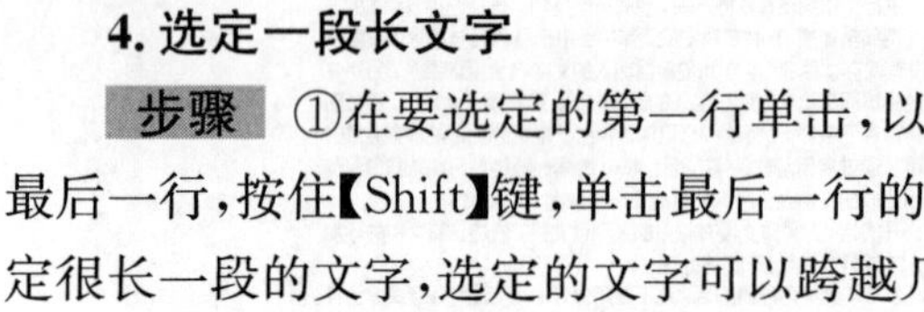

图 4.1.14

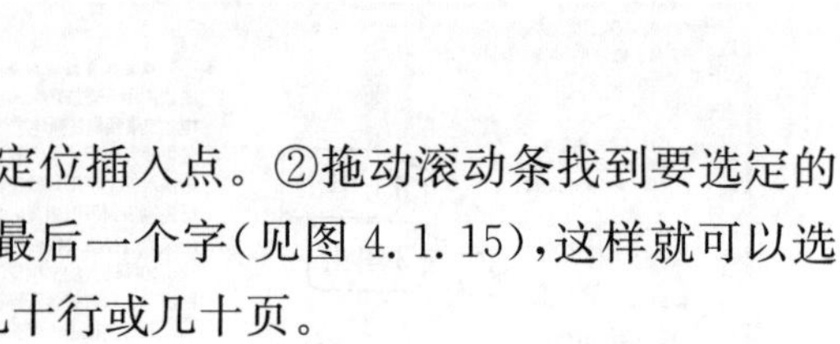

图 4.1.15

任务4 文字的移动、复制与删除

1. 文字的移动

步骤 ①选定要移动的文字。②拖动选定的文字到目的地，然后松开鼠标（见图 4.1.16），结果见图 4.1.17。

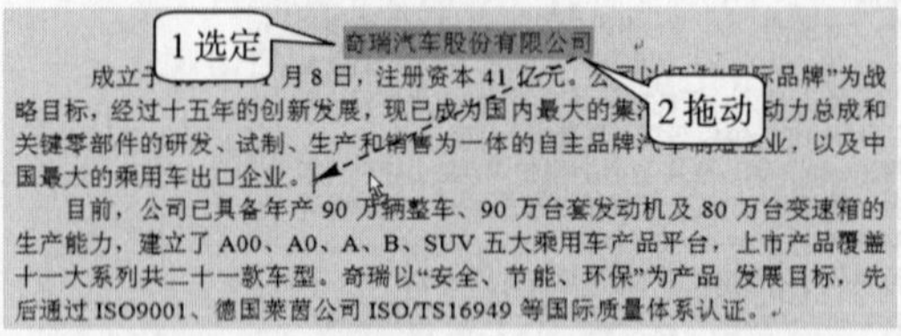
1 选定
奇瑞汽车股份有限公司
2 拖动

图 4.1.16

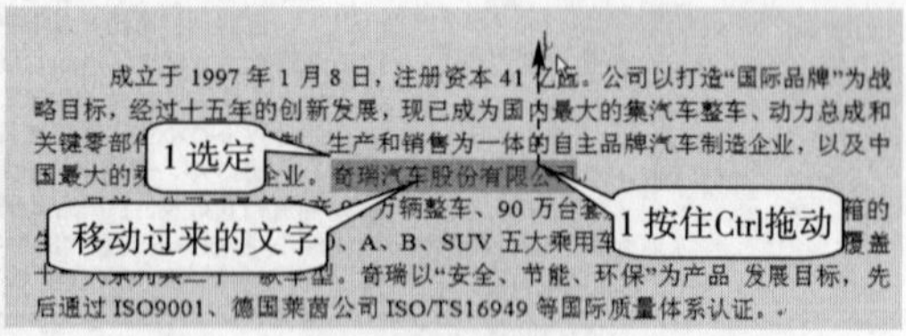
1 选定
移动过来的文字
1 按住Ctrl拖动
奇瑞汽车股份有限公司

图 4.1.17

2. 文字的复制

步骤 ①选定要复制的文字。②按住【Ctrl】键，拖动选定的文字到目的地，然后松开鼠标（见图 4.1.17），结果见图 4.1.18。

3. 文字的删除

选定要删除的文字，然后按【Delete】键（见图 4.1.18）。

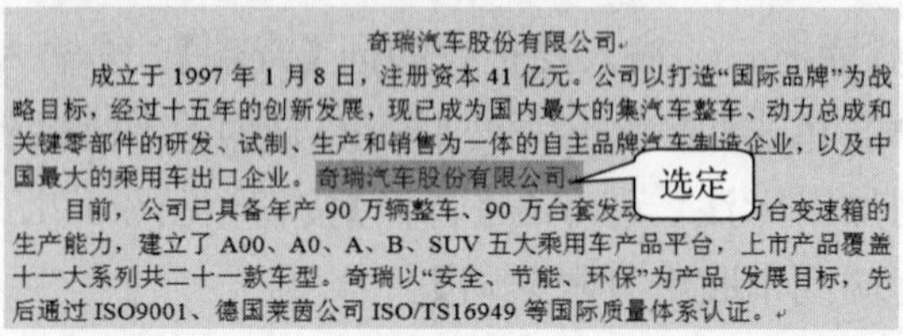
奇瑞汽车股份有限公司
成立于 1997 年 1 月 8 日，注册资本 41 亿元。公司以打造"国际品牌"为战略目标，经过十五年的创新发展，现已成为国内最大的集汽车整车、动力总成和关键零部件的研发、试制、生产和销售为一体的自主品牌汽车制造企业，以及中国最大的乘用车出口企业。奇瑞汽车股份有限公司
选定
目前，公司已具备年产 90 万辆整车、90 万台套发动机及 80 万台变速箱的生产能力，建立了 A00、A0、A、B、SUV 五大乘用车产品平台，上市产品覆盖十一大系列共二十一款车型。奇瑞以"安全、节能、环保"为产品发展目标，先后通过 ISO9001、德国莱茵公司 ISO/TS16949 等国际质量体系认证。

图 4.1.18

任务5 查找和替换

对于长文档，要想在里面查找某个词，通常的办法是把这个文档看一遍，但是这样是很费时间的。因为不知道这个词是在文档的位置，这时就希望借助计算机来快速地找到这个词，并标记出所找的词。查找命令就是可以满足这个要求的一个十分有用的命令。

1. 查找

步骤 1 ①单击【编辑】\【查找】。②输入要查找的词【奇瑞】（见图 4.1.19），则文章中所有的【奇瑞】都被标注出来了，见图 4.1.19。

步骤 2 单击【导航】窗格中的【关闭】按钮，可以取消所有的标注。

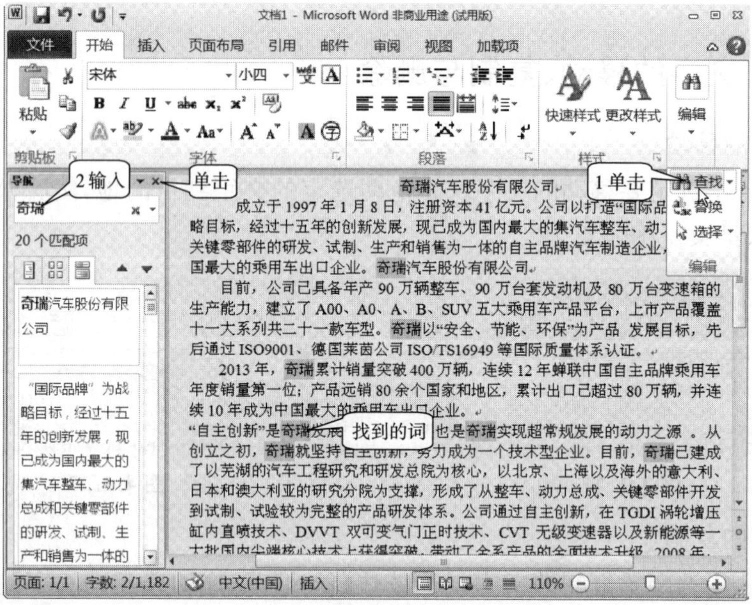

图 4.1.19

2. 替换

步骤 1 ①在文章的开头单击，可以把插入点定位在开头，表示要从头开始替换。如果插入点定位在中间，就表示从文章的中间开始替换。②单击【编辑】\【替换】，出现【查找】和【替换】对话框。③输入要查找的词【奇瑞】。④输入要替换的词【奇瑞汽车股份有限公司】。⑤单击【查找下一处】按钮，这时会快速跳到要找的词所在的位置，并且将找到的词加以标注。⑥单击【替换】按钮（见图 4.1.20），这样就把找到的【奇瑞】替换成了【奇瑞汽车股份有限公司】。

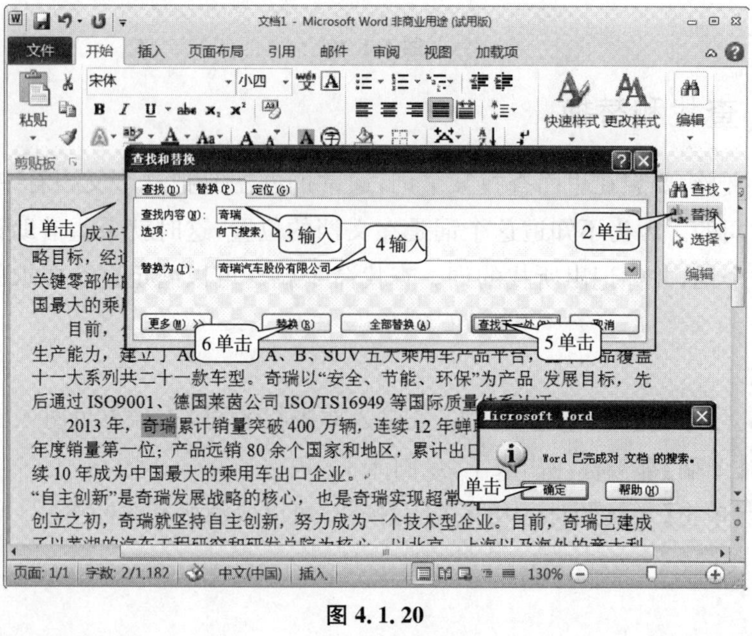

图 4.1.20

步骤 2 再次单击【查找下一处】按钮，就可以在文章当中继续查找。再次单击【替换】按钮，会把找到的第二个【奇瑞】替换为【奇瑞汽车股份有限公司】，直到查到文章的结尾，屏幕上会出现一个提示，见图 4.1.20，表示已经替换完了。单击【确定】完成替换。如果单击【全部替换】，那么就会一次性地将所有的【奇瑞】替换成【奇瑞汽车股份有限公司】。

任务 6　插入符号与撤销操作

1. 插入符号

步骤 ①在要插入符号的位置单击。②单击【符号】。③单击【其他符号】。④单击选择符号类型。⑤单击选择所要的符号。⑥单击【插入】。⑦单击【关闭】(见图 4.1.21)。

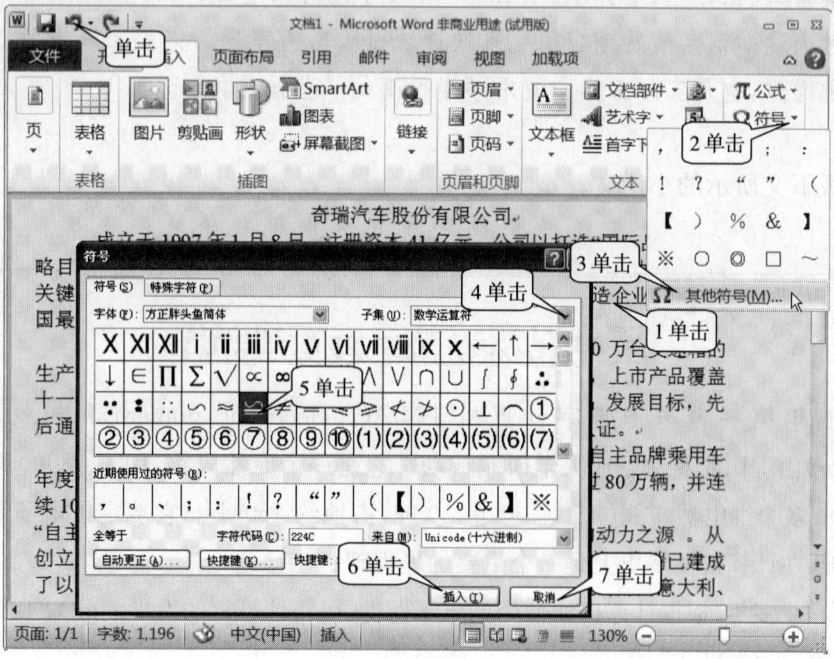

图 4.1.21

2. 撤销操作

在操作时，可能会发生一些错误。比如，刚刚把一句话作了一个移动，在移动完之后，发现这种移动并不合适，想要撤销刚才的移动操作。这时就需要用到撤销操作。方法是：单击“撤销”按钮(参见图 4.1.21)。

项目2 排版小论文

项目任务描述与分析

文秘在日常工作中常常要对一些文件、论文，以及各种各样的文稿进行排版。熟练使用相应的知识点排版各种文稿是文秘人员及其他管理与工程技术人员经常要做的工作。下面是一个已经排版好的小论文，熟练掌握上述论文排版中所用到的知识点就可以胜任日常的文稿排版工作。在这个小论文排版中应用到了设置字符格式、设置段落格式、上标字、下标字、项目符号、编号、脚注、尾注、页眉、页脚、格式刷等操作。通过上述知识点的熟练应用就可快速地排版出所需要的格式。以上排版中所用到的各种操作，也是实际工作中使用频率很高的一些操作。

排版下文所示的小论文。

计 算 机 应 用

计算机发展与应用综述

1946 年第一台电子数字计算机 ENIAC（electronic numerical integrator and calculator）由美国宾夕法尼亚大学研制成功。它是一个庞然大物，用了 18000 多个电子管[①]、1500 多个继电器、耗电 150$_{kw}$，重量 30 吨，占地约 150M^2。它奠定了电子数字计算机的基础，在计算机发展史上是一个重要的里程碑。

至今 50 多年，根据计算机所使用的电子器件，可将计算机的发展划分为 4 个时代。

~~第一代计算机~~

- （1946—1958 年）使用电子管作为主要电子器件，其主要特点是体积大、耗电多、重量重、性能低。这一代计算机的主要贡献是：
- 确立了模拟量可变换成数字量进行计算，开创了数字化技术的新时代；
- 形成了电子数字计算机的基本结构：冯·诺依曼结构；
- 确定了程序设计的基本方法；
- 首创使用阴极射线管 CRT（cathode. ray tube）作为计算机的字符显示器。

---

① 电子管，是一种最早期的，电信号放大器件。

第二代计算机

1.(1958—1964 年)使用晶体管作为主要电子器件，由于晶体管的体积只有电子管的二十分之一左右，因此而使得计算机的体积和耗电量大大地减小。成本降低，性能明显提高，这一代计算机的主要贡献是：

2. 开创了计算机处理文字和图形的新阶段；

3. 高级语言已投入使用；

4. 开始有了通用机和专用机之分；

5. 开始使用鼠标作为输入设备。

第三代计算机

(1965—1971 年)使用小规模集成电路 SSI(small scale integration)和中规模集成电路 MSI(medium scale integration)作为主要电子器件。由于集成电路可以把几十个乃至上千个晶体管做在一个很小的芯片上，因此这一时期的计算机它的电路变得更加复杂，而相对的元件的体积也有了几十倍甚至上千倍地减小。而且这种集成电路所消耗的功率也比晶体管更小，由这种集成电路构成的计算机运算能力有了很大的提高，而它的体积却大大地减少，消耗的能量也更少。这一代计算机的主要贡献是：

运算速度已达到 100 万次/秒以上；

操作系统更完善；

序列机的推出，较好地解决了“硬件不断更新，而软件相对稳定”的矛盾；

机器可根据其性能分成巨型机、大型机、中型机和小型机。

第四代计算机

(20 世纪 70 年代初至今)使用大规模集成电路 LSI(large scale integration)和超大规模集成电路 VLSI(very large scale integration)作为主要电子器件。在这种超大规模集成电路上面，制作了几千万甚至上亿个晶体管。这样就使得它的电路极为复杂。因此它的运算能力也极为强大，正是由于这种高技术的集成电路的应用，才使得今天我们可以人人用得上计算机，使计算机成为我们生活、工作、学习必不可少的工具。

作为第四代计算机的典型代表——微型计算机应运而生。

任务 1　美化文字

1. 设置字体、字号与字形

步骤 1　打开教材素材\Word\计算机。

步骤 2　①选定【计算机发展与应用综述】。②单击【华文彩云】。③单击选择【加粗】。④单击选择【小二】(见图 4.2.1)。

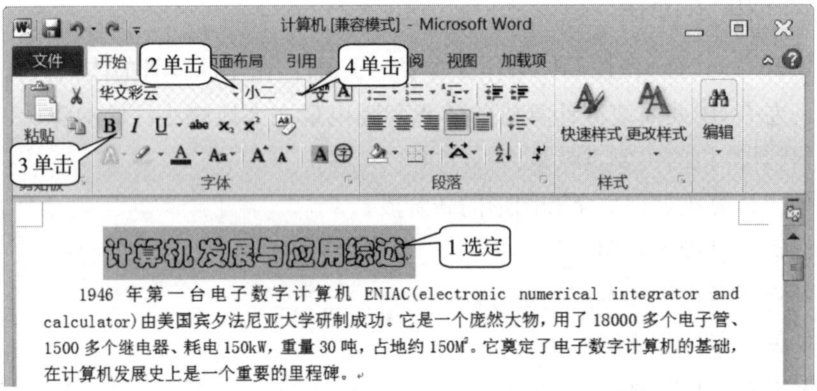

图 4.2.1

2. 设置颜色、着重号、空心、阴影与删除线

步骤 ①选定【第一代计算机】。②单击【显示字体对话框】按钮（图 4.2.2），出现如图 4.2.2 所示的【字体】对话框。③单击选择【华文彩云】。④单击选择【四号】。⑤单击选择【蓝色】。⑥单击选择【着重号】。⑦单击选择【删除线】。⑧单击选择【阴影】。⑨单击选择【空心】。⑩单击【确定】，结果见 4.2.2。将“第二代计算机”“第三代计算机”“第四代计算机”也作同样设置。

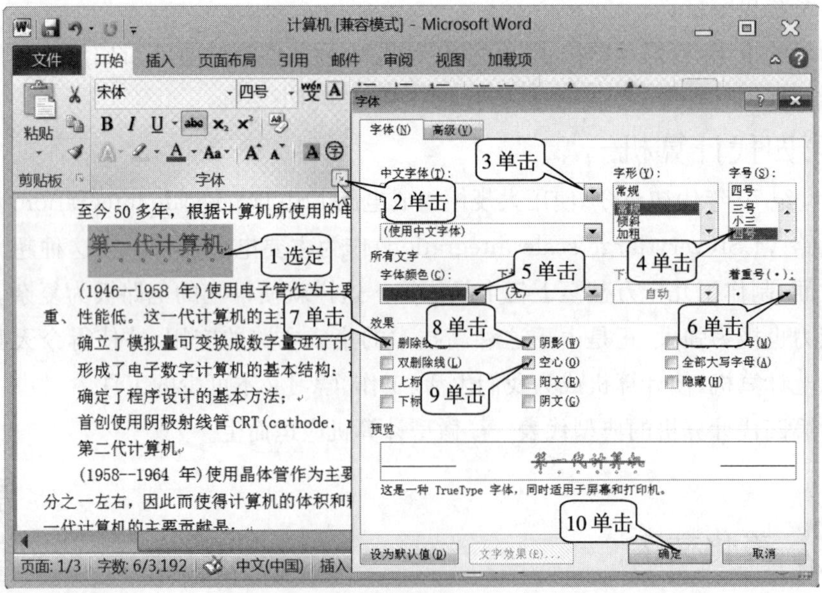

图 4.2.2

3. 设置上标与下标效果

步骤 1 ①选定【2】。②单击【上标】按钮。③选定【KW】。④单击【下标】按钮（见图 4.2.3），这样就可得到【150_{KW}】和【$150M^2$】.

步骤 2 如果要去除上标、下标，只需要选定上标、下标字，然后再次单击【上标】、【下标】按钮即可。

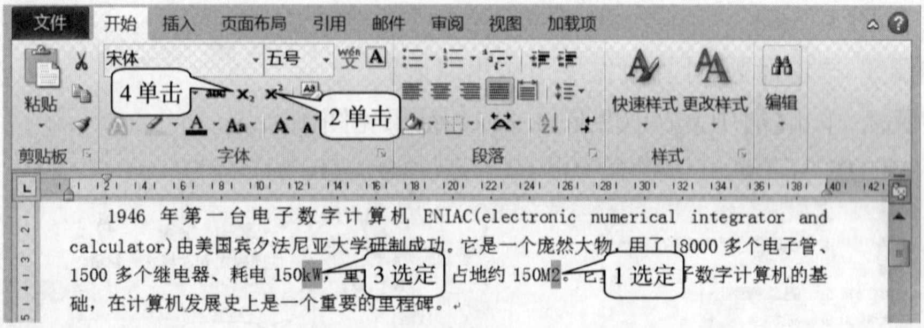
4单击
2单击
3选定
1选定
1946 年第一台电子数字计算机 ENIAC(electronic numerical integrator and calculator)由美国宾夕法尼亚大学研制成功。它是一个庞然大物，用了 18000 多个电子管、1500 多个继电器、耗电 150kW，重量 30 吨，占地约 150M2。它是电子数字计算机的基础，在计算机发展史上是一个重要的里程碑。

图 4.2.3

知识拓展

在图 4.2.2【字体】对话框中，还可以设置字间距、字的宽窄以及文字的上下位置，方法如下。

步骤 1 设置字间距：①单击【高级】选项卡。②单击【间距】下拉列表，选择【加宽】。③在左侧的【磅值】框中输入数值。

步骤 2 设置字的宽窄：单击【缩放】下拉列表选择要缩放的百分比。

步骤 3 设置文字符的上下位置：①单击【位置】下拉列表选择提升或降低。②在左侧的【磅值】框中输入数值。

任务 2 美化段落

步骤 1 ①选定第一段。②单击【左对齐】按钮。③单击【行距】按钮。④单击选择【1.0】(见图 4.2.4)。

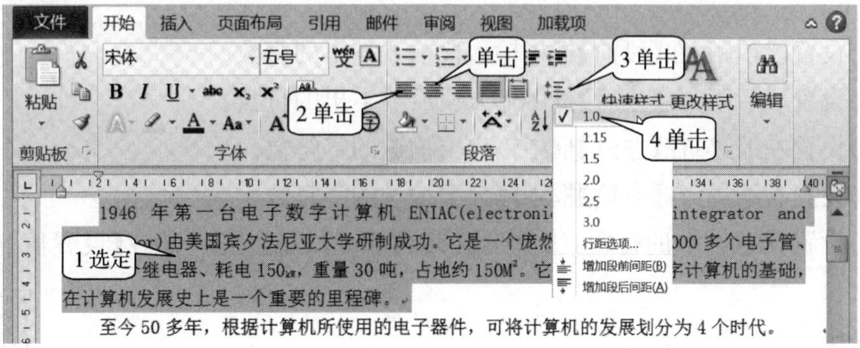
单击
3单击
2单击
4单击
1选定
1.0
1.15
1.5
2.0
2.5
3.0
行距选项...
增加段前间距(B)
增加段后间距(A)
至今 50 多年，根据计算机所使用的电子器件，可将计算机的发展划分为 4 个时代。

图 4.2.4

步骤 2 ①单击【段落】按钮。②输入【2】，设置段落的左缩进。③输入【2】，设置段落的右缩进。④输入【2】，设置段落的首行缩进。⑤输入【2】，设置段落与前一段的距离。⑥输入【2】，设置段落与后一段的距离。⑦单击选择【单倍行距】。⑧单击【确定】（见图 4.2.5）。

步骤 3 选定标题【计算机发展与应用综述】。

步骤 4 单击【居中】按钮（见图 4.2.4），结果见图 4.2.5。

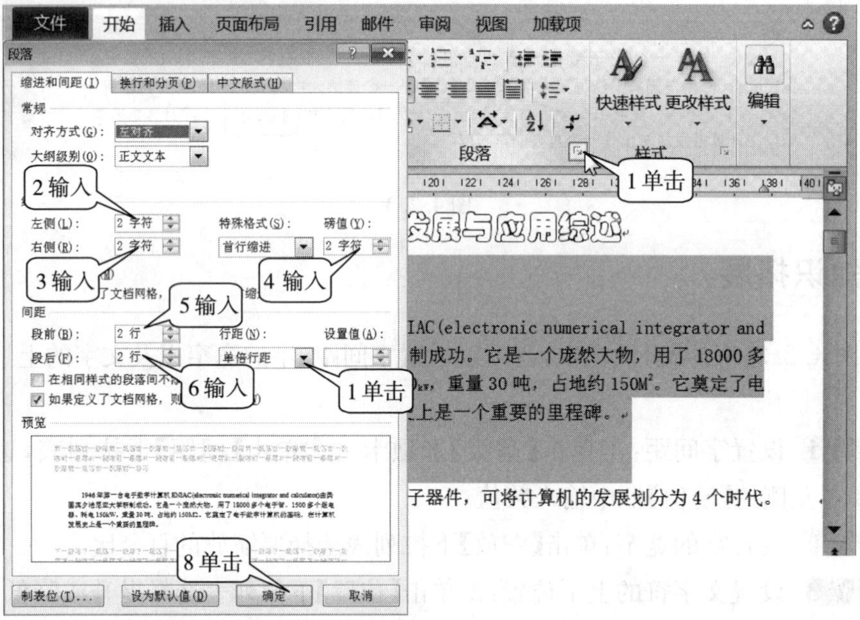

图 4.2.5

知识拓展

在图 4.2.5【段落】对话框中，还可以设置段前距、段后距、左缩进、右缩进和行距，方法如下。

(1)设置段前距：在【段前】框中输入段前要空出的行数。

(2)设置段后距：在【段后】框中输入段后要空出的行数。

(3)设置左缩进：在【左侧】框中输入要缩进的字符数。

(4)设置右缩进：在【右侧】框中输入要缩进的字符数。

(5)设置任意大小的行距：①单击【行距】选择【固定值】。②在【设置值】中输入数值。

任务 3 添加项目符号与编号

步骤 1 ①选定 4 段文字。②单击【项目符号】按钮。③单击选择一种项目符号，结果见图 4.2.6。

步骤 2 如果需要其他项目符号，可单击图 4.2.6 中的【定义新项目符号】，然后在弹出的对话框中选择其他项目符号。

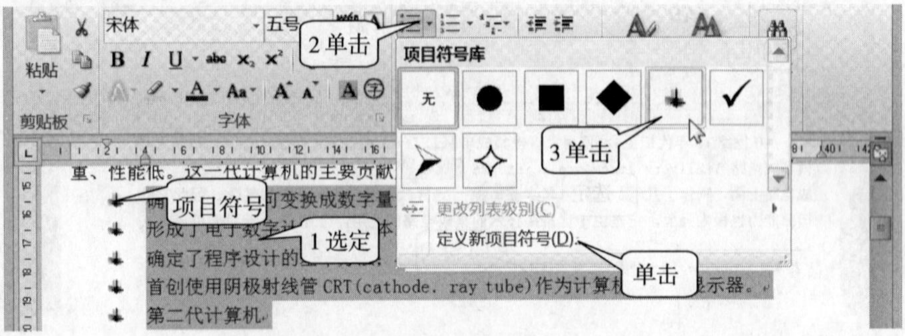

图 4.2.6

步骤 3 ①选定 4 段文字。②单击【编号】按钮。③单击选择一种编号，结果见图 4.2.7。

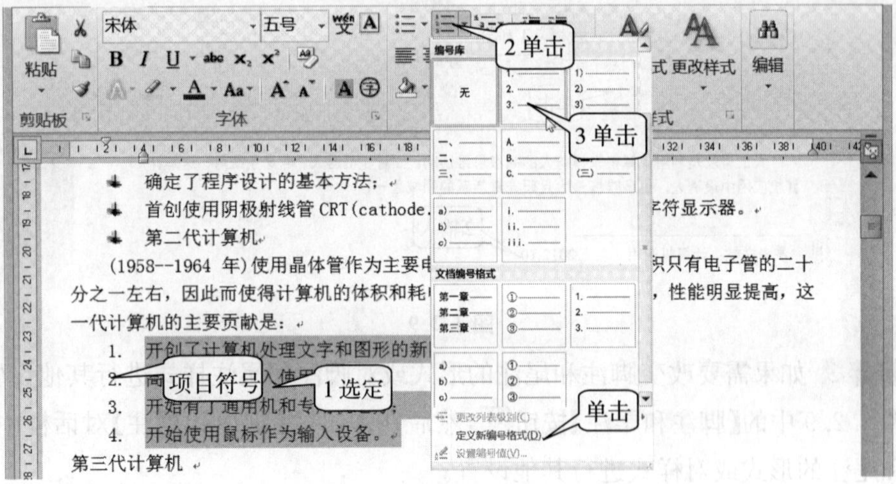

图 4.2.7

知识拓展

如果需要其他格式编号，可单击图 4.2.6 中的【定义新编号格式】，然后在弹出的对话框中：①单击【编号样式】按钮。②选择一种编号样式。③单击【确定】。

任务 4　插入脚注与尾注

步骤 1 ①单击【引用】。②选定第一页中倒数第二行的【晶体管】。③单击【插入脚注】按钮，这时插入点会跳到本页的底部。④在页的底部输入脚注内容，这时“晶体管”右上角就会出现一个上标字“1”，当鼠标指向“1”时就会出现在脚注中输入的内容，见图 4.2.8。

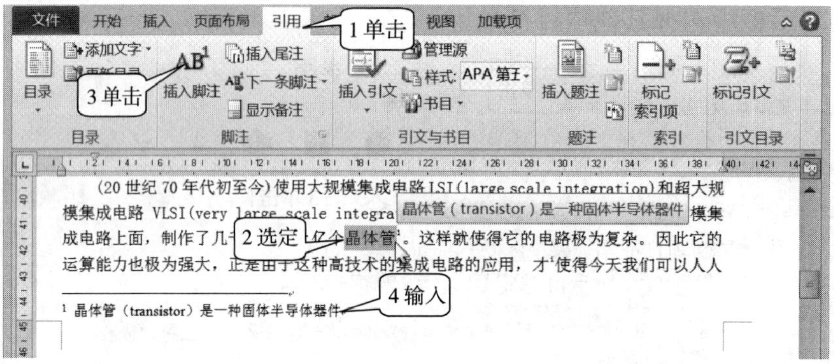

图 4.2.8

步骤 2 ①单击【插入尾注】按钮，这时插入点会跳到文档的尾部。②在文档的尾部输入尾注内容(图 4.2.9)。

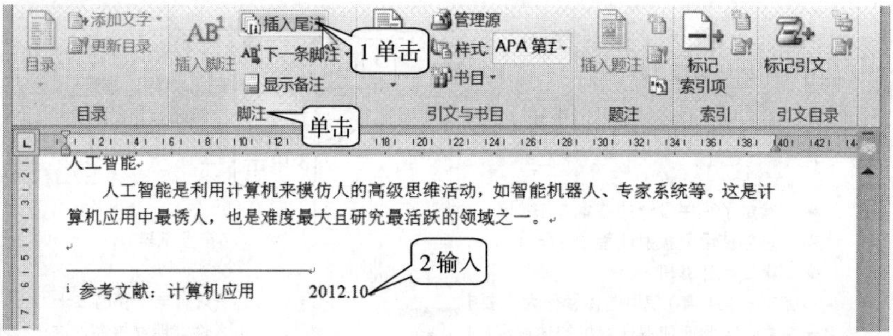

图 4.2.9

步骤 3 如果需要改变脚注和尾注的形式或对脚注和尾注样式进行其他设置，可单击图 4.2.9 中的【脚注和尾注】按钮，然后在弹出的【脚注和尾注】对话框中改变脚注和尾注的形式或对样式进行其他设置。

任务 5 插入页眉、页脚与页码

1. 插入页眉、页脚

步骤 1 ①单击【插入】。②单击【页眉】。③单击【空白】(见图 4.2.10)，出现图4.2.11。

图 4.2.10

步骤2 ①输入页眉内容【计算机应用】。②输入【1.4厘米】以设置顶端页眉区域的高度(见图4.2.11)。

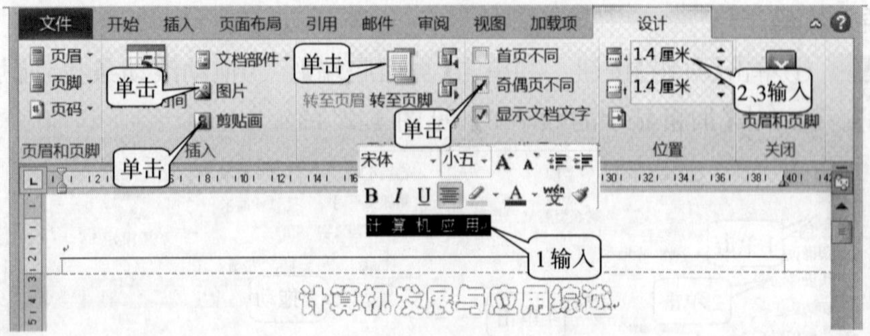

图 4.2.11

步骤3 如果单击勾选【奇偶页不同】复选框,Word会自动跳到偶数页页眉处,你就可以在偶数页页眉处输入与奇数页不同的页眉。

步骤4 如果单击图4.2.11中的【图片】按钮,就可以在页眉处插入图片。

步骤5 如果单击图4.2.11中的【剪贴画】按钮,就可以在页眉处插入剪贴画。

步骤6 如果要设置页眉字符格式,可先选定页眉中的字符,然后将鼠标指针停留在选定的字符上,就会出现如图4.2.11中的字符设置工具,这样就可以设置字符格式。

步骤7 单击【转至页脚】按钮(参见图4.2.11),Word会自动跳到页脚处,见图4.2.12。

图 4.2.12

步骤8 ①输入【计算机应用论文】。②单击【日期和时间】按钮,出现图4.2.12所示的【日期和时间】对话框。③单击选择所要的日期样式。④单击【确定】,则日期被插入页脚。⑤输入【1.4厘米】以设置页脚区域的高度(见图4.2.12)。

步骤9 单击图4.2.12中的【图片】按钮,就可以在页脚处插入图片。

步骤10 单击图4.2.12中的【剪贴画】按钮,就可以在页脚处插入剪贴画。

步骤11 如果要设置页脚字符格式,可先选定页脚中的字符,然后将鼠标指针停留在选定的字符上，就会出现如图 4. 2. 11 中的字符设置工具，这样就可以设置字符格式。

2. 插入页码

步骤 ①单击【页码】按钮。②单击【页面底端】。③拖动滚动条找到【加粗显示的数字 3】。④单击【加粗显示的数字 3】（见图 4. 2. 13）。

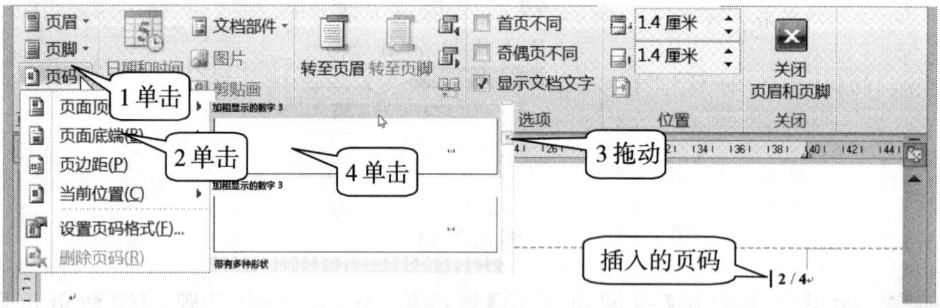

图 4. 2. 13

任务 6 格式刷的应用

步骤 1 将【按设计目的划分】设为华文新魏、小四、加粗。

步骤 2 ①选定【按设计目的划分】。②双击工具栏上的【格式刷】。③在【按用途划分】上拖动。④在【按大小划分】上拖动（图 4. 2. 14），则拖动后的文字格式就被设为华文新魏、小四、加粗了。用同样的方法，将【第二代计算机】、【第三代计算机】、【第四代计算机】这几个小标题都设置成同【第一代计算机】小标题一样的格式。

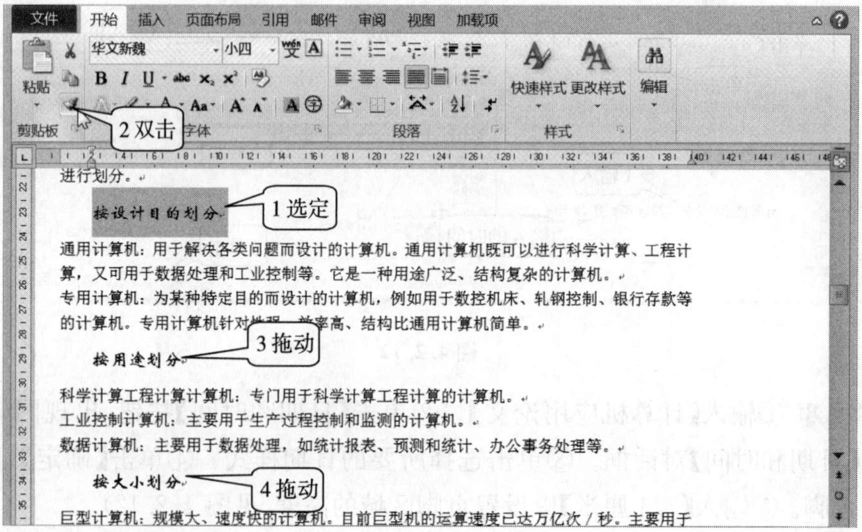

图 4. 2. 14

项目3 课表的制作

项目任务描述与分析

表格在日常工作中被大量运用。很多问题通过表格可以更加简明直观地说明。使用表格比使用文字描述更为简明、精确、直观。所以日常工作中，表格的应用往往更受人们的欢迎。除了在文档中使用表格来说明问题之外，在日常办公中还会有大量的表格需要填写和制作，例如，课表、申请表、工作表、统计表、财务报表、设备账务表、个人简历表、采购表、销售表等。掌握表格的制作以及制作技巧，可以为工作带来很大的方便。下面的表格制作实例使用到了简单表格的生成、表格线的设置、底纹的设置、单元格的拆分与合并、行列的删除与增加，以及斜线表头的设置等。掌握这些操作技巧就可以胜任日常的办公表格制作。

本项目以制作以下课表为例进行讲解。

××××工程技术学院

200×—200×学年第一学期班级课程表

说明：

1. 主院南楼为1号教学楼，北楼为2号教学楼，计算机中心为3号楼，计算机中心正前方楼为4号楼，东院南教学楼为5号楼，东院北教学楼为6号楼。

2. 本课程表自　　年　月　日起实施。

______系______级______班　辅导员______人数______

课程 教室 星期 \ 节次	上午				下午			
	1—2节		3—4节		5—6节		7—8节	
	课程	教室	课程	教室	课程	教室	课程	教室
星期一								
星期二								
星期三								
星期四								
星期五								

该表格是由三部分构成的：第一部分是文字部分；第二部分是一个 10×1 的表格；第三部分是一个 9×13 的表格。制作流程应该是先将文字部分输入并设置好，然后生成一个 10×1 的表格，并对其表格线进行设置，只保留部分单元格的下线。接着制作一个 9×7 的表格，再给表格增加行和列，最终使表格成为 9×13 的表格（该表格也可直接生成）。通过拆分单元格和合并单元格来调整单元格的大小，设置表格线和底纹。最后再加上斜线表头、输入并设置表格内的文字，从而完成整个表格的制作。

任务 1 简单表格的制作

步骤 1 ①输入表格上半部分的内容并进行排版。内容为：

××××工程技术学院（黑体、小三）；200× —200×学年第一学期班级课程表（黑体、小三）；说明：1. 主院南楼为 1 号教学楼，北楼为 2 号教学楼，计算机中心为 3 号楼，计算机中心正前方楼为 4 号楼，东院南教学楼为 5 号楼，东院北教学楼为 6 号楼；2. 本课程表自　　年　月　日起实施（宋体、5 号）。

②单击【插入】。③单击【表格】。④横向拖动鼠标到第 10 格，插入 10×1 表格（见图 4.3.1）。

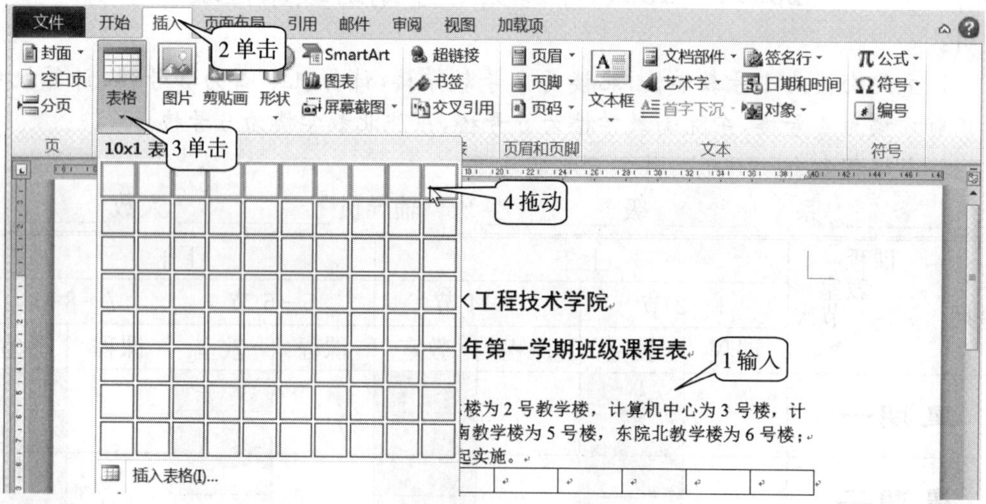

图 4.3.1

步骤 2 ①在表中输入如图 4.3.2 所示的文字【系、级、班、辅导员、人数】。②单击【插入】。③在表格下面单击鼠标，并按回车。④单击【表格】。⑤单击【插入表格】，出现图 4.3.2 所示的【插入表格】对话框。⑥输入【7】。⑦输入【9】。⑧单击【确定】，则插入 9×7 的表格（见图 4.3.2）。

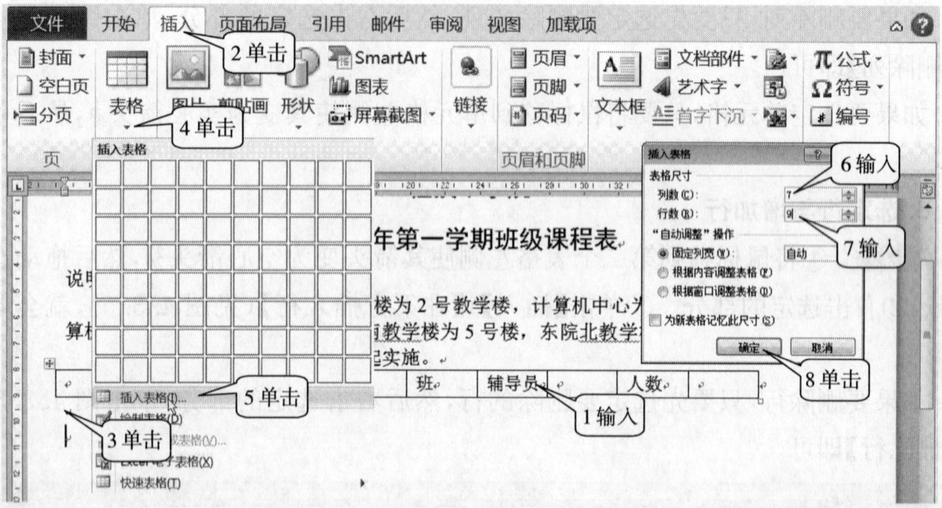

图 4.3.2

任务 2　行(列)的处理

1. 手动调整行(列)大小

将鼠标指到表格线上使其变为双箭头，然后拖动鼠标调整线的位置即列宽(见图 4.3.3)，结果见图 4.3.3 所示。

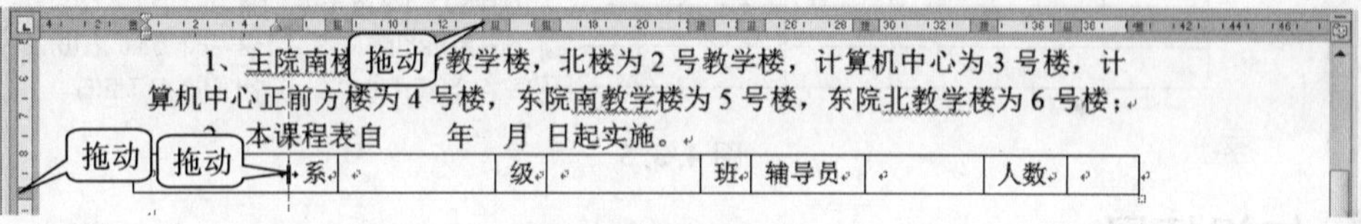

图 4.3.3

拖动标尺上的【移动表格列】也可调整列宽；拖动标尺上的【移动表格行】按钮可以调整行高。

2. 选定列与增加列

步骤　①将鼠标移到第二个表格顶部，使其箭头变为实心箭头，然后水平拖动选定 3 列。②右击选定的部分。③单击【插入】\【在右侧插入列】(见图 4.3.4)，就会增加 3 列。

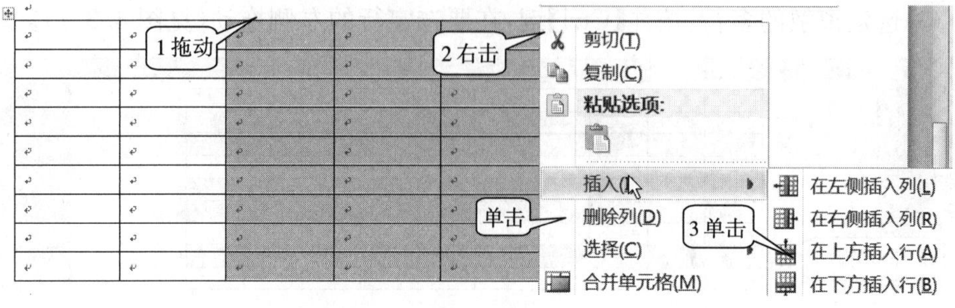

图 4.3.4

如果要删除列，只要先选定要删除的列，然后右击选定的部分，单击图 4.3.4 中的【删除列】即可。

如果要选定单元格，只要将鼠标移到单元格左侧使其变为实心箭头，然后单击即可。

3. 选定行与增加行

步骤 ①将鼠标移到第二个表格左侧使其箭头变为空心箭头，然后拖动选定 3 行。②右击选定的部分。③单击【插入】\【在下方插入行】（见图 4.3.5），就会增加 3 行。

如果要删除行，只要先选定要删除的行，然后右击选定的部分，单击图 4.3.5 中的【删除行】即可。

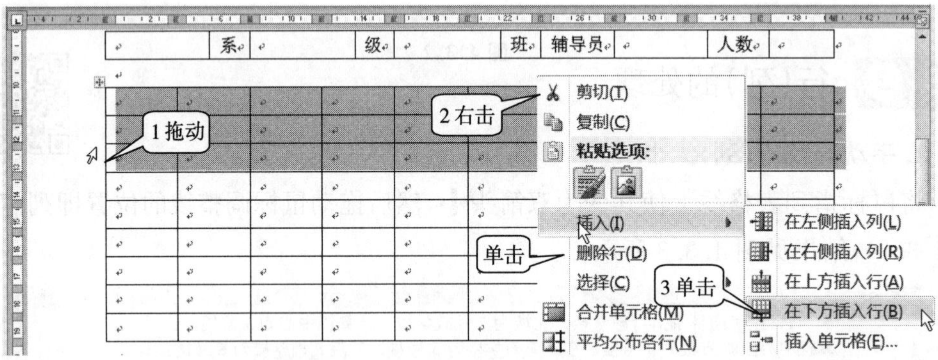

图 4.3.5

知识拓展

(1)选定多个单元格：在要选定的单元格上拖动就可以选定各个单元格。

(2)选定多个离散的单元格：按住【Ctrl】键，在要选定的单元格上拖动（见图 4.3.6）。

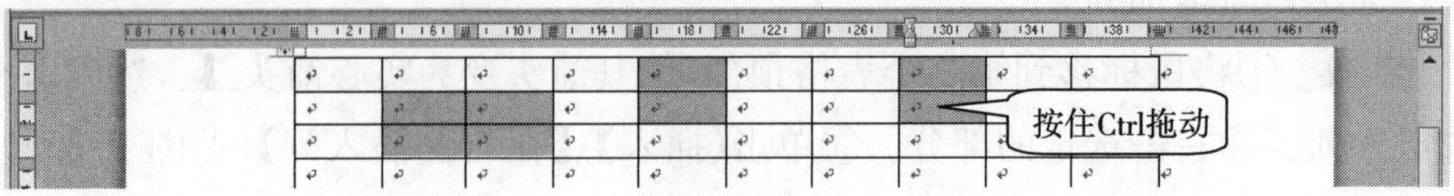

图 4.3.6

(3)选定离散的多行：按住【Ctrl】键，在要选定行的左侧拖动（见图 4.3.7）。

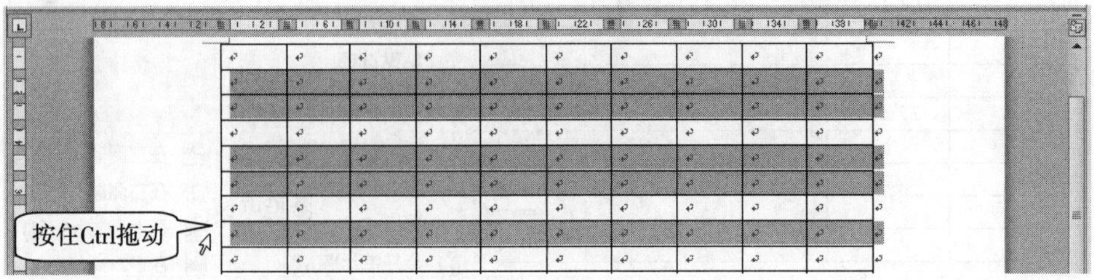

图 4.3.7

(4)选定离散的多列：按住【Ctrl】键，在要选定列的顶端拖动(见图 4.3.8)。

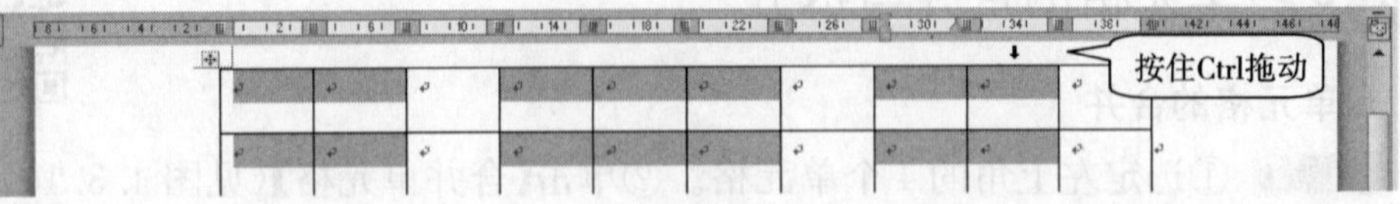

图 4.3.8

(5)选定整个表格：①单击表格中的任意一个单元格，将鼠标指到表格的左上角的选定柄⊞上。②单击选定柄⊞。

(6)让文字环绕表格：①右击表格的选定柄⊞。②单击【表格属性】。③单击【环绕】。④单击【确定】。

(7)移动表格：拖动表格的选定柄⊞。

(8)删除表格：①单击表格的任意一个单元格。②单击【布局】。③单击【删除】。④单击【删除表格】。

4. 设置行高(列宽)

步骤 ①单击第二个表格左上角的表格选定柄⊞，选定整个表格。②单击【布局】。③输入【1 厘米】。④输入【1.5 厘米】(见图 4.3.9)。这样就将表格的所有列的宽度设为了 1.5 厘米，行高设为了 1 厘米。

如果要单独的对行列设置，可以先选定行列，然后再按上述方法进行设置。

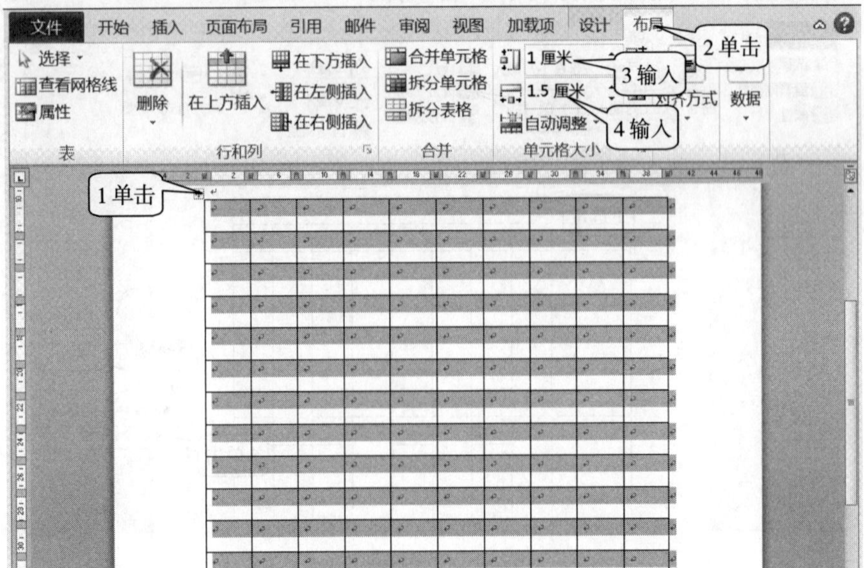

图 4.3.9

任务 3 单元格的合并与拆分

1. 单元格的合并

步骤 1 ①选定左上角的 4 个单元格。②单击【合并单元格】(见图 4.3.10)，则左上角 4 个单元格就合为了一个单元格，见图 4.3.11。

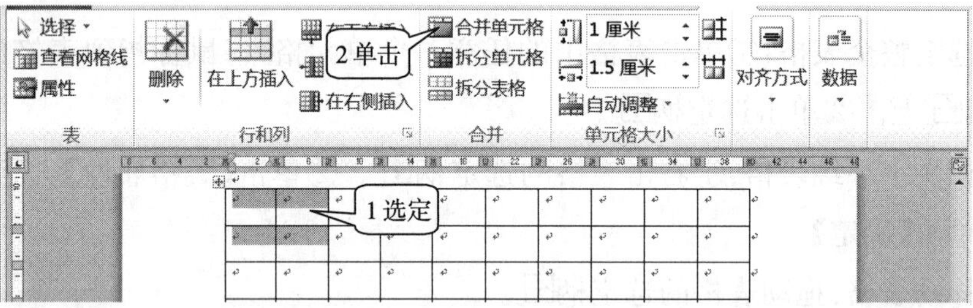

图 4.3.10

步骤 2 将左侧的其他单元格每 4 个进行选定，做同样的合并，结果见图 4.3.11。再参照图4.3.11将需要合并的所有单元格合并。

2. 单元格的拆分

步骤 1 ①选定第二个表格最上面的单元格。②单击【拆分单元格】，出现图 4.3.11 所示的【拆分单元格】对话框。③输入【1】。④输入【2】。⑤单击【确定】(见图 4.3.11)，则选定的单元格就被分为了 1 列 2 行。

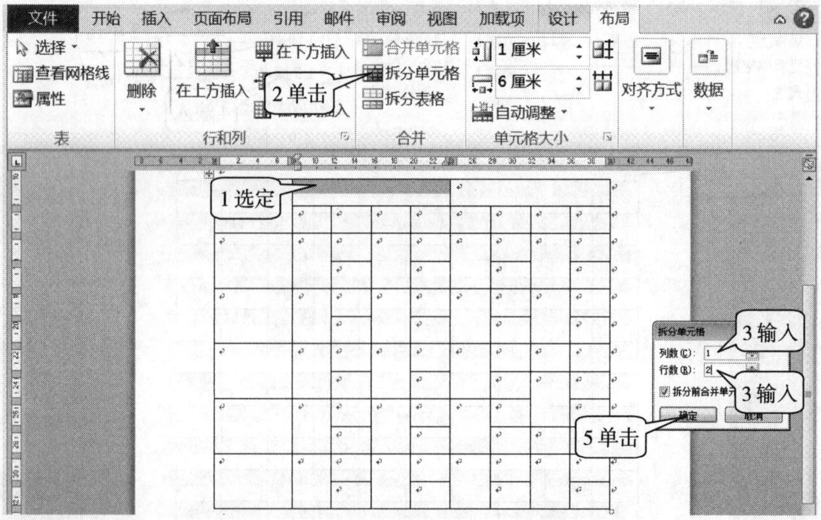

图 4.3.11

步骤 2 将该单元格右侧的单元格作同样的拆分，结果见图 4.3.11。

步骤 3 将步骤 2 中拆分出的第 2 行单元格再拆分为 1 行 2 列，最终结果见图4.3.11。

知识拓展

(1)单列拆分为多列:①选定表格的某列。②单击【拆分单元格】。③在【拆分单元格】对话框的【列数】框内输入列数。④单击【确定】。

(2)单行拆分为多行:①选定表格的某行。②单击【拆分单元格】。③在【拆分单元格】对话框的【行数】框内输入行数。④单击【确定】。

(3)多行多列拆分为多行多列:①选定行列。②单击【拆分单元格】。③在【拆分单元格】对话框的【列数】框内输入列数。④在【拆分单元格】对话框的【行数】框内输入行数。⑤单击【确定】。

任务 4　斜线表头设置

步骤　①单击第二个表格左上角单元格。②单击【设计】。③单击【边框】右侧三角。④单击【斜下框线】(见图 4.3.12),结果见图 4.3.12。

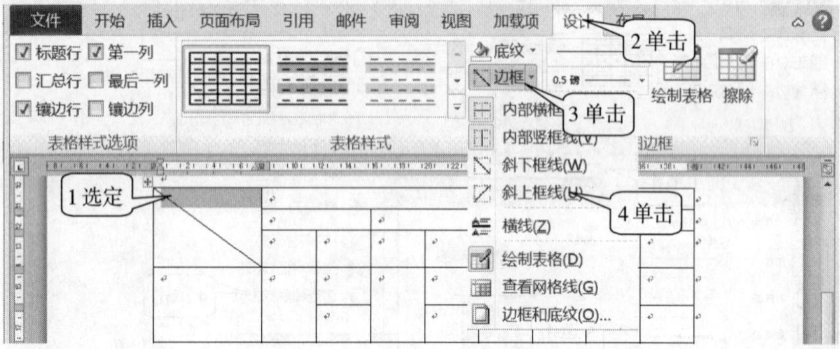

图 4.3.12

任务 5　表格线设置

步骤 1　①单击第一个表格选定柄,选定第一个表格。②单击【设计】。③单击【边框】右侧三角。④单击【边框和底纹】,出现图 4.3.14 所示的【边框和底纹】对话框。⑤单击【上线】按钮,去除上线。⑥单击【左线】按钮,去除左线。⑦单击【中间线】按钮,去除中间线。⑧单击【右线】按钮,去除右线。⑨单击【确定】(见图 4.3.13)。

步骤 2　按住【Ctrl】键选定【系、级、班、辅导员、人数】单元格,按图 4.3.13 中的方法,单击【下线】按钮,以去除下面的线条。

步骤 3　①单击第二个表格左上角的表格选定柄,选定第二个表格。②单击【设计】。③单击【边框】右侧三角。④单击【边框和底纹】,出现图 4.3.14 所示的【边框和底纹】对话框。⑤单击选择【双细线】。⑥单击【虚框】按钮。⑦单击【确定】(见图 4.3.14)。

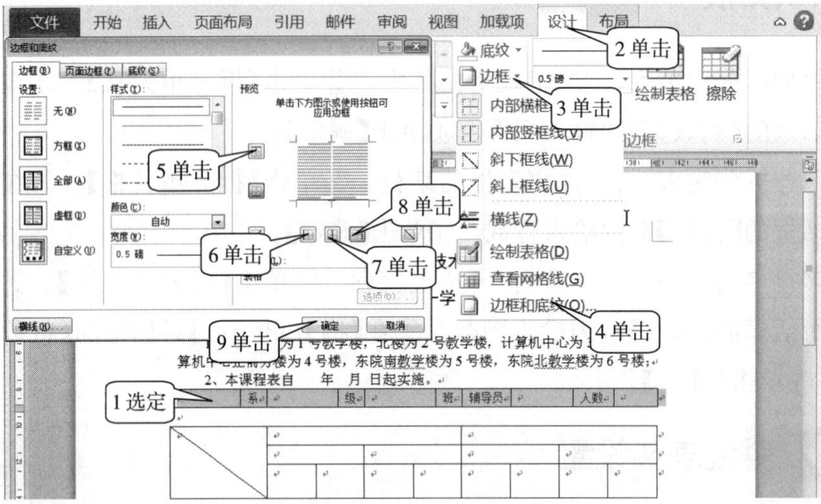

图 4.3.13

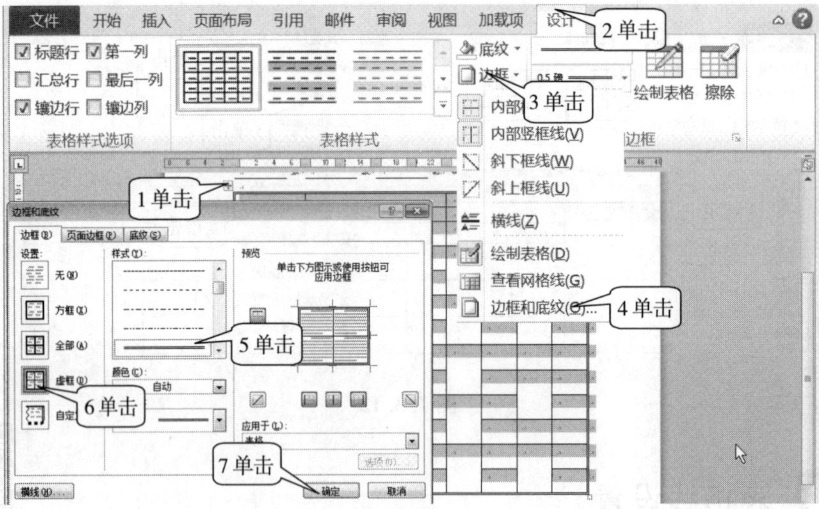

图 4.3.14

知识拓展

(1)图 4.3.14 中表格线的设置是有顺序的。第一步是选择线型;第二步是选择颜色;第三步是选择宽度;第四步是单击相应的按钮。需要注意的是:按钮第一次被单击时是去除原有的线条。第二次被单击时是加上已经设置好颜色、线型和宽度的线条。

(2)在图 4.3.14 所示的【边框和底纹】对话框中,单击【颜色】右侧的三角,可以设置线的颜色,单击【宽度】,可以设置线的粗细,这样就可以设置选定的单元格的线型、粗细和颜色。

任务 6 表格底纹设置

步骤 1 ①按住【Ctrl】键拖动选定各列。②单击【设计】。③单击【底纹】右侧的三角。④单击【其他颜色】，出现图 4.3.15 所示的【颜色】对话框。⑤单击选择一种颜色。⑥单击【确定】(见图 4.3.15)。

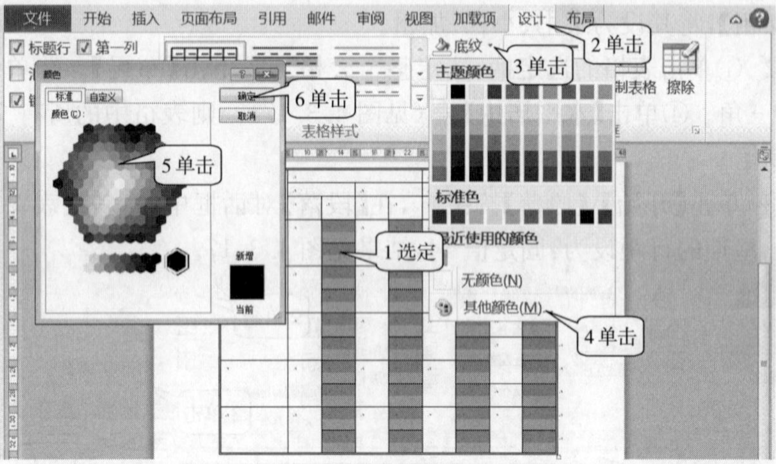

图 4.3.15

步骤 2 在相应的单元格输入图 4.3.17 所示的文字。

知识拓展

除了上述设置的单元格单色背景之外，还可以通过【边框和底纹】对话框，将单元格背景设置为由彩色线条组成的纹路，设置方法如下。

步骤 1 单击图 4.3.14 中的【边框和底纹】，出现图 4.3.16 所示的【边框和底纹】对话框。

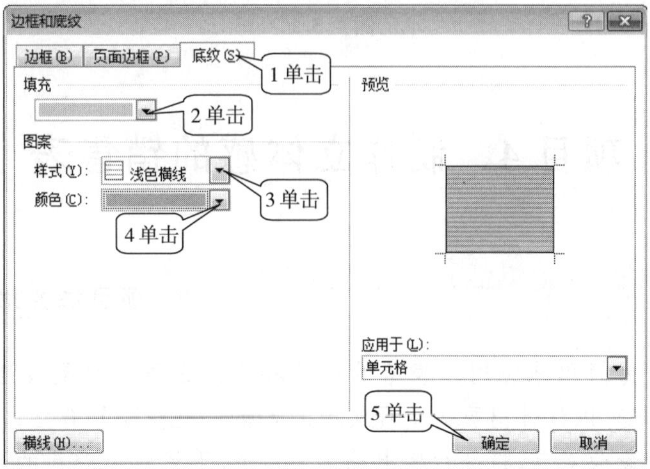

图 4.3.16

步骤 2 ①单击【底纹】。②单击【填充】，选择一种颜色。③单击【样式】，选择一种样式。④单击【颜色】，选择一种样式的颜色。⑤单击【确定】（见图 4.3.16）。

任务 7 设置表格中文字的位置

步骤 1 选定星期一到星期五，单击【开始】\【字体】，单击【开始】\【字号】，单击【开始】\【加粗】，将其设为隶书、小三、加粗。

步骤 2 ①单击表格的选定柄，选定整个表格。②单击【布局】。③单击【对齐方式】下面的三角。④单击【水平居中】（见图 4.3.17）。则表格中的所有文字都在单元格的中间了。

步骤 3 单击【开始】\【段落】按钮，在【段落】对话框中，将斜线表头中的课程、教室、节次、星期的行距设为：固定值 14，结果见图 4.3.17。

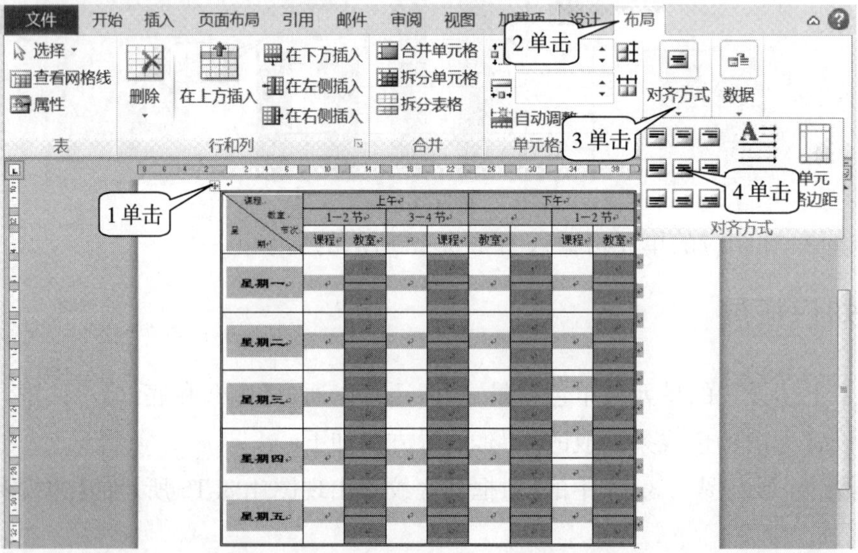

图 4.3.17

项目 4 制作立体感的销售表

项目任务描述与分析

前面已经较为简单地应用了表格的线条和底纹设置。如果灵活应用表格的底纹、线型、颜色，就可以设计出更为美观实用的表格。上面是具有立体感的表格，其实现方法是将底纹设为灰色，将一行的上线设为白色，下线设为较粗的深灰色。表格中除了有文字外，还有公式。在表格的平均分和总分单元格中输入公式，其数值是由公式计算得到的。通过输入平均值、求和函数而得到相应单元格中的计算数据。公式的应用会使表格具有计算功能，这就大大减轻了某些表格中数据需要人工计算并填入的劳动强度。为了使表格的计算功能更强，还可以在表格中直接插入 Excel 表格。插入的 Excel 表格与直接在 Word 中制作的表格的区别在于：Excel 表格是实时的进行计算的，也就是说当改变表格中的数据时，计算单元格中的数据会自动地实时加以计算更新。应用排序功能和图表功能来显示数据，则可以更明显地看出表格中数据的规律。对于复杂的表格可以使用 Word 提供的手绘表格工具，十分方便地、自由地画出各种各样的规则和不规则的复杂表格。

本项目以制作下述销售表为例进行讲解。

销售表	华东	华西	华南	华北	合计
奇瑞 A1	820	585	494	389	2288
奇瑞 A3	820	589	197	369	1975
奇瑞 G6	750	687	183	290	1910
奇瑞 E5	740	282	794	86	1902
奇瑞 A6	800	293	198	594	1885
奇瑞 E3	880	379	387	191	1837
奇瑞瑞虎 3	780	189	590	188	1747
艾瑞泽 7	660	391	396	293	1740
奇瑞旗云 3	850	269	288	280	1687
奇瑞 A5	600	179	187	477	1443
平均销量	770	384.3	371.4	315.7	

图 4.4.1

任务 1　立体感表的设置

步骤 1　单击【表格】按钮，单击【插入表格】；然后在【插入表格】对话框中输入行数 12 和列数 6，最后单击【确定】，制作一个 6×12 的表格，见图 4.4.2。

步骤 2　①单击表格选定柄，选定表格。②单击【设计】。③单击【底纹】右侧的三角。④单击选择【白色, 背景 1 , 深色 25%】。⑤输入如图 4.4.2 所示的表格内容。

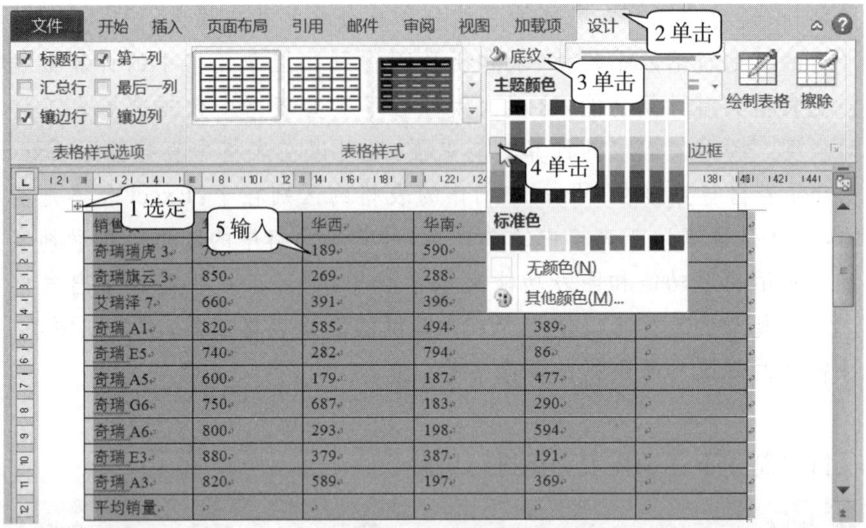

图 4.4.2

步骤 3 ①选定 2～12 行。②单击【布局】。③输入【0.8 厘米】(见图 4.4.3)，同理再将第一行高度设为【1.2 厘米】。

图 4.4.3

步骤 4 将第 1 行的华东、华西、华南、华北、合计设为华文彩云、小四、深蓝。

步骤 5 将销售表设为华文新魏、小二、加粗。

步骤 6 将奇瑞瑞虎 3、奇瑞旗云 3、艾瑞泽 7、奇瑞 A1、奇瑞 E5、奇瑞 A5、奇瑞 G6、奇瑞 A6、奇瑞 E3、奇瑞 A3、平均销量设为楷体、五号、深红；数字设为深绿、宋体。

步骤 7 ①单击表格选定柄，选定整张表。②单击【边框】按钮。③单击【无线框】(见图 4.4.4)。

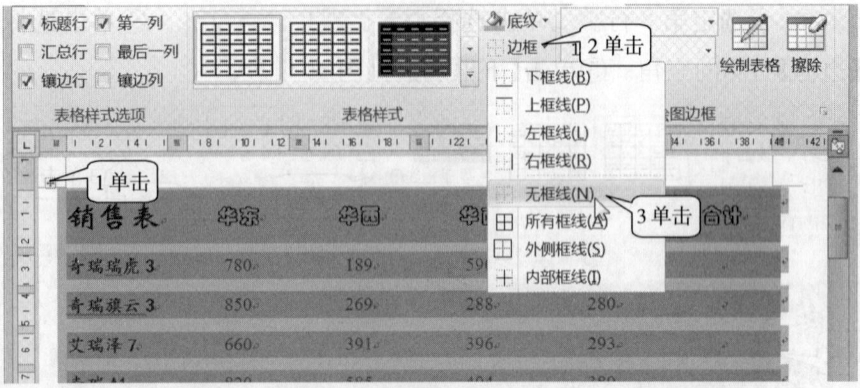

图 4.4.4

步骤 8　①选定第 1 行。②单击选择【实线】。③单击选择【1.5 磅】。④单击选择【白色】。⑤单击【边框】右侧的三角。⑥单击【下框线】(见图 4.4.5)。

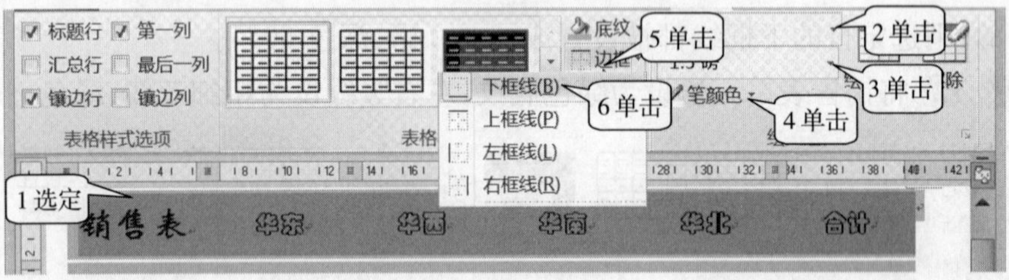

图 4.4.5

步骤 9　①按住【Ctrl】键，单击选定第 3、5、7、9、11 行。②单击【边框】按钮(见图 4.4.6)，则选定行的下框线都被设置成了白色、1.5 磅。

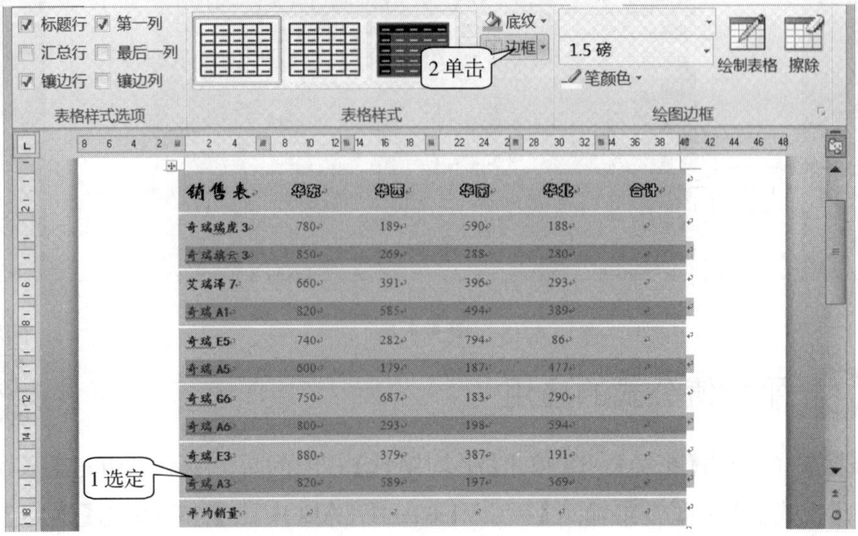

图 4.4.6

步骤 10 ①选定第 2 行。②单击选择 白色, 背景 1 , 深色 50% 。③单击选择【3.0】。④单击【边框】右侧的三角。⑤单击【下框线】(见图 4.4.7)。

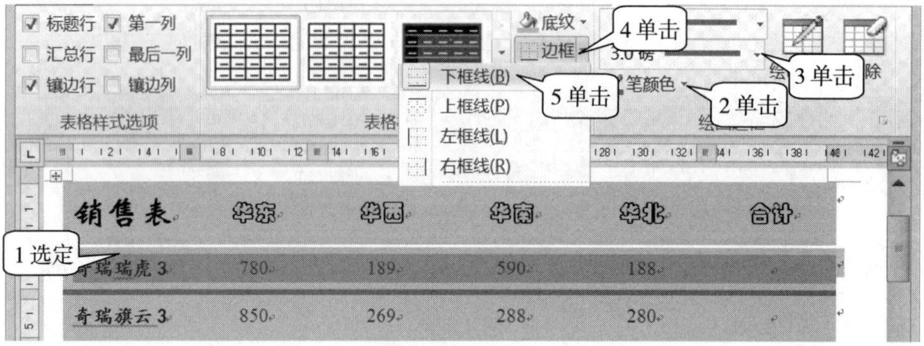

图 4.4.7

步骤 11 ①按住【Ctrl】键,单击选定第 4、6、8、10、12 行。②单击【边框】按钮(见图 4.4.8),则选定行的下框线都被设置成了 3.0 磅、深色 50%。

步骤 12 将销售表单元格设为绿色底纹、左右竖线设为粗细双线、绿色。

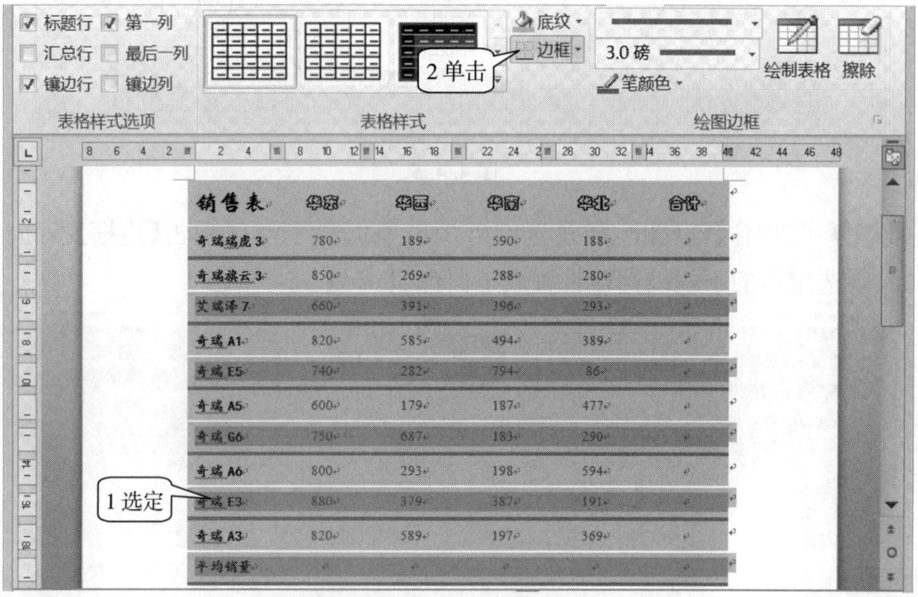

图 4.4.8

任务 2 平均值公式的应用

步骤 1 ①单击【布局】。②单击【平均销量】右侧的单元格。③单击【 公式】按钮,出现【公式】对话框。④输入【=AVERAGE(ABOVE)】。⑤单击【确定】,(见图 4.4.9),结果见图4.4.9。这样就求出了华东地区的销售量平均值。

步骤 2　将【平均销量】右侧的其他 3 个单元格按照同样的方法进行设置。

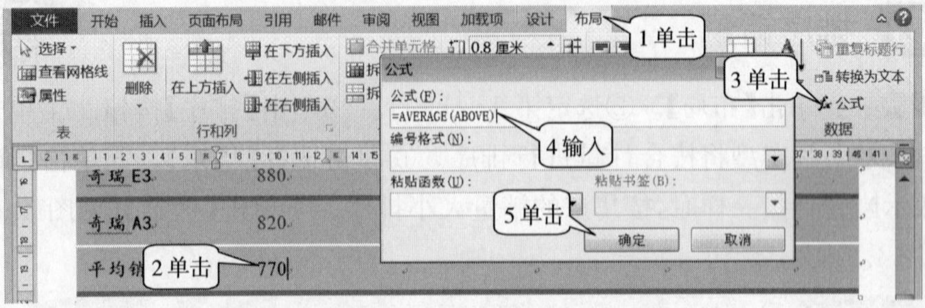

图 4.4.9

任务 3　求和公式的应用

步骤 1　①单击【合计】下面的单元格。②单击【公式】按钮，出现【公式】对话框。③单击【确定】，结果见图 4.4.10。这样就求出了奇瑞瑞虎 3 各地区的总销量。

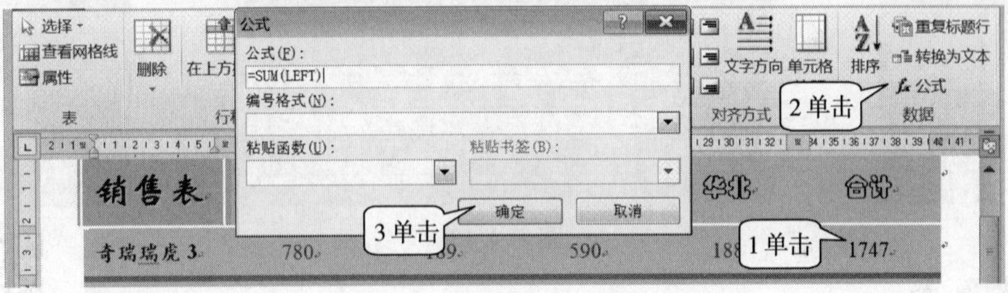

图 4.4.10

步骤 2　将【合计】下面的其他 10 个单元格按照同样的方法进行设置，结果见图4.4.11。

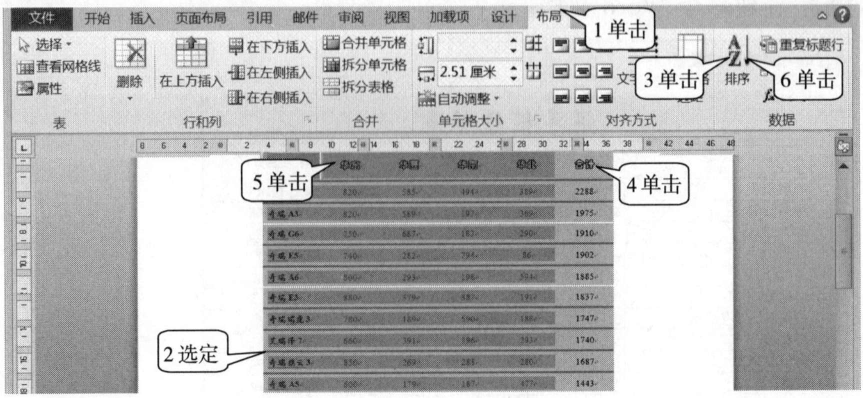

图 4.4.11

步骤 3　将【销售表】单元格的底纹设为绿色，左右两根竖线设为绿色、粗细双线。

任务 4 排序销量

步骤 ①单击【布局】。②选定第 1～11 行。③单击【排序】按钮。④单击选择【合计】，表示各种车型将按合计量进行排序。⑤单击选择【华东】。⑥单击【降序】单选钮，表示当合计量一样时，按华东的销量大小排序。⑦单击【确定】（见图 4.4.11），结果见图 4.4.12。

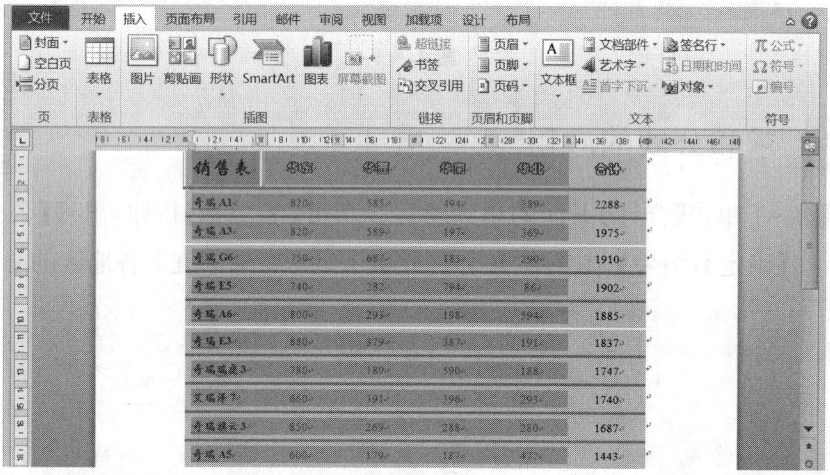

图 4.4.12

任务 5 插入 Excel 表

步骤 1 在 Excel 中打开【教材素材】\【Excel】\【汽车销售报表】，见图 4.4.13。

步骤 2 ①选定整个表格。②按【Ctrl＋C】键，复制表格（见图 4.4.13）。

步骤 3 新建一个 Word 文档。

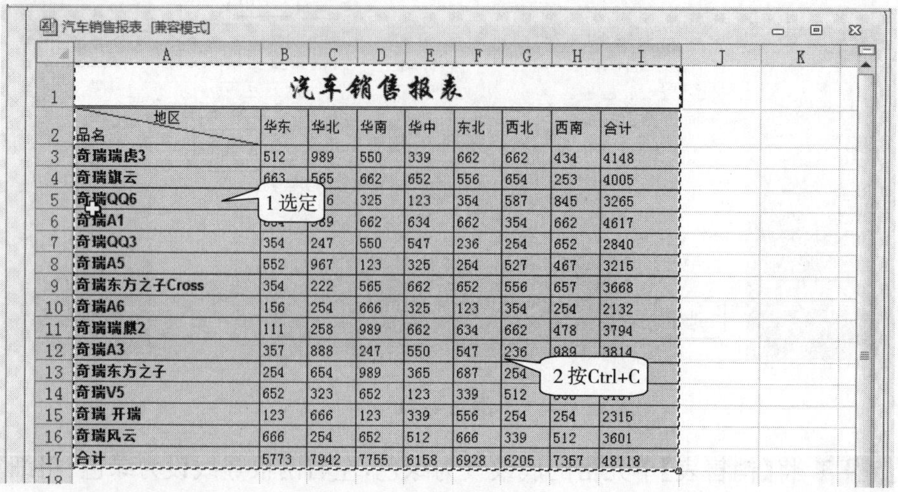

图 4.4.13

步骤 4 ①单击【插入】。②单击【表格】。③单击【Excel 表格】(见图 4.4.14)。

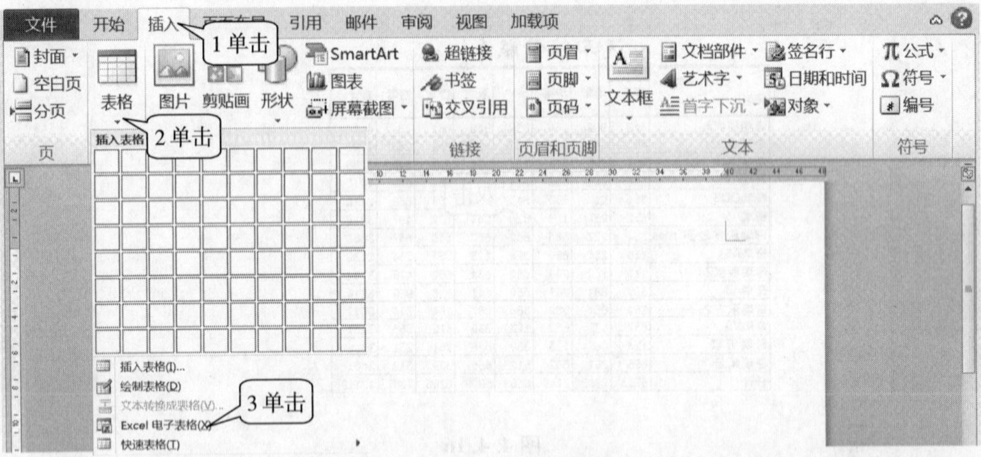

图 4.4.14

步骤 5 按【Ctrl+V】键,将上面复制的表格粘贴过来,见图 4.4.15。

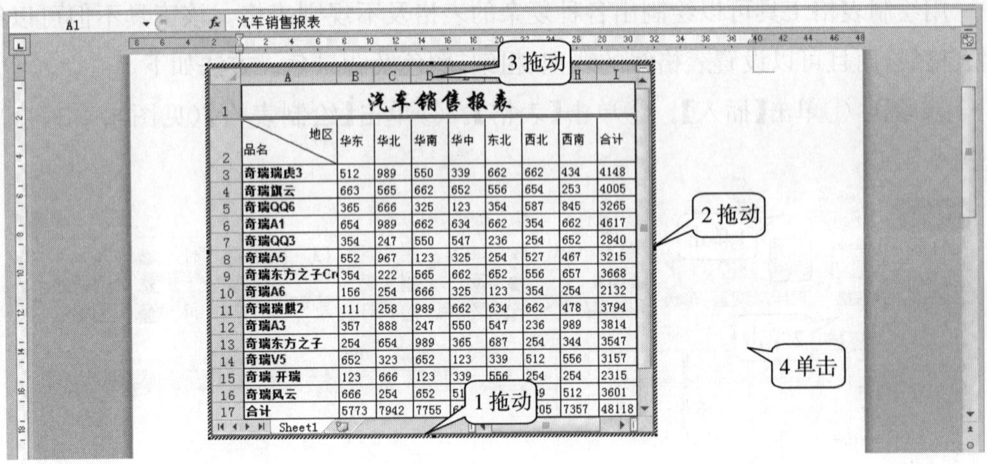

图 4.4.15

步骤 6 ①拖动表格的下边线控制点,使表格下半部分能够全部显示。②拖动表格右侧的控制点,使表格右侧部分能够全部显示。③拖动表格的列分界线,调整表格列宽,调整后的最终结果如图 4.4.15 所示。④在表格外单击,就可以退出 Excel,回到图 4.4.16 所示的 Word 状态。

步骤 7 对表格中的数据进行修改可以双击图 4.4.16 中的 Word 表格,这样就会进入图 4.4.15 所示的 Excel 状态,在这里可以对数据进行修改。

在 Word 中,插入 Excel 表格的优点是:表中若有计算项,例如,插入的表格中的合计项,在对表格数据进行修改时,计算项会自动地进行重新计算。而在修改表格中其他数据时，合计部分是不会自动计算的。

汽车销售报表

地区 / 品名	华东	华北	华南	华中	东北	西北	西南	合计
奇瑞瑞虎3	512	989	550	339	662	662	434	4148
奇瑞旗云	663	565	662	652	556	654	253	4005
奇瑞QQ6	365	666	325	123	354	587	845	3265
奇瑞A1	654	989	662	634	[illegible]	[illegible]	662	4617
奇瑞QQ3	354	247	550	547	[illegible]	[illegible]	652	2840
奇瑞A5	552	967	123	325	254	527	467	3215
奇瑞东方之子Cross	354	222	565	662	652	556	657	3668
奇瑞A6	156	254	666	325	123	354	254	2132
奇瑞瑞麒2	111	258	989	662	634	662	478	3794
奇瑞A3	357	888	247	550	547	236	989	3814
奇瑞东方之子	254	654	989	365	687	254	344	3547
奇瑞V5	652	323	652	123	339	512	556	3157
奇瑞 开瑞	123	666	123	339	556	254	254	2315
奇瑞风云	666	254	652	512	666	339	512	3601
合计	5773	7942	7755	6158	6928	6205	7357	48118

图 4.4.16

任务 6　表格手绘工具的使用

用绘制表格工具可以绘制出各种复杂的表格及不规则表格。该工具不但可以绘制表格线，而且可以设置表格线的线型、粗细、颜色及背景色。方法如下。

步骤 1 ①单击【插入】。②单击【表格】。③单击【绘制表格】（见图 4.4.17），出现图 4.4.18。

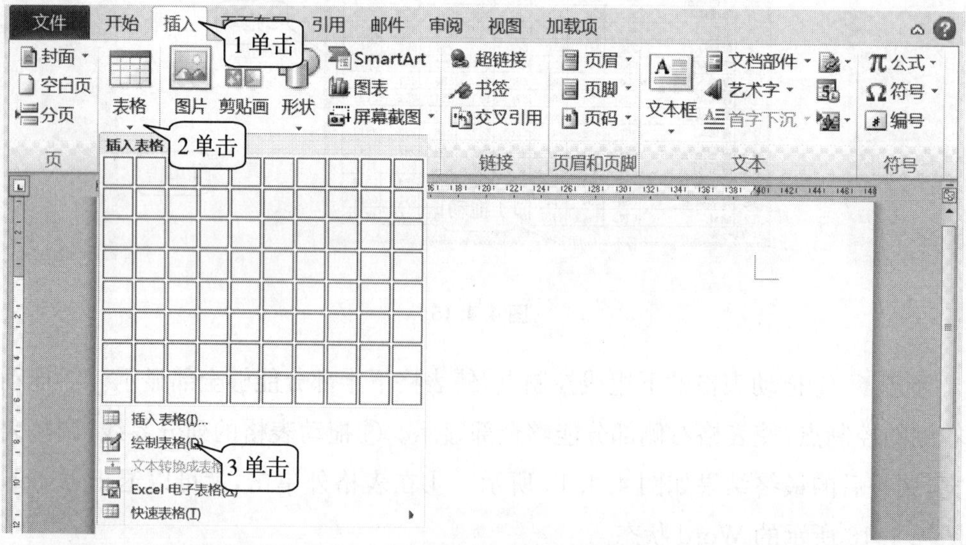

图 4.4.17

步骤 2 ①拖动鼠标画出表格的外框。②单击【笔样式】下拉列表，选择线型。③单击【笔划粗细】下拉列表，选择粗细。④单击【笔颜色】下拉列表，选择所需的颜色(见图 4.4.18)。

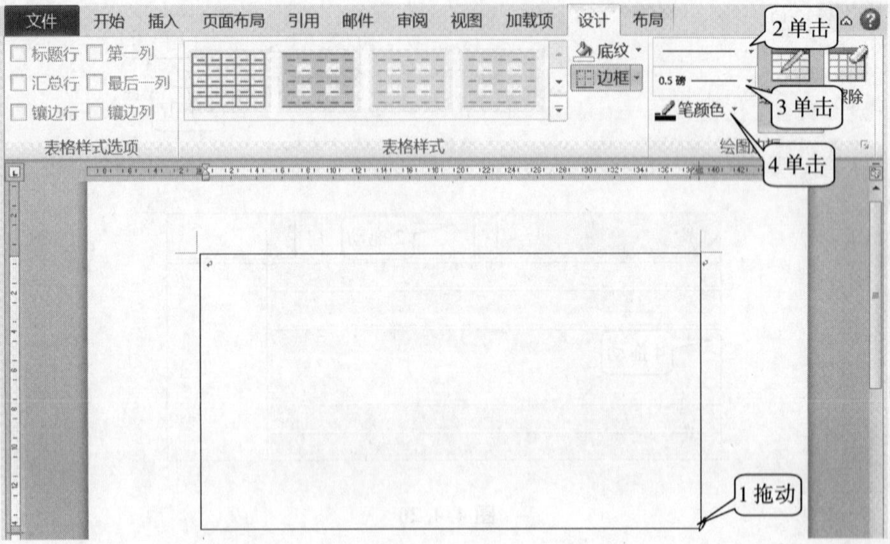

图 4.4.18

步骤 3 ①紧贴外框线,拖动可画出由图 4.4.18 设置好的线型、粗细和颜色的其他线条。②单击左上角的单元格。③单击【底纹】下拉列表,选择所需的颜色,则单元格就被填充了相应的颜色。④单击【擦除】工具。⑤在要擦除的线上单击,即可擦除该线条(见图 4.4.19)。

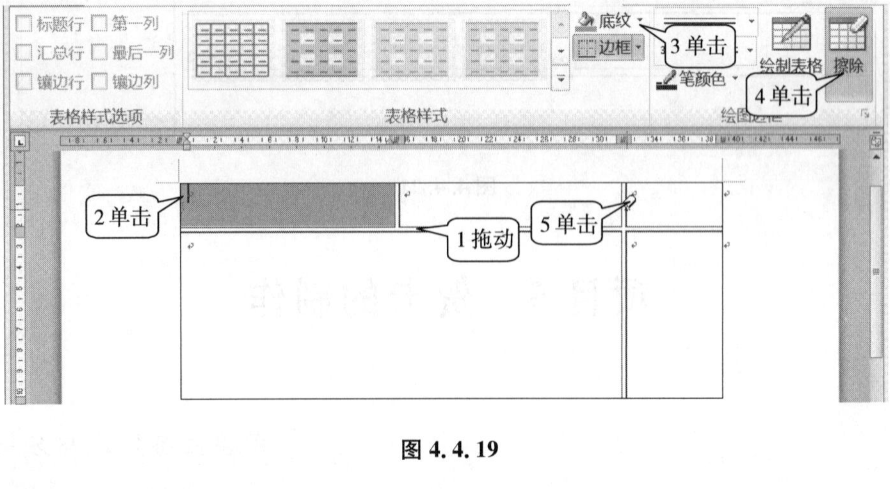

图 4.4.19

步骤 4 单击【擦除】工具按钮,取消擦除工具。

步骤 5 单击【绘制表格】按钮,画出如图 4.4.20 所示的表格线。

步骤 6 单击【绘制表格】按钮,取消绘制表格工具。

步骤 7 ①单击【布局】。②拖动选定图 4.4.20 中的 5 列。③单击【分布列】按钮,则选定的 5 列的列宽就被设为一样的了。④拖动选定图中的 5 行。⑤单击【分布行】,则选定的5行的行高就被设为一致的了(见图4.4.20),结果见图4.4.21。

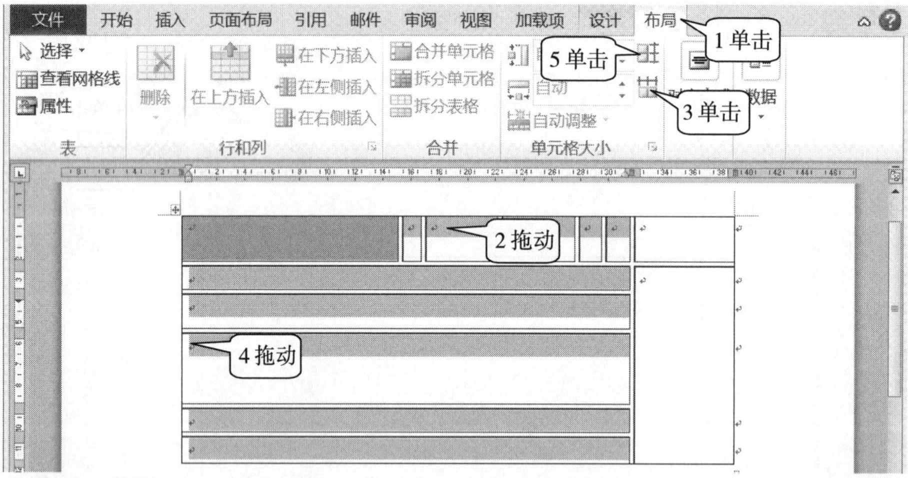

图 4.4.20

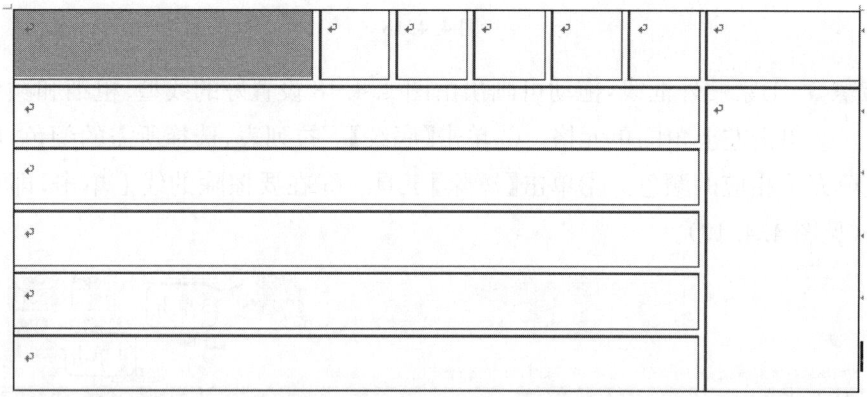

图 4.4.21

项目5 贺卡的制作

项目任务描述与分析

将艺术字、图片、文本框、页面边框应用在贺卡设计中会使贺卡更为美观和有新意。建党100周年贺卡(如图4.5.1)是在一个自定义的21×15cm的纸张上制作的,其中插入了图片,并对其进行了调整;通过设置添加的艺术字形状、大小、样式和立体效果使艺术字更为美观;通过设置加入文本框的大小和边框线透明效果,使文字部分得以浮现在图片上。设置的页面边框则给贺卡增添了一个好看的外框。

本项目以制作下图所示贺卡为例进行讲解。

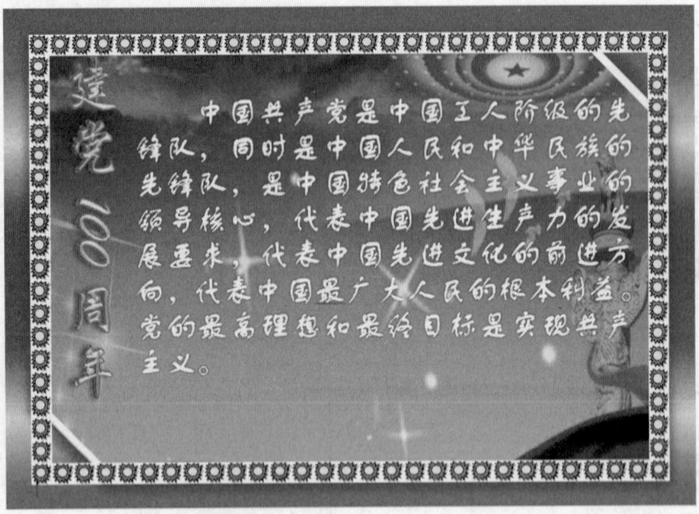

图 4.5.1

任务 1　页面设置

步骤 1　打开 Word，得到一个空白文档。

步骤 2　①单击【页面布局】。②单击【纸张大小】按钮。③单击【其他页面大小】按钮（见图 4.5.2），出现图 4.5.3 所示的【页面设置】对话框。

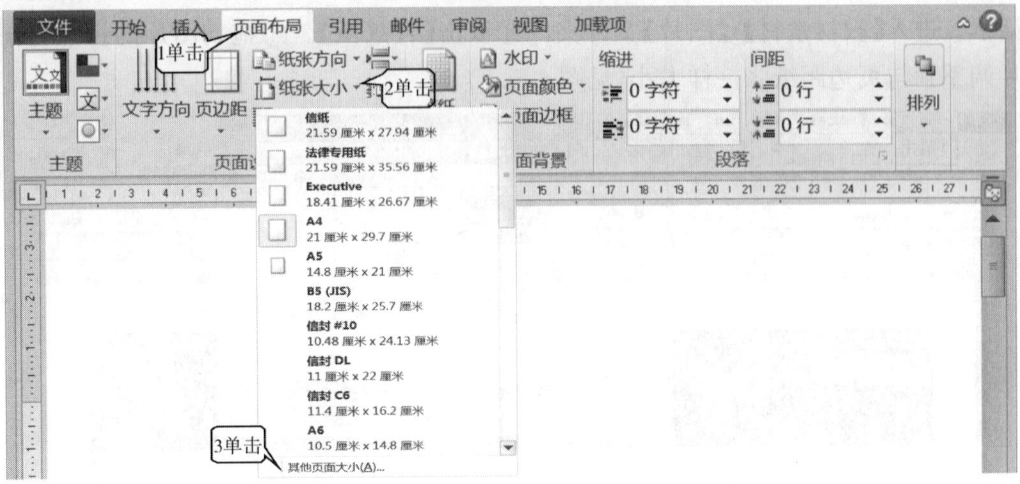

图 4.5.2

步骤 3　①单击【纸张】选项卡。②单击选择【自定义大小】。③输入【21 厘米】。④输入【15 厘米】。⑤单击【页边距】选项卡（见图 4.5.3），出现图 4.5.4 所示的【页面设置】对话框。

步骤 4 ①在上、下、左、右边框中均输入【1 厘米】。②单击【横向】。③单击【确定】(见图 4.5.4)。

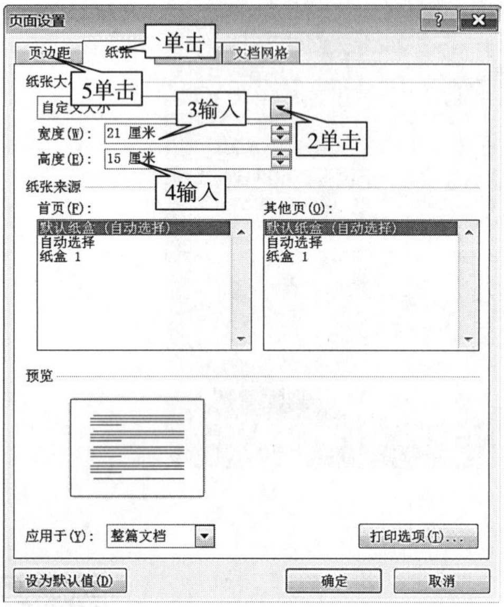

图 4.5.3

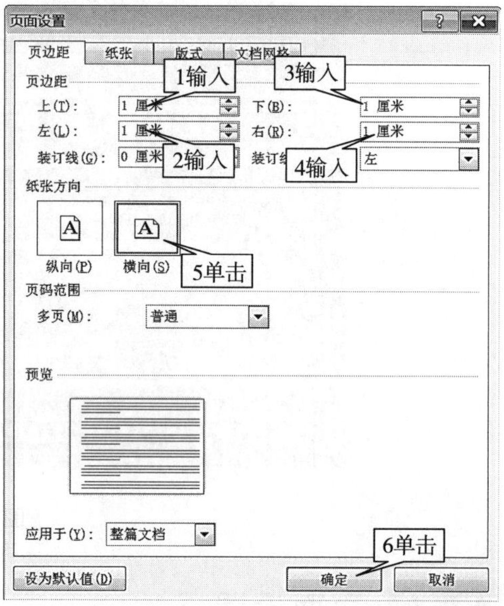

图 4.5.4

任务 2 图片的添加与处理

步骤 1 ①单击【插入】。②单击【图片】按钮，出现图 4.5.5 所示的【插入图片】对话框。进入【教材素材】\【图片】文件夹。③双击【背景图】。④拖动图片的控点将图片调整到与页边距纸张一样大小(见图 4.5.5)。

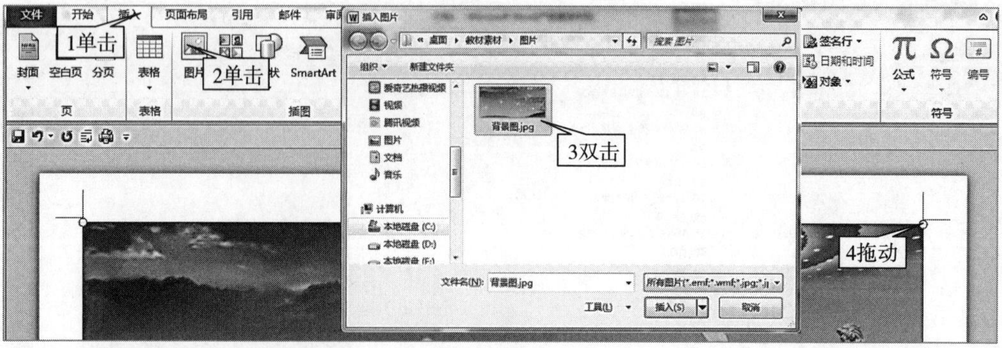

图 4.5.5

步骤 2 ①单击图片。②单击【格式】。③单击【图片样式】\【其他】按钮，Word 提供了 23 种【图片样式】效果，可以根据需要选择所需要的【图片样式】效果。④单击选择【剪裁对角线，白色】(见图 4.5.6)。

步骤 3 ①单击【格式】。②单击【图片效果】按钮。③单击【发光】。④单击选择【红色，18 pt 发光，强调文字颜色 2】，Word 提供的 24 种图片的【发光】效果，可以根据需要选择所需要的【发光】效果(见图 4.5.7)，还可以单击图 4.5.7 中的【其他亮色】来设置其他的发光颜色。

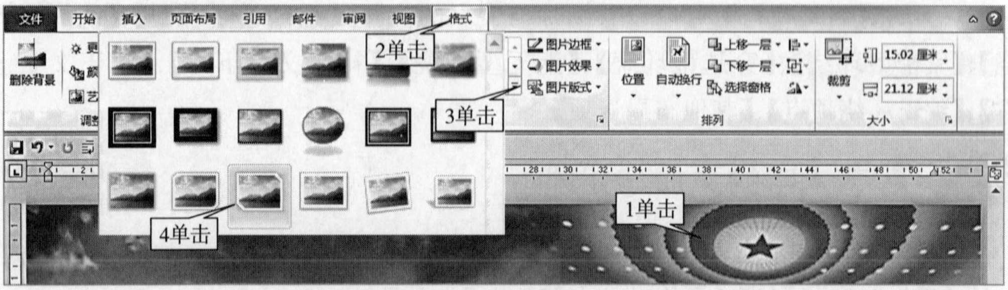

图 4.5.6

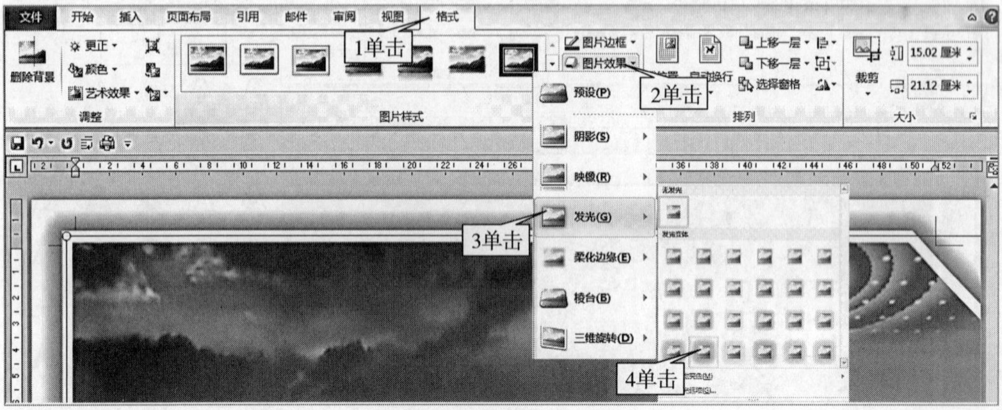

图 4.5.7

知识拓展

(1)单击图 4.5.7 中的【更正】按钮，可以设置图片的锐化、柔化、亮度和对比度效果。

(2)单击图 4.5.7 中的【颜色】按钮，可以设置图片的偏色效果。

(3)单击图 4.5.7 中的【艺术效果】，可以设置图片的【马赛克】、【虚化】等艺术效果。

(4)在图 4.5.7 中，单击【图片效果】和【预设】，可以设置立体及阴影效果。

(5)在图 4.5.7 中，单击【图片效果】和【映像】，可以设置图片的倒影效果。

(6)在图 4.5.7 中，单击【图片效果】和【阴影】，可以设置图片的多种阴影效果，并且还可以使用不同的颜色作为阴影。

(7)在图 4.5.7 中，单击【图片效果】和【柔化边缘】，可以设置图片的各种柔化效果，还可以设置柔化边缘的颜色。

(8)在图 4.5.7 中，单击图片。②单击【裁剪】按钮，然后拖动图片上的控点，可以将图片的一部分裁剪掉。再次单击【裁剪】按钮，就可以取消裁剪状态。

(9)单击【自动换行】，可以设置图片与文字的位置关系：如【嵌入型】、【四周型环绕】、【紧密型环绕】、【穿越型环绕】、【上下型环绕】、【衬于文字下方】、【浮于文字上方】、【编辑环绕顶点】、【其他布局选项】。

任务 3 艺术字的添加与处理

步骤 1 ①单击【插入】。②单击【艺术字】按钮。③单击选择一种艺术字样式。④输入【建党 100 周年】。⑤拖动控点调整大小(见图 4.5.8)。

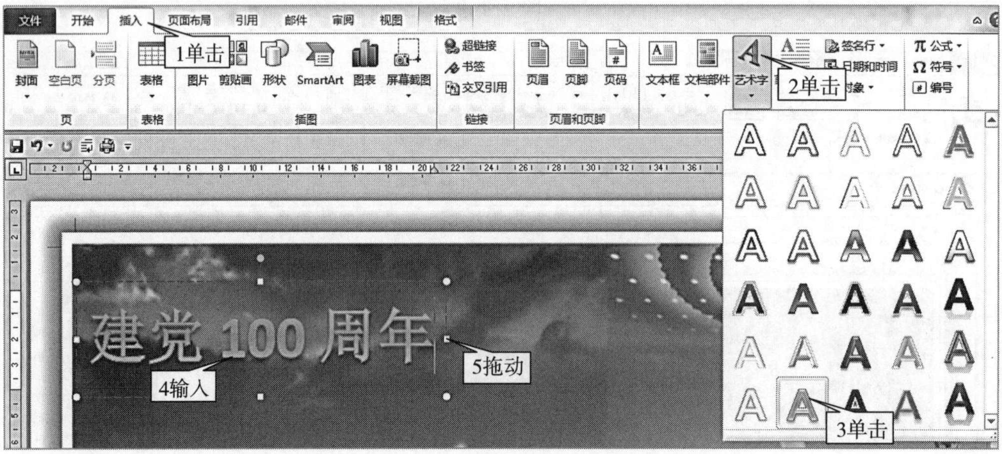

图 4.5.8

步骤 2 ①单击【格式】。②单击【文字方向】。③单击【垂直】(见图 4.5.9)，则艺术字就会如图 4.5.9 一样竖排。

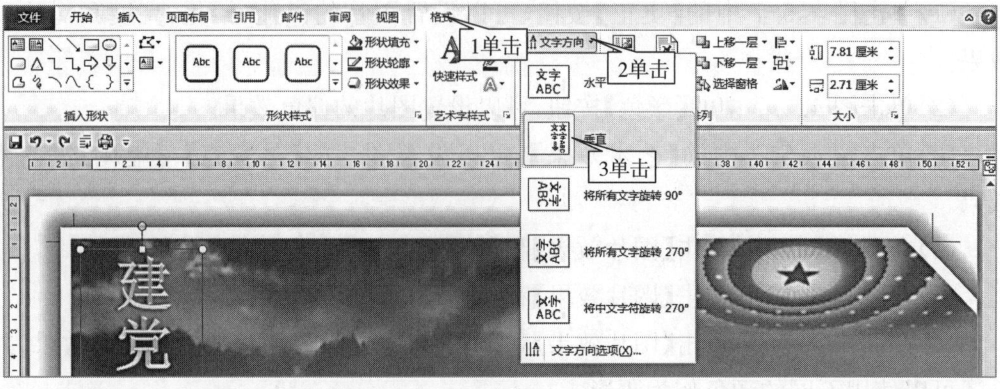

图 4.5.9

步骤 3 ①单击【开始】。②单击选定【建党 100 周年】。③单击选择【华文行楷】。④单击选择【48】(见图 4.5.10),结果见图 4.5.10。

图 4.5.10

步骤 4 ①单击【格式】。②单击【文字轮廓】按钮,选择红色。③单击【文字效果】按钮。④单击【棱台】。⑤单击【角度】(见图 4.5.11),结果见图 4.5.11。

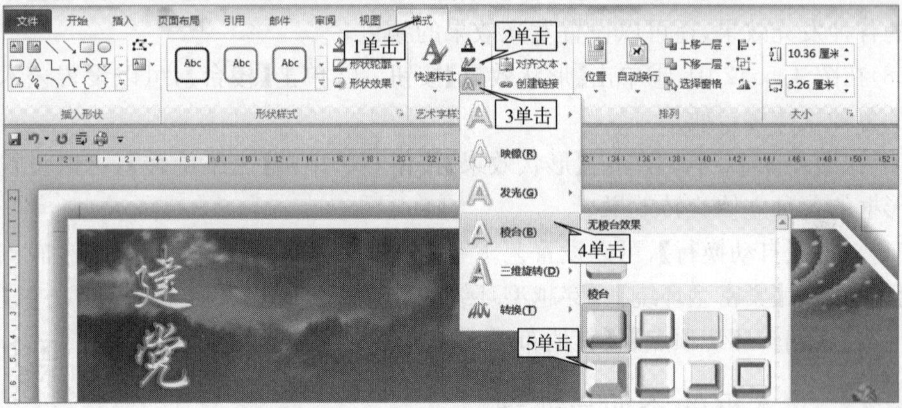

图 4.5.11

步骤 5 ①单击【文字效果】按钮。②单击【三维旋转】。③单击选择【右透视】。④输入【11 厘米】。⑤输入【3 厘米】设置艺术字框的大小(见图 4.5.12),结果见图 4.5.12。

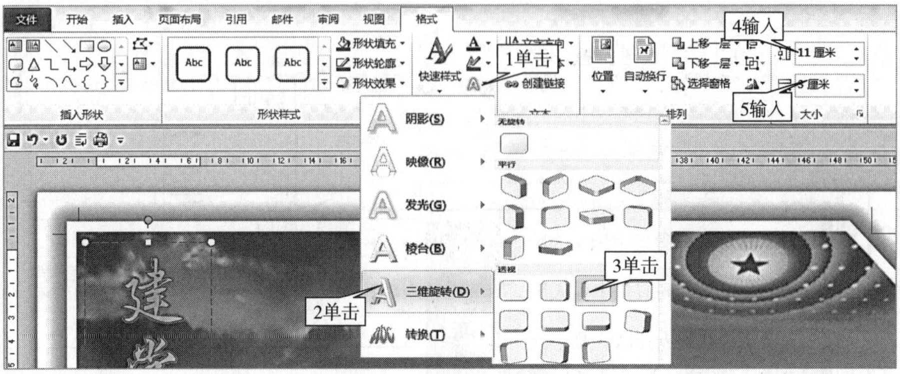

图 4.5.12

知识拓展

（1）单击图 4.5.12 中的【形状填充】按钮，可以设置艺术字矩形框的填充色。

（2）单击图 4.5.12 中的【形状轮廓】按钮，可以设置艺术字矩形框的线型、粗细、虚线和其他轮廓颜色。

（3）在图 4.5.12 中，①单击【形状效果】钮。②单击【预设】，可以设置艺术字矩形框的各种立体及阴影预设效果。

（4）在图 4.5.12 中，①单击【形状效果】按钮。②单击【阴影】，可以设置艺术字矩形框的多种阴影效果，并且还可以使用不同的颜色作为阴影。

（5）在图 4.5.12 中，①单击【形状效果】按钮。②单击【映像】，可以设置艺术字矩形框的多种倒影效果。

（6）在图 4.5.12 中，①单击【形状效果】按钮。②单击【柔化边缘】，可以设置艺术字矩形框的各种柔化效果，还可以设置柔化边缘的颜色，

（7）在图 4.5.12 中，①单击【形状效果】按钮。②单击【发光】，可以设置艺术字矩形框的各种发光效果，还可以设置发光效果的颜色。

（8）在图 4.5.12 中，①单击【形状效果】按钮。②单击【棱台】，可以设置艺术字矩形框的各种立体棱台效果

（9）在图 4.5.12 中，①单击【形状效果】按钮。②单击【三维旋转】，可以设置艺术字矩形框的各种立体旋转效果。

（10）单击【自动换行】，可以设置艺术字与文字的位置关系。如设置成【嵌入型】、【四周型环绕】、【紧密型环绕】、【穿越型环绕】、【上下型环绕】、【衬于文字下方】、【浮于文字上方】、【编辑环绕顶点】、【其他布局选项】。

任务 4 文本框的添加与处理

步骤 1 ①单击【插入】。②单击【文本框】按钮。③单击选择【简单文本框】。④输入框内本节开头的案例中的文字（见图 4.5.13），结果见图 4.5.13。

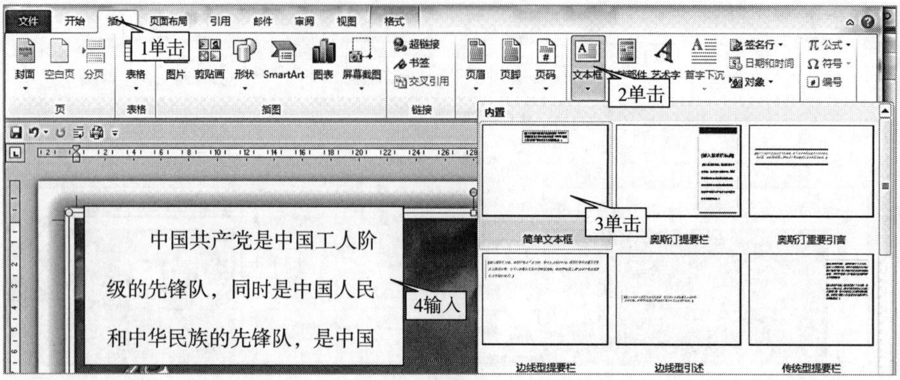

图 4.5.13

步骤 2 ①单击文本框边框线选定文本框。②单击【格式】。③单击【形状轮廓】按钮。④单击【无轮廓】(见图 4.5.14),以去除文本框的边框线,结果见图 4.5.14。

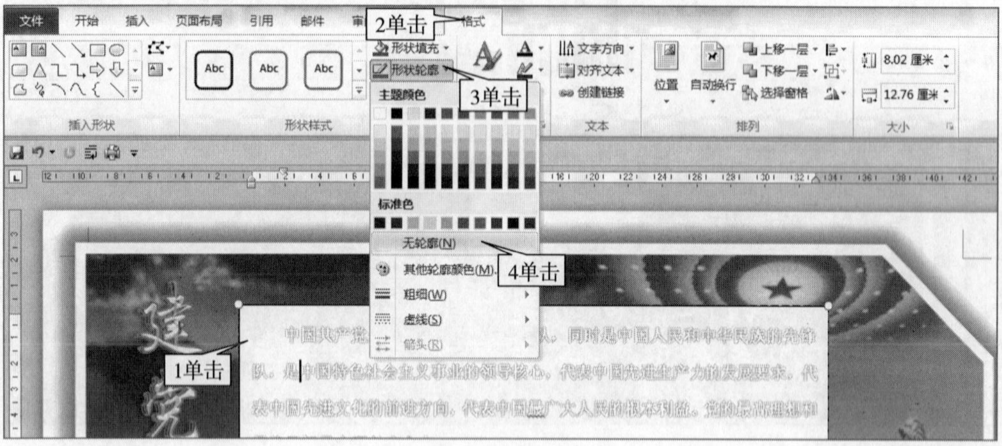

图 4.5.14

步骤 3 ①单击【开始】。②拖动边框线调整文本框位置。③拖动边框线上的控点调整文本框大小。④选定框内文字。⑤单击工具栏上的相应按钮将文本框设为方正舒体、26、加粗。⑥单击【字体颜色】按钮,选择白色(见图 4.5.15),结果如图 4.5.16 所示。

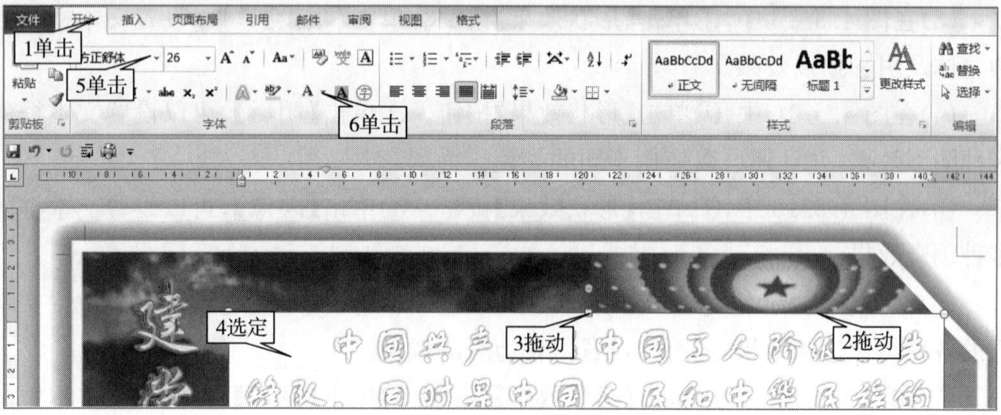

图 4.5.15

步骤 4 ①单击【格式】。②单击选中文本框。③单击【形状填充】按钮。④单击【无填充颜色】(见图 4.5.16),将文本框设为透明,结果如图 4.5.16 所示。

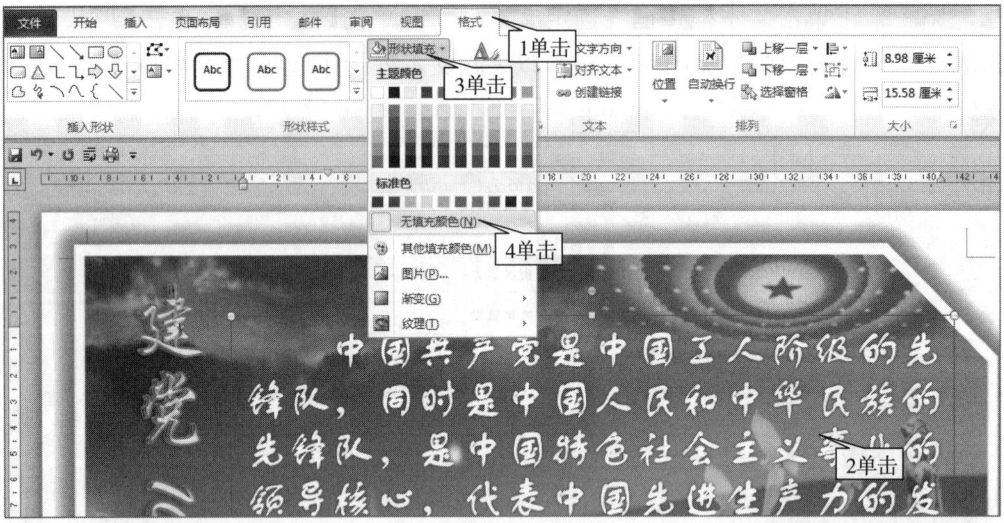

图 4.5.16

知识拓展

(1)单击图 4.5.16 中的【形状填充】按钮，可以设置文本框的填充色。

(2)单击图 4.5.16 中的【形状轮廓】按钮，可以设置文本框的线型、粗细、颜色。

(3)在图 4.5.16 中，①单击【形状效果】钮。②单击【预设】，可以设置文本框的各种立体及阴影预设效果。

(4)在图 4.5.16 中，①单击【形状效果】按钮。②单击【阴影】，可以设置文本框的多种阴影效果，并且还可以使用不同的颜色作为阴影。

(5)在图 4.5.16 中，①单击【形状效果】按钮。②单击【映像】，可以设置文本框的多种倒影效果。

(6)在图 4.5.16 中，①单击【形状效果】按钮。②单击【柔化边缘】，可以设置文本框的各种柔化边缘效果，还可以设置柔化边缘的颜色，

(7)在图 4.5.16 中，①单击【形状效果】按钮。②单击【发光】，可以设置文本框的各种发光效果，还可以设置发光效果的颜色。

(8)在图 4.5.16 中，①单击【形状效果】按钮。②单击【棱台】，可以设置文本框的各种立体棱台效果。

(9)在图 4.5.16 中，①单击【形状效果】按钮。②单击【三维旋转】，可以设置文本框的各种立体旋转效果。

任务 5 设置页面边框

步骤 ①单击【页面布局】。②单击【页面边框】按钮，出现图 4.5.17 所示的【边框和底纹】对话框。③单击选择一种艺术型边框。④单击【确定】，结果如图 4.5.17 所示。

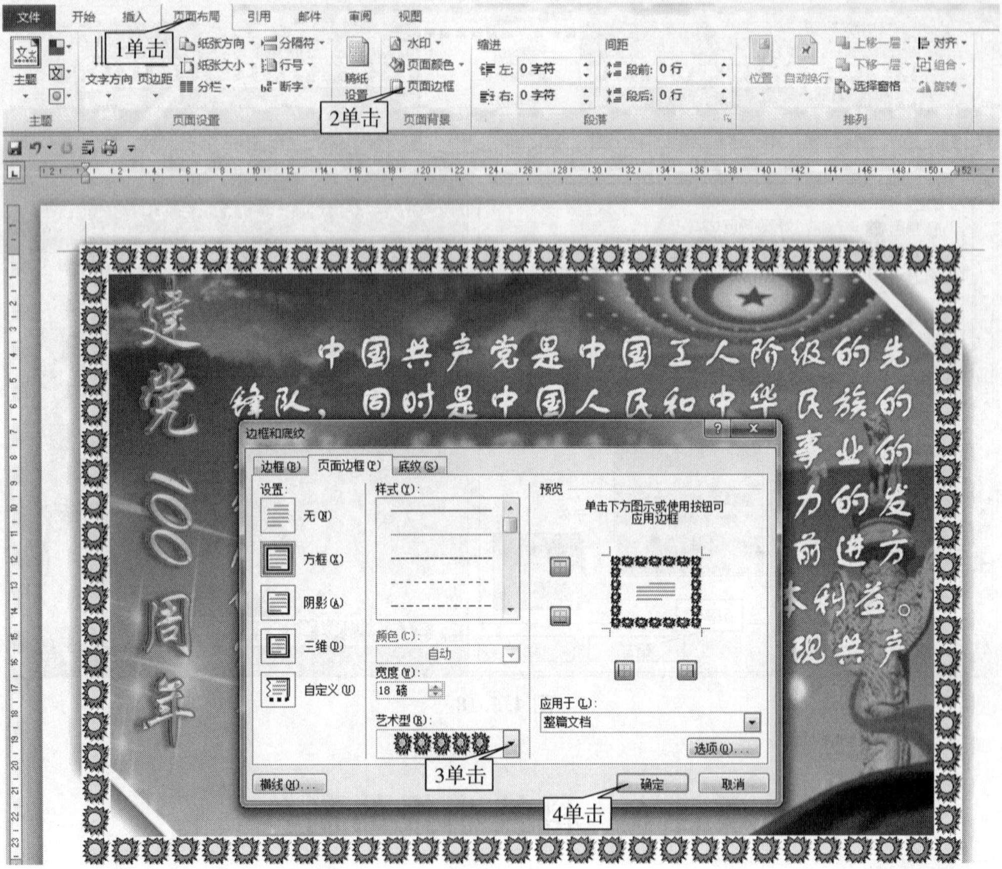

图 4.5.17

任务 6 设置页面颜色

步骤 ①单击【页面布局】。②单击【页面颜色】按钮。③单击【填充效果】。出现图 4.5.18 所示的【填充效果】对话框。④单击【预设】。⑤单击选择【彩虹出岫Ⅱ】预设颜色。⑥单击【确定】(见图 4.5.18)。结果如图 4.5.11 所示。

贺卡是人们新年过节相互祝愿表达情意的一种形式，将艺术字、图片、文本框、页面边框应用在贺卡设计中会使贺卡更为美观和有新意。上述贺卡是在一个自定义的 21×15cm 的纸张上制作的，其中插入了图片，并对其进行了调整；通过对添加的艺术字形状、大小、样式、立体效果的设置使得艺术字更为美观；通过对加入文本框大小、边框线透明效果的设置，使得文字部分得以浮现在图片上。设置的页面边框则给贺卡增添了一个漂亮的外框。

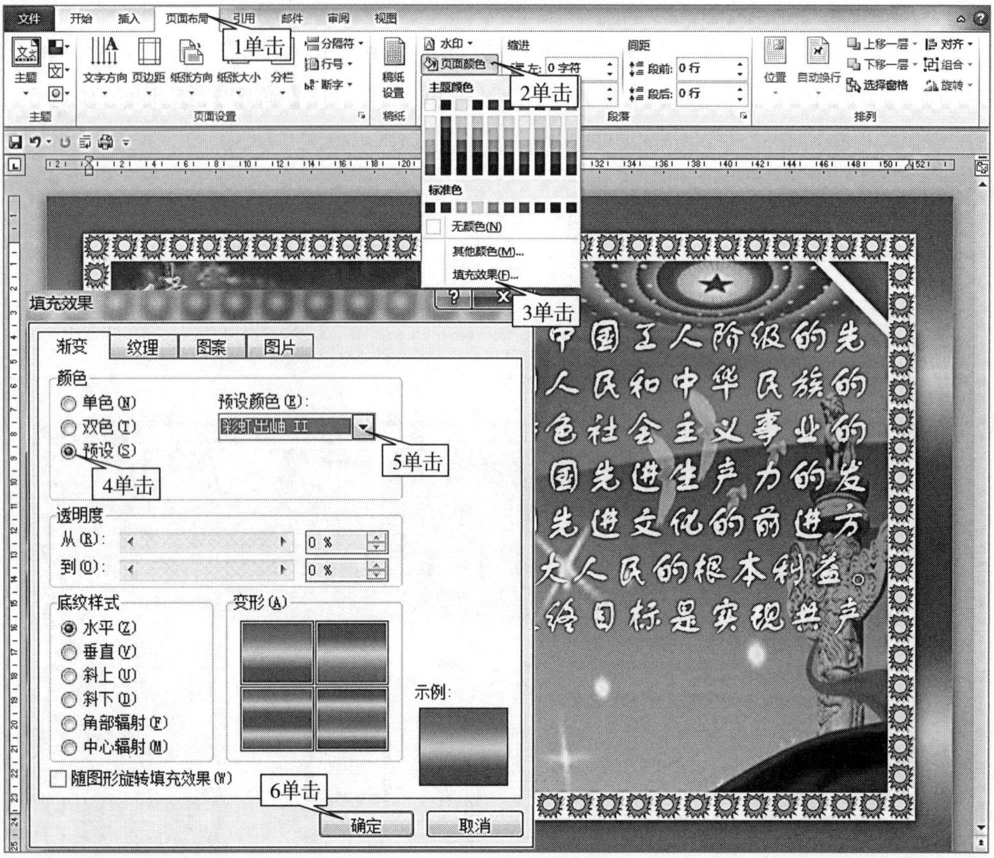

图 4.5.18

项目6 科技小报的制作

项目任务描述与分析

在实际工作中，往往要对文档进行形式多样、色彩丰富、样式活泼的排版。为了使文档更为美观，就必须在排版文档时将表格、图片、文本框、边框、艺术字、底纹、绘图、分栏等元素应用到文档中，通过这些元素来装饰版面，以使文档更为美观。在文档中应用绘图工具绘制所需要的图形，插入与文档相对应的图片和剪贴画，则可以使文档的排版图文并茂，凸显其生动活泼的风格。加入表格与文本框会使文字板块布局灵活方便，有利于合理布局版面。通过对表格、文本框的线型颜色、底纹的设置可使表格更好地发挥作用。

下面以制作下面的科技小报为例进行讲解。

计算机报
中国计算机报编辑部　计算机协会主办
CPU
硬盘
内存
显示器
键盘
鼠标
显卡
主板
中央处理器(英文 Central Processing Unit，CPU)是一台计算机的运算核心和控制核心。CPU、内部存储器和输入/输出设备是电子计算机三大核心部件。其功能主要是解释计算机指令以及处理计算机软件中的数据。CPU 由运算器、控制器和寄存器及实现它们之间联系的数据、控制及状态的总线构成。
硬　盘
硬盘（港台称之为硬碟，英文名：Hard Disk Drive 简称HDD 全名 温彻斯特式硬盘）是电脑主要的存储媒介之一，由一个或者多个铝制或者玻璃制的碟片组成，是电脑主要的存储媒介之一，由一个或者多个铝制或者玻璃制的碟片组成。
主板，又叫主机板、系统板或母板;它安装在机箱内，是微机最基本的也是最重要的部件之一。 主板一般为矩形电路板，上面安装了组成计算机的主要电路系统，一般有 BIOS 芯片、I/O 控制芯片、键盘和面板控制开关接口、指示灯插接件、扩充插槽、主板及插卡的直流电源供电接插件等）
内存与显示器
内存是计算机中重要的部件之一，它是与 CPU 进行沟通的桥梁。计算机中所有程序的运行都是在内存中进行的，因此内存的性能对计算机的影响非常大。 内存(Memory)也被称为内存储器，其作用是用于暂时存放 CPU 中的运算数据，以及与硬盘等外部存储器交换的数据。只要计算机在运行中，CPU 就会把需要运算的数据调到内存中进行运算，当运算完成后 CPU 再将结果传送出来，内存的运行也决定了计算机的稳定运行。内存是由内存芯片、电路板、金手指等部分组成的。
显卡全称显示接口卡
示适配器（Video
个人电脑最基本组成部分
的显示信息进行转换驱动
的正确显示，是连接显示
对话”的重要设备之一。
显卡
（Video card，Graphics card），又称为显
adapter），显示器配置卡简称为显卡，是
之一。显卡的用途是将计算机系统所需要
并向显示器提供行扫描信号，控制显示器
器和个人电脑主板的重要元件，是“人机
显卡作为电脑主机里的一个重要组成部
分，承担输出显示图形的任务，对于从事专业图形设计的人来说显卡非常重要。

该计算机报的报头部分是一个 1×1 的表格，四周设置了不同的表格线。下面两行是文本框和绘制的矩形，并添加了底纹、图案和文字。右侧是添加了文字的一个立体矩形。报头下方是添加了底纹的 4×2 的表格。中央处理器部分添加了项目符号，并且插入了设置环绕效果的图片。主板部分是一个设置了底纹、边框线、环绕效果的

文本框。而硬盘、内存与显示器标题部分是加了底纹、边框线的自选图形。显示器部分是一个设置了底纹、边框线的 1×1 表格，并且表格的文字采用了竖排的形式。内存部分，则是简单地使用了底纹和剪贴画环绕的形式。显示卡部分进行分栏排版，并且标题采用了绘制图形和环绕方式放在分栏文字中间。

任务 1 图形的插入与设置

1. 绘制图形

步骤 ①单击【插入】。②单击【形状】按钮。③单击【星与旗帜】\【】。④拖动鼠标，画出图形。⑤单击【形状】按钮。⑥单击【星与旗帜】\【】。⑦拖动鼠标，画出图形。⑧单击【形状】按钮。⑨单击【矩形】\【】。⑩拖动鼠标，画出图形（见图4.6.1）。

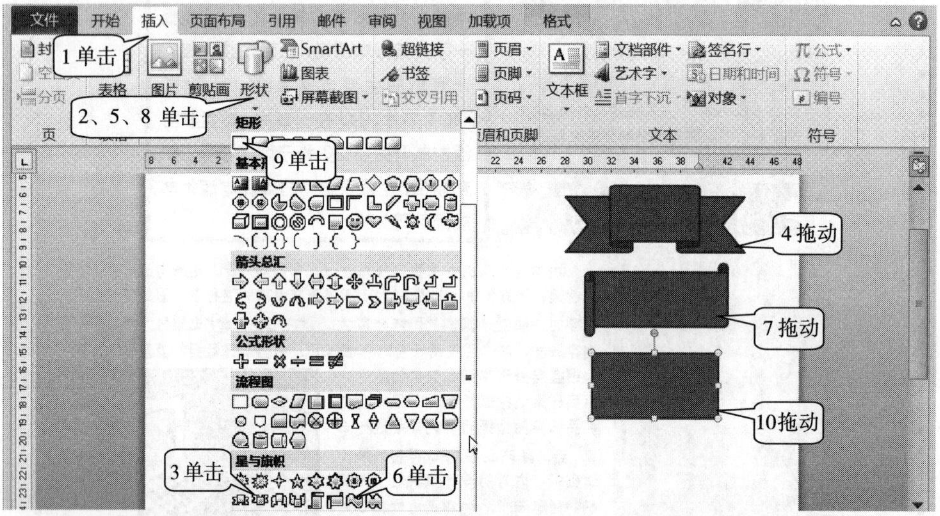

图 4.6.1

2. 设置图形大小

步骤 1 ①单击【横卷形】图形。②单击【格式】。③输入【1.4 厘米】。④输入【7 厘米】（见图4.6.2），如果看不到图中的输入框，请将窗口横向拉大直到出现图中的输入框。

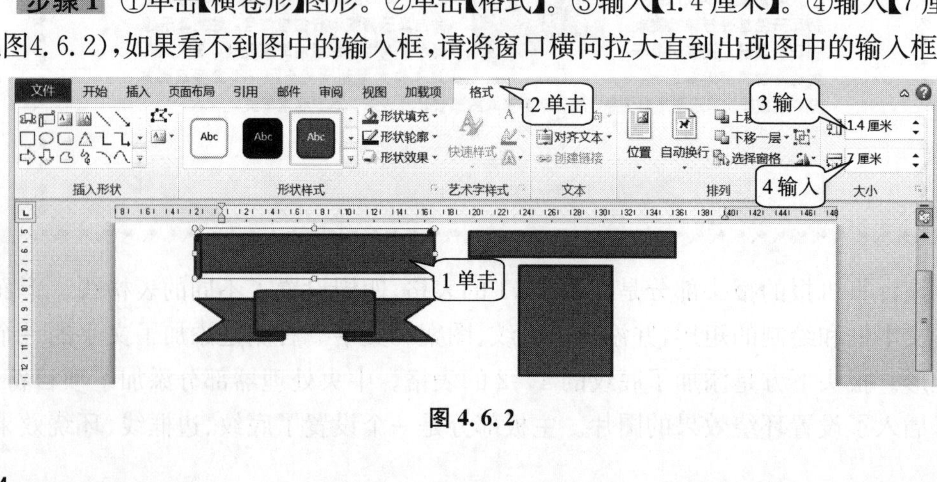

图 4.6.2

步骤 2 用同样的方法将【上凸带形】也作同样的设置，将两个矩形大小分别设为0.7×6 和 3.2×2.7，结果如图 4.6.2 所示。

步骤 3 按住【Ctrl】键拖动矩形，再复制一个矩形。

3. 设置图形的发光效果与渐变色

步骤 1 ①单击【上凸带形】。②单击【格式】。③单击【形状轮廓】按钮，选择【橙色, 强调文字颜色 6，淡色 40%】。④单击【形状效果】按钮，选择【发光】\【橄榄色，11 pt 发光，强调文字颜色 3】（见图 4.6.3）。

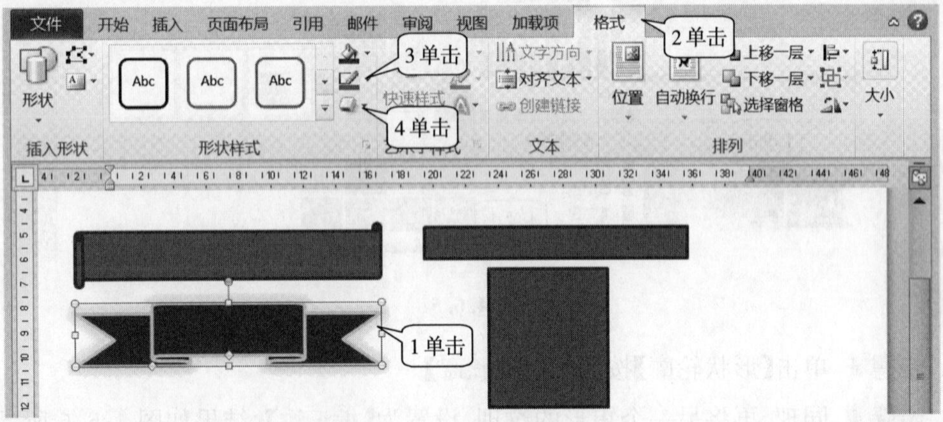

图 4.6.3

步骤 2 ①单击【形状填充】按钮。②单击【渐变】。③单击【其他渐变】，出现如图 4.6.4 所示的【设置形状格式】对话框。④单击【渐变填充】单选钮。⑤单击【预设颜色】按钮。⑥单击【彩虹出岫】。⑦单击【关闭】（见图 4.6.4）。

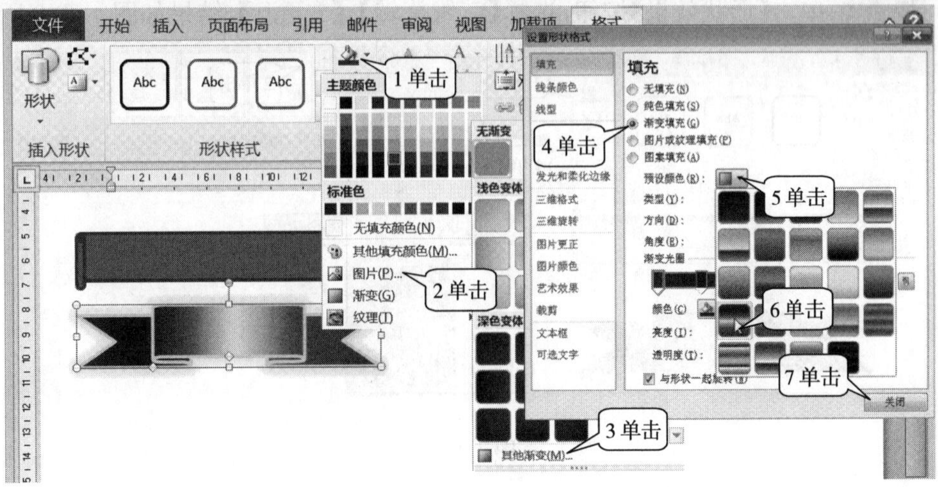

图 4.6.4

4. 设置图形的纹理效果

步骤 1 ①单击【横卷形】图形。②单击【格式】。③单击【形状填充】按钮。④单击【纹理】。⑤单击【水滴】(见图 4.6.5)。

步骤 2 单击【形状效果】按钮,然后单击【阴影】\【内部上方】。

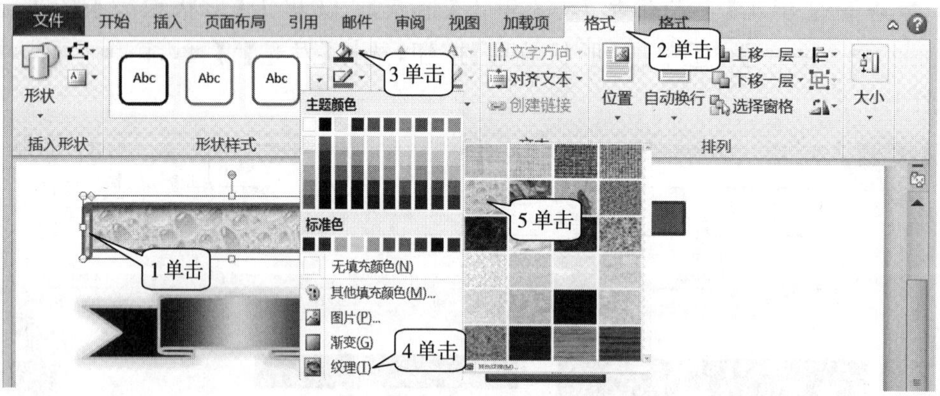

图 4.6.5

步骤 3 单击【形状轮廓】按钮,选择【浅蓝】。

步骤 4 同理,再将另一个矩形的纹理,设置为【编织物】,结果如图 4.6.6 所示。

5. 设置单色效果

步骤 1 ①单击【矩形】。②单击【格式】。③单击【形状填充】按钮,选择【橙色, 强调文字颜色 6 , 深色 50%】。④单击【形状效果】按钮,选择【棱台】\【凸起】(见图 4.6.6)。

步骤 2 单击【形状效果】按钮,选择【三维旋转】\【左透视】,结果如图 4.6.6 所示。

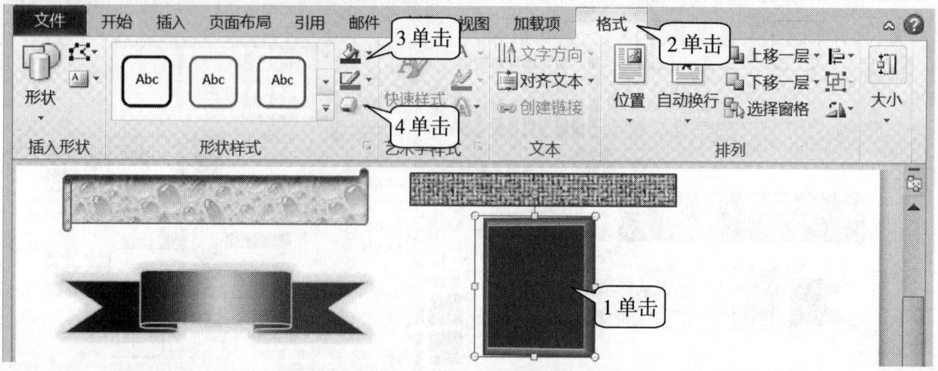

图 4.6.6

6. 设置表格的行高、列宽和表格线

步骤 1 ①单击【插入】。②单击【表格】。③拖动鼠标,插入一个如图 4.6.7 所示 4×2 的表格(见图 4.6.7)。

步骤 2 在表格下面单击，并按回车。

步骤 3 同理再插入一个 1×1 表格，结果如图 4.6.7 所示，然后拖动选定柄将其放到 4×2 的表格的上方。

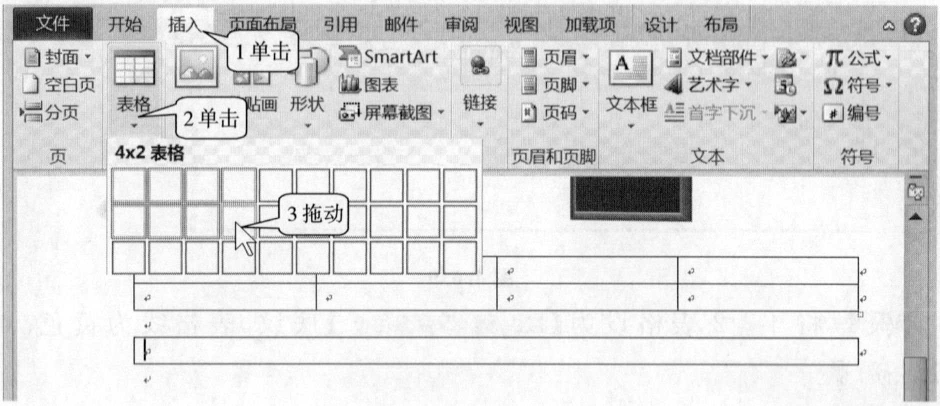

图 4.6.7

步骤 4 ①单击 1×1 表格的选定柄。②单击【布局】。③输入行高【3.5 厘米】。④输入列宽【15 厘米】(见图 4.6.8)，结果如图 4.6.8 所示。

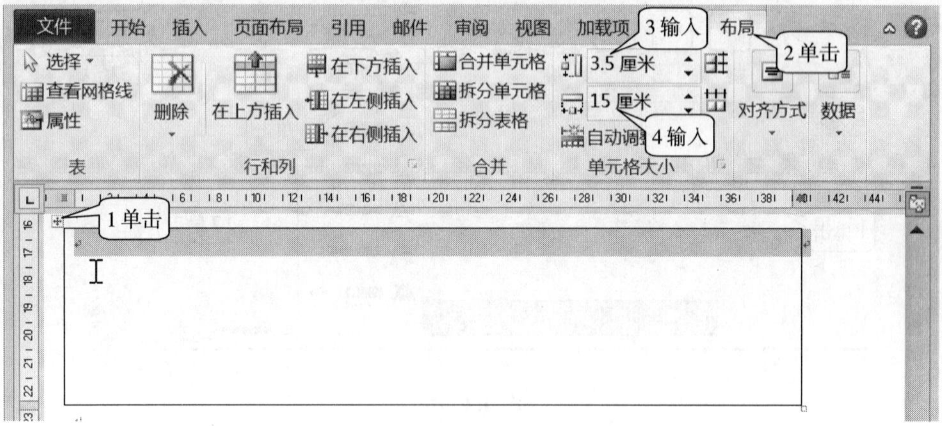

图 4.6.8

步骤 5 同理单击 4×2 表格的选定柄，然后将其行高设为【0.5 厘米】，列宽设为【3.7 厘米】。

步骤 6 ①单击 1×1 表格的选定柄。②单击【设计】。③单击选择线形。④单击选择【1.5 磅】。⑤单击选择紫色。⑥单击【边框】按钮。⑦单击【上框线】(见图 4.6.9)，结果如图 4.6.9 所示。

步骤 7 同理将表格的两根竖线设为双波浪线、紫色，将表格的下线设为螺纹线、绿色，结果如图 4.6.9 所示。

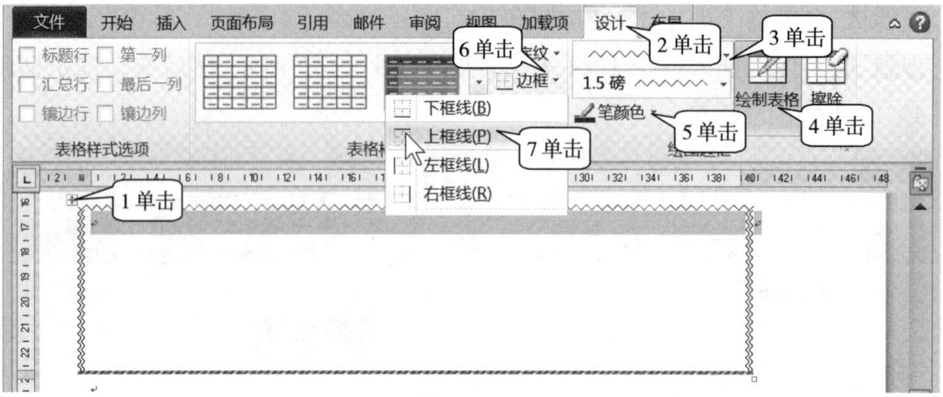

图 4.6.9

步骤 8 将 4×2 表格设为【橙色，强调文字颜色 6】底纹，表格线为黄色、点画线、1.5 磅。

步骤 9 在 1×1 表内单击，插入艺术字【计算机报】。

步骤 10 ①单击艺术字。②单击【格式】。③输入【3 厘米】。④输入【8 厘米】。⑤单击【文字效果】按钮。⑥单击【映像】。⑦单击【紧密映像，接触】(见图 4.5.10)。

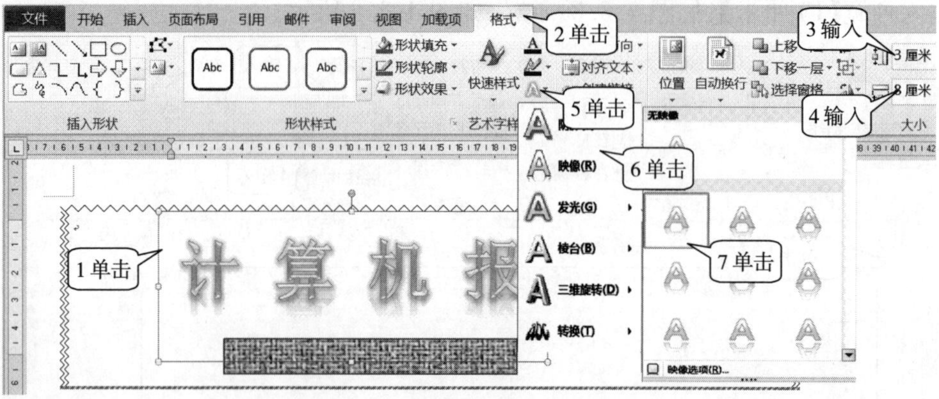

图 4.6.10

步骤 11 单击【文字效果】按钮，然后单击【发光】\【橄榄色，5 pt 发光，强调文字颜色 3】。

步骤 12 单击【文字效果】按钮，然后单击【棱台】\【圆】。

步骤 13 在 1×1 表内插入一个文本框，在文本框内输入【中国计算机报编辑部计算机协会主管】，并将其高设为【0.8 厘米】，宽设为【7.1 厘米】。

步骤 14 ①单击文本框。②单击【格式】。③单击【形状轮廓】按钮。④单击【无轮廓】(见图 4.6.11)。

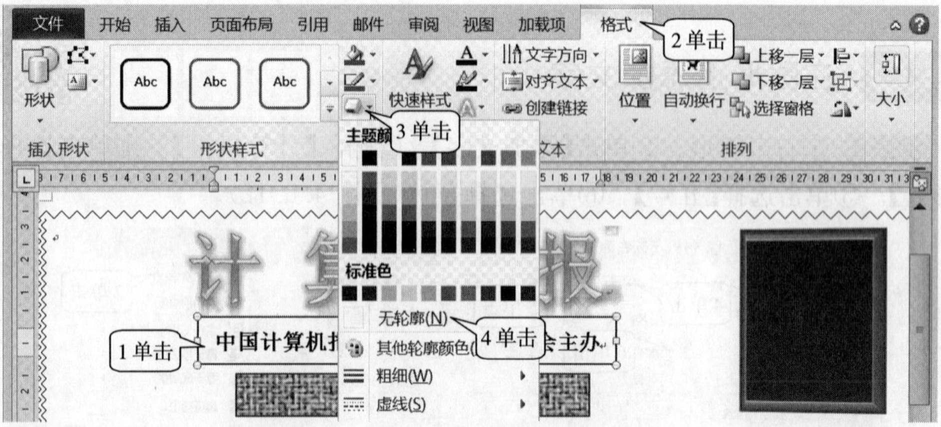

图 4.6.11

知识拓展

(1)单击图 4.6.3 中的【形状填充】按钮【】,可以设置图形的填充色。

(2)单击图 4.6.3 中的【形状轮廓】按钮【】,可以设置图形的线型、粗细和颜色。

(3)在图 4.6.3 中,①单击【形状效果】按钮【】。②单击【预设】,可以设置图形的各种立体及阴影预设效果。

(4)在图 4.6.3 中,①单击【形状效果】按钮。②单击【阴影】,可以设置图形的多种阴影效果,并且还可以使用不同的颜色作为阴影。

(5)在图 4.6.3 中,①单击【形状效果】按钮。②单击【映像】,可以设置图形的多种倒影效果。

(6)在图 4.6.3 中,①单击【形状效果】按钮。②单击【柔化边缘】,可以设置艺术字矩形框的各种柔化效果,还可以设置柔化边缘的颜色。

(7)在图 4.6.3 中,①单击【形状效果】按钮。②单击【发光】,可以设置图形的各种发光效果,还可以设置发光效果的颜色。

(8)在图 4.6.3 中,①单击【形状效果】按钮。②单击【棱台】,可以设置图形的各种立体棱台效果。

(9)在图 4.6.3 中,①单击【形状效果】按钮。②单击【三维旋转】,可以设置图形的各种立体旋转效果。

(10)单击【自动换行】,可以设置图形与文字的位置关系:如设置成【四周环绕】、【紧密环绕】、【衬于文字下方】、【浮于文字上方】、【嵌入型】。

任务 2 在图形上添加文字

步骤 1 ①右击矩形。②单击【添加文字】。③输入【计算机报】。④单击选择【华文彩云】。⑤单击选择【五号】。⑥单击选择黄色(见图 4.6.12)。

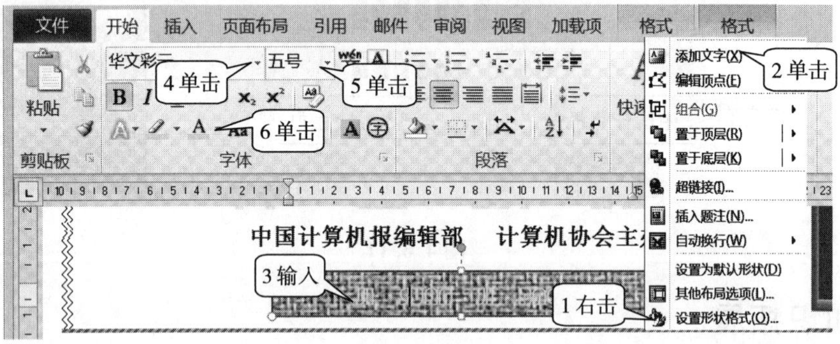

图 4.6.12

步骤 2 同理在另一个矩形上添加如图 4.6.13 所示的文字，并将文字设为华文隶书、五号、白色。

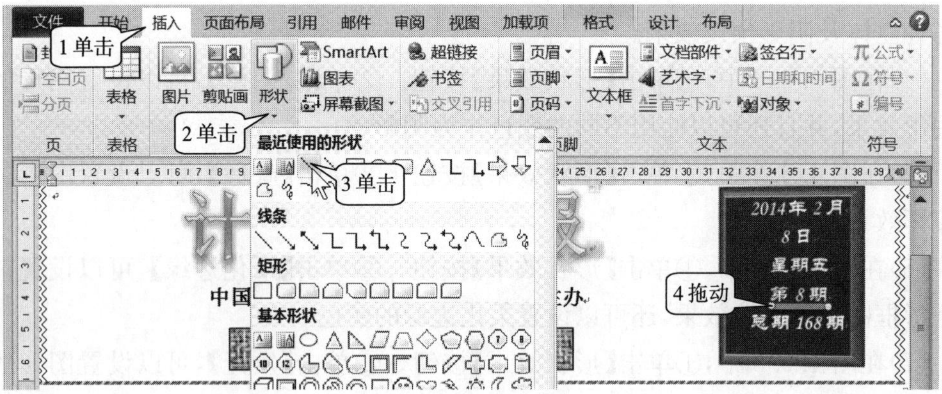

图 4.6.13

步骤 3 ①单击【插入】。②单击【形状】按钮。③单击选择直线。④拖动鼠标画出直线(见图 4.6.13)。

步骤 4 ①单击【格式】。②单击【形状轮廓】按钮。③单击【粗细】。④单击【其他线条】，出现图 4.6.14 所示的【设置形状格式】对话框。⑤单击【复合类型】按钮。⑥单击选择【三线】。⑦单击【关闭】(见图 4.6.14)，这样上面所画的横线就被设为了【三线】。

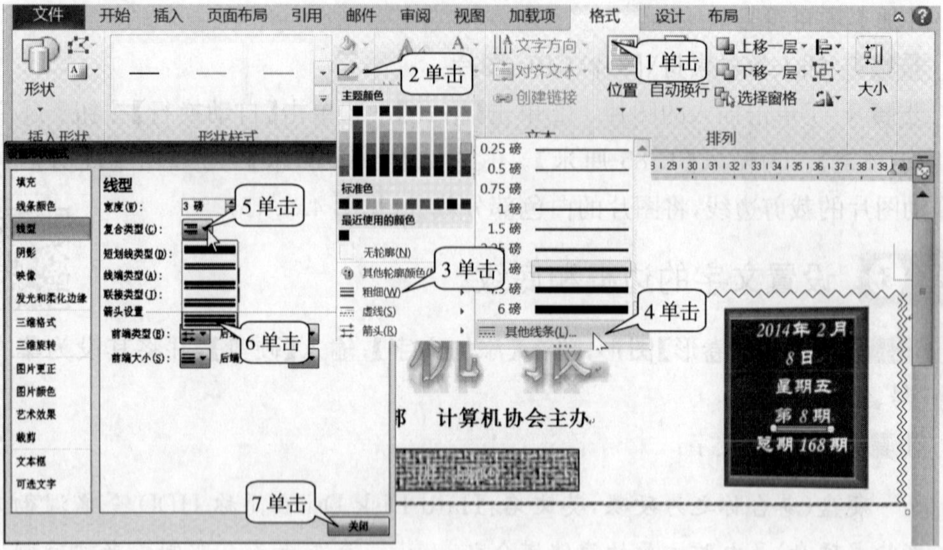

图 4.6.14

步骤 5 在 4×2 表中输入如图 4.6.15 所示的内容：CPU、硬盘、内存、显示器、键盘、鼠标、显卡、主板。

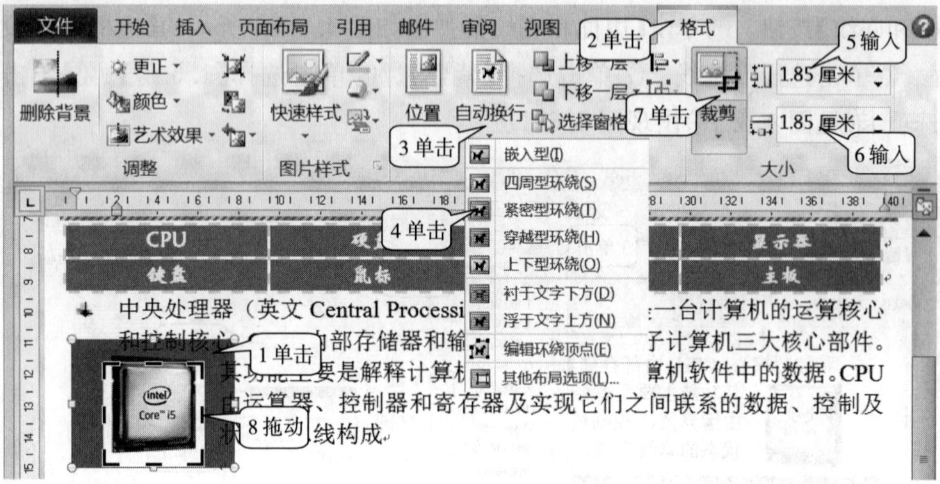

图 4.6.15

步骤 6 输入第一段文字：

中央处理器（英文 Central Processing Unit，CPU）是一台计算机的运算核心和控制核心。CPU、内部存储器和输入/输出设备是电子计算机三大核心部件。其功能主要是解释计算机指令以及处理计算机软件中的数据。CPU 由运算器、控制器和寄存器及实现它们之间联系的数据、控制及状态的总线构成。

并加上项目符号。

步骤7 插入教材素材\图片\CPU图片。

步骤8 ①单击插入的图片。②单击【格式】。③单击【自动换行】按钮。④单击【紧密型环绕】。⑤输入【1.85厘米】。⑥输入【1.85厘米】。⑦单击【裁剪】按钮。⑧拖动图片的裁剪边线，将图片的白色部分裁去（见图4.6.15）。

任务3 设置文字的边框和底纹

步骤1 右击【横卷形】图形；单击【添加文字】；输入【硬盘】，并将其设为华文新魏、三号、红色。

步骤2 ①输入文字：

硬盘（港台称之为硬碟，英文名：Hard Disk Drive 简称 HDD 全名温彻斯特式硬盘）是电脑主要的存储媒介之一，由一个或者多个铝制或者玻璃制的碟片组成，是电脑主要的存储媒介之一，由一个或者多个铝制或者玻璃制的碟片组成。

并设为宋体、小四。②选定输入的文字。③单击【底纹】按钮，选择橙色。④单击【边框和底纹】按钮。⑤单击【边框和底纹】，弹出如图4.6.16所示的【边框和底纹】对话框。⑥单击选择点画线。⑦单击选择【紫色】。⑧单击选择【1.5磅】。⑨单击【底纹】选项卡（见图4.6.16）出现图4.6.17。

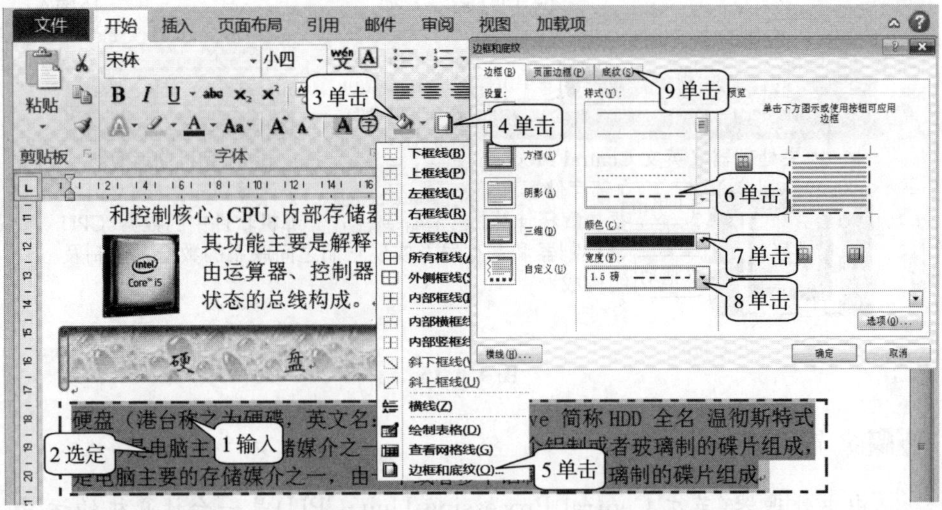

图4.6.16

步骤 3 ①单击选择【橙色】。②单击【确定】(见图 4.6.17)。

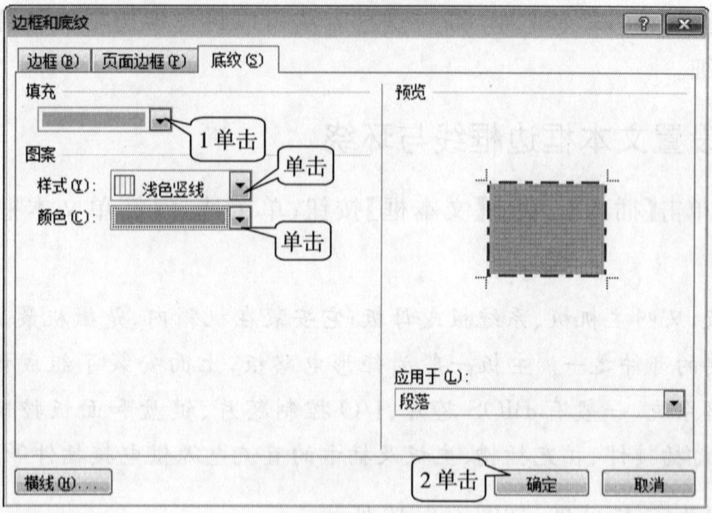

图 4.6.17

知识拓展

(1)在图 4.6.17 所示的【边框和底纹】对话框中,单击【样式】,可以选择各种样式的底纹;单击【颜色】可以设置不同的底纹颜色。通过上述设置,可以给文字加各种不同样式、不同颜色的底纹。

(2)在图 4.6.18 所示的【边框和底纹】对话框中,单击【阴影】,可以给文字加阴影的边框;单击【三维】,可以给文字加三维边框。

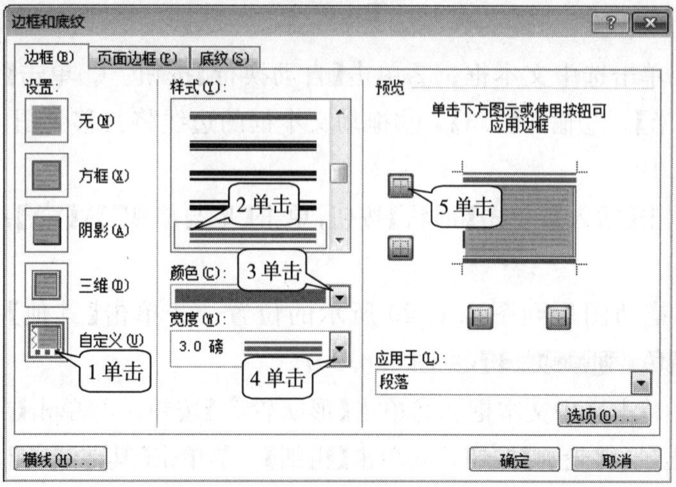

图 4.6.18

(3)在图 4.6.18 所示的【边框和底纹】对话框中:①单击【自定义】。②单击选择线型。③单击选择颜色。④单击选择粗细。⑤单击相应的按钮，可以单独设置某根边框线的颜色、线型，以及粗细。通过这种方法可以将每根边框线设置为不同的颜色、线型和粗细。

任务 4 设置文本框边框线与环绕

步骤 1 单击【插入】；单击【文本框】按钮；单击选择【简单文本框】；输入框内文字：

主板，又叫主机板、系统板或母板；它安装在机箱内，是微机最基本的也是最重要的部件之一。主板一般为矩形电路板，上面安装了组成计算机的主要电路系统，一般有 BIOS 芯片、I/O 控制芯片、键盘和面板控制开关接口、指示灯插接件、扩充插槽、主板及插卡的直流电源供电接插件等。

并将其设为宋体、小四，如图 4.6.19 所示。

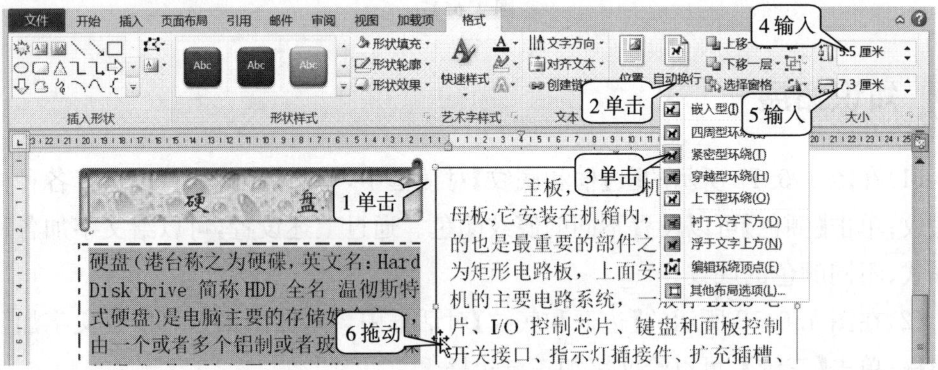

图 4.6.19

步骤 2 ①单击选中文本框。②单击【自动换行】按钮。③单击【紧密型环绕】。④输入【5.5 厘米】。⑤输入【7.3】。⑥拖动文本框的边线将其移到图 4.6.19 所示的位置（见图 4.6.19）。

步骤 3 单击【插入】；单击【形状】按钮；单击【星与旗帜 】\【✹】；拖动鼠标画出图形。

步骤 4 ①拖动图形到图 4.6.20 所示的位置。②单击【其他】按钮。③单击【强烈效果 - 橄榄色，强调颜色 3】（见图 4.6.20）。

步骤 5 ①单击选中文本框。②单击【形状轮廓】按钮。③单击【粗细】。④单击【3 磅】。⑤单击【形状轮廓】按钮。⑥单击【粗细】。⑦单击【其他线条】，出现图4.6.21 所示的【设置形状格式】对话框。⑧单击【复合类型】按钮。⑨单击选择【由粗到细】。⑩单击【关闭】（见图 4.6.21）。

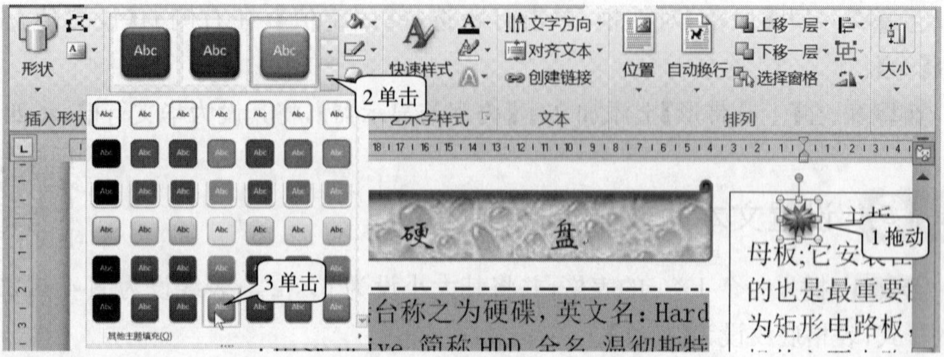

图 4.6.20

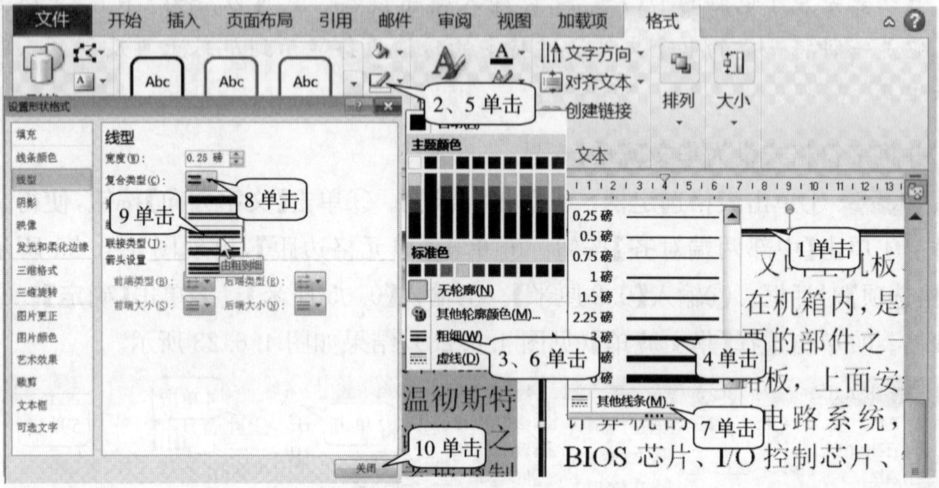

图 4.6.21

步骤 6 ① 单击【形状效果】按钮。② 单击【发光】。③ 单击【**紫色，8 pt 发光，强调文字颜色 4**】(见图 4.6.22)，结果如图 4.6.22 所示。

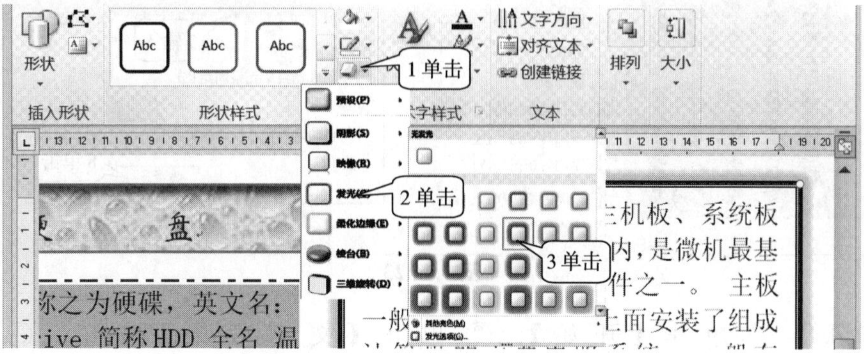

图 4.6.22

步骤 7 打开【段落】对话框，单击行距选择【固定值】，在右侧的【设置值】框中输入【20】。

步骤 8 在【上凸带形】上添加文字【内存与显示器】，将其设为华文行楷、小四。

任务 5 设置文本的效果与竖排文本

步骤 1 插入一个 1×1 的表格；并将其大小设为 6×4.5；表线设为图 4.6.23 所示的样式；表格底纹设为【粉红】。

步骤 2 输入文字：

显示器是属于电脑的 I/O 设备，即输入输出设备。它可以分为 CRT、LCD 等多种。它是一种将一定的电子文件通过特定的传输设备显示到屏幕上再反射到人眼的显示工具。

并将字符格式设为华文琥珀、五号。

步骤 3 ①单击表格选定柄。②单击【布局】。③单击【文字方向】按钮，使得文字竖排。④单击【中部两端对齐】按钮。⑤单击【单元格边距】，出现图 4.6.23 所示的【表格选项】对话框。⑥输入【0.2 厘米】。⑦输入【0.05 厘米】。⑧单击【确定】。⑨右击表格。⑩单击选择【华文琥珀】(见图 4.6.23)，结果如图 4.6.23 所示。

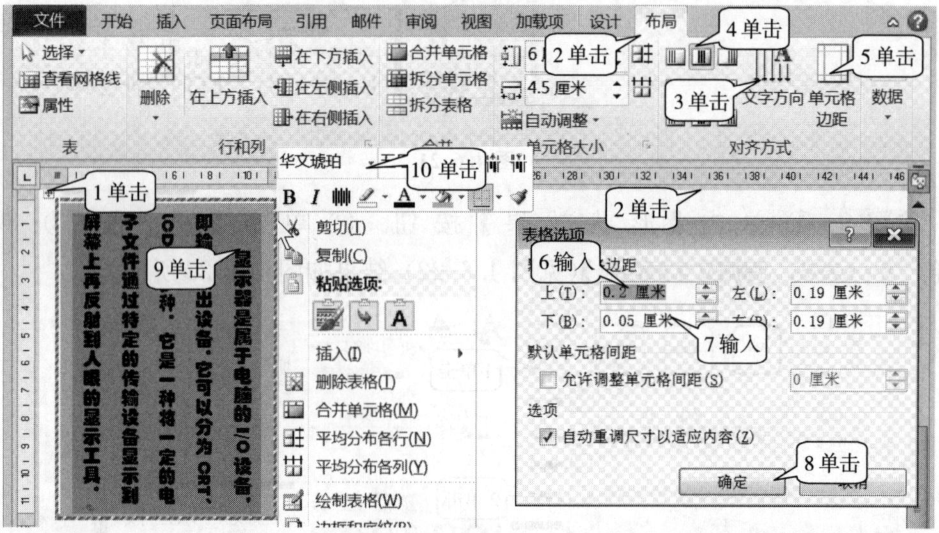

图 4.6.23

步骤 4 ① 单击【开始】。② 单击【文字效果】按钮。③ 单击 填充 - 白色，轮廓 - 强调文字颜色 1 (见图 4.6.24)，结果如图 4.6.24 所示。

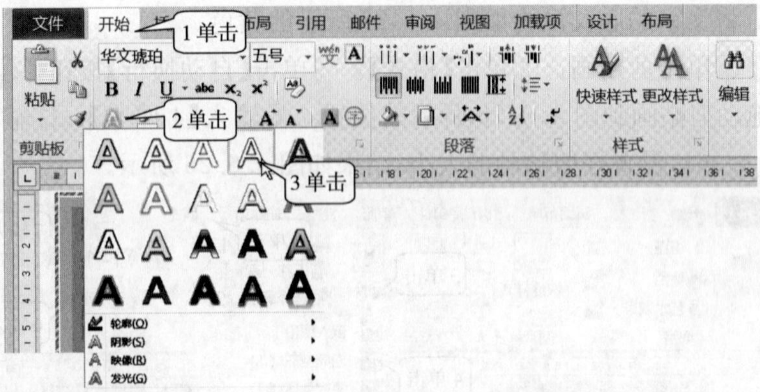

图 4.6.24

任务 6 剪贴画的插入与处理

步骤 1 ①在要输入文字处双击鼠标定位插入点。②输入文字：

内存是计算机中重要的部件之一，它是与 CPU 进行沟通的桥梁。计算机中所有程序的运行都是在内存中进行的，因此内存的性能对计算机的影响非常大。内存(Memory)也被称为内存储器，其作用是用于暂时存放 CPU 中的运算数据，以及与硬盘等外部存储器交换的数据。只要计算机在运行中，CPU 就会把需要运算的数据调到内存中进行运算，当运算完成后 CPU 再将结果传送出来，内存的运行也决定了计算机的稳定运行。内存是由内存芯片、电路板、金手指等部分组成的。

③单击【插入】。④单击【剪贴画】按钮。⑤单击【搜索】。⑥拖动滚动条找到剪贴画。⑦单击剪贴画(见图 4.6.25)，结果如图 4.6.25 所示。

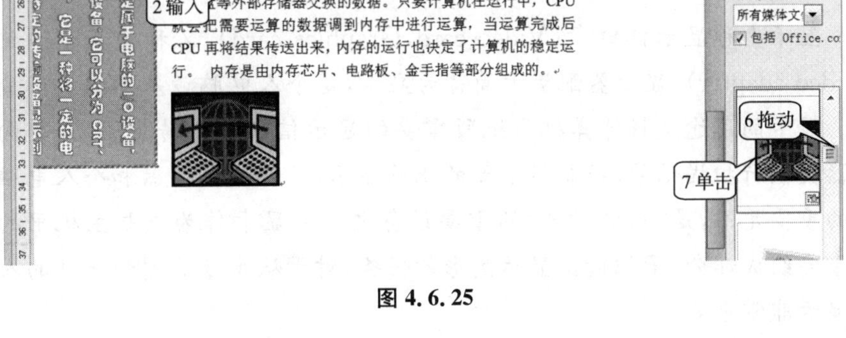

图 4.6.25

步骤 2 将文字的底纹设为如图 4.6.26 所示的黄色。

步骤 3 ①单击剪贴画。②单击【格式】。③单击【自动换行】按钮。④单击【四周环绕】。⑤拖动剪贴画到图 4.6.26 所示的位置。⑥输入【4 厘米】。⑦输入【3.44 厘米】(见图 4.6.26)，设置好剪贴画的大小，结果如图 4.6.26 所示。

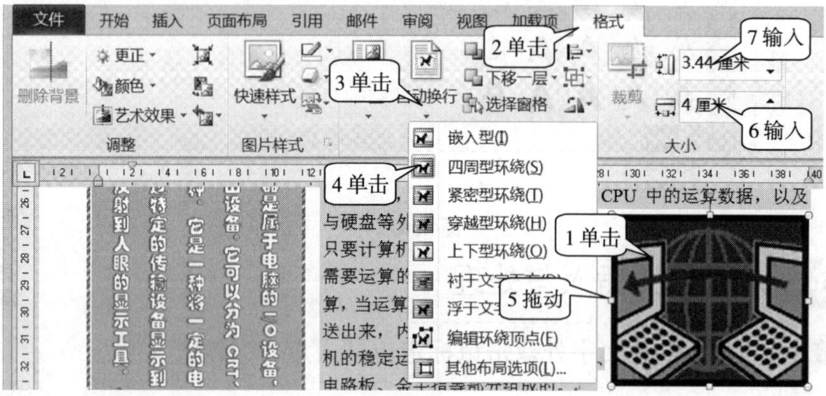

图 4.6.26

知识拓展

(1)在图 4.6.26 中单击【浮于文字上方】，则效果就如图 4.6.27 所示的那样。

(2)在图 4.6.26 中单击【嵌入型】，则效果就如图 4.6.28 所示的那样。

图 4.6.27

图 4.6.28

(3)在图 4.6.26 中单击【紧密型环绕】，则文字就会紧密环绕在剪贴画周围。

任务 7 设置首字下沉

步骤 1 在图 4.6.29 所示的位置输入：

显卡全称显示接口卡(Video card，Graphics card)，又称为显示适配器(Video adapter)，显示器配置卡简称为显卡，是个人电脑最基本组成部分之一。显卡的用途是将计算机系统所需要的显示信息进行转换驱动，并向显示器提供行扫描信号，控制显示器的正确显示，是连接显示器和个人电脑主板的重要元件，是“人机对话”的重要设备之一。显卡作为电脑主机里的一个重要组成部分，承担输出显示图形的任务，对于从事专业图形设计的人来说显卡非常重要。

步骤 2 ①选定要首字下沉的段落。②单击【插入】。③单击【首字下沉】。④单击【首字下沉选项】。⑤单击【下沉】。⑥单击选择【华文琥珀】。⑦输入【2】。⑧单击【确定】(见图 4.6.29),结果如图 4.6.29 所示。

图 4.6.29

任务 8 设置分栏

步骤 1 ①选定要分栏的段落。②单击【页面布局】。③单击【分栏】。④单击【两栏】(见图 4.6.30),结果如图 4.6.30 所示。

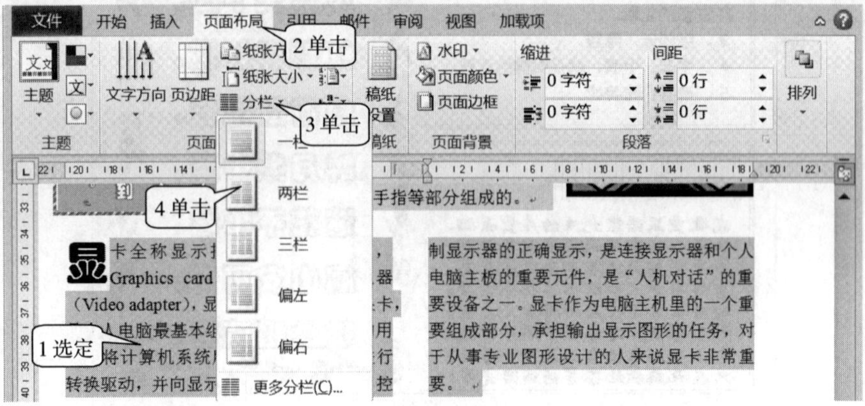

图 4.6.30

步骤 2 ①单击【插入】。②单击【形状】按钮。③单击【星与旗帜】\【】。④拖动鼠标画出图形。⑤单击【格式】。⑥单击【形状样式】中的【其他】按钮【】。⑥单击【强烈效果 - 橄榄色,强调颜色 3】。⑧在【大小】中,将高度设为 2.8,宽度设为 2.8。

步骤 3 在图形上添加文字【显卡】,并设为华文行楷、二号、紫色。

步骤 4 拖动图形到图 4.6.1 所示的位置。

步骤 5 将显卡部分文字的底纹设为【橙色,强调文字颜色 6,淡色 80%】,结果如图 4.6.1所示。

步骤 6 ①单击【页面布局】。②单击【页面边框】按钮，出现【边框和底纹】对话框。

步骤 7 ①在【边框和底纹】对话框的【艺术型】中，单击选择一种艺术型边框。②单击【确定】，结果如图 4.6.1 所示。

项目 7 案例制作集锦

任务 1 彩页制作

制作如图 4.7.1 所示的【彩页】。

唐诗鉴赏
1、红颜：指年青的时候。
2、轩冕：指官职。轩：车子；冕：
高官戴的礼帽。
3、卧松云：隐居。
4、中圣：中酒，就是喝醉的意思。
5、清芬：指美德。
吾爱孟夫子，
风流天下闻。
红颜弃轩冕，
白首卧松云。
醉月频中圣，
迷花不事君。
高山安可仰，
徒此揖清芬。
我敬重孟浩然先生的庄重潇洒，
他为人高尚风流倜傥闻名天下。
少年时鄙视功名不爱官冕车马，
高龄白首又归隐山林摒弃尘杂。
明月夜常常饮酒醉得非凡高雅，
他不事君王迷恋花草胸怀豁达。
高山似的品格怎么能仰望着他？
只在此揖敬他芬芳的道德光华！
全诗推崇孟浩然风雅潇洒的品格。首联点题，抒发了对孟浩然的
钦慕之情；二、三两联描绘了孟浩然摒弃官职，白首归隐，醉月中酒，
迷花不仕的高雅形象；尾联直接抒情，把孟氏的高雅比为高山巍峨峻
拔，令人抑止。诗采用抒情—描写—抒情的方式，以一种舒展唱叹的
语调，表达诗人的敬慕之情。

图 4.7.1

该彩页左上角是插入的图片，图片右是艺术字，下方为用绘图工具绘制的两条线型不同的直线。注解、韵译、评析三部分分别放在三个 1×1 的表格中，而且表格的每一根线都作了不同的设置。诗的内容部分是一个花边图案，图案的内部被设为白色。诗的文字部分则是放在了一个文本框中，且文本框覆盖在花边图片之上。详细操作方法请阅读电子版文档。

(1)制作图 4.7.1 所示的【彩页】的具体步骤，请扫描下方左侧的二维码阅读。

(2)制作图 4.7.1 所示的【彩页】的讲解视频，请扫描下方右侧的二维码观看。

任务 2　报名表制作

制作如图 4.7.2 所示的【报名表】。

20　　全国英语四、六级考试报名汇总表

主管单位盖章________级别__________日期　20_______年____月____日

序号	姓名	身份证号																		性别	年龄	所属系部	联系电话

注：此表由各系主管教学的负责人签字并上报。

图 4.7.2

报名表上半部分表头为文字，表头的横线部分是先单击下划线按钮 **U**，然后按空格获得的。表身部分为一个 7×10 的表格，表格的 18 位身份证这一栏的制作是采用选定身份证号所在的列的 9 行，然后用拆分单元格将选定的 9 行拆分为 9 行 18 列。详细操作方法请阅读电子版文档。

(1)制作图 4.7.2 所示的【报名表】的具体步骤，请扫描下方左侧的二维码阅读。

(2)制作图 4.7.2 所示的【报名表】的讲解视频，请扫描下方右侧的二维码观看。

任务 3 个人简历表制作

制作如图 4.7.3 所示的【个人简历】表。

个 人 简 历

<table>
<tr><td>姓 名</td><td></td><td>性 别</td><td></td><td>出生年月</td><td></td><td rowspan="4">照片</td></tr>
<tr><td>学 历</td><td></td><td>民 族</td><td></td><td>培养方式</td><td></td></tr>
<tr><td>籍 贯</td><td colspan="3"></td><td>政治面貌</td><td></td></tr>
<tr><td>住 址</td><td colspan="3"></td><td>邮 编</td><td></td></tr>
<tr><td>通讯地址</td><td colspan="3"></td><td>电 话</td><td colspan="2"></td></tr>
<tr><td colspan="8">个人简历</td></tr>
<tr><td>开始时间</td><td>结束时间</td><td colspan="3">单 位</td><td colspan="2">职 务</td><td>证明人</td></tr>
<tr><td></td><td></td><td colspan="3"></td><td colspan="2"></td><td></td></tr>
<tr><td></td><td></td><td colspan="3"></td><td colspan="2"></td><td></td></tr>
<tr><td></td><td></td><td colspan="3"></td><td colspan="2"></td><td></td></tr>
<tr><td colspan="8">在校期间主要课程</td></tr>
<tr><td>课 程</td><td>成 绩</td><td>课 程</td><td>成 绩</td><td>课 程</td><td>成 绩</td><td>课 程</td><td>成 绩</td></tr>
<tr><td></td><td></td><td></td><td></td><td></td><td></td><td></td><td></td></tr>
<tr><td></td><td></td><td></td><td></td><td></td><td></td><td></td><td></td></tr>
<tr><td></td><td></td><td></td><td></td><td></td><td></td><td></td><td></td></tr>
<tr><td></td><td></td><td></td><td></td><td></td><td></td><td></td><td></td></tr>
<tr><td></td><td></td><td></td><td></td><td></td><td></td><td></td><td></td></tr>
<tr><td>专业技能</td><td colspan="7"></td></tr>
<tr><td>个人特长</td><td colspan="7"></td></tr>
<tr><td>求职意向</td><td colspan="7"></td></tr>
<tr><td>院系意见</td><td colspan="7"></td></tr>
<tr><td>学校意见</td><td colspan="7"></td></tr>
</table>

图 4.7.3

观察这个表格，可以看出它是一个 22×8 的经过单元格合并和表格线设置而获得的表格。所以我们先制作一个 22×8 表格，然后将其行、列的大小进行设置。再根据需要将相应的单元格加以合并。其中的表格线和底纹设置比较简单。详细操作方法请阅读电子版文档。

(1)制作图 4.7.3 所示的【个人简历】的具体步骤，请扫描下方左侧的二维码阅读。

(2)制作图 4.7.3 所示的【个人简历】的讲解视频，请扫描下方右侧的二维码观看。

任务 4　产品宣传彩页制作

制作如图 4.7.4 所示的【产品宣传彩页】。

奇瑞艾瑞泽 7
艾瑞泽 7 得益于长轴距的后排空间格外宽敞；人性化程度上，艾瑞泽 7 不仅达到了奇瑞以往车型前所未有的程度，即使与合资品牌在内的同级车型相比同样出类拔萃。该车根据 J.D. Power 关于最常被带入车内的 20 项物品的调查结果，在车内布置了多达 30 余处储物空间；更为值得称道的是，卓越的 NVH 优化，使得艾瑞泽 7 怠速静音仅为 38 分贝，这一成绩甚至超越众多合资同级车型，为车内营造出了静谧性极佳的舒适氛围。
致真版 致领版 致尚版 致享版 致翔版
MT 7.89 万元 8.29 万元 8.99 万元 10.39 万元
CVT 9.29 万元 9.99 万元 11.39 万元 12.69 万元
艾瑞泽 7 在设计之初，就贯彻了高起点、高要求、高品质的产品理念，其最根本初衷还是为了适应中国汽车消费市场的持续升级态势，艾瑞泽 7 的推出，让奇瑞真正开始参与到市场容量最大的 A+级车型领域的竞争中来，并将其目标消费者锁定在务实、进取、不浮夸的人群中。
艾瑞泽 7
艾瑞泽 7 得益于长轴距的后排空间格外宽敞；人性化程度上，艾瑞泽 7 不仅达到了奇瑞以往车型前所未有的程度，即便与合资品牌在内的同级车型相比同样出类拔萃。

图 4.7.4

这个宣传页最上方是一个艺术字，并且对艺术字设置了轮廓、填充效果和倒影效果。艺术字的外框则设置了发光效果、三维立体效果。艺术字的右边插入了剪贴画，艺术字的下方也用了剪贴画作为了分割线。分割线下面是一个表格，表格套用了Word提供的样式，并且表格被设置成了与文字环绕的效果。表格下方的文字则设置了首字下沉。插入的图片设置了三维效果、发光效果、阴影效果、倒影效果。图片右侧插入了图形，并且在图形中放入了文字，同时给文字设置了底纹效果，还对文字的行距作了设置。图片下方的艺术字设置了轮廓效果和填充效果，并且还把艺术字设置成菱形和倒影。最下方的文本框设置了纹理填充效果、立体边框效果、发光效果。详细操作方法请阅读电子版文档。

(1)制作图4.7.4所示的【产品宣传彩页】的具体步骤，请扫描下方左侧的二维码阅读。

(2)制作图4.7.4所示的【产品宣传彩页】的讲解视频，请扫描下方右侧的二维码观看。

任务5 杂志目录制作

制作图4.7.5所示的【杂志目录】。

期刊目录的栏目部分是用绘图工具绘制的矩形，去除矩形的边框线，内部填充了渐变色，并添加了文字。其中上面两个是从灰色渐变到白色，下面三个则是从白色渐变到灰色。制作时注意每种样式只要做一个即可，其他的由于大小都一致，所以只要复制几个就可以了。栏目大小的设定方法是在【格式】功能区中输入宽度和高度。目录部分则是采用设置制表位，然后在制表位前加前导符的方法制作的。左上角为插入的图片，并利用图片工具栏的裁剪工具进行了一定的裁剪。外框部分也是一个绘制的矩形，并将其衬于文字下方。左下角为一个设置了边框线的文本框，详细制作方法如下。

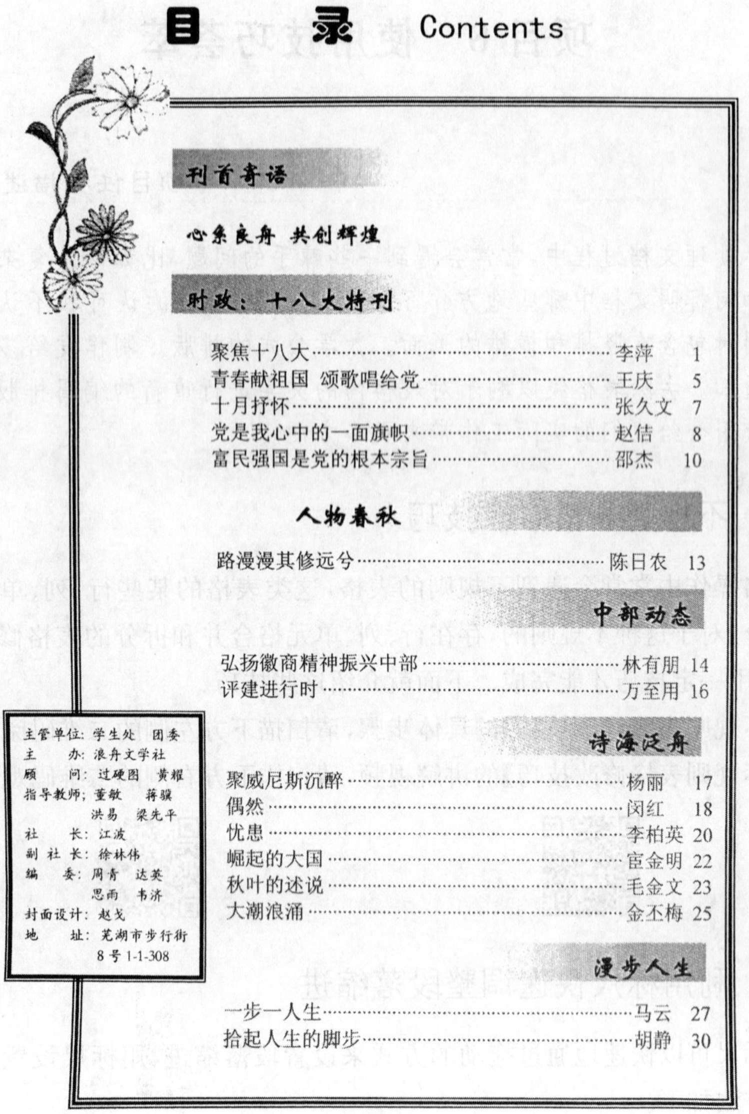
目录 Contents

刊首寄语

心系良舟 共创辉煌

时政：十八大特刊

聚焦十八大……李萍 1
青春献祖国 颂歌唱给党……王庆 5
十月抒怀……张久文 7
党是我心中的一面旗帜……赵佶 8
富民强国是党的根本宗旨……邵杰 10

人物春秋

路漫漫其修远兮……陈日农 13

中部动态

弘扬徽商精神振兴中部……林有朋 14
评建进行时……万至用 16

诗海泛舟

聚威尼斯沉醉……杨丽 17
偶然……闵红 18
忧患……李柏英 20
崛起的大国……宦金明 22
秋叶的述说……毛金文 23
大潮浪涌……金丕梅 25

漫步人生

一步一人生……马云 27
拾起人生的脚步……胡静 30

主管单位：学生处　团委
主　　办：浪舟文学社
顾　　问：过硬图　黄耀
指导教师：董敏　蒋骥
　　　　　洪易　梁先平
社　　长：江波
副 社 长：徐林伟
编　　委：周青　达英
　　　　　思雨　韦济
封面设计：赵戈
地　　址：芜湖市步行街
　　　　　8号1-1-308

图 4.7.5

(1)制作图 4.7.5 所示的【杂志目录】的具体步骤，请扫描下方左侧的二维码阅读。

(2)制作图 4.7.5 所示的【杂志目录】的讲解视频，请扫描下方右侧的二维码观看。

项目8　使用技巧荟萃

项目任务描述与分析

在实际处理文档过程中，常常会遇到一些棘手的问题，比如修改复杂表格和不规则表格。如何标明文档中哪些地方作了修改，以及对修改的认可和不认可。在同一个文档中同时包含有竖排和横排的页面。数学公式的排版。制作发给多个不同单位不同人的通知。去除表格线以利于对表格内的文字进行重新的编辑排版等。掌握这些功能的使用会给我们的实际工作带来更多方便。

任务1　不规则表格修改技巧

在表格操作中常常会遇到不规则的表格，这类表格的某些行、列、单元格进行了合并和拆分，对于这种不规则的，存在行、列、单元格合并和拆分的表格修改起来比较麻烦，需要用一定技巧才能完成。下面就介绍这些技巧。

(1)【不规则表格修改技巧】的具体步骤，请扫描下方左侧的二维码阅读。

(2)【不规则表格修改技巧】的讲解视频，请扫描下方右侧的二维码观看。

任务2　利用标尺快速调整段落缩进

利用标尺可以快速地通过拖动的方式来设置段落缩进，用标尺设置段落缩进的具体操作方法如下。

(1)【利用标尺快速调整段落缩进】的具体步骤，请扫描下方左侧的二维码阅读。

(2)【利用标尺快速调整段落缩进】的讲解视频，请扫描下方右侧的二维码观看。

任务3　将表格转为文本

如果希望将表格中的文本取出放入文档进行编辑，就需要将表格去除。

(1)【将表格转为文本】的具体步骤，请扫描下方左侧的二维码阅读。

(2)【将表格转为文本】的讲解视频，请扫描下方右侧的二维码观看。

任务 4　巧用邮件合并

利用邮件合并，可以提高制作大量内容极为相似的文档的效率。下面就以制作多个学生的包含姓名、班级和各科成绩的成绩通知单为例进行介绍。

(1)【巧用邮件合并】的具体步骤，请扫描下方左侧的二维码阅读。

(2)【巧用邮件合并】的讲解视频，请扫描下方右侧的二维码观看。

任务 5　数学公式与运算式的输入

Word中自带了许多数学公式模板，所以数学公式的输入十分方便，只要将数学公式的模板插入的文档中，并进行简单的修改就可以得到你所需要的数学公式和运算式。

(1)【数学公式与运算式的输入】的具体步骤，请扫描下方左侧的二维码阅读。

(2)【数学公式与运算式的输入】的讲解视频，请扫描下方右侧的二维码观看。

任务 6　样式的应用与修改

样式是预先设置好的一组格式参数的集合。把字符的格式、段落的格式参数事先设置好，并给这些参数的集合起一个名称，即样式名。当希望某段文字具有某种样式所包含的字符格式和段落格式信息时，不必去一项项设置这段文字的字符格式和段落格式。只要选中这段文字，然后单击某个样式名，就可以把该样式包含的字符格式和段落格式的设置信息传递到选中的文字上。通过这种方式就可以快速地设置段落或者文字的格式。

(1)【样式的应用与修改】的具体步骤，请扫描下方左侧的二维码阅读。

(2)【样式的应用与修改】的讲解视频，请扫描下方右侧的二维码观看。

任务 7 自动生成目录

在完成上一节设置后，就可以利用 Word 提供的自动生成目录功能来自动生成目录。前提是将文档中的各级标题的相应样式设置好。

(1)【自动生成目录】的具体步骤，请扫描下方左侧的二维码阅读。

(2)【自动生成目录】的讲解视频，请扫描下方右侧的二维码观看。

任务 8 文章的修改与审阅

为了在文章修改时能使原作者清楚地知道修改者对哪些地方作了删除，对哪些地方作了改写，在哪些地方插入了文字，可以在文章修改时让其处于【审阅修订】状态。这样修改者对文章任何地方的修改都可以明确地在文档中体现。而原作者就可以通过相应的操作来确定对修改认可与否。

(1)【文章的修改与审阅】的具体步骤，请扫描下方左侧的二维码阅读。

(2)【文章的修改与审阅】的讲解视频，请扫描下方右侧的二维码观看。

任务 9 设置文档中同时有纵向和横向页面

在某些文档中常常会应用表格。有的表格列数比较多，需要将所在页面设置为横向页面。Word 允许在文档中设置两种页面，即横向页面和纵向页面。

(1)【设置文档中同时有纵向和横向页面】的具体步骤，请扫描下方左侧的二维码阅读。

(2)【设置文档中同时有纵向和横向页面】的讲解视频，请扫描下方右侧的二维码观看。

第5章

办公电子表格处理

项目1 数据类型与输入

Excel是一个十分流行且出色的电子表格软件。它不但可以用于个人事务处理，而且被广泛地应用于财务、统计和分析等领域，具有强大的表格处理功能，其界面美观、使用方便、操作简单、功能齐全，是集电子数据表、图表与数据库于一体的优秀办公软件。Excel能通过一系列的公式或函数对一堆杂乱无章的数据进行组织、计算和分析等处理，最后制作成美观实用的，甚至是复杂的三维图形的报表。它不仅能胜任各种表格的制作和数据统计，而且具有强大的图形、图表、数据分析、检索和管理功能。同时还能利用宏功能进行自动化处理。由于其含有丰富的财务、统计和数据库函数，并具有强大的图形图表功能，因此特别适合制作财务表格和进行经济信息分析。它不仅是一个制作表格的强大工具，还是一个具有计算、统计、分析功能的数学工具。如果表中的某项数据是若干个数据通过运算得出的结果，那么该项数据将会随着相关的参与运算的数据的变化而变化。这对于制作一个通用的公式，或者是通用的具有计算功能的表格，或者是随时修改表格中的原始数据从而得到相应的结果的表格，是十分有用和方便的。

Excel启动时会自动给出一个工作簿，这个工作簿里面有三张工作表。一个工作簿可由一个或多个工作表组成。工作簿中的工作表是可以添加或删除的。一个工作簿可以允许添加多个工作表。每个工作表默认的名称是Sheet 1、Sheet 2、Sheet 3……Sheet n。

工作表是由多行和多列组成的表格。其中行号自上而下按1、2、3……进行编号，而列号则由左到右采用字母A、B、C……进行编号。工作表不仅仅是一个庞大的表格，而且还是一个具有强大计算功能的表格，表格中的内容可以是数字、字符、日期、时间、数学运算式、函数等。

Excel 的基本工作平台是工作表，它类似于人们日常工作中的表格，表格由一个个相互连在一起的单元格组成。其中单元格用于输入数据。

在单元格中可以输入多种类型的数据，包括数字、文本、公式、函数、日期和时间等，在工作表中输入数据是一种基本的操作，有些数据的输入要用特殊的方法，Excel 的数据不仅可以从键盘直接输入，还可以自动输入，输入时还可以检查其正确性。向单元格中输入数据，先要选中输入数据的单元格，再键入数字、文字或其他符号。输入过程中若发现有错误，可用【Backspace】键删除，按【Enter】键完成输入。若要取消，可直接按【Esc】键。Excel 中各种类型的数据其输入方法是有差别的。所以掌握各种类型数据的输入方法是使用 Excel 的基本要求。

任务 1　输入各类数据

1. 可作为数字使用的字符

在 Excel 中，数字只可以为下列字符：0、1、2、3、4、5、6、7、8、9、＋、－、(、)、/、$、%。Excel 将忽略数字前面的正号(＋)，并将单个英文句点视作小数点。所有其他数字与非数字的组合均看作文本。例如，38878A、889K 均被 Excel 视为文本。而文本是不能作为数据进行运算的。例如，在 A1 里面输入 38878A，B1 里面输入 358，而在 C1 里输入公式：A1＋B1(见图 5.1.1)，Excel 将给出错误提示(见图 5.1.2)。其原因是公式中的第一项不是数据，而是文本。文本和数据是无法相加得出结果的。

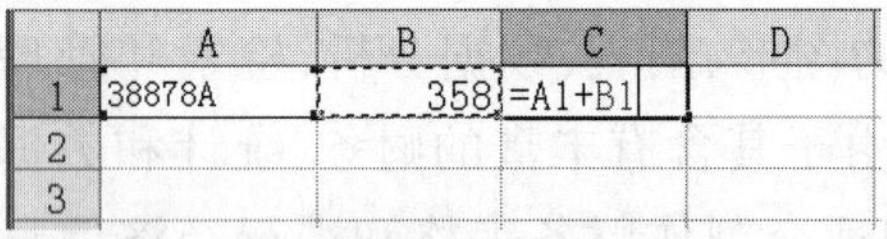

图 5.1.1

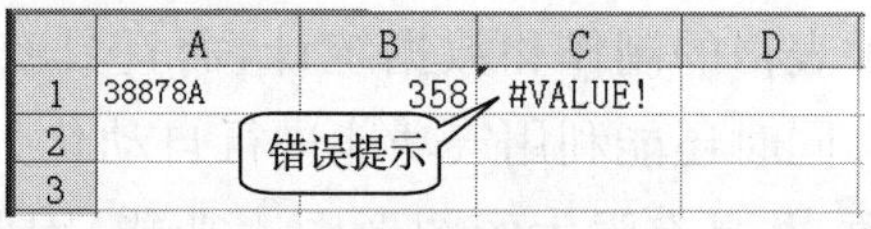

图 5.1.2

2. 日期的输入

Excel 对于日期和时间的输入非常灵活，可有多种输入形式。对于中国用户来说，输入日期时，可在年、月、日之间用“/”或“-”连接。例如，输入 2015 年 8 月 1 日，可输入 2015/8/1 或 2015-8-1。为了避免产生错误，在输入日期时年份不要用两位数表示，应该用四位数。如果只输入了月和日，则 Excel 就会自动取计算机内部时钟的年份作为该单元格日期数据的年份。例如，输入 8/1(见图 5.1.3)，计算机时钟的年份为 2015 年，那么该单元格实际的值是：2015-8-1。当单击这个单元格时，就可在编辑栏中看到 2015-8-1(见图 5.1.4)。

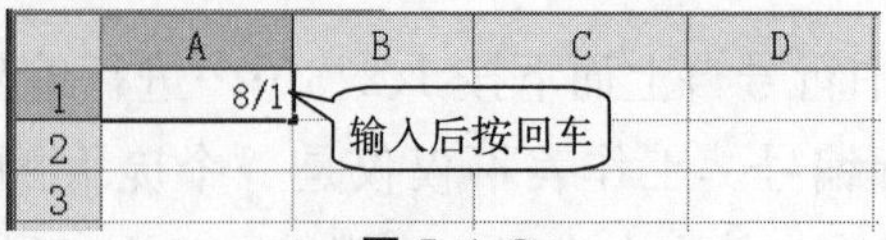

图 5.1.3

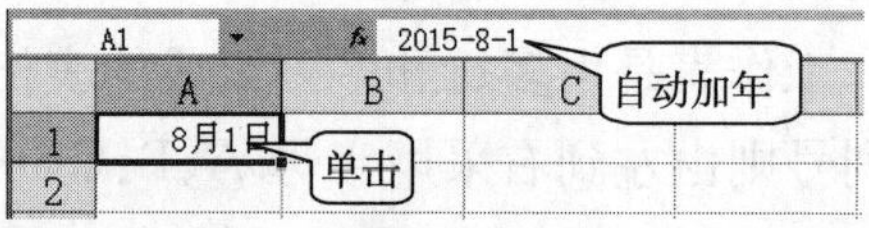

图 5.1.4

3. 在单元格内输入多行内容

在单元格中，当输入到单元格行尾要换行时，应按住【Alt＋Enter】来换行。不能按回车键换行，因为按回车键后会跳到下一个单元格，而不是换行。

4. 身份证、邮编、电话号码的输入

在输入数字前加上一个英文的单引号，即【'】＋数字，系统将把后面输入的内容当成字符数据处理。例如，输入身份证号：340202198808081018，按键为【'340202198808081018】。

5. 公式的输入

先单击要输入公式的单元格，然后按【＝】键，再输入运算公式。

6. 修改单元格中的内容

双击要修改的单元格，才可以修改单元格中的内容。

7. 输入分数

为避免 Excel 将输入的分数当成日期，要在分数前键入【0】＋【空格】，如：键入【0】＋【空格】＋【1/2】，结果为 1/2。

8. 输入负数

在负数前键入减号【－】，或将其置于括号【( )】中，如：键入－88、(88)。

9. 对齐单元格中的内容

在默认状态下，所有数字在单元格中均右对齐。改变其对齐方式的方法如下。

步骤 ①单击或选定要改变的单元格。②单击【对齐方式】右侧的【⊡】按钮，出现图 5.1.5 所示的【设置单元格格式】对话框。③单击【对齐】选项卡。④在水平对齐框中单击选择【居中】。⑤在垂直对齐框中单击选择【居中】。⑥单击【确定】(见图 5.1.5)。

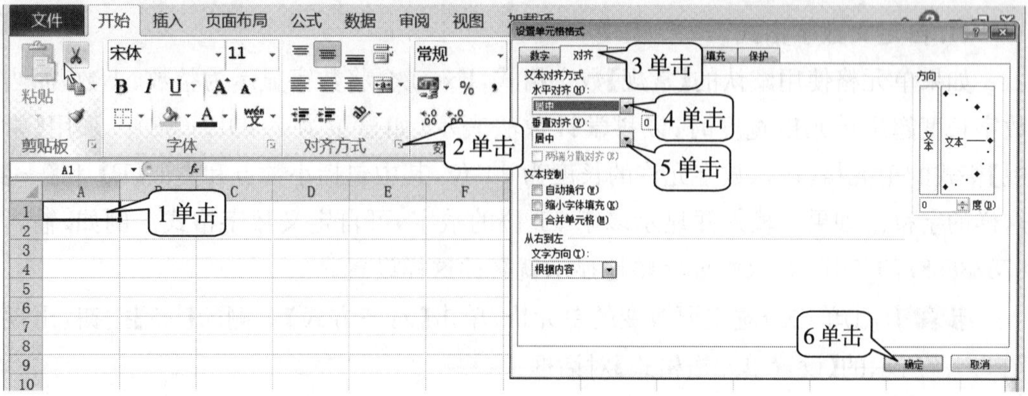

图 5.1.5

10. 数字显示方式的改变

步骤 1 ①单击或选定要改变的单元格。②单击【对齐方式】右侧的【 】按钮，出现图 5.1.5 所示的【设置单元格格式】对话框。

步骤 2 ①单击【数字】选项卡。②单击选择【货币】。③单击选择【$】。④单击【确定】(见图 5.1.6)。这样设定后，在选定的单元格里面输入数字时就会自动地加上$符号。

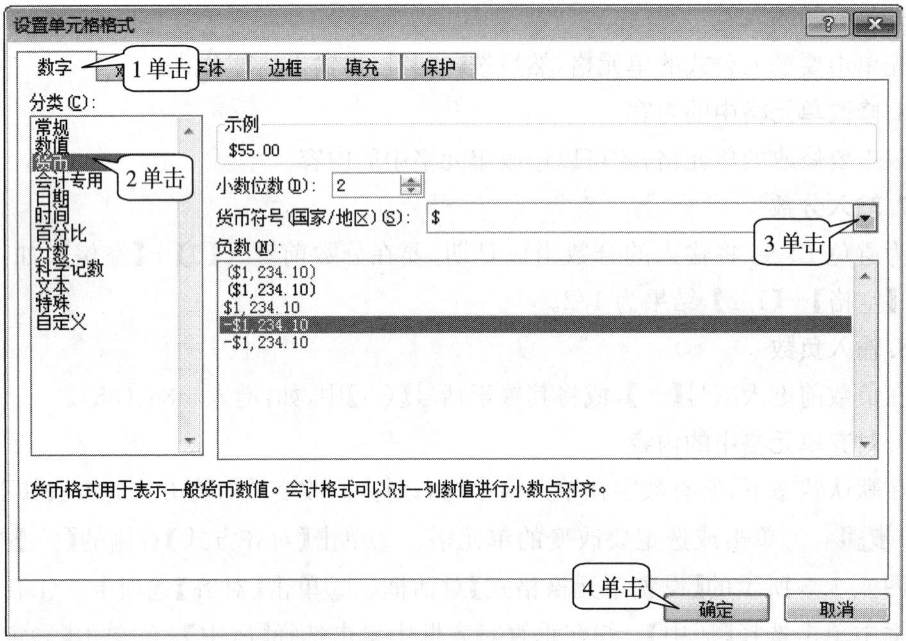

图 5.1.6

11. 自定义数字格式

如果单元格使用默认的【常规】数字格式，Excel 会将数字显示为整数、小数，而当数字长度超出单元格宽度时，以科学计数法表示(如显示为 7.89E+08)。采用【常规】格式的单元格，输入数字允许的长度为 11 位，其中包括小数点和类似【E】和【+】这样的字符。如果要输入并显示多于 11 位的数字，可自定义数字格式。例如，输入 878788887798767 这个数，要完整地显示就必须这样设置。

步骤 1 ①单击或选定要改变的单元格；单击【对齐方式】右侧的【 】按钮，出现图 5.1.7所示的【设置单元格格式】对话框。

步骤 2 ①单击【数字】选项卡。②单击选择【数值】。③单击【确定】(见图 5.1.7)。这样原来单元格显示的内容就会从 8.788E+14 变成 878788887798767.00。

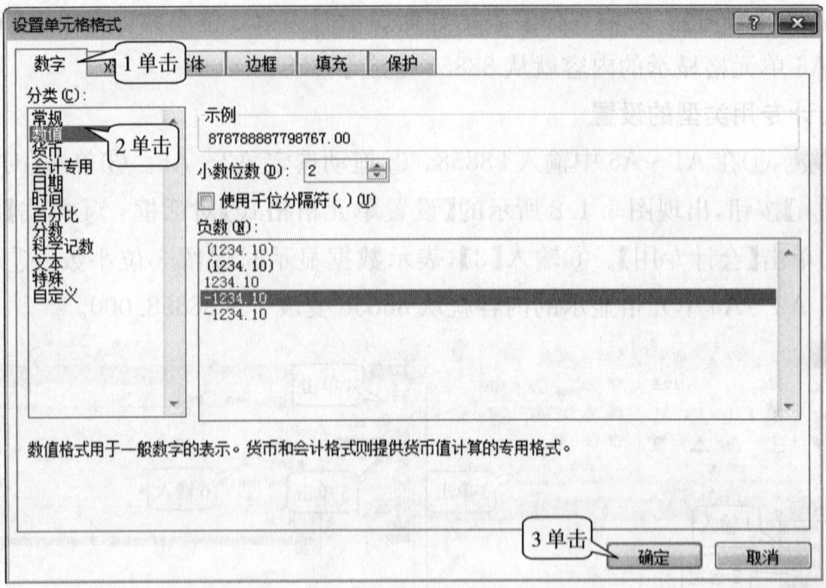

图 5.1.7

12. 15 位限制

无论显示的数字的位数如何，Excel 都只保留 15 位的数字精度。如果数字长度超出了 15 位，Excel 则会将多余的数字位转换为零（0）。

例如，输入 123456789101112131415，则单元格显示是：123456789101112000000。

13. 时间数据的输入

时间数据由时、分、秒组成。输入时，时、分、秒之间用冒号分隔，例如，9:45:30 表示 9 点 45 分 30 秒，9:45 表示 9 点 45 分。

14. 十二小时制和二十四小时制

如果要输入十二小时制的时间，在时间后键入一个空格，然后键入 AM(或 A)或 PM(或 P)，分别表示上午或下午。否则，Excel 将以二十四小时制计算时间。例如，如果键入 3:00 而不是 3:00 PM，将被视为 上午 3:00 保存。

15. 有关输入文本的说明

在 Excel 中，文本可以是数字、空格或非数字字符的组合。例如，Excel 将下列数据项视作文本：10AA109、127AXY、12－976 和 208 4675。

任务 2　设置单元格数据类型

1. 数值类型的设置

步骤　①在 A1～A6 中输入 88858。②拖动选定 A2～A6。③单击【对齐方式】右侧的【 】按钮，出现图 5.1.8 所示的【设置单元格格式】对话框。④单击【数字】选项卡。⑤单击【数值】。⑥输入【3】，表示数据显示时保留 3 位小数。⑦单击【确定】，这样 A2～A6 单元格显示的内容就从 88858 变成了 88858.000。

2. 会计专用类型的设置

步骤 ①在 A1～A6 中输入 88858。②拖动选定 A2～A6。③单击【对齐方式】右侧的【 】按钮，出现图 5.1.8 所示的【设置单元格格式】对话框。④单击【数字】选项卡。⑤单击【会计专用】。⑥输入【3】，表示数据显示时保留 3 位小数。⑦单击【确定】，这样 A2～A6 单元格显示的内容就从 88858 变成了￥88858.000。

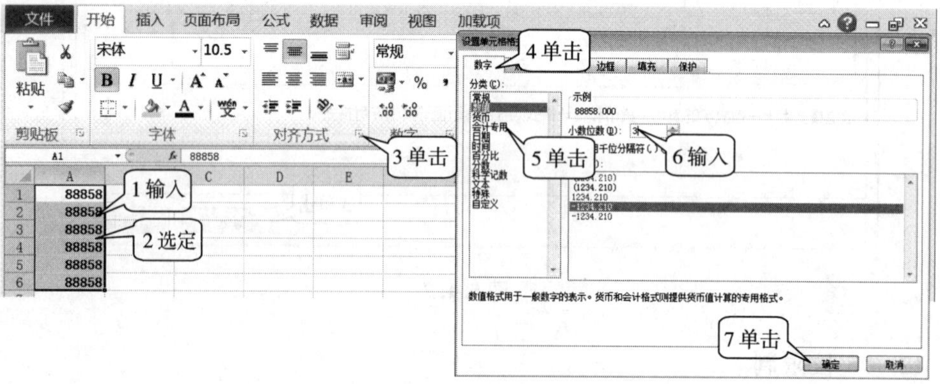

图 5.1.8

3. 文本类型的设置

步骤 ①在 A1 中输入【88858123456789】，可以看到显示的是【8.8858E+13】。②单击【A2】。③单击【字体】右侧的按钮【 】。④单击【数字】。⑤单击【文本】。⑥单击【确定】(见图 5.1.9)，再输入 88858123456789，可以看到 A2 单元格的显示就不会是 8.8858E+13 了，而是 88858123456789，其他数据类型的设置方法相同。

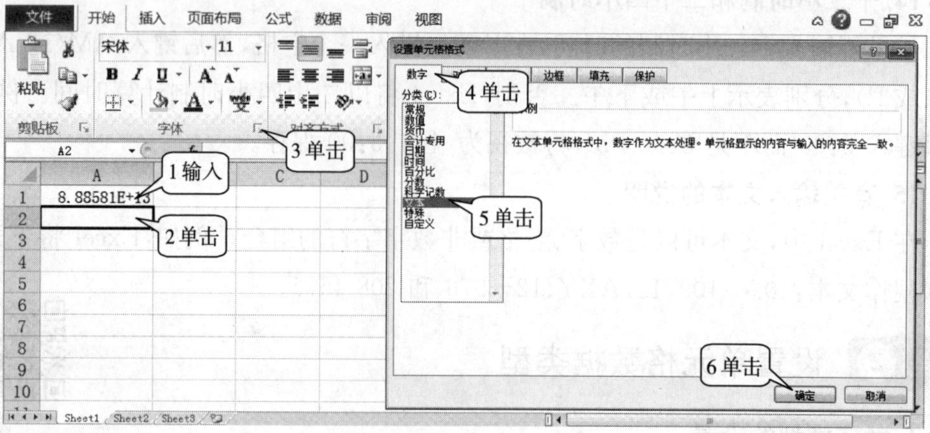

图 5.1.9

任务3 数据输入技巧

1. 修改字符格式

双击要修改数据的单元格；选定要设置格式的字符；在【字体组】中设置字符格式（见图5.1.10）。

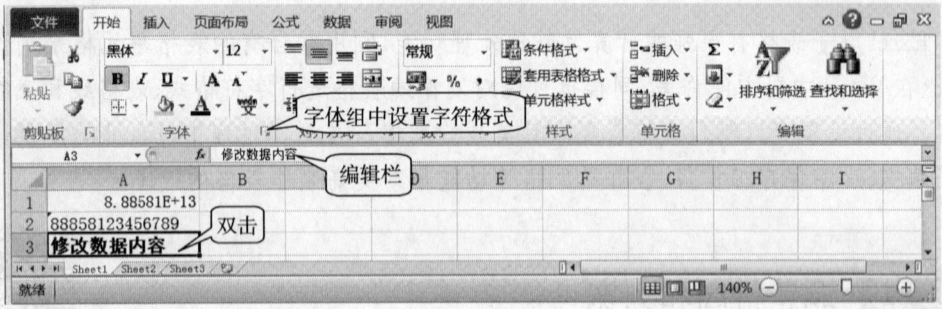

图5.1.10

2. 修改单元格内容

单击要修改的单元格，在编辑栏中即可对单元格内容进行修改，或者双击单元格，对单元格内容进行修改（见图5.1.10）。

3. 强制换行

在单元格中输入字符默认是不换行的，如果要求字符到单元格边界时换到下一行，就必须进行强制换行，方法为：按住Alt键不松手，同时按回车键。

4. 自动换行

在单元格内输入的字符到单元格边界时，如需自动换行，可设置：①选定要自动换行的单元格。②单击【字体】右侧的按钮【 】。③单击【对齐】。④单击勾选【自动换行】复选框。⑤单击【确定】（见图5.1.11）。

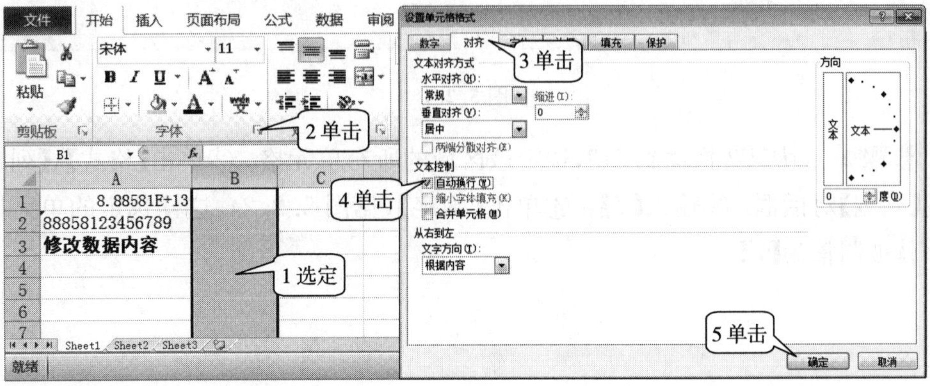

图5.1.11

项目 2　制作成绩表

项目任务描述与分析

Excel 电子表格有很强的计算及其他处理功能，利用其自有的表格单元格来制作表格，比在 Word 中要方便许多，同样也可以对制作的表格进行字符格式、表格线和底纹的设置。通过设置可以制作出符合要求且美观的表格。在制作过程中，Excel 会提供诸如自动填充、加密保存工作簿、合并单元格等功能帮助提高制作表格的效率。

任务 1　调整行高和列宽

步骤 1　①单击单元格输入表格中的内容。②将鼠标指到列的分界线上，使其变为双箭头，拖动鼠标，改变列的宽度，使其宽度显示为 宽度: 14.00 (117 像素)。③将鼠标指到行的分界线上，使其变为双箭头。拖动鼠标（见图 5.2.1），改变行的高度，使其宽度显示为 高度: 15.00 (20 像素)。还可以同时选定多行或者多列，然后拖动选定的分界线，那就同时改变多行的高度或者多列的宽度。

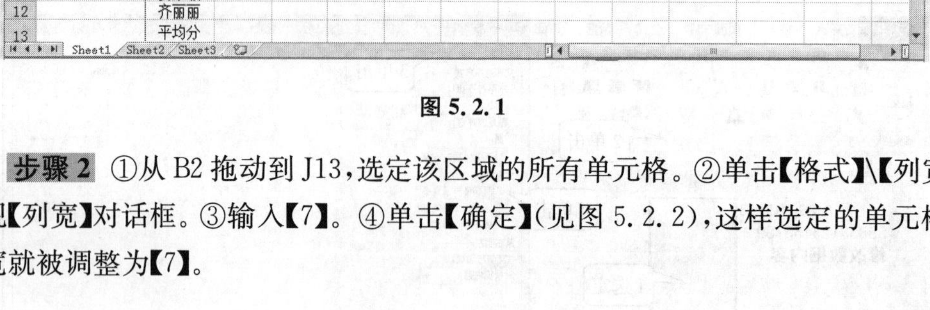

图 5.2.1

步骤 2　①从 B2 拖动到 J13，选定该区域的所有单元格。②单击【格式】\【列宽】，出现【列宽】对话框。③输入【7】。④单击【确定】（见图 5.2.2），这样选定的单元格的列宽就被调整为【7】。

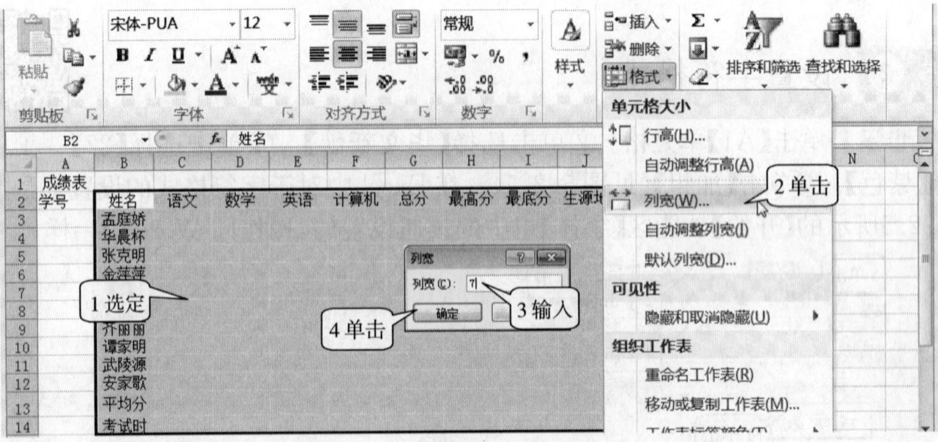

图 5.2.2

步骤 3 ①单击列标【B】,选定【B】列的所有单元格。②单击【格式】\【列宽】,出现【列宽】对话框。③输入【9】。④单击【确定】(见图 5.2.3),则选定列的列宽就被调整为【9】,这样可以使【考试时间】在一行显示。

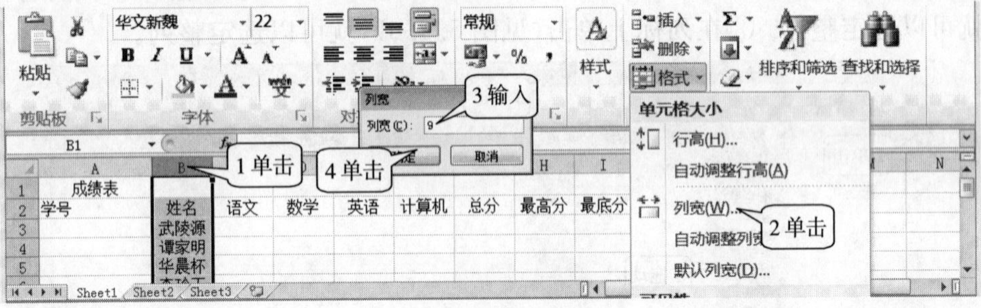

图 5.2.3

步骤 4 ①单击行标【2】,选定第 2 行的所有单元格。②单击【格式】\【行高】,出现【行高】对话框。③输入【18】。④单击【确定】(见图 5.2.4),则选定行的行高就被调整为【18】。

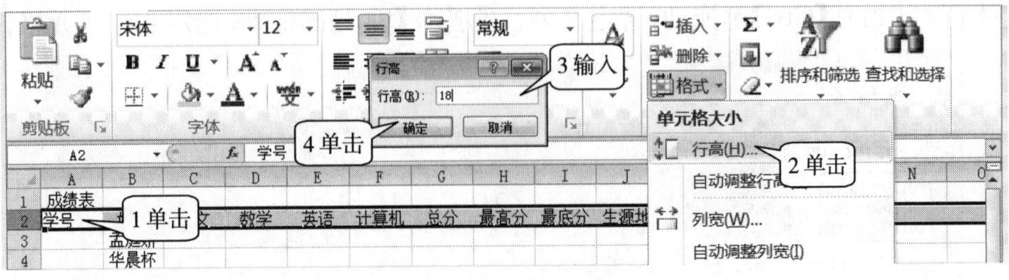

图 5.2.4

步骤 5 同理再将第一行的高度设为【30】,将 A 列的宽度设为【14】。

任务 2 设置字符格式

步骤 单击【A1】单元格。②单击选择【华文新魏】。③单击选择【22】。④单击选择【紫色】。⑤单击【加粗】(见图 5.2.5)。在 Excel 中对于字符格式的设置都是通过图 5.2.5所示的【开始】功能区【字体】组中的按钮设置的,操作同 Word 中一样。

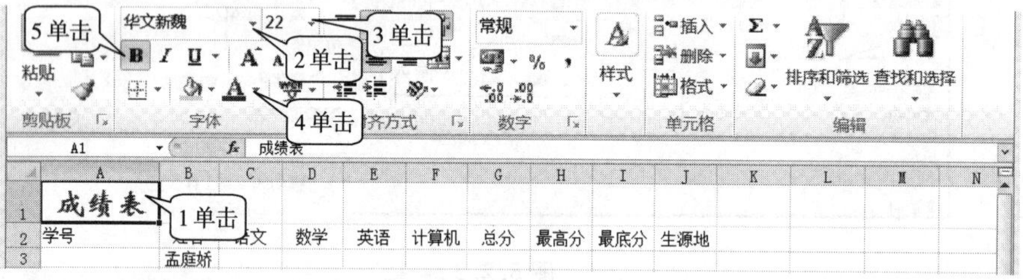

图 5.2.5

任务 3 单元格的选定

步骤 1 ①在要选定的单元格上拖动,就可以选定多个单元格。②在行标上单击,就可以选定整行。③在列标上单击(见图 5.2.6),就可以选定整列。

图 5.2.6

步骤 2 如果要同时选定多个单元格、整行或整列,可以按图 5.2.7 中的方法操作:①按住【Ctrl】键拖动,选定 2 列。②按住【Ctrl】键拖动,选定 3 行。③按住【Ctrl】键拖动,选定 4 行。④按住【Ctrl】键拖动,选定 2 列。⑤按住【Ctrl】键拖动,选定 4 个单元格。

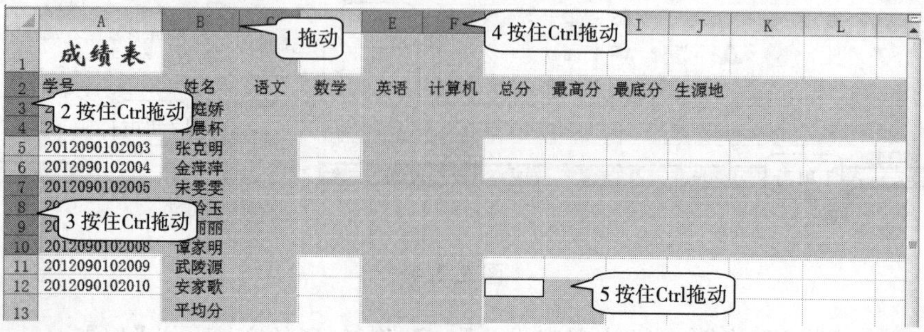

图 5.2.7

步骤 3 在任意位置单击,可以取消选定。

任务 4 自动填充序列

1. 自动填充数值

步骤 ①单击列标【A】,选定【A】列。②单击【数字】组右边的按钮。③单击【数字】选项卡。④单击【数值】。⑤输入【0】。⑥单击【确定】,则选定的单元格就被设成了数值类型。这样在后面输入学号时就不会以科学计数法来表示。⑦输入【2012090102001、2012090102002】。⑧选定输入学号的两个单元格。⑨拖动选定单元格右下角的黑色填充柄到 A12(见图 5.2.8),则 Excel 会将学号视为数字,并根据前两个单元格数字的差值为 1 的特点来产生后面的数字,这样所有的学号便按顺序自动填上,结果见图 5.2.12。如果 A3、A4 输入的是 2012090102001、2012090102006,则 Excel 会根据前两个单元格数字的差值为 5 来产生后面的数字。即 2012090102001、2012090102006、2012090102011、2012090102016、2012090102021、2012090102026……

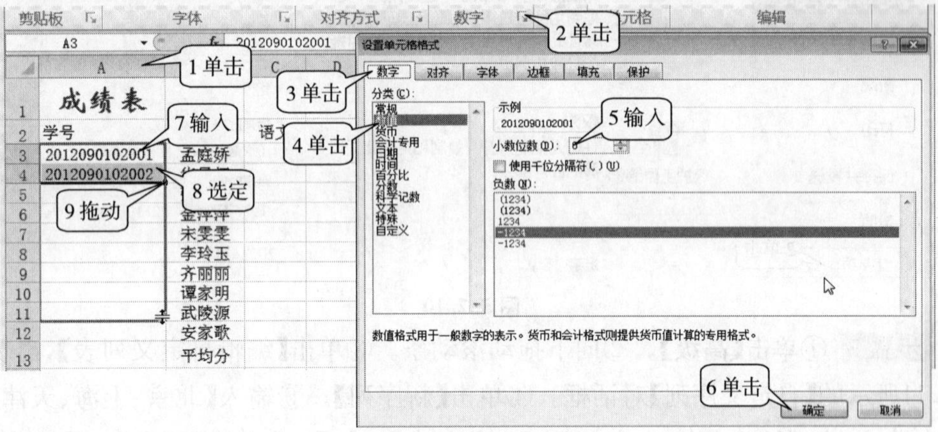

图 5.2.8

2. 自动填充已有的序列

自动填充是 Excel 中非常实用的一个功能,它能够自动填充一组日期、时间、数字、文本(英文或汉字)。一组日期(时间、数字、文本)称为“日期(时间、数字、文本)序列”。比如:日期序列(星期一、星期二、星期三、星期四、星期五、星期六、星期日);时间序列(1:00、2:00、3:00、4:00、5:00、6:00);数字序列(1、2、3、4、5、6、7、8);文本序列(北京、上海、天津、重庆、安徽、江苏、浙江、广东、山东、辽宁)。Excel 自带了一部分序列,可以随时使用自带的序列。自带的序列种类可从图 5.2.11 中看出。同时 Excel 还允许用户根据自己的需要自定义序列来填充,且对自定义序列是没有什么限制的。下面介绍有关利用已有数据序列填充和自定义新序列的方法。

步骤 ①输入【星期一】。②单击【星期一】所在的单元格。③拖动【星期一】所在的单元格右下角的黑色填充柄✚到 F14(见图 5.2.9),则星期一、星期二、星期三、星期四便按顺序自动填上。其他系列的填充方法与此一样，要输入序列的第一项，即可采用拖动的方法来填充。

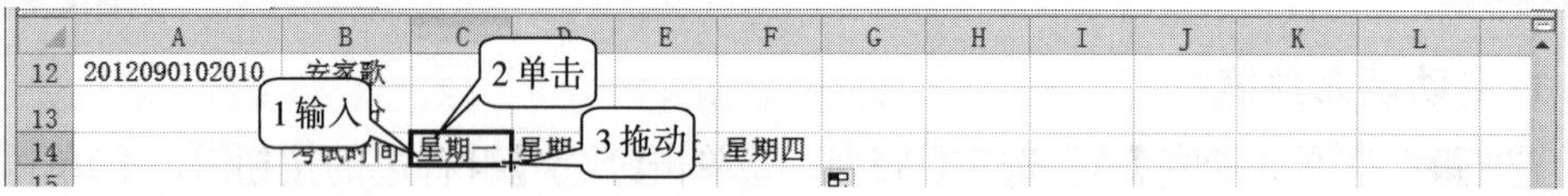

图 5.2.9

3. 自定义序列

步骤 1 ①单击【文件】。②单击【选项】（见图 5.2.10），出现如图 5.2.11 所示的【选项】对话框。

图 5.2.10

步骤 2 ①单击【高级】。②向下拖动滚动条。③单击【编辑自定义列表】，出现图 5.2.11所示的【自定义序列】对话框。④单击【新序列】。⑤输入【北京、上海、天津、重庆、安徽、江苏、浙江、广东、山东、辽宁】。⑥单击【添加】。⑦单击【确定】。⑧单击【确定】。这个序列便被保存到 Excel 内了。

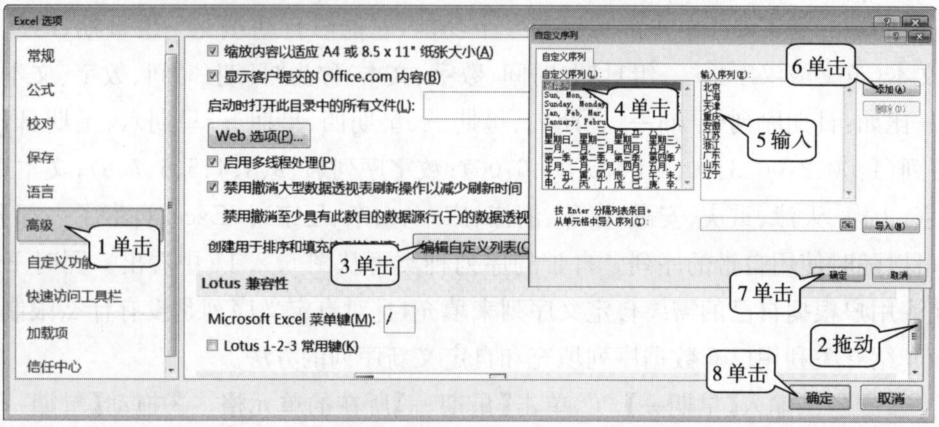

图 5.2.11

步骤 3 ①输入【北京】。②拖动【北京】单元格右下角的黑色填充柄到 J12(见图 5.2.12)。

图 5.2.12

任务 5 加密保存工作簿

步骤 1 ①单击【文件】。②单击【信息】。③单击【保护工作簿】。④单击【用密码进行加密】。⑤输入密码【123】。⑥单击【确定】。⑦再次输入密码【123】。⑧单击【确定】。⑨单击【保存】(见图 5.2.13),这样下次打开这个文件时就要输入密码才能打开。

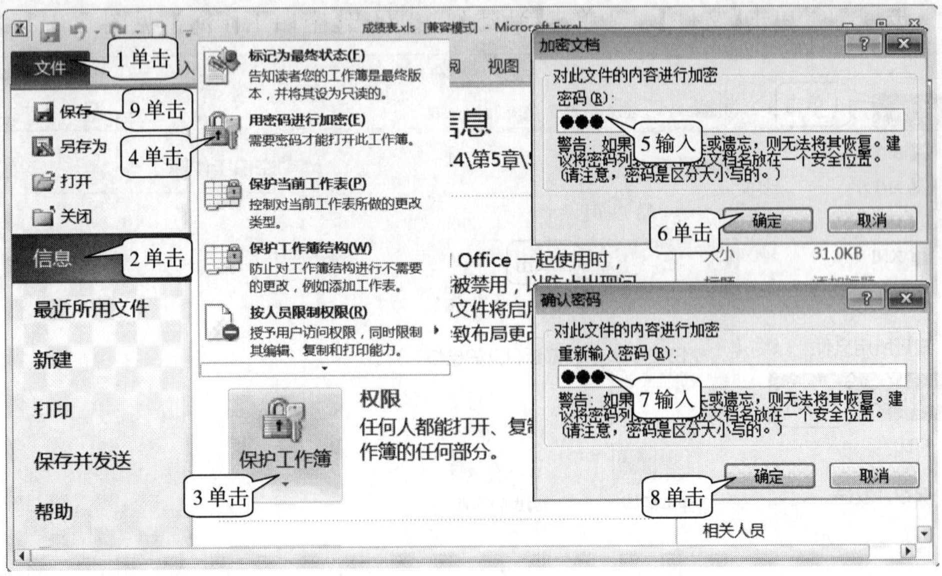

图 5.2.13

步骤 2 如果要取消密码,则可以这样操作:①单击【文件】。②单击【信息】。③单击【保护工作簿】。④单击【用密码进行加密】。⑤删除密码。⑥单击【确定】。⑦单击【保存】(见图 5.2.14)。

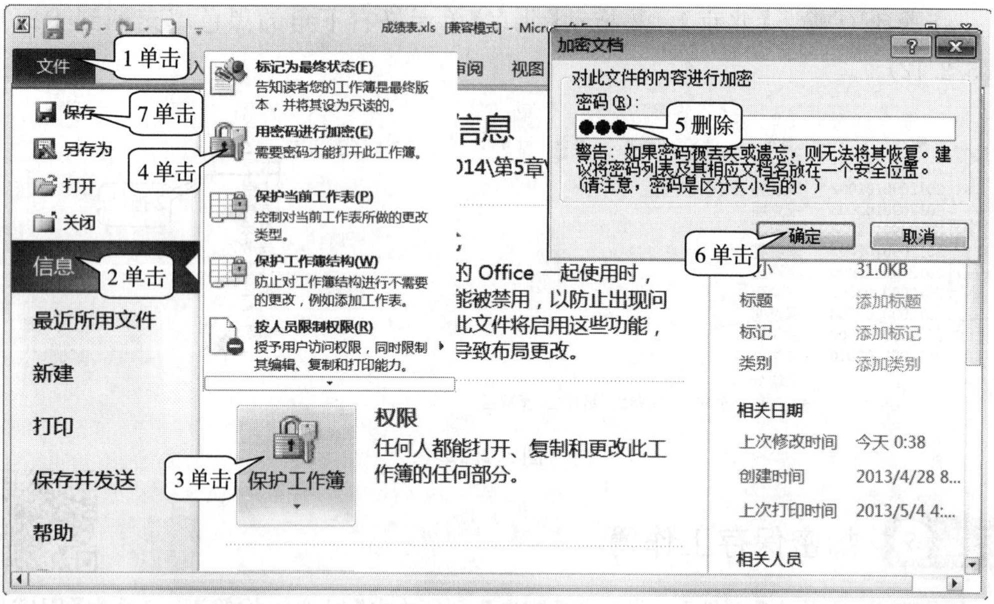

图 5.2.14

任务 6 新建工作簿

步骤 ①单击【文件】。②单击【新建】。③双击【空白工作簿】(见图 5.2.15)。

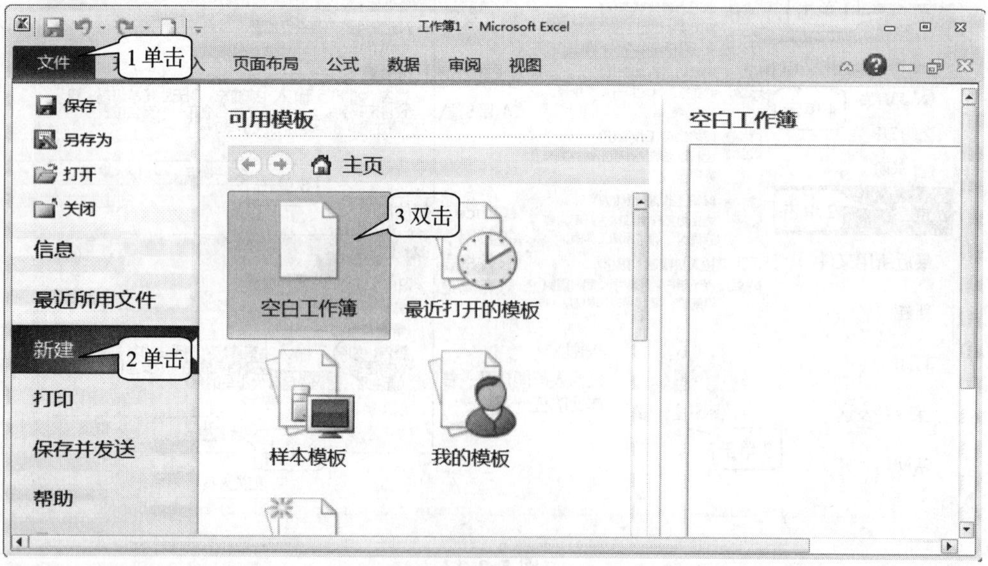

图 5.2.15

任务 7 合并单元格

步骤 ①选定 A1:J1 单元格。②单击【合并后居中】按钮。③单击【合并后居中】(见图5.2.16)。

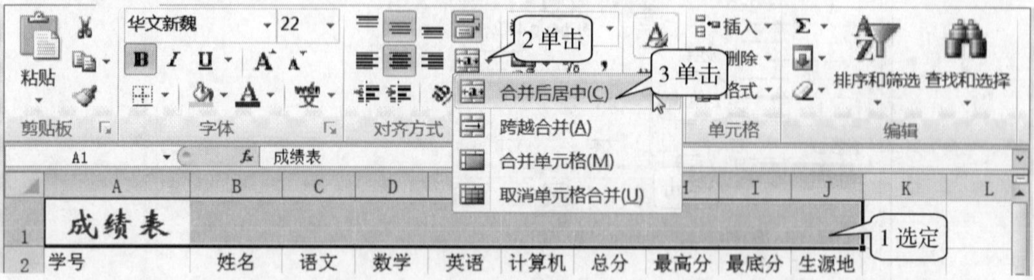

图 5.2.16

任务 8 表格线设置

步骤 1 ①选定 A2:J13 单元格。②单击【对齐方式】右边的【设置单元格格式】按钮(见图 5.2.17),出现图 5.2.18 所示的【设置单元格格式】对话框。

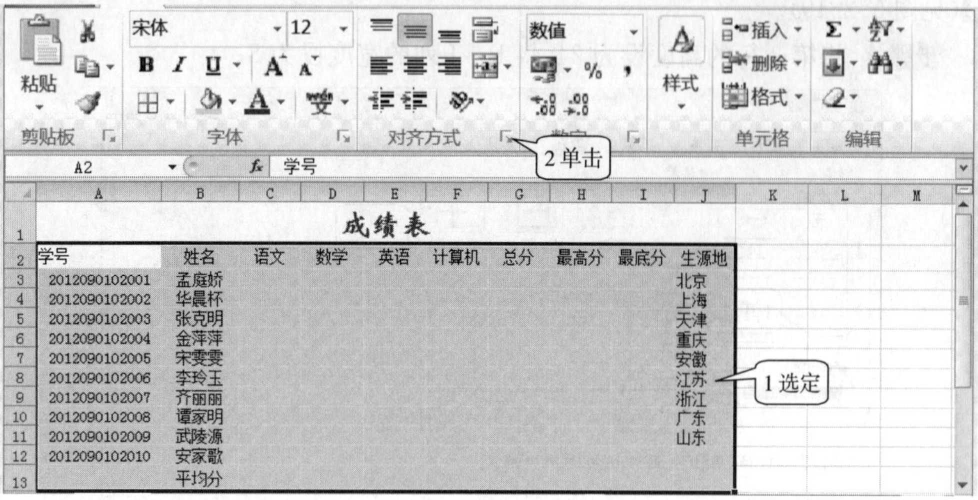

图 5.2.17

步骤 2 ①单击【边框】选项卡。②单击选择【双细线】。③单击选择【紫色】。④单击【外框线】按钮(见图 5.2.18)。

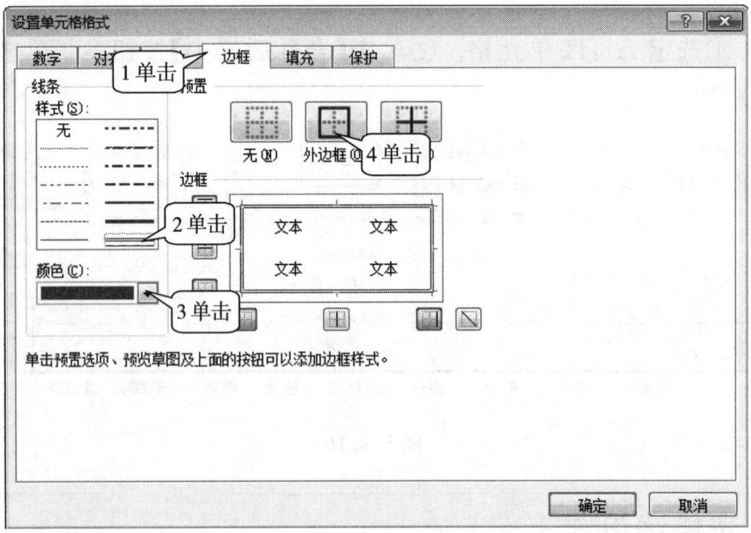

图 5.2.18

步骤 3 ①单击选择【单细线】。②单击选择【绿色】。③单击【内部】。④单击【确定】(见图 5.2.19)。

步骤 4 将第 2 行的高度设为 24，将 B～J 列的宽度设为 8。

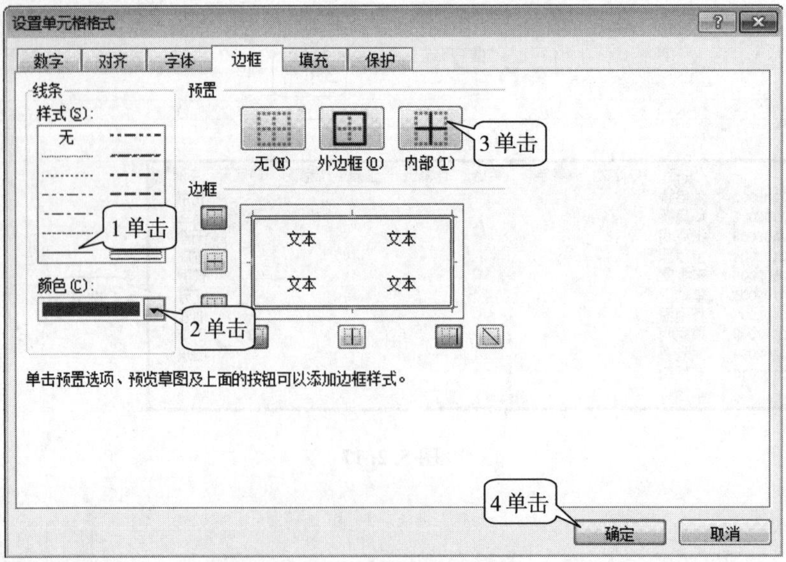

图 5.2.19

步骤 5 ①选定 A2:J2 单元格。②单击【对齐方式】右边的【设置单元格格式】按钮(参见图 5.2.17)，出现图 5.2.20 所示的【设置单元格格式】对话框。

步骤 6 ①单击【边框】选项卡。②单击选择【粗实线】。③单击选择【白色，背景 1，50%】。④单击下边线，将下边线设为【白色，背景 1，50%】的粗实线。⑤单击【内竖线】按钮，去除内竖线。⑥单击【确定】(见图 5.2.20)。

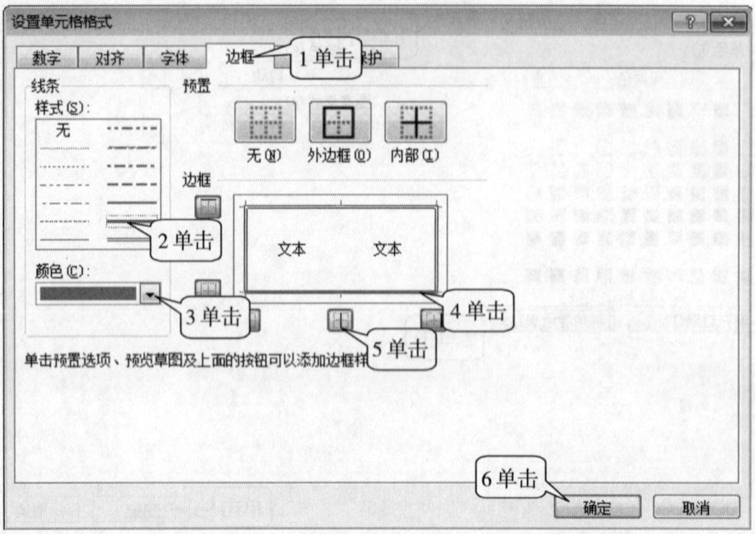

图 5.2.20

任务 9 设置表格底纹

步骤 1 选定 A2:J2 单元格；单击【对齐方式】右边的【设置单元格格式】按钮 ⧉(参见图 5.2.17)，出现图 5.2.21 所示的【设置单元格格式】对话框。

步骤 2 ①单击【填充】选项卡。②单击选择【灰色】。③单击【确定】(见图 5.2.21)。

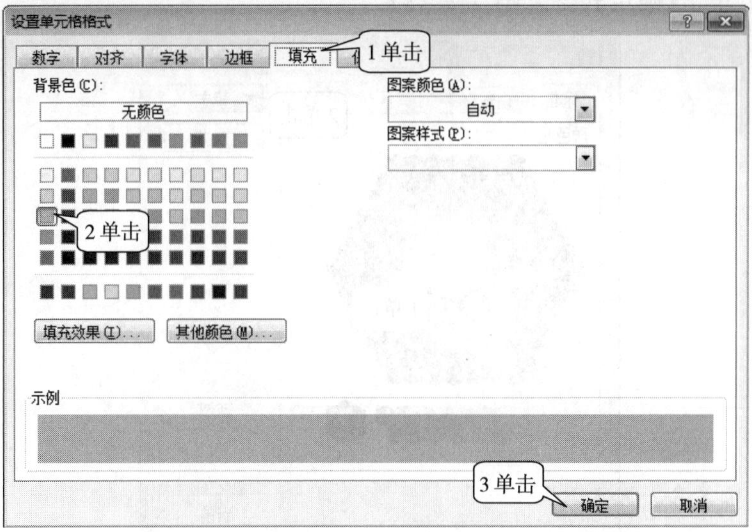

图 5.2.21

步骤 3 同理选定 A3:J13 单元格；单击【对齐方式】右边的【设置单元格格式】按钮（参见图 5.2.17），出现图 5.2.22 所示的【设置单元格格式】对话框。

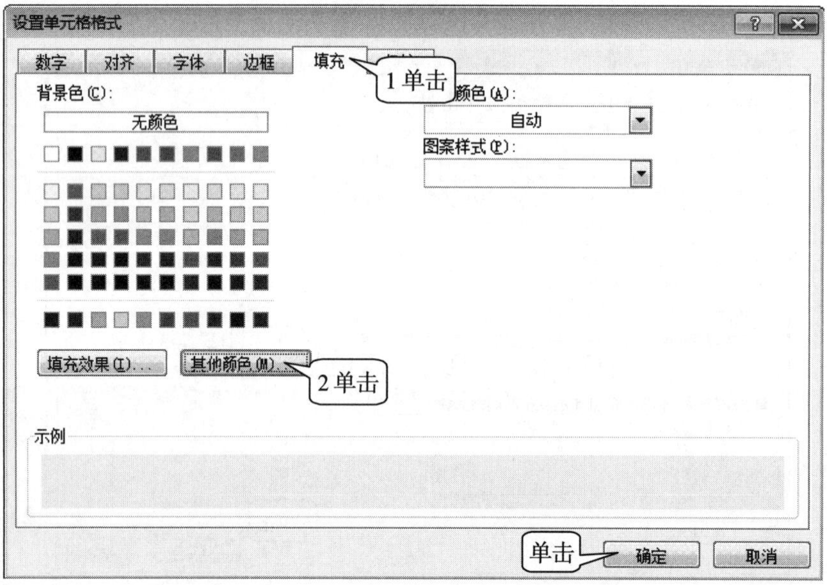

图 5.2.22

步骤 4 ①单击【填充】选项卡。②单击【其他颜色】按钮（见图 5.2.22），出现图 5.2.23 所示的【颜色】对话框。

步骤 5 ①选择淡黄色。②单击【确定】（见图 5.2.23），回到图 5.2.22 所示的【设置单元格格式】对话框。

步骤 6 单击【确定】（参见图 5.2.22）。

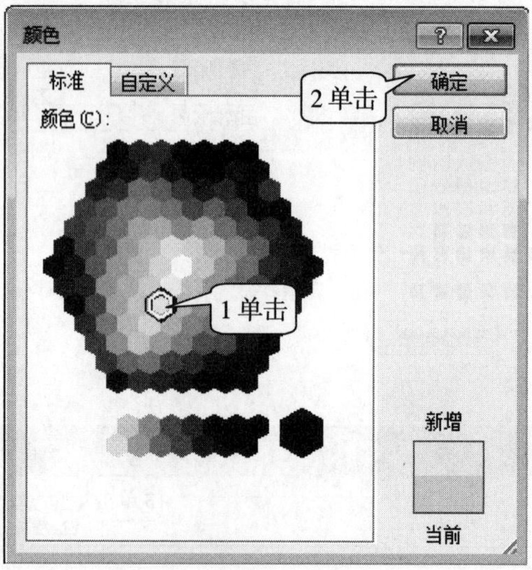

图 5.2.23

步骤 7 ①选定 B14:F14 单元格。②单击【对齐方式】右边的【设置单元格格式】按钮（参见图5.2.17），出现图 5.2.24 所示的【设置单元格格式】对话框。

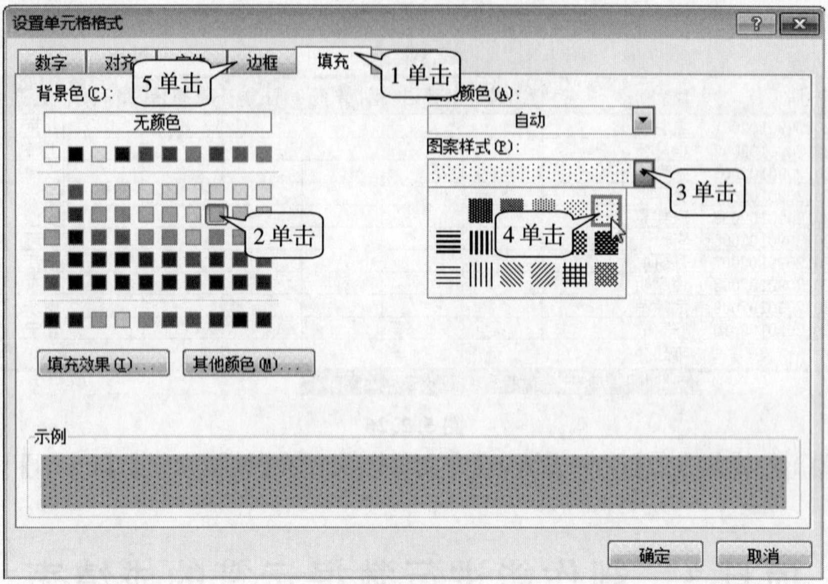

图 5.2.24

步骤 8 ①单击【填充】选项卡。②单击选择【淡紫色】。③单击【图案样式】。④单击选择一种图案。⑤单击【边框】选项卡（见图 5.2.24），出现图 5.2.25。

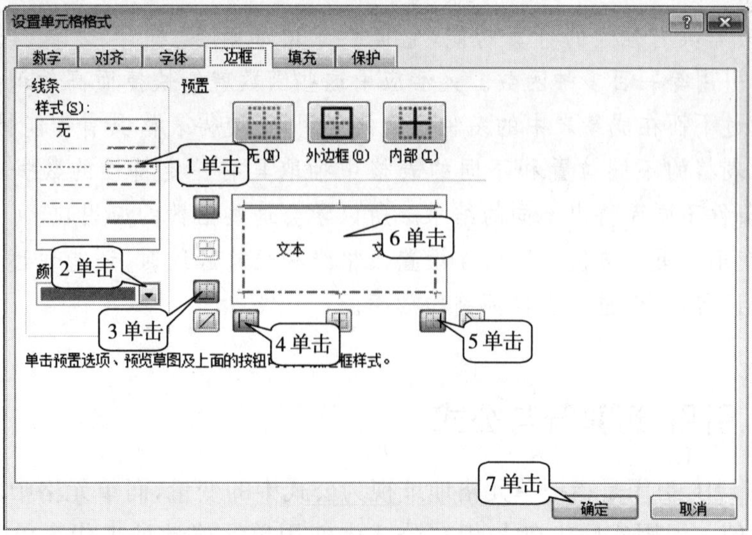

图 5.2.25

步骤 9 ①单击选择【点划线】。②单击选择【橙色】。③单击下边线按钮，将下边线设为橙色点划线。④单击左边线按钮，将下边线设为橙色点划线。⑤单击右边线按钮，将下边线设为橙色点划线。⑥单击【内竖线】，去除内竖线。⑦单击【确定】（见图 5.2.25），设置完成后的效果如图 5.2.26 所示。

	A	B	C	D	E	F	G	H	I	J
1	成绩表									
2	学号	姓名	语文	数学	英语	计算机	总分	最高分	最底分	生源地
3	2012090102001	孟庭娇								北京
4	2012090102002	华晨杯								上海
5	2012090102003	张克明								天津
6	2012090102004	金萍萍								重庆
7	2012090102005	宋雯雯								安徽
8	2012090102006	李玲玉								江苏
9	2012090102007	齐丽丽								浙江
10	2012090102008	谭家明								广东
11	2012090102009	武陵源								山东
12	2012090102010	安家歌								辽宁
13		平均分								
14		考试时间	星期一	星期二	星期三	星期四				

图 5.2.26

步骤 10 将此表以【简单成绩表】为文件名保存在【教材素材】\【Excel】下。

项目 3　制作能进行数据运算的成绩表

项目任务描述与分析

Excel 表格具有强大的计算功能，它提供了诸如财务、统计、逻辑、数学、三角函数、数据库、引用等一百多种函数。灵活应用这些函数就能快捷而高效地处理表格中的数据。通过下面在成绩表中的多种函数的应用，就使得表格具有智能性，也就是说能够自动从表格的不同位置和不同的表格中抽取具有一定特性的数据进行分析判断，并根据条件不同而得出不同的结果。所以学会这些函数的应用，就可以使表格更为智能化，使用也更为方便。同时在设置表格线和表格底纹时，还能通过使用格式刷来进行快速设置，从而进一步提高制作效率。

任务 1　引用、运算符与公式

在 Excel 中，引用是指把单元格地址视为公式中的变量，而单元格中的数据则相当于变量的值。引用实际上就是指在公式中使用单元格地址来代表单元格这个变量，这些单元格地址就相当于函数的变量。使用或者引用单元格地址有相对引用、绝对引用和混合引用三种形式。

1. 相对引用

公式中的单元格地址写法是 A1、B1、C5、D8 的引用称为【相对引用】。例如，

A1＋B5 * C8这个公式中引用的单元格地址就是相对引用。从下面的例子里我们可以看出相对引用的含义及用法。

在 A1:B5 单元格中输入一组数据，在 C1 中输入【＝A1＋B1】，按回车键（见图 5.3.1），这里 C1 中就存放了公式【A1＋B1】，图 5.3.2 中 C1 的值是 A1＋B1 的结果。

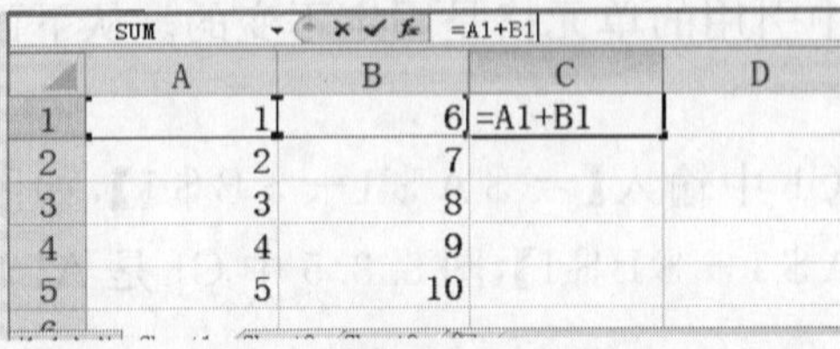

图 5.3.1

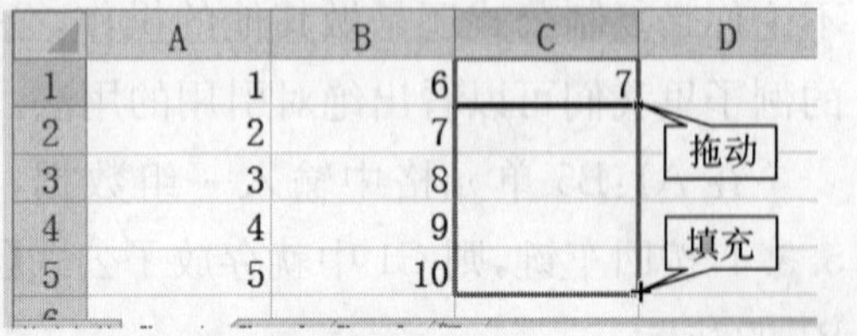

图 5.3.2

在图 5.3.2 中单击【C1】，向下拖动 C1 右下角的填充柄■到 C5 单元格，结果见图 5.3.3。这样 C1 中的公式就被复制到了 C2～C5。单击【C3】，在编辑栏里就有 C3 中的公式【＝A3＋B3】。同样单击 C2、C4、C5 中也会看到公式，分别为【＝A2＋B2】、【＝A4＋B4】、【＝A5＋B5】。

从上述例子中可以看出：

①单元格中的公式可以通过拖动的方法复制到其他单元格中；

②复制后的公式是有差异的；

③C1 中的公式【＝A1＋B1】的实际意思是将单元格左侧两个单元格中数据相加，也就相对于 C1 将其左侧的两个单元格数据相加，所以就叫“相对引用”；

为了解相对引用的实质，下面再举两个例子进行说明。

例 1：在 H2 单元格中输入求和公式【＝SUM(B2:G2)】，其意思是对 H2 单元格左侧的 B2、C2、D2、E2、F2、G2 这 6 个单元格内的数据求和。如果用上述拖动的方法将这个公式复制到 H5 单元格中，那么 H5 单元格中的公式就变为【＝SUM(B5:G5)】，其意思是对 H5 单元格左侧的 B5、C5、D5、E5、F5、G5 这 6 个单元格内的数据求和。

例 2：在 B8 单元格中输入求和公式【＝SUM(B2:B7)】，其意思就是对 B8 单元格上面的 B2、B3、B4、B5、B6、B7 这 6 个单元格内的数据求和。如果将这个公式复制到 F8 单元格中，那么 F8 单元格中的公式就变为【＝SUM(F2:F7)】，其意思就是对 F8 单元格上面的 F2、F3、F4、F5、F6、F7 这 6 个单元格内的数据求和。

④只要公式中是相对引用，在复制公式时，公式中引用的地址就会相应发生变化。

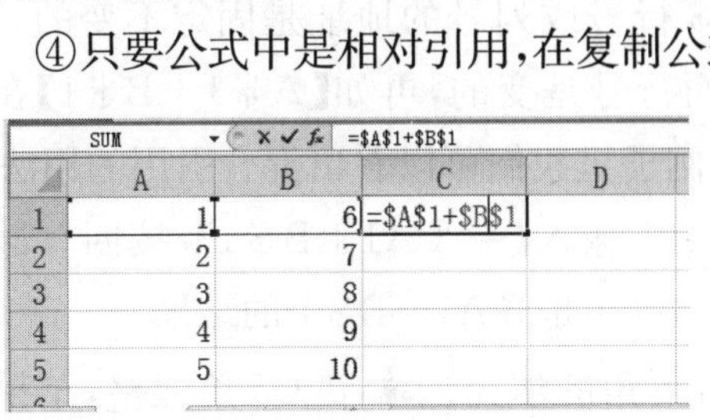

图 5.3.3

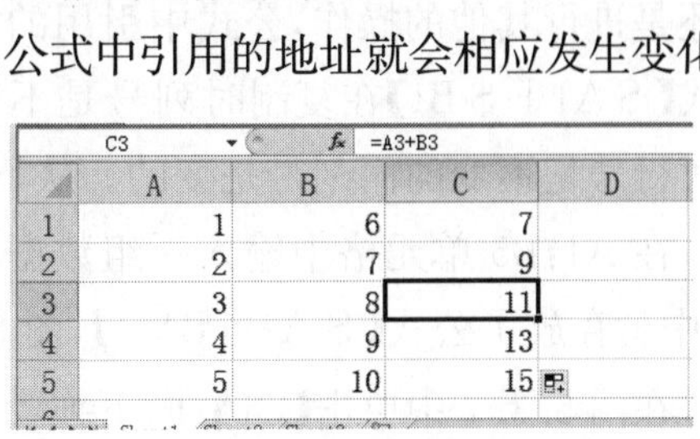

图 5.3.4

2. 绝对引用

公式中的单元格地址写法是＄A＄1、＄B＄1、＄C＄5 的引用称为【绝对引用】。

例如，＄A＄1＋＄B＄5＊＄C＄8 这个公式中引用的单元格地址就是绝对引用。在这里行号和列号前面都加了【＄】，它的意思是行号和列号是绝对不会发生变化的，不论你是复制公式还是做其他的操作，公式中引用的单元格是固定不变的。从下面的例子里我们可以看出绝对引用的用法。

在 A1:B5 单元格中输入一组数据，在 C1 中输入【＝＄A＄1＋＄B＄1】，如图 5.3.4，按回车键，则 C1 中就存放了公式【＄A＄1＋＄B＄1】，图 5.3.5 中 C1 是 A1＋B1 的结果。

在图 5.3.5 中单击【C1】，向下拖动 C1 右下角的填充柄到 C5 单元格，结果见图 5.3.6。这样 C1 中的公式就被复制到了 C2～C5。单击【C3】，在编辑栏里就有 C3 中的公式【＝＄A＄1＋＄B＄1】。同样单击 C2、C4、C5 中也会看到公式都为【＝＄A＄1＋＄B＄1】。

从上述例子中我们可以看出：

①用绝对引用的公式，复制后公式没有发生变化；

②公式【＝＄A＄1＋＄B＄1】的意思是将 A1、B1 两个单元格数据相加，决不会由于任何操作而发生变化，这就是绝对引用。

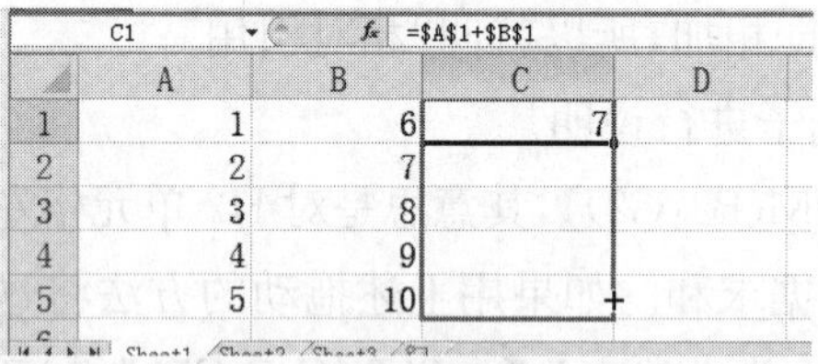

图 5.3.5

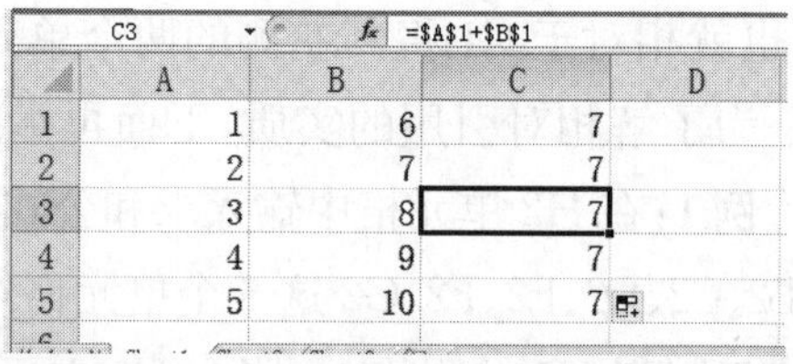

图 5.3.6

3. 混合引用

公式中的单元格地址写法是＄A1、B＄1 的引用称为【混合引用】。例如：＄A1＋＄B5＊C＄8 这个公式中引用的单元格地址就是混合引用。在这里行号或列号前面加了＄，其意思是只要加了＄的行号或列号是绝对不会发生变化的，不论你是复制公式还是进行其他的操作，公式中引用的加了＄行号或列号的地址是固定不变的。如公式【＄A1＋＄B1】在复制时列号是不变的而行号是变的，再如【A＄1＋B＄1】在复制时行号是不变的而列号是变的。从下面的例子里我们可以看出混合引用的用法。

在 A1:B5 单元格中输入一组数据，在 C1 中输入【＝＄A1＋B＄1】，按回车键则 C1 中就存放了公式【＄A1＋B＄1】，图 5.3.7 中 C1 是＄A1＋B＄1 的结果。

在图 5.3.7 中单击【C1】，向下拖动 C1 右下角的填充柄到 C5 单元格，结果见图 5.3.8。

这样 C1 中的公式就被复制到了 C2～C5。单击【C3】，在编辑栏里就有 C3 中的公式【＝＄A3＋B＄1】。同样单击 C2、C4、C5 中会看到公式为【＝＄A2＋B＄1】、【＝＄A4＋B＄1】、【＝＄A5＋B＄1】，仔细比较这几个公式的差异，并分析一下图 5.3.8 中各行的计算结果，就可发现这里只有第一项的行号发生了变化。

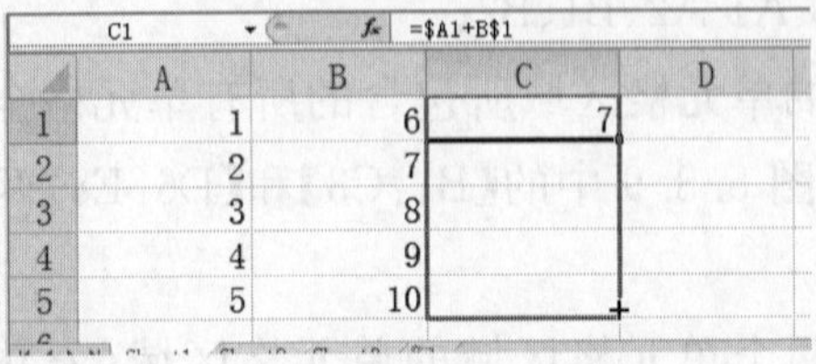

图 5.3.7

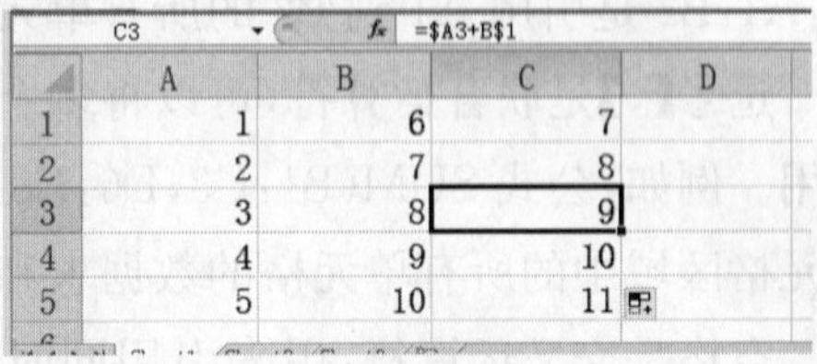

图 5.3.8

4. 运算符

Excel 表格与 Word 表格最大的不同就是它可以将每一个单元格都作为变量来使用，同时在每个单元格中都可以输入公式。这些公式中可以包含函数和代数运算式，而公式中的变量就是单元格里面的内容。我们在公式中就可以使用单元格地址来引用单元格里面的内容。

在公式或函数中出现的单元格地址作为单元格的引用。一个单元格地址就代表了一个变量或者该单元格里面的内容。因此，如果公式中应用了单元格地址作为变量，那么当作为变量的单元格里的数据发生变化的时候，公式的值也会发生相应的变化。

运算符是为了对公式中的元素进行某种运算而规定的符号。Excel 中有 4 种类型的运算符：算术运算符、比较运算符、文本运算符和引用运算符。

(1)算术运算符。算术运算符的功能是完成基本的数学运算。算术运算符包括：加(＋)、减(—)、乘(＊)、除(/)、幂(^)、负号(—)、百分号(％)等。算术运算符可连接数字、变量，并产生运算结果，有较直观的感觉。

例如，公式：60＊2/5，它是先求 60 乘以 2，再除以 5，公式的值为 24。

(2)比较运算符。比较运算符的功能是比较两个数值，运算产生的结果是布尔代数逻辑值 TRUE(真)或 FALSE(假)。比较运算符包括：等于(＝)、大于(＞)、小于(＜)、大于等于(＞＝)、小于等于(＜＝)和不等于(＜＞)。

例如，单元格 Bl 的数值是 50，则公式：B2＜60 的逻辑值为 TRUE；

若单元格 Bl 的数值是 70，则公式：B2＜60 的逻辑值为 FALSE。

(3)文本运算符。文本运算符的功能是将两个文本连接成一个文本。文本运算符为【&】。它是将文本(字符串)连接成一个连续的字符串的运算符。例如，设 A1 单元格内的字符是【汉王笔】，若在 B1 中输入公式：A1& 和汉王文本王，则 B1 中的内容就是【汉王笔和汉王文本王】。运算符【&】就将汉王笔和汉王文本王连接成一个整体。

(4)引用运算符。引用运算符可以将单元格区域合并运算，包括：冒号【：】、逗号【，】和空格。

冒号【：】是区域运算符，可对两个引用的单元格之间的所有单元格进行引用。例如：A1：B2 是引用 A1 到 B2 的所有单元格，即 A1 A2、B1、B2。

逗号【，】是联合运算符，可以将多个引用的单元格区域所包含的所有单元格全部引用。例如：公式 SUM(B1：C3，D6：E8)是将图 5.3.9 中的【B1：C3】和【D6：E8】两个单元格区域中的所有单元格的数据求和。

空格是交叉运算符：用来引用同时属于两个单元格区域的单元格区域(公共部分)。例如，公式 SUM(B1：C2 C1：D4)中只有【C2：C2】同时属于两个引用区域【B1：C2】和【C2：D4】，其结果是只将图 5.3.10 中的【C2：C2】的数据求和。

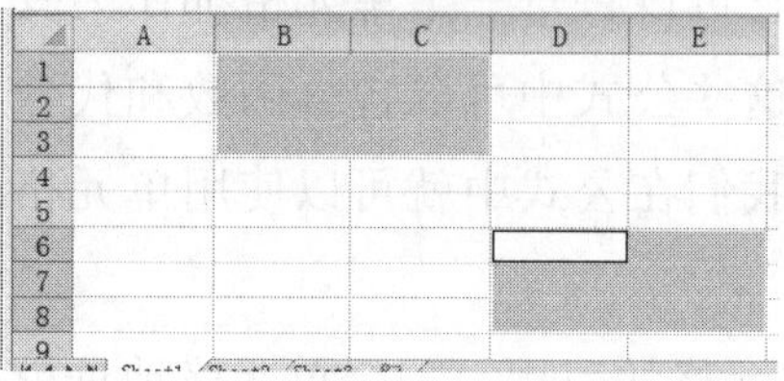

图 5.3.9

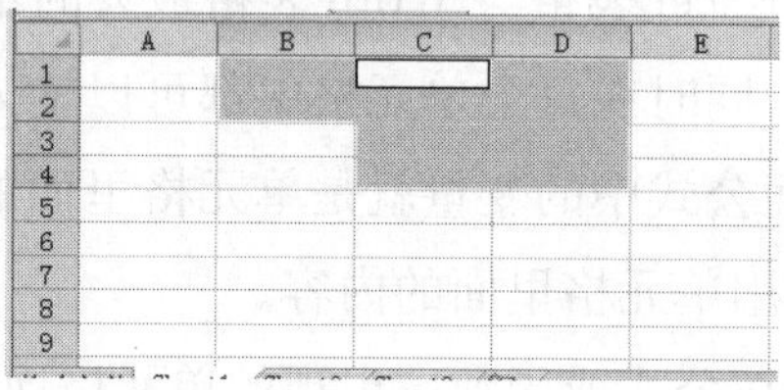

图 5.3.10

5. 公式的使用

所有的公式都必须以【＝】开头。公式由运算符和参与计算的元素(操作数)组成。操作数可以是常量、单元格地址和函数。输入公式的方法如下。

(1)单击要输入公式的单元格。

(2)在编辑栏或直接在单元格内部输入【＝】，接着输入运算表达式。公式中引用的单元格可以直接写在公式中，也可以用鼠标单击要引用的单元格，以代替手工输入要引用的单元格。

有了上述概念，就可以正确地使用公式来处理表格中的数据，以达到在表格中自动、快速、高效对数据处理的目的。

任务 2 平均函数的使用

打开【教材素材】\【Excel】\【简单成绩表】。

步骤 1 输入成绩【孟庭娇 62、79、87、77；华晨杯 66、91、96、93；张克明 74、82、94、86；金萍萍 75、87、83、90；宋雯雯 80、93、98、94；李玲玉 82、85、94、89；齐丽丽 82、89、97、69；谭家明 85、69、88、80；武陵源 88、90、90、88；安家歌 88、79、87、91】。

步骤 2 ①单击要输入公式的单元格 C13。②单击【插入函数】按钮 f_x，出现图 5.3.11所示的【插入函数】对话框。③单击选择平均值函数【AVERAGE】。④单击

【确定】,出现图 5.3.12 所示的【函数参数】对话框。⑤单击【确定】,结果见图 5.3.11。

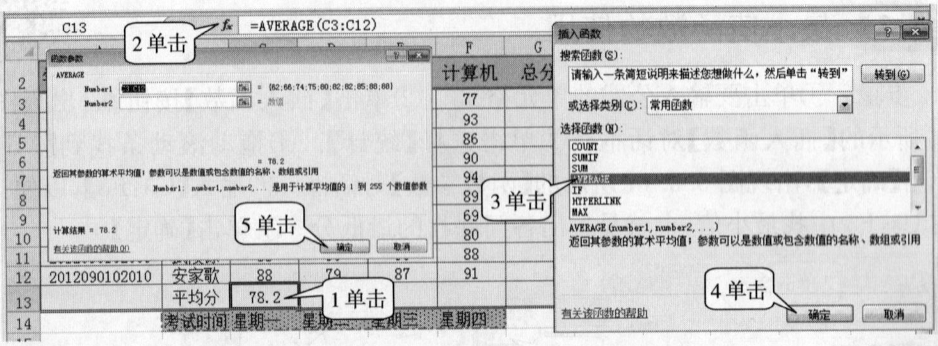

图 5.3.11

任务 3　求和函数的使用

步骤　①单击要输入公式的单元格 G3。②单击【插入函数】按钮 *fx*,出现图 5.3.12所示的【插入函数】对话框。③单击选择求和函数【SUM】。④单击【确定】,出现图 5.3.12 所示的【函数参数】对话框。⑤单击【确定】。

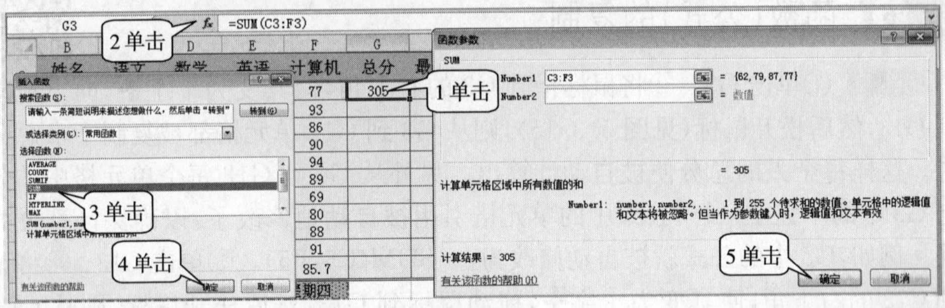

图 5.3.12

任务 4　最大值函数的使用

步骤　①单击要输入公式的单元格 H3。②单击【插入函数】按钮,出现图5.3.13所示的【插入函数】对话框。③单击选择求最大值函数【MAX】。④单击【确定】,出现图 5.3.13 所示的【函数参数】对话框。⑤输入【C3:F3】,以便让函数在C3:F3中找最大值,也就是找出各门课程的最高分。⑥单击【确定】。

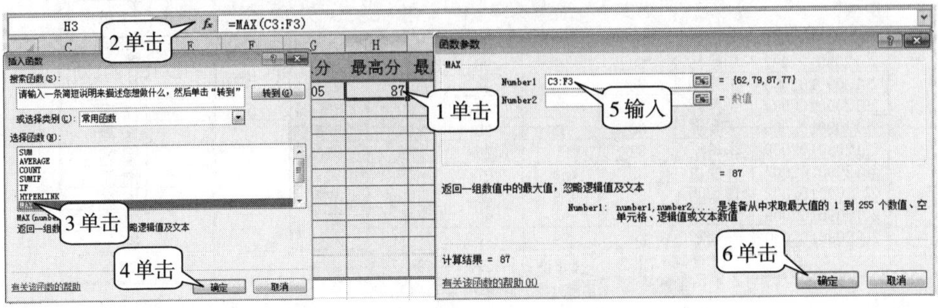

图 5.3.13

任务 5 最小值函数的使用

步骤 ①单击要输入公式的单元格 I3。②单击【插入函数】按钮 *fx*，出现图 5.3.14 所示的【插入函数】对话框。③单击选择【统计】。④拖动滚动条找到【MIN】。⑤单击【确定】，出现图 5.3.14 所示的【函数参数】对话框。⑥输入【C3:F3】，以便让函数在 C3:F3 中找最小值，也就是找出各门课程的最低分。⑦单击【确定】。

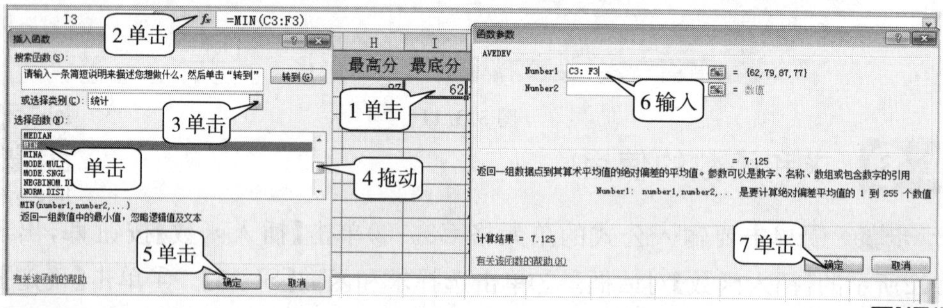

图 5.3.14

任务 6 函数(公式)的复制

步骤 ①单击 G3。②将鼠标指到 G3 的右下角，使其变为十字✚，向下拖动鼠标到 G13，然后松开鼠标（见图 5.3.15），则从 G3 到 G12 单元格都被复制了求总分的公式。这样每个人的总分便被自动计算出。另外从 G4 到 G12 每个单元格中的公式都与 G3 中的不完全一样，公式中的单元格引用被自动地修改了，以确保计算公式的正确。例如，G5 中的公式就被自动修改为：=SUM(C5:F5)。③单击 C13。④将鼠标指到 C13 的右下角，使其变为十字✚，拖动鼠标到 G13，然后松开鼠标，则从 C13 到 G13 单元格都被复制了求平均值的公式，这样每门课的平均分便被自动计算出来了。⑤单击 H3。⑥将鼠标指到 H3 的右下角，使其变为十字✚，拖动鼠标到 H12，然后松开鼠标，则从 H3 到 H12 单元格都被复制了求最大值的公式，这样每个人的最高分便被自动求出。⑦单击 I3。⑧将鼠标指到右下角，使其变为十字✚，拖动鼠标到 I12，然后松开鼠标，则从 I3 到 I12 单元格都被复制了最小值函数。这样每个人的最低分便被自动计算出来了。

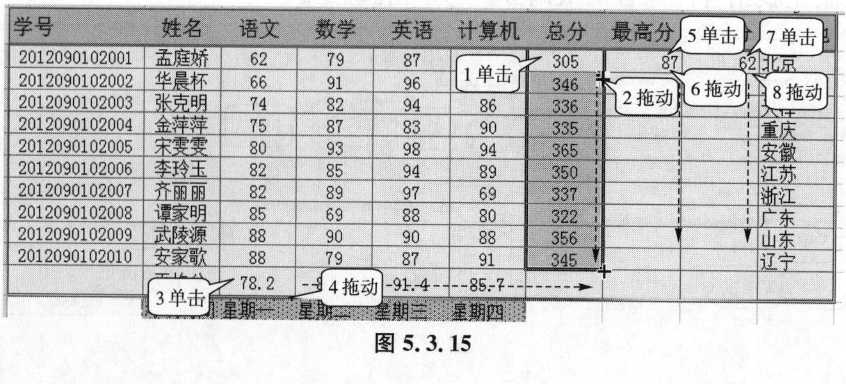

图 5.3.15

任务 7 格式刷的应用

步骤 1 ①在 K2 单元格输入【等级】。②单击 J2 单元格。③单击格式刷按钮，这样 J2 单元格的底纹、线条、文本的设置信息便被复制到格式刷上了。④单击 K2 单元格，则 J2 单元格的底纹、线条、文本的设置信息便被复制到 K2 单元格上了。⑤单击 J11 单元格。⑥单击格式刷按钮，这样 J11 单元格的底纹、线条、文本的设置信息便被复制到格式刷上了。⑦在K3:K13 单击格上拖动，则 J11 单元格的底纹、线条、文本的设置信息便被复制到 K3:K13 单元格上了，结果见图 5.3.16。

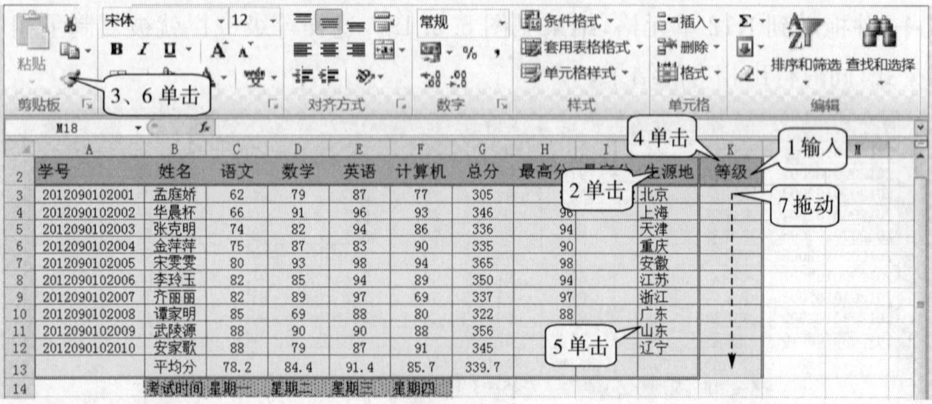

图 5.3.16

步骤 2 再用前述的方法将表格线设置成图 5.3.17 所示的样式。

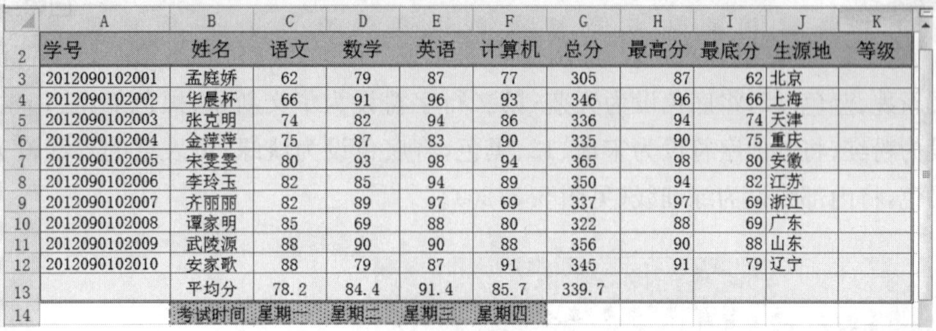

学号	姓名	语文	数学	英语	计算机	总分	最高分	最底分	生源地	等级
2012090102001	孟庭娇	62	79	87	77	305	87	62	北京	
2012090102002	华晨杯	66	91	96	93	346	96	66	上海	
2012090102003	张克明	74	82	94	86	336	94	74	天津	
2012090102004	金萍萍	75	87	83	90	335	90	75	重庆	
2012090102005	宋雯雯	80	93	98	94	365	98	80	安徽	
2012090102006	李玲玉	82	85	94	89	350	94	82	江苏	
2012090102007	齐丽丽	82	89	97	69	337	97	69	浙江	
2012090102008	谭家明	85	69	88	80	322	88	69	广东	
2012090102009	武陵源	88	90	90	88	356	90	88	山东	
2012090102010	安家歌	88	79	87	91	345	91	79	辽宁	
	平均分	78.2	84.4	91.4	85.7	339.7				
	考试时间	星期一	星期二	星期三	星期四					

图 5.3.17

任务 8 条件函数的应用

步骤 1 ①单击要输入公式的单元格 K3。②单击【插入函数】按钮，出现图 5.3.18所示的【插入函数】对话框。③单击选择【IF】函数。④单击【确定】，出现图 5.3.18所示的【函数参数】对话框。⑤输入【G3＞330】。⑥输入【优秀】。⑦输入【良好】。⑧单击【确定】，结果见图 5.3.18。这个函数会判断总分的大小，总分大于 330，函数的值就是字符【优秀】，否则函数的值就是字符【良好】。

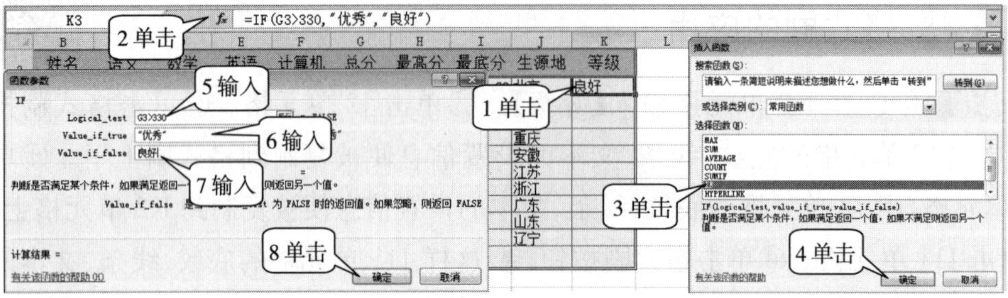

图 5.3.18

步骤 2 ①单击 K3 单元格。②将鼠标移到 K3 单元格的右下角，使其变为十字形状✚，并拖动到 K12 单元格，结果见图 5.3.19。这样等级一栏就被复制了相应的判断公式，同时得出相应的结果。

	学号	姓名	语文	数学	英语	计算机	总分	最高分	最底分	地	等级
3	2012090102001	孟庭娇	62	79	87	77	305	87	[illegible]	[illegible]	良好
4	2012090102002	华晨杯	66	91	96	93	346	96	66	上海	优秀
5	2012090102003	张克明	74	82	94	86	336	94	74	天津	[illegible]
6	2012090102004	金萍萍	75	87	83	90	335	90	75	重庆	[illegible]
7	2012090102005	宋雯雯	80	93	98	94	365	98	80	安徽	优秀
8	2012090102006	李玲玉	82	85	94	89	350	94	82	江苏	优秀
9	2012090102007	齐丽丽	82	89	97	69	337	97	69	浙江	优秀
10	2012090102008	谭家明	85	69	88	80	322	88	69	广东	良好
11	2012090102009	武陵源	88	90	90	88	356	90	88	山东	优秀
12	2012090102010	安家歌	88	79	87	91	345	91	79	辽宁	优秀
13		平均分	78.2	84.4	91.4	85.7	339.7				
14		考试时间	星期一	星期二	星期三	星期四					

图 5.3.19

任务 9 不同表格间数据的引用

步骤 1 ①单击【Sheet2】。②制作图 5.3.20 所示的表格，并将第一行字符设为华文新魏、蓝色、22，将底色设为天蓝；第二行字符设为华文新魏、黑色加粗、16，将底色设为粉红；将其他字符设为宋体、12、黑色，将底色设为淡绿；将表格的外线设为双线褐色，将内部线设为绿细线（见图 5.3.20）。

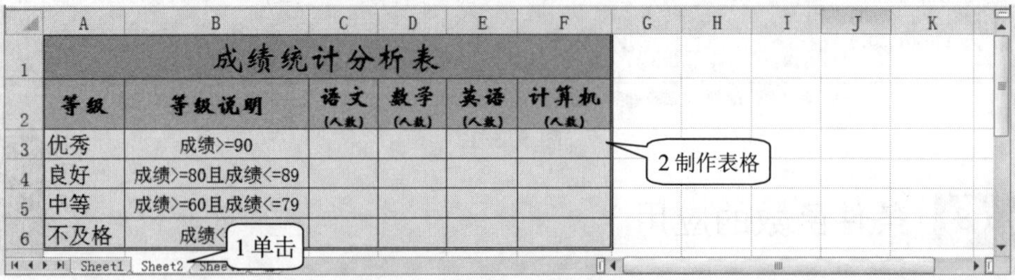

成绩统计分析表					
等级	等级说明	语文（人数）	数学（人数）	英语（人数）	计算机（人数）
优秀	成绩>=90				
良好	成绩>=80且成绩<=89				
中等	成绩>=60且成绩<=79				
不及格	成绩<				

图 5.3.20

步骤 2 ①单击 C3。②单击【插入函数】按钮 *fx*，出现图 5.3.21 所示的【插入函数】对话框。③单击选择【统计】。④单击选择【COUNTIF】函数。⑤单击【确定】，出现图 5.3.21 所示的【函数参数】对话框。⑥输入【Sheet1！C3：C12】，表示函数是到

Sheet1 中的 C3:C12 单元格区间去统计单元格的数量。⑦输入【>=90】，表示统计的条件是满足数据值≥90 的单元格。⑧单击【确定】(见图 5.3.21)，该函数的功能是将 Sheet1 中 C3:C12 单元格中数值≥90 的单元格数量计算出来作为函数的值，这个值就是分数≥90 的人数。

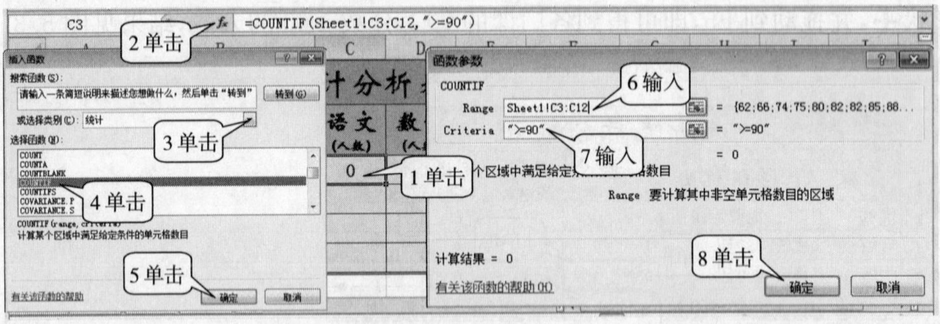

图 5.3.21

步骤 3 ①单击 C3。②将鼠标移到 C3 单元格的右下角，使其变为十字形状✚，并拖动到 F3，即可得到各门课成绩≥90 的人数，结果见图 5.3.22。

成绩统计分析表					
等级	等级说明	语文(人数)	数学(人数)	英语(人数)	计算机(人数)
优秀	成绩>=90	0	3	6	4
良好	成绩>=80且成绩<=89				
中等	成绩>=60且成绩<=79				
不及格	成绩<60				

图 5.3.22

步骤 4 ①单击 C4。②在编辑栏中输入【=COUNTIF(Sheet1! C3:C12,">=80")-C3】，该算式的功能是将 Sheet1 中 C3:C12 单元格中的数值(分数)≥80 分的人数统计出来，减去 C3 中≥90 的人数，得到的就是 89≥分数≥80 的人数。③单击 C4。④将鼠标移到 C4 单元格的右下角，使其变为十字形状✚，并拖动到 F4，即可得到各门课的 89≥分数≥80 的人数，结果见图 5.3.23。这里采用了与上面不同的直接在编辑栏中输入算式的方法。注意：输入公式时标点符号不能有错或遗漏，上面的引号是英文引号。

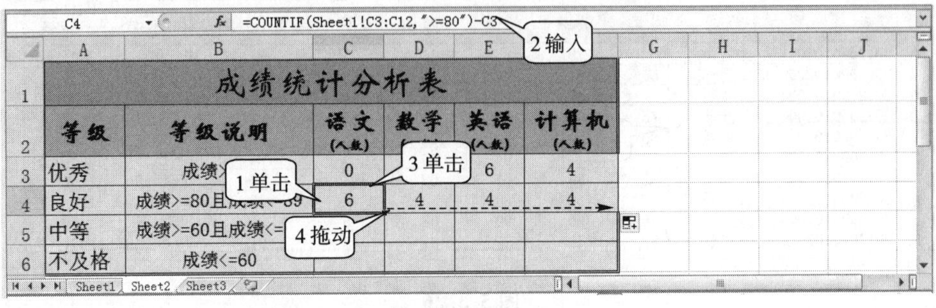

图 5.3.23

步骤 5 ①单击 C5。②在编辑栏中输入【=COUNTIF(Sheet1! C3:C12,">=60")−C3−C4】,该算式的功能是将 Sheet1 中 C3:C12 单元格中的数值(分数)≥60 分的人数统计出来,减去 C3 中≥90 的人数,再减去 C4 中≥80 的人数,得到的就是 79≥分数≥60 的人数。③单击 C5。④将鼠标移到 C5 单元格的右下角,使其变为十字形状✚,并拖动到 F5,即可得到各门课的 79≥分数≥60 的人数,结果见图 5.3.24。

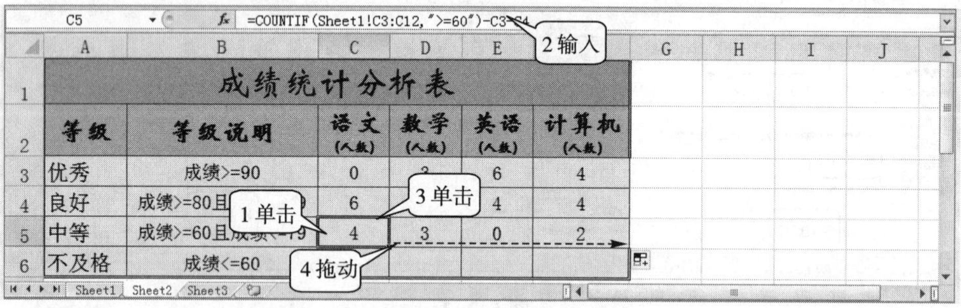

图 5.3.24

步骤 6 ①单击 C6。②单击【插入函数】按钮 fx,出现图 5.3.25 所示的【插入函数】对话框。③单击选择【统计】。④单击选择【COUNTIF】函数。⑤单击【确定】,出现图 5.3.25 所示的【函数参数】对话框。⑥单击折叠按钮,出现图 5.3.26。

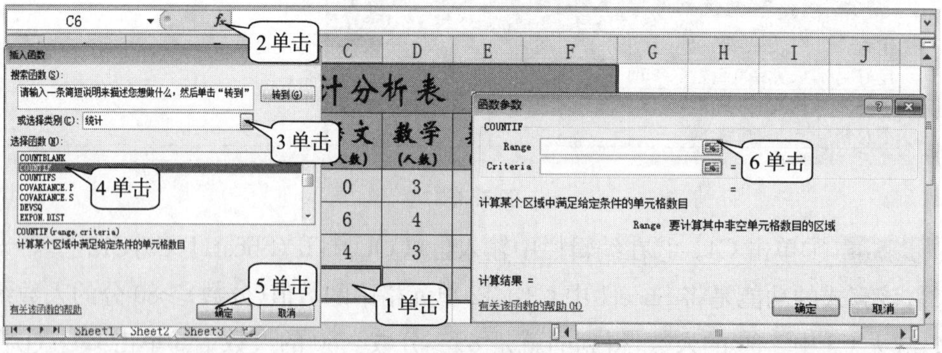

图 5.3.25

步骤 7 ①拖动选择 C3:C12。②单击折叠按钮(见图 5.3.26),出现图 5.3.27。

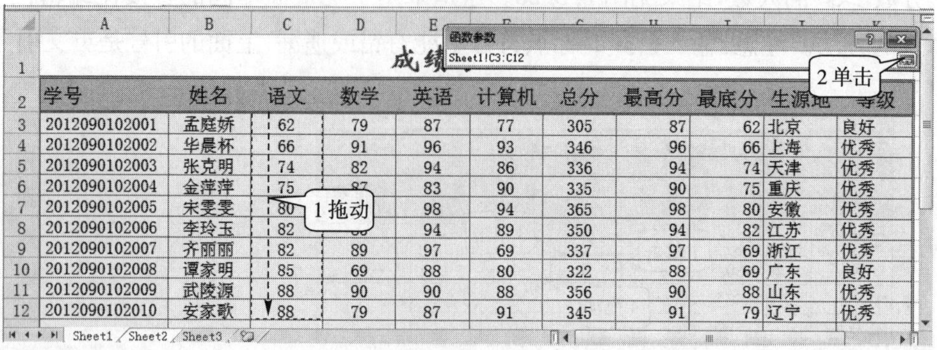

图 5.3.26

步骤 8 ①输入【< 60】,表示将 Sheet1 中 C3:C12 单元格中分数< 60 的人数统计出。②单击【确定】,得到的就是分数< 60 的人数。③单击 C6。④将鼠标移到 C6 单元格的右下角,使其变为十字形状**+**,并拖动到 F6(见图 5.3.27),即可得到各门课分数<60 的人数,结果见图 5.3.27。

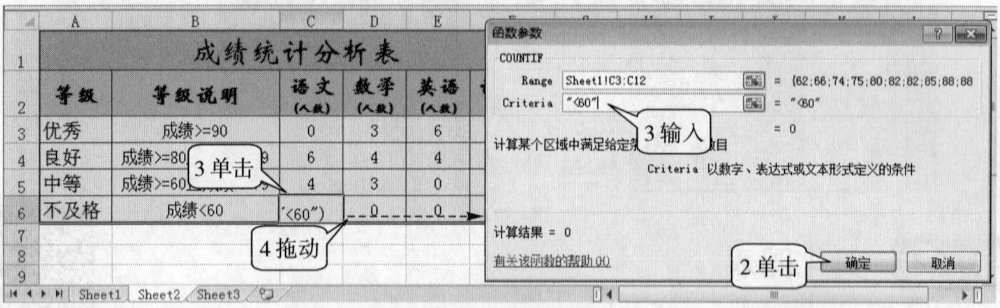

图 5.3.27

步骤 9 选定 F3:F6,将该区域的右边线设为棕色、双线。

项目 4　图表应用与表格编辑

项目任务描述与分析

在 Excel 中,图表是直观反映数据之间关系的一种图形,对于一张数据繁多的表格,很难从这些繁杂的数据中直观地看出数据变化规律。只有将这些数据绘制成图形,才能直观地看出这些数据的规律及内在联系。而 Excel 提供的图表功能就是为了满足这种需求而设计的。它是依据选定的工作表单元格区域内的数据来生成图形的。生成的图形能够形象地反映出数据的对比关系及变化趋势。下面讲解将数据用图形表示出来,使表中的数据变得直观、形象的方法。通过插入柱形图,并对该图的标题、图例、坐标轴进行格式、字体、颜色、位置等多项美化,使图更美观、内容表达更清晰。

任务 1　创建图表

步骤 1 打开【教材素材】\【Excel】\【成绩表】。

步骤 2 ①选定 B2:E12。②单击【插入】。③单击【柱形图】按钮。④单击选择一种二维柱形图(见图 5.4.1),出现图 5.4.2 所示的数据图。

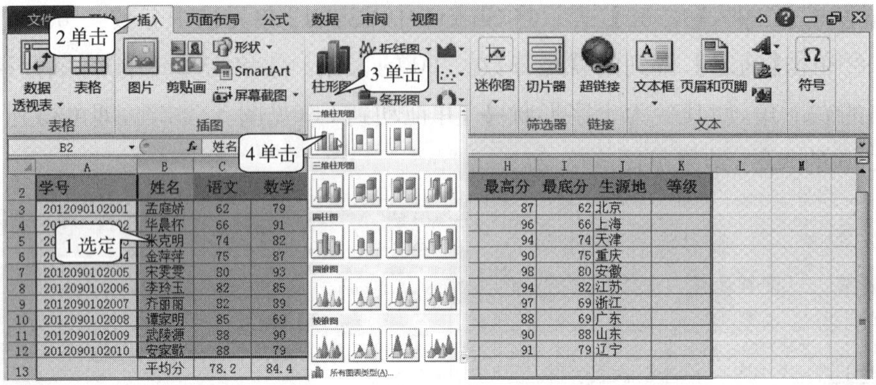

图 5.4.1

任务 2 美化图表

步骤 1 ①拖动图表竖边框中间的控点调整图表的宽度。②拖动图表横边框中间的控点调整图表的高度。③拖动图表的刻度线移动柱形图的位置。④拖动图表的图例移动图例位置。⑤拖动图表的边框移动图表位置(见图 5.4.2)。

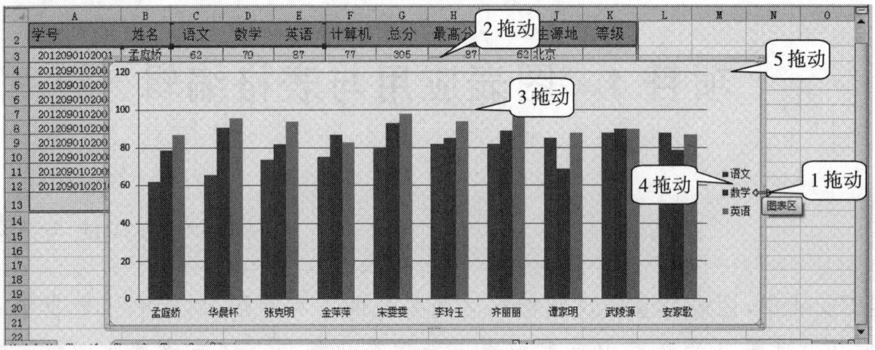

图 5.4.2

步骤 2 ①单击选中图例。②单击选择字体。③单击选择字号。④单击选择字符颜色。⑤单击选择图例的背景颜色。按照此方法将 X、Y 轴的字体、字号、颜色、背景做相应的设置(见图 5.4.3)。最终将图表移动到适当的位置,结果见图 5.4.4。

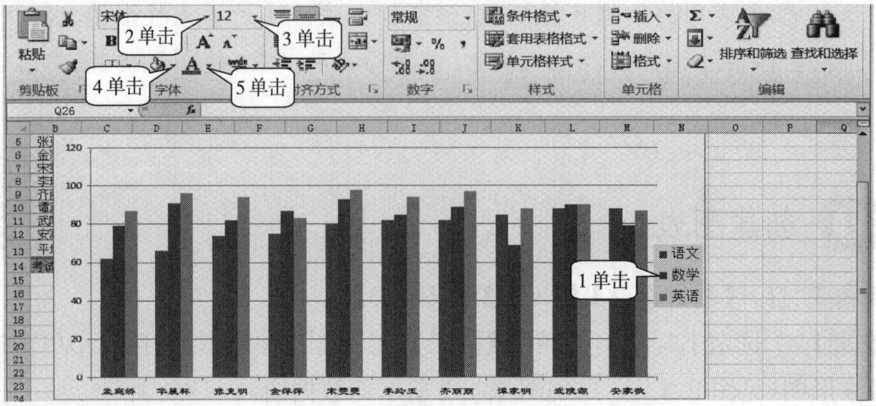

图 5.4.3

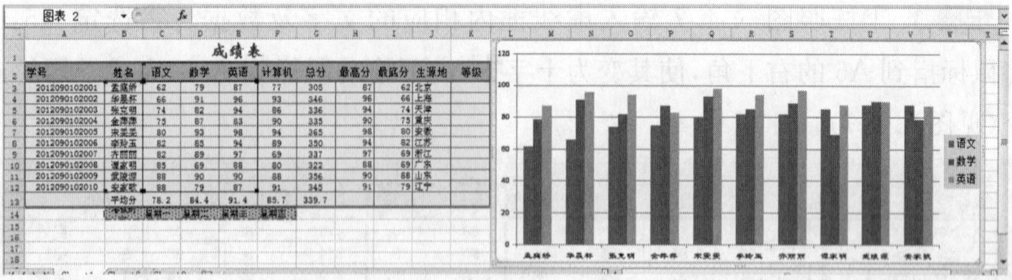

图 5.4.4

任务 3　添加、删除行和列

步骤 1　①按住【Ctrl】键拖动 Sheet1 到 Sheet3 右侧，可以复制一个与 Sheet1 一样的成绩表，见图 5.4.5。②在行标 7～12 上拖动选定这几行。③单击【插入】，即可插入 6 行。如果要删除行，则可以在选定行之后，单击图 5.4.5 中【插入】下方的【删除】按钮。

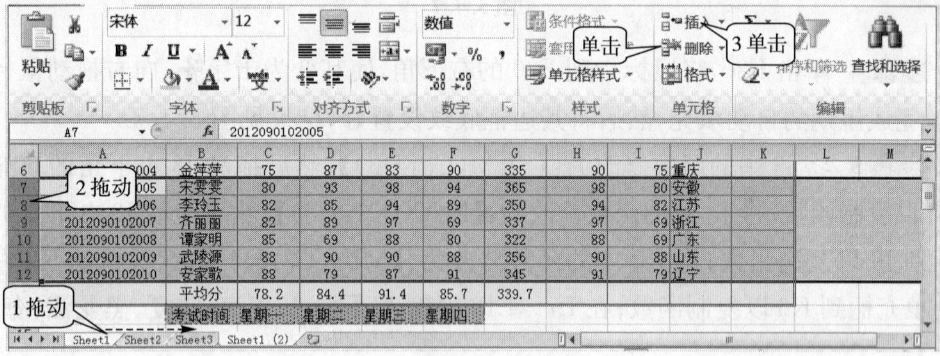

图 5.4.5

步骤 2　①拖动选定 G 和 H 列。②单击【插入】，即可插入两列(见图 5.4.6)。如果要删除列，则可以在选定列之后，单击图 5.4.6 中【插入】下方的【删除】按钮。

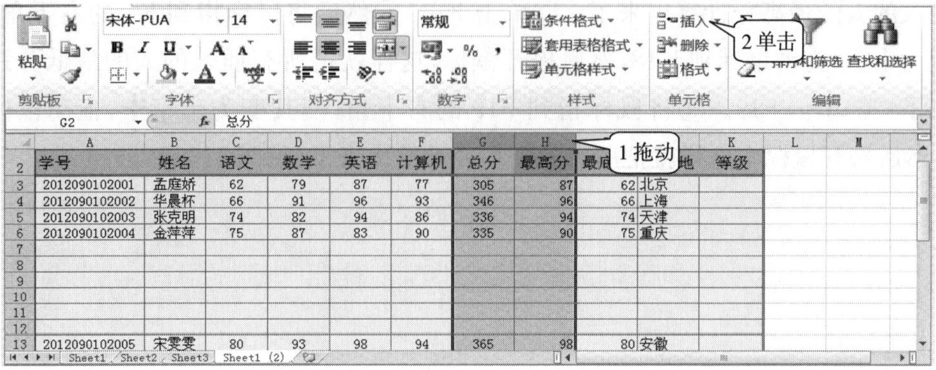

图 5.4.6

步骤 3 ①按照图 5.4.7 输入虚线框内相应的文字及数据。②选定 A5：A6。③将鼠标指到 A6 的右下角，使其变为十字✚，向下拖动鼠标到 A18，完成学号的自动填充（见图 5.4.7）。

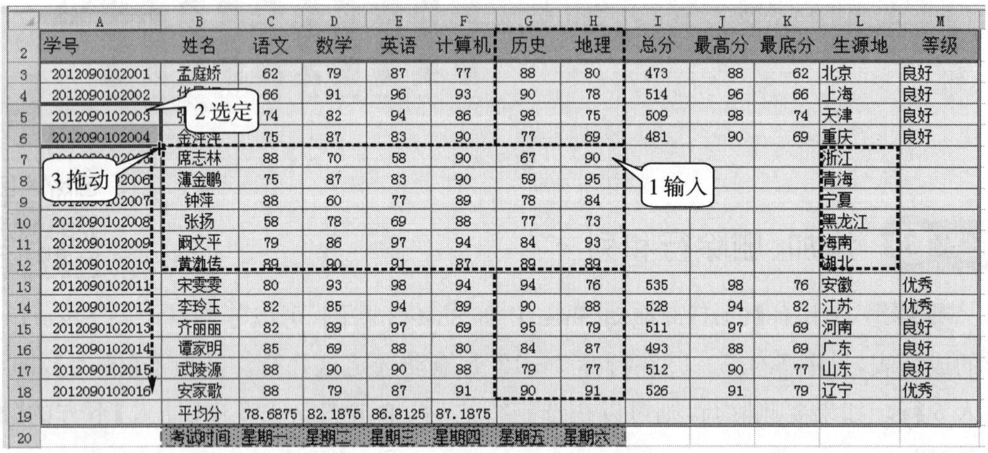

	A	B	C	D	E	F	G	H	I	J	K	L	M
2	学号	姓名	语文	数学	英语	计算机	历史	地理	总分	最高分	最底分	生源地	等级
3	2012090102001	孟庭娇	62	79	87	77	88	80	473	88	62	北京	良好
4	2012090102002	[illegible]	66	91	96	93	90	78	514	96	66	上海	良好
5	2012090102003	[illegible]	74	82	94	86	98	75	509	98	74	天津	良好
6	2012090102004	金洋洋	75	87	83	90	77	69	481	90	69	重庆	良好
7	[illegible]	席志林	88	70	58	90	67	90				浙江	
8	[illegible]	薄金鹏	75	87	83	90	59	95				青海	
9	[illegible]	钟萍	88	60	77	89	78	84				宁夏	
10	2012090102008	张扬	58	78	69	88	77	73				黑龙江	
11	2012090102009	阙文平	79	86	97	94	84	93				海南	
12	2012090102010	黄渤佳	89	90	91	87	89	89				湖北	
13	2012090102011	宋雯雯	80	93	98	94	94	76	535	98	76	安徽	优秀
14	2012090102012	李玲玉	82	85	94	89	90	88	528	94	82	江苏	优秀
15	2012090102013	齐丽丽	82	89	97	69	95	79	511	97	69	河南	良好
16	2012090102014	谭家明	85	69	88	80	84	87	493	88	69	广东	良好
17	2012090102015	武陵源	88	90	90	88	79	77	512	90	77	山东	良好
18	2012090102016	安家歌	88	79	87	91	90	91	526	91	79	辽宁	优秀
19		平均分	78.6875	82.1875	86.8125	87.1875							
20		考试时间	星期一	星期二	星期三	星期四	星期五	星期六					

图 5.4.7

步骤 4 单击 F20，将鼠标指到 F20 的右下角，使其变为十字✚，向右拖动鼠标到 H20，完成星期的自动填充，然后将其边框底纹设置好，结果见图 5.4.7。

步骤 5 将 I3 中的函数修改为：【SUM(C3：H3)】，然后拖动 I3 右下角的填充柄到 I6 以复制函数；将 J3 中的函数修改为：【MAX(C3：H3)】，然后拖动 J3 右下角的填充柄到 J6 以复制函数；将 K3 中的函数修改为：【MIN(C3：H3)】，然后拖动 K3 右下角的填充柄到 K6 以复制函数；在 L7－L12 中输入：【浙江、青海、宁夏、黑龙江、海南、湖北】。

步骤 6 ①单击 I6。②将鼠标指到 I6 的右下角，使其变为十字✚，拖动鼠标到 I18，然后松开鼠标。这样就把所有插入的数据的总分计算出来了。③单击 J6。④将鼠标指到 J7 的右下角，使其变为十字✚，拖动鼠标到 J18，然后松开鼠标，这样就把所有插入的人的最高分计算出来了。⑤单击 K6。⑥然后将鼠标指到 K6 的右下角，使其变为十字，拖动鼠标到 K18，然后松开鼠标，这样就把所有插入的人的最低分计算出来了。⑦单击 F19。⑧将鼠标指到 F19 的右下角，使其变为十字✚，拖动鼠标到 I19，然后松开鼠标。这样就把所有的平均分计算出来了（见图 5.4.8）。

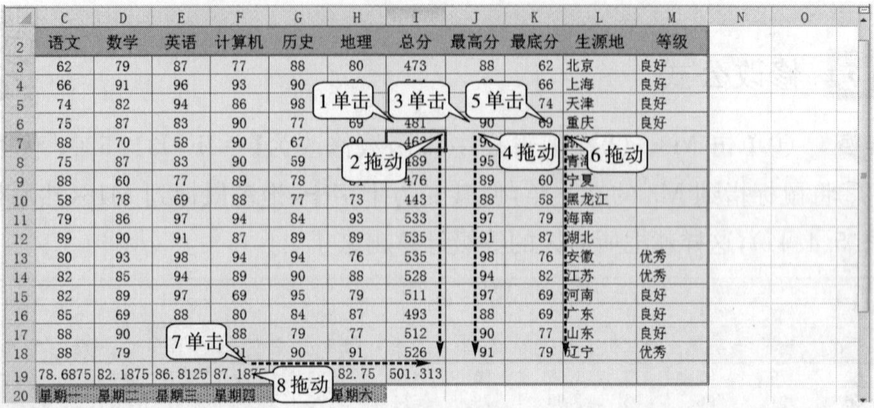

图 5.4.8

任务 4 设置列宽和行高

步骤 1 ①按住【Ctrl】键分别单击选定 B、L、M 列。②单击【格式】。③单击【列宽】。④输入【9.5】。⑤单击【确定】(见图 5.4.9),这样其列宽就被设为了 9.5。

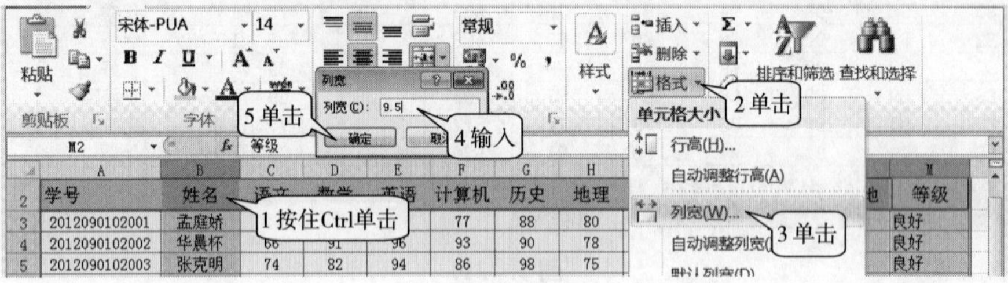

图 5.4.9

步骤 2 在列标 C~K 上拖动鼠标,以选定这几列,然后单击【格式】\【列宽】,输入【7.5】,单击【确定】,这样其列宽就被设为了 7.5。

步骤 3 ①拖动选定 3~18 行。②单击【格式】。③单击【行高】。④输入【16】。⑤单击【确定】(见图 5.4.10),这样其行高就被设为了 16。

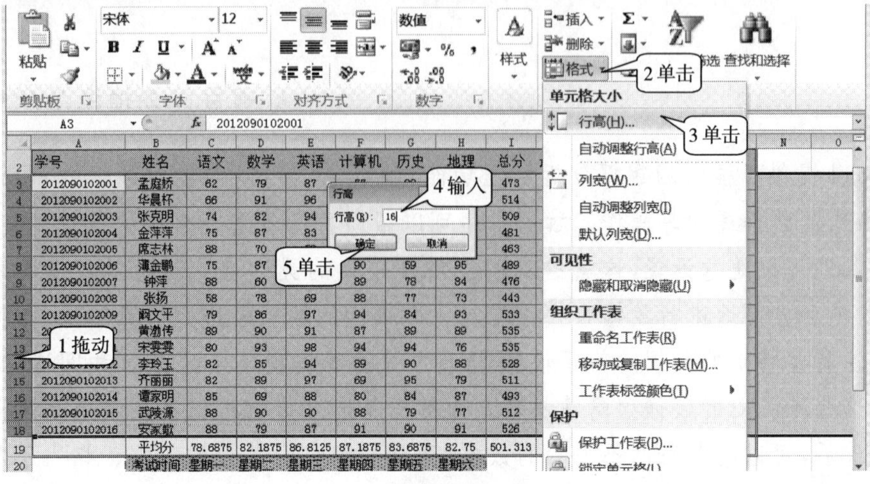

图 5.4.10

任务 5 修改公式

步骤 1 ①单击 M3。②在编辑栏中将函数修改为【=IF(I3>520,"优秀","良好")】。③将鼠标指到 M3 的右下角，使其变为十字✚，拖动鼠标到 M18，然后松开鼠标（见图 5.4.11），这样就把所有人的等级计算出来了。

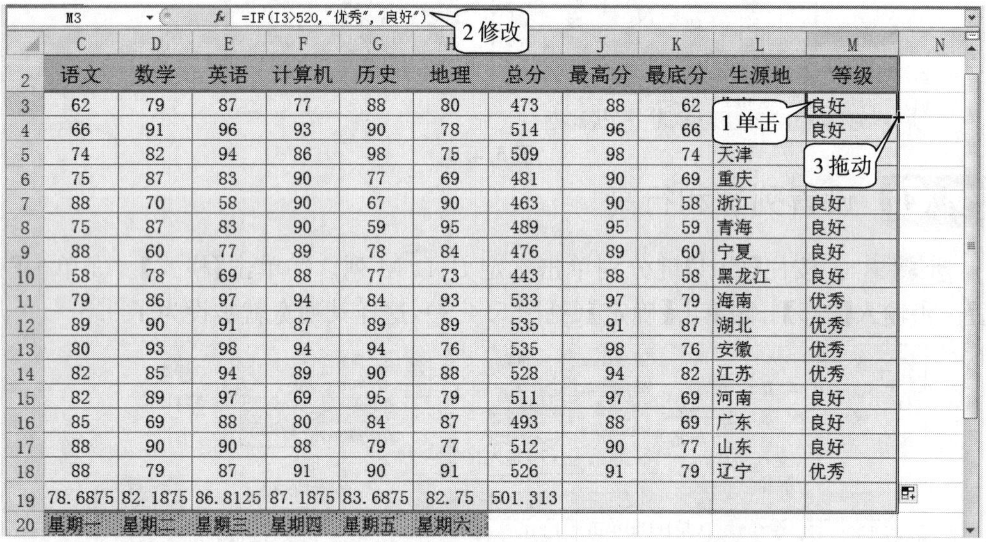

	C	D	E	F	G	H	I	J	K	L	M
2	语文	数学	英语	计算机	历史	地理	总分	最高分	最底分	生源地	等级
3	62	79	87	77	88	80	473	88	62		良好
4	66	91	96	93	90	78	514	96	66		良好
5	74	82	94	86	98	75	509	98	74	天津	
6	75	87	83	90	77	69	481	90	69	重庆	
7	88	70	58	90	67	90	463	90	58	浙江	良好
8	75	87	83	90	59	95	489	95	59	青海	良好
9	88	60	77	89	78	84	476	89	60	宁夏	良好
10	58	78	69	88	77	73	443	88	58	黑龙江	良好
11	79	86	97	94	84	93	533	97	79	海南	优秀
12	89	90	91	87	89	89	535	91	87	湖北	优秀
13	80	93	98	94	94	76	535	98	76	安徽	优秀
14	82	85	94	89	90	88	528	94	82	江苏	优秀
15	82	89	97	69	95	79	511	97	69	河南	良好
16	85	69	88	80	84	87	493	88	69	广东	良好
17	88	90	90	88	79	77	512	90	77	山东	良好
18	88	79	87	91	90	91	526	91	79	辽宁	优秀
19	78.6875	82.1875	86.8125	87.1875	83.6875	82.75	501.313				
20	星期一	星期二	星期三	星期四	星期五	星期六					

图 5.4.11

步骤 2 将表格以【成绩表 1】为名保存。

项目 5 数据处理与分析

项目任务描述与分析

Excel 提供了强大的数据分析处理功能，利用它们可以实现对数据的排序、分类汇总、筛选及数据透视等操作。数据排序可以帮助我们看清表格中的数据规律，并且排序的条件可以随意设置，这就给我们提供了较大的灵活性。通过对数据的不同排序，可以更加方便地进行数据查找。在对一个较大的数据表进行阅读和分析时，常常只想关注某些特定的数据。为了使我们不关心的数据项不干扰分析和阅读，通常是希望将这些不关心的数据项隐藏起来。而数据筛选功能就可以达到这个目的。数据经过筛选后，可以隐藏我们不关心的数据，而只显示我们关心的数据。相当于从这个数据表中将我们关心的数据抽取出来，并且重新制作出一个新表格。通过设置不同的筛选条件可以得到不同的表格，以满足我们对数据的不同需求。经过数据筛选后的表格重点突出，可以直观地看到需要的数据。分类汇总是在排序的基础上对相同字段的记录按指定字段进行数据汇总运算，从而得出所需要的求和、求平均值、求最大值、求最小值的运算结果，从而达到对数据的分析和挖掘的目的，以得到所需要的各种不同的数据。运用和制作数据透视表，则可以帮助我们在其中通过方便地设置各种条件来分析获得各种计算数据。

任务 1 突出显示特定数据

步骤 1 打开【教材素材】\【Excel】\【成绩表 1】。

步骤 2 ①选定 C3:H18 单元格。②单击【条件格式】。③单击【突出显示单元格规则】\【介于】，出现图 5.5.1 所示的【介于】对话框。④输入【90】。⑤输入【100】。⑥单击【确定】，结果见图 5.5.1。从图中可以看出，90 分以上的数据都被标为了红色。从上述操作可以看出：通过条件格式可以将某些我们关心的数据，用特殊的颜色或者是字体标示出来，以突出其重要性。

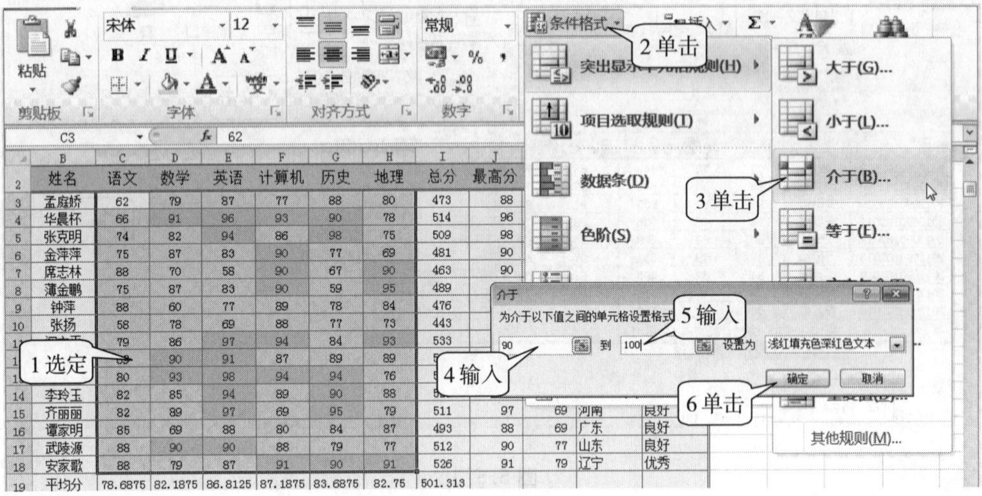

图 5.5.1

任务 2 冻结窗口查看数据

步骤 1 ①单击 C3。②单击【冻结窗格】。③单击【冻结拆分窗格】(见图 5.5.2)，则 C3 单元格左侧和上方出现一根竖的分割线，见图 5.5.3。

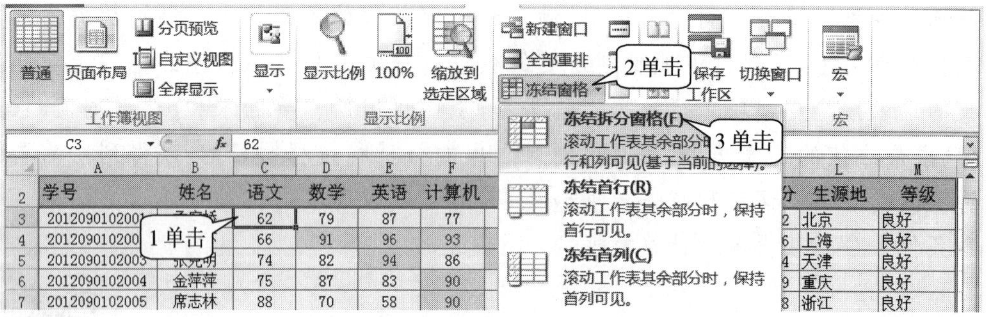

图 5.5.2

步骤 2 ①拖动水平滚动条，可以发现姓名这一列始终固定不动，这样就非常方便查看与姓名对应的最低分、生源地和等级信息。②拖动垂直滚动条，可以发现第二行（学号、姓名、数学、英语……）的信息会固定不动，这样就便于查询后面学生的成绩信息。冻结窗口的操作可以用于查看大表格。③单击【冻结窗格】。④【取消冻结窗格】（见图 5.5.3），就可以取消被冻结的窗口。

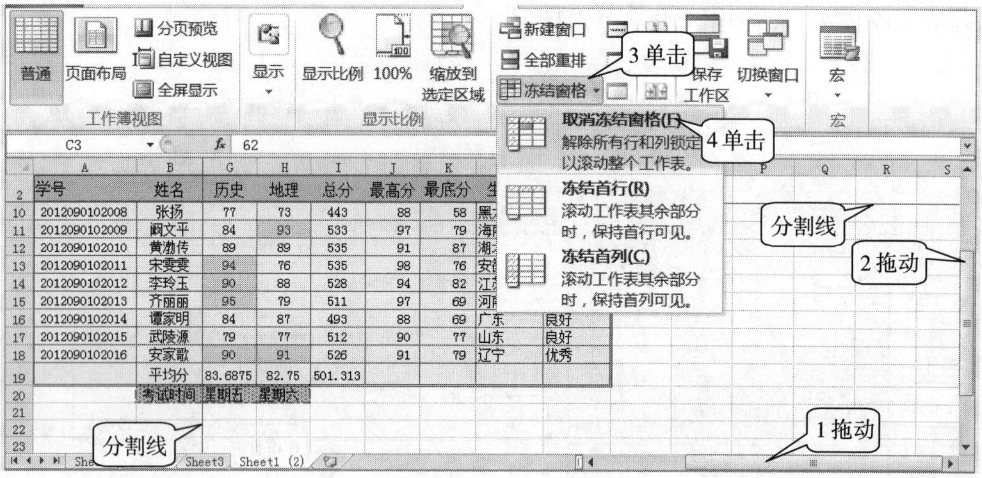

图 5.5.3

任务 3 数据排序

步骤 ①选定 A2:H18。②单击【排序和筛选】。③单击【自定义排序】，出现图 5.5.4 所示的【排序】对话框。④单击【添加条件】。⑤单击【主要关键字】下拉列表，选择【语文】。⑥单击【次要关键字】下拉列表，选择【数学】。⑦单击【次序】下拉列表，选择【降序】。⑧单击【次序】下拉列表，选择【降序】。⑨单击【确定】（见图 5.5.4），结果见图 5.5.5。从图中可以看出表格进行了重新排列，排序依据是按语文成绩从低到高排序。如果语文成绩相同,则根据数学成绩的高低来排列。

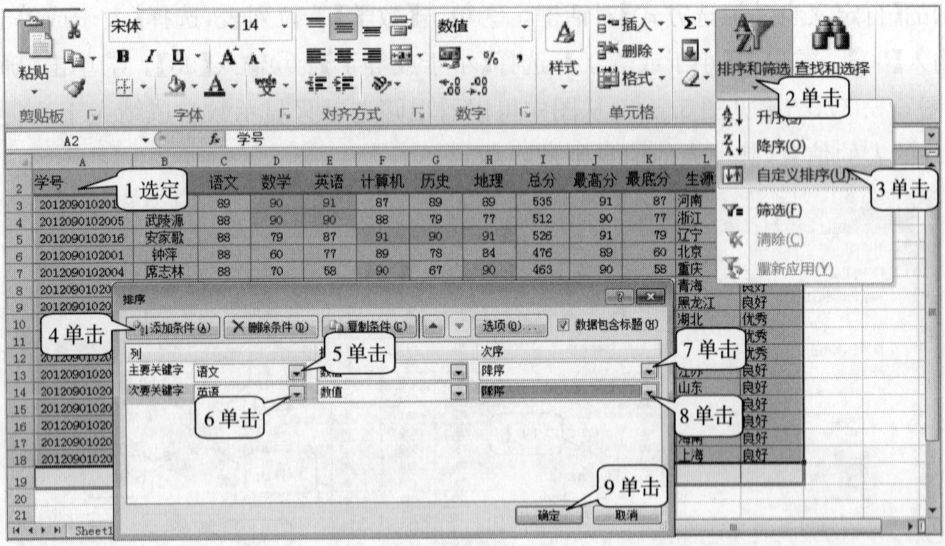

图 5.5.4

学号	姓名	语文	数学	英语	计算机	历史	地理	总分	最高分	最底分	生源地	等级
2012090102013	黄渤传	89	90	91	87	89	89	535	91	87	河南	优秀
2012090102005	武陵源	88	90	90	88	79	77	512	90	77	浙江	良好
2012090102016	安家歌	88	79	87	91	90	91	526	91	79	辽宁	优秀
2012090102004	席志林	88	60	77	89	78	84	476	89	60	北京	良好
2012090102001	钟萍	88	70	58	90	67	90	463	90	58	重庆	良好
2012090102006	谭家明	85	69	88	80	84	87	493	88	69	青海	良好
2012090102008	齐丽丽	82	89	97	69	95	79	511	97	69	黑龙江	良好
2012090102010	李玲玉	82	85	94	89	90	88	528	94	82	湖北	优秀
2012090102007	宋雯雯	80	93	98	94	94	76	535	98	76	宁夏	优秀
2012090102011	阙文平	79	86	97	94	84	93	533	97	79	安徽	优秀
2012090102012	金萍萍	75	87	83	90	77	69	481	90	69	江苏	良好
2012090102015	薄金鹏	75	87	83	90	59	95	489	95	59	山东	良好
2012090102003	张克明	74	82	94	86	98	75	509	98	74	天津	良好
2012090102014	华晨杯	66	91	96	93	90	78	514	96	66	广东	良好
2012090102009	孟庭娇	62	79	87	77	88	80	473	88	62	海南	良好
2012090102002	张扬	58	78	69	88	77	73	443	88	58	上海	良好
	平均分	78.6875	82.1875	86.8125	87.1875	83.6875	82.75	501.313				

图 5.5.5

任务 4 数据筛选

步骤 1 ①单击表格的任意单元格。②单击【排序和筛选】。③单击【筛选】,出现如图 5.5.6 所示的筛选按钮。

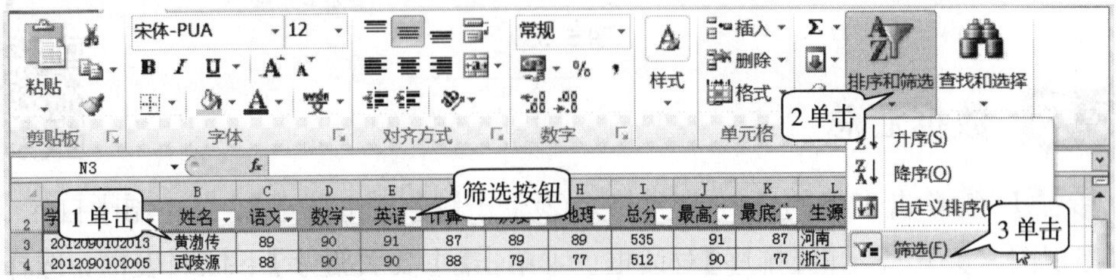

图 5.5.6

步骤 2 ①单击【数学】筛选按钮。②单击【数字筛选】\【介于】，出现如图 5.5.7 所示的【自定义自动筛选方式】对话框。③单击【数学】下拉列表，选择【大于或等于】。④输入【80】。⑤单击【小于或等于】，选择【小于或等于】。⑥输入【95】。⑦单击【确定】（见图 5.5.7），结果见图 5.5.8，从图中可以看出筛选后只显示数学成绩大于 80 且小于 95 的人的信息，其他人的信息则被隐藏起来了。

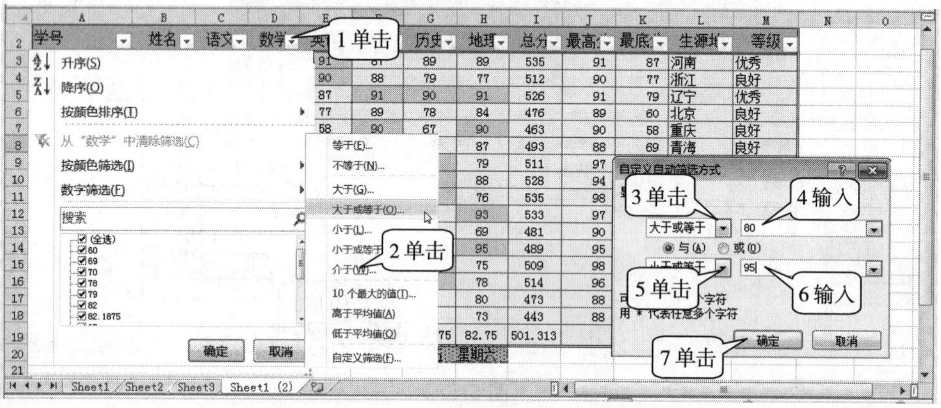

图 5.5.7

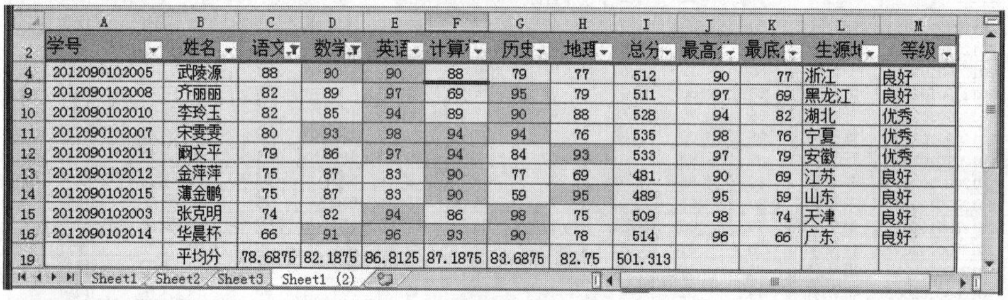

	学号	姓名	语文	数学	英语	计算机	历史	地理	总分	最高	最低	生源地	等级
4	2012090102005	武陵源	88	90	90	88	79	77	512	90	77	浙江	良好
9	2012090102008	齐丽丽	82	89	97	69	95	79	511	97	69	黑龙江	良好
10	2012090102010	李玲玉	82	85	94	89	90	88	528	94	82	湖北	优秀
11	2012090102007	宋雯雯	80	93	98	94	94	76	535	98	76	宁夏	优秀
12	2012090102011	阚文平	79	86	97	94	84	93	533	97	79	安徽	优秀
13	2012090102012	金萍萍	75	87	83	90	77	69	481	90	69	江苏	良好
14	2012090102015	蒲金鹏	75	87	83	90	59	95	489	95	59	山东	良好
15	2012090102003	张克明	74	82	94	86	98	75	509	98	74	天津	良好
16	2012090102014	华晨杯	66	91	96	93	90	78	514	96	66	广东	良好
19		平均分	78.6875	82.1875	86.8125	87.1875	83.6875	82.75	501.313				

图 5.5.8

步骤 3 ①单击【排序和筛选】。②单击【筛选】（见图 5.5.9），即可取消筛选。

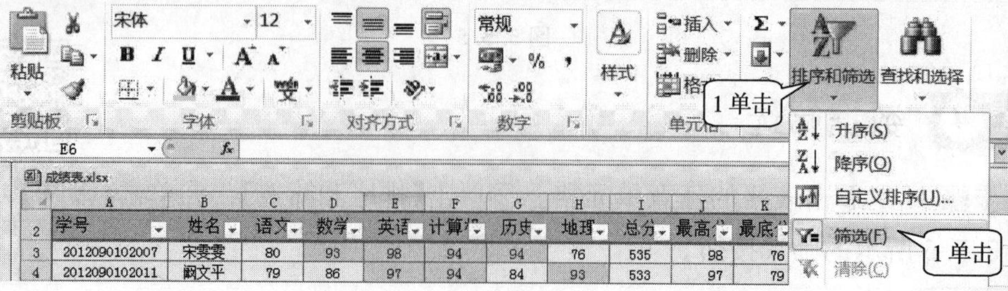

图 5.5.9

任务 5 数据汇总

步骤 1 ①单击表格的任一单元格。②单击【排序和筛选】。③单击【自定义排序】，出现图5.5.10所示的【排序】对话框。④单击【主要关键字】下拉列表框，选择【等级】，以设定表格中的所有行都将根据【等级】这个字段重新排列。⑤单击【确定】。结果见图5.5.10，从图中可以看出所有等级为良好的学生都被排列在了一起，所有等级为优秀的学生都被排列在了一起。

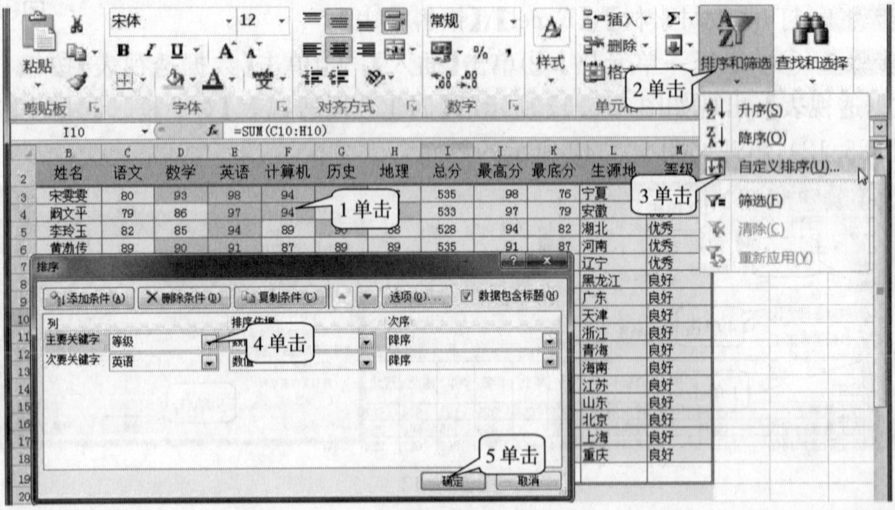

图 5.5.10

步骤 2　①单击【数据】。②单击【分类汇总】，出现图 5.5.11 所示的【分类汇总】对话框。③单击【分类字段】下拉列表，选择【等级】，表示按等级对成绩进行分类汇总。④单击选择【平均值】。⑤单击勾选语文、数学、英语、计算机、历史、地理、总分复选框，表示对相应成绩的数据进行求平均值运算。⑥单击【确定】。结果见图 5.5.11。从图中可以看出，汇总后等级为优秀的学生各科的总平均成绩被显示在第 8 行，等级为良好的所有学生的各科平均成绩被显示在第 20 行。

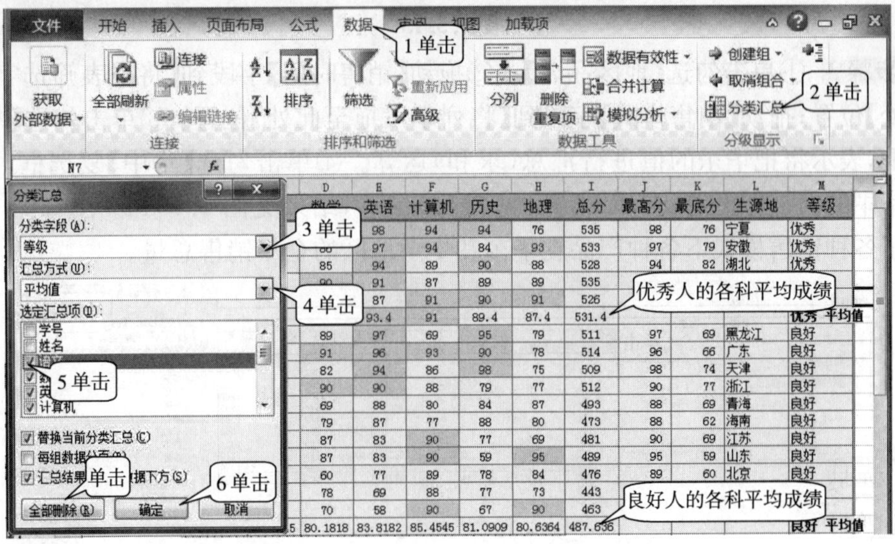

图 5.5.11

步骤 3　单击【分类汇总】，出现图 5.5.11 所示的【分类汇总】对话框。单击【分类汇总】对话框中的【全部删除】按钮，即可以删除汇总结果。

任务 6 用数据透视表分析数据

步骤 1 打开【教材素材】\【Excel】\【销售报表】。

步骤 2 ①单击任一单元格。②单击【插入】。③单击【数据透视表】按钮。④单击【数据透视表】，出现如图 5.5.12 所示的【创建数据透视表】对话框。⑤单击【确定】（见图 5.5.12），出现如图 5.5.13 所示的界面。

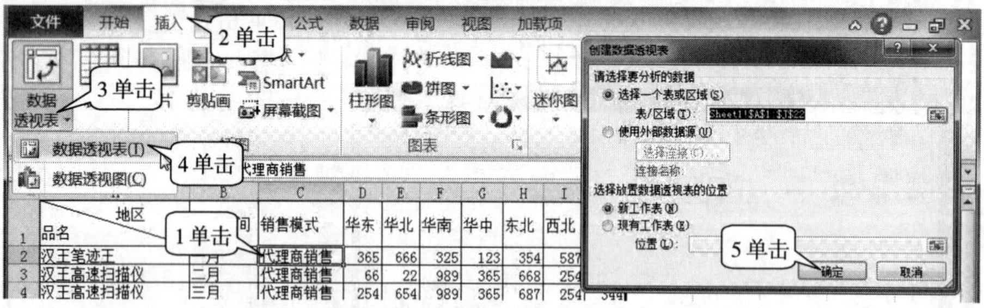

图 5.5.12

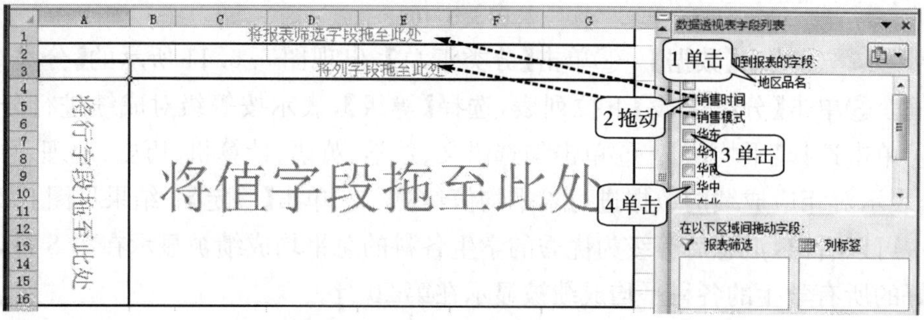

图 5.5.13

步骤 3 ①单击勾选【地区品名】。②拖动【销售时间】字段到【将报表筛选字段拖至此处】位置；拖动【销售模式】字段到【将列字段拖至此处】位置。③单击勾选【华东】复选框，表示将把华东的值进行汇总（求和）运算。④单击勾选【华中】复选框，表示将把华中的值进行汇总（求和）运算（见图 5.5.13），结果见图 5.5.14。图 5.5.14 中显示了各种销售模式下各种产品在华东和华中地区的全年销售总量。

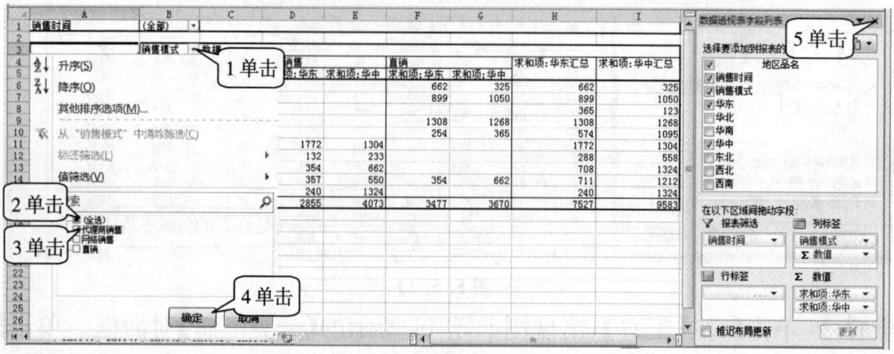

图 5.5.14

步骤 4 ①单击【销售模式】。②单击【全选】。③单击勾选【代理商销售】。④单击【确定】。⑤单击【关闭】按钮(见图 5.5.14)，结果见图 5.5.15。在图 5.5.15 中显示出了代理商销售模式下各种产品在华东和华中地区的全年销售总量。

	A	B	C	D	E
2					
3		销售模式	数据		
4		代理商销售		求和项:华东汇总	求和项:华中汇总
5	地区品名	求和项:华东	求和项:华中		
6	汉王笔迹王	365	123	365	123
7	汉王高速扫描仪	320	730	320	730
8	汉王文本王	156	325	156	325
9	汉王文本仪	354	662	354	662
10	总计	1195	1840	1195	1840

图 5.5.15

步骤 5 ①单击【销售模式】。②单击勾选【直销】和【网络销售】。③单击【确定】(见图 5.5.16)，结果见图 5.5.17。在图 5.5.17 中显示出了直销和网络销售模式下各种产品在华东和华中地区的全年销售总量。

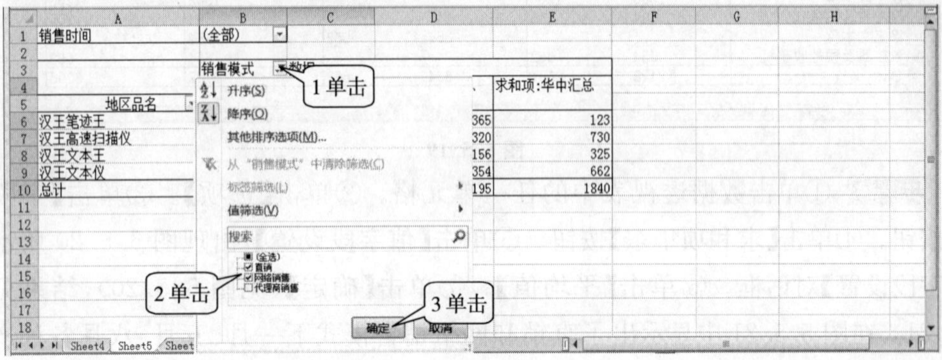

图 5.5.16

	A	B	C	D	E	F	G
1	销售时间	(全部)					
2							
3		销售模式	数据				
4		直销		网络销售		求和项:华东汇总	求和项:华中汇总
5	地区品名	求和项:华东	求和项:华中	求和项:华东	求和项:华中		
6	汉王E摘客	662	325			662	325
7	汉王笔	899	1050			899	1050
8	汉王触摸屏	1308	1268			1308	1268
9	汉王高速扫描仪	254	365			254	365
10	汉王绘图板			1772	1304	1772	1304
11	汉王文本王			132	233	132	233
12	汉王文本仪			354	662	354	662
13	税控器及税控收款机	354	662	357	550	711	1212
14	证照王证照扫描仪			240	1324	240	1324
15	总计	3477	3670	2855	4073	6332	7743

图 5.5.17

步骤 6 ①单击【销售时间】。②单击勾选【选择多项】。③单击勾选【一月】、【五月】、【八月】。④单击【确定】(见图 5.5.18)，结果见图 5.5.19。在图 5.5.19 中显示出了直销和网络销售模式下一月、五月、八月各种产品在华东和华中地区的销售总量。

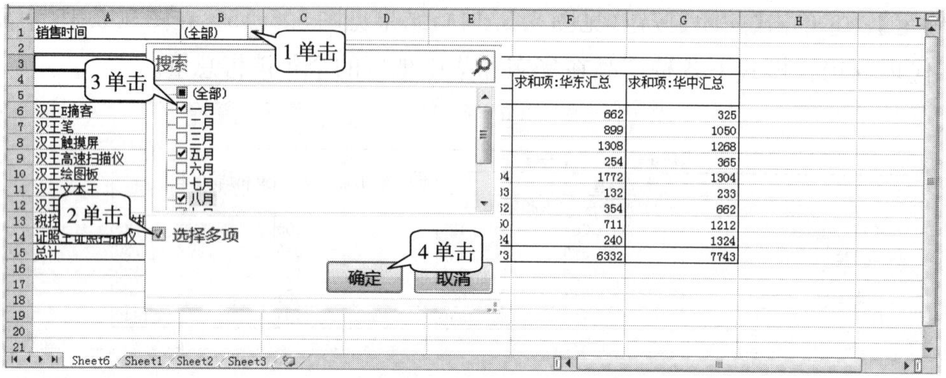

图 5. 5. 18

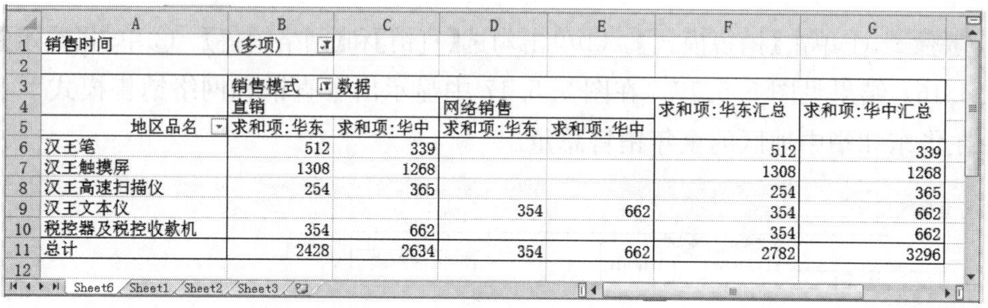

图 5. 5. 19

步骤 7 ①单击数据透视表中的任一单元格。②单击【选项】。③单击【字段列表】按钮。④单击【求和项华东】按钮。⑤单击【值字段设置】，出现图 5. 5. 20 所示的【值字段设置】对话框。⑥单击【平均值】。⑦单击【确定】(见图 5. 5. 20)，结果见图 5. 5. 21。在图 5. 5. 21 中显示出了直销和网络销售模式下一月、五月、八月各种产品在华东地区的销售平均量和在华中地区的销售平均量。

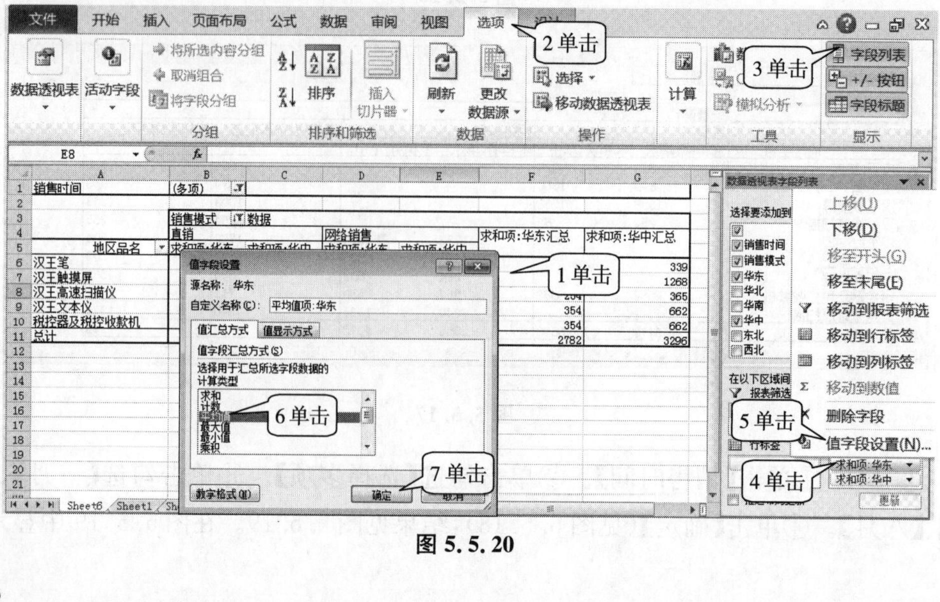

图 5. 5. 20

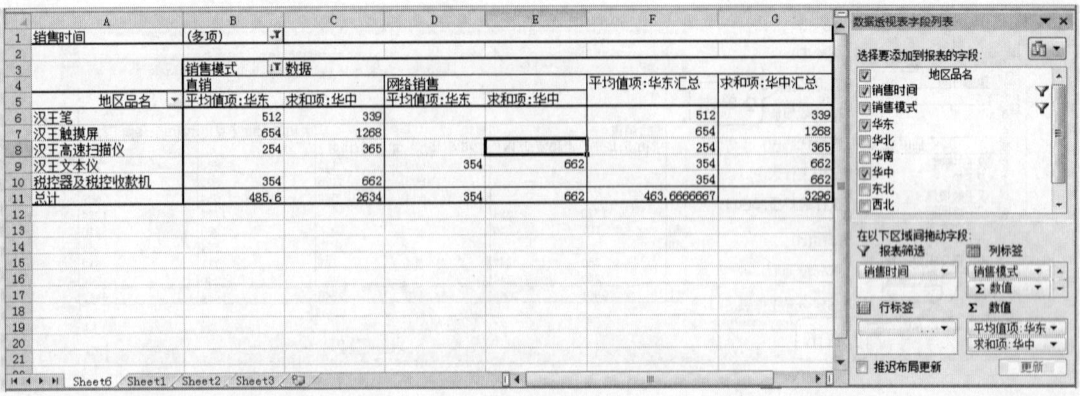

图 5.5.21

项目 6　工作表处理与保护

项目任务描述与分析

Excel 默认的工作表名是 Sheet1、Sheet2、Sheet3……通常插入的工作表也是以 Sheet 命名的。而这样的工作表名称不利于了解工作表内容。为此需要根据工作表的内容给工作表重新起一个与其内容相符的名称，这就需要给工作表重命名。如果一个工作表的内容和新建的工作表的内容大致相同，也就是说新的工作表可以由另外一个工作表进行修改而得到，就可以利用工作表复制的功能，将原工作表复制进行修改而得到，这样就会节省大量制作工作表的时间。同时为了便于工作表的查找，可以通过移动工作表的操作，将工作表重新排列，以便于查找和阅读。对于不要的工作表则可以采用删除工作表的方法将其删除。为了防止工作表中的数据被有意或无意地更改或删除，可以通过 Excel 提供的加密功能对工作表和工作簿进行加密保护。

任务 1　工作表的重命名

步骤 1　打开【教材素材】\【Excel】\【销售报表】。

步骤 2　①右击要改名的工作表名。②单击【重命名】。③输入【数据透视表】(见图 5.6.1)。

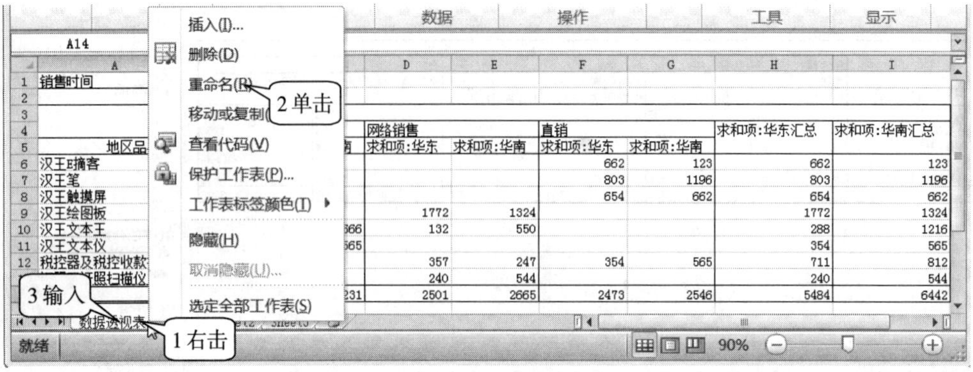

图 5.6.1

任务 2 工作表的复制与删除

步骤 1 按住【Ctrl】键拖动【数据透视表】到 Sheet3 的后面，就可以复制一张同样的数据透视表【数据透视表(2)】(见图 5.6.2)，结果见图 5.6.3。

图 5.6.2

步骤 2 ①右击【数据透视表(2)】。②单击【删除】。③单击【删除】(见图 5.6.3)。

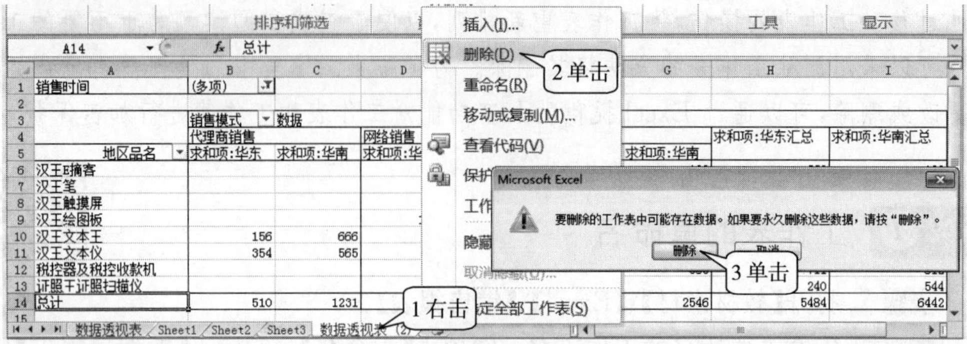

图 5.6.3

任务 3　工作表的移动与插入

步骤 1　拖动【数据透视表】到 Sheet3 的后面(见图 5.6.4),就可以把【数据透视表】移到 Sheet3 的后面。

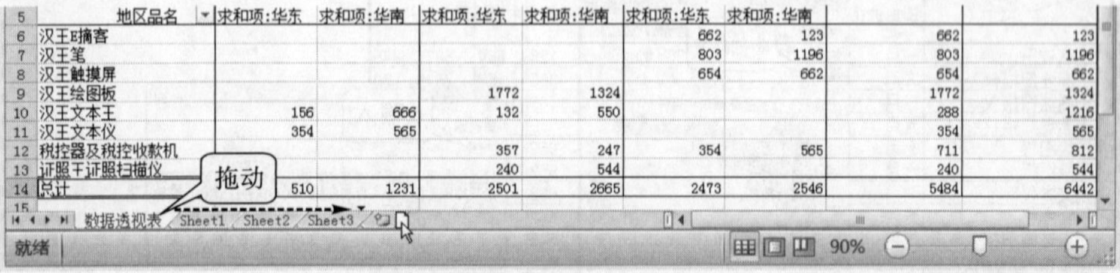

图 5.6.4

步骤 2　①右击【Sheet3】。②单击【插入】,出现图 5.6.5 所示的【插入】对话框。③单击【工作表】。④单击【确定】(见图 5.6.5),即可插入一张新的工作表。

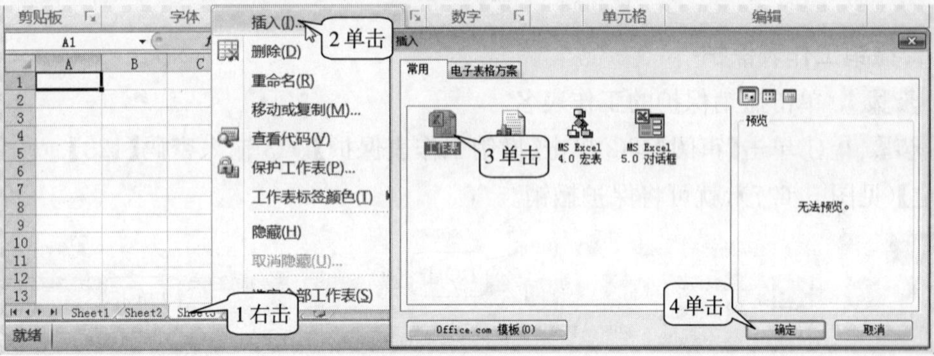

图 5.6.5

任务 4　保护工作表与单元格

1. 保护工作表

步骤　①单击要保护的工作表【Sheet3】。②单击【审阅】。③单击【保护工作表】,出现图 5.6.6 所示的【保护工作表】对话框。④输入密码【123】,表示如要撤销单元格保护必须输入密码。⑤单击【确定】,出现图 5.6.6 所示的【确认密码】对话框。⑥输入密码【123】。⑦单击【确定】,这样工作表就被保护起来了,它不允许对表中的数据进行任何修改。

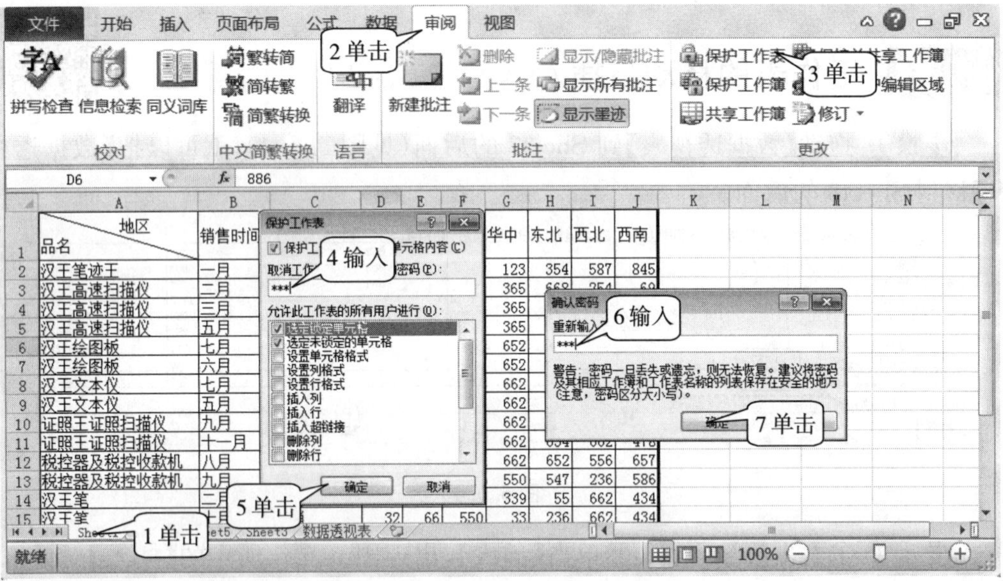

图 5.6.6

2. 撤销工作表保护

步骤 1 单击撤销保护的工作表名。

步骤 2 ①单击【审阅】。②单击【撤销工作表保护】。③输入密码【123】。④单击【确定】(见图 5.6.7)，就可将保护撤销。

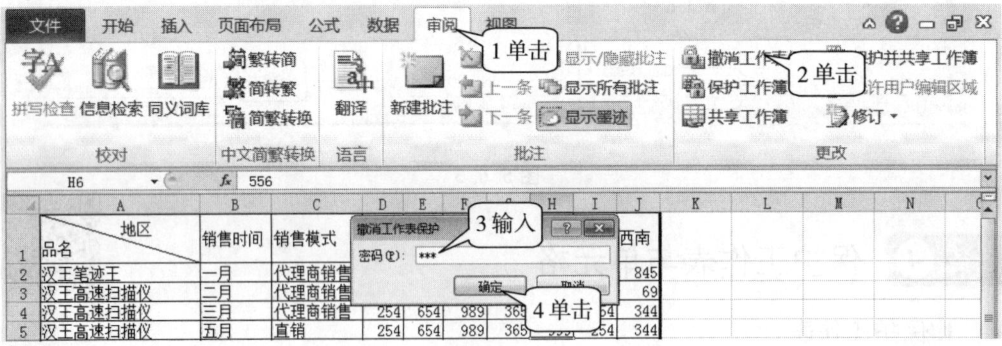

图 5.6.7

任务 5 保护、撤销保护及自动保存工作簿

1. 保护工作簿

步骤 ①单击【文件】。②单击【信息】。③单击【保护工作簿】。④单击【用密码进行加密】，出现图 5.6.8 所示的【加密文档】对话框。⑤输入密码【123】。⑥单击【确定】，出现图5.6.8所示的【确认加密】对话框。⑦输入密码【123】。⑧单击【确定】。

⑨单击【保存】(见图5.6.8),这样下次打开该工作簿时就必须输入密码才行。

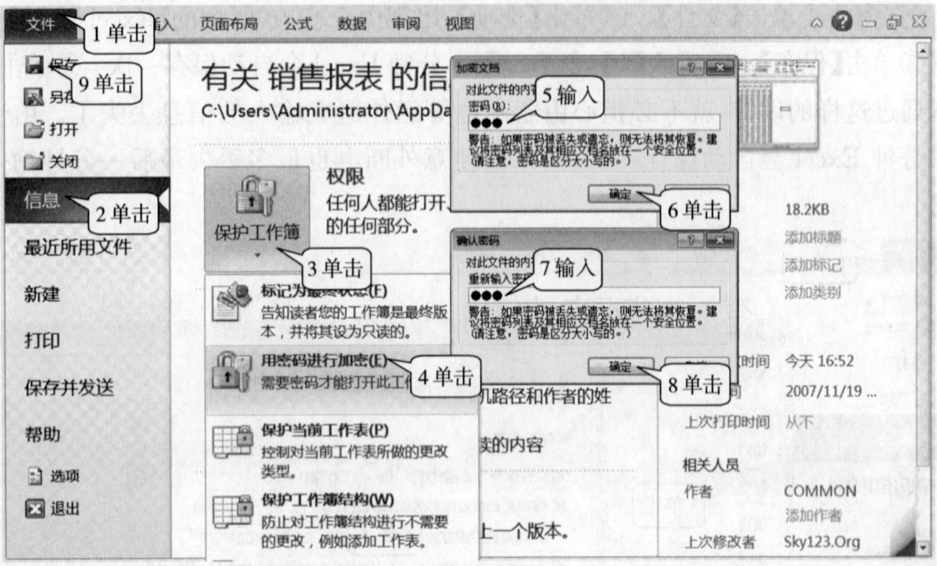

图 5.6.8

2. 撤销工作簿保护

步骤 ①单击【文件】。②单击【信息】。③单击【保护工作簿】。④单击【用密码进行加密】,出现图 5.6.9 所示的【加密文档】对话框。⑤删除密码。⑥单击【确定】。⑦单击【保存】(见图 5.6.9),这样下次打开该工作簿时就不用输入密码了。

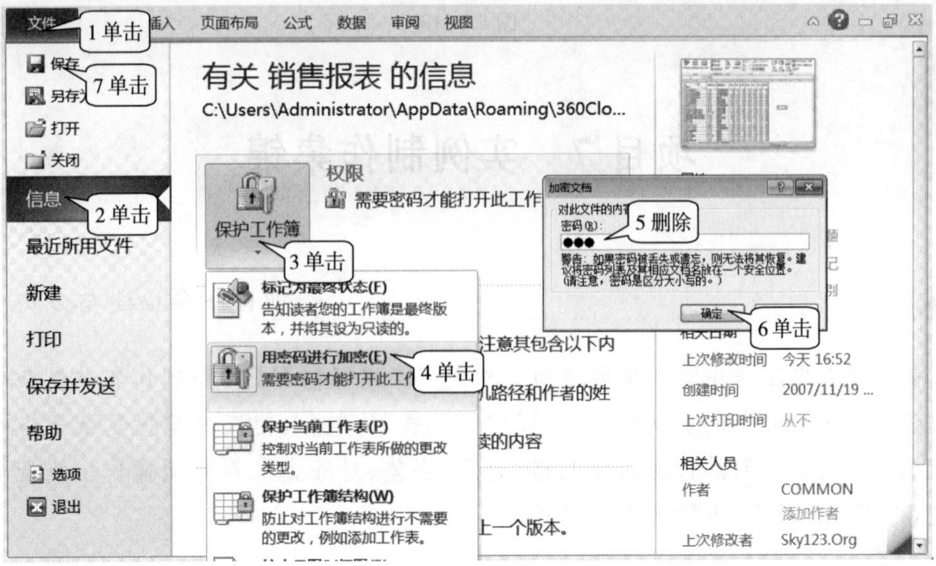

图 5.6.9

3. 自动保存工作簿文件

步骤 ①单击【文件】。②单击【选项】，出现图 5.6.10 所示的【Excel 选项】对话框。③单击【保存】。④输入【1】，表示每隔一分钟 Excel 会自动保存一次。⑤单击【确定】，通过这样的设置，就不必担心由于断电等意外造成输入的信息丢失了。由于每隔一分钟 Excel 会自动保存一次，所以即使意外断电也最多丢失最后一分钟输入的信息。

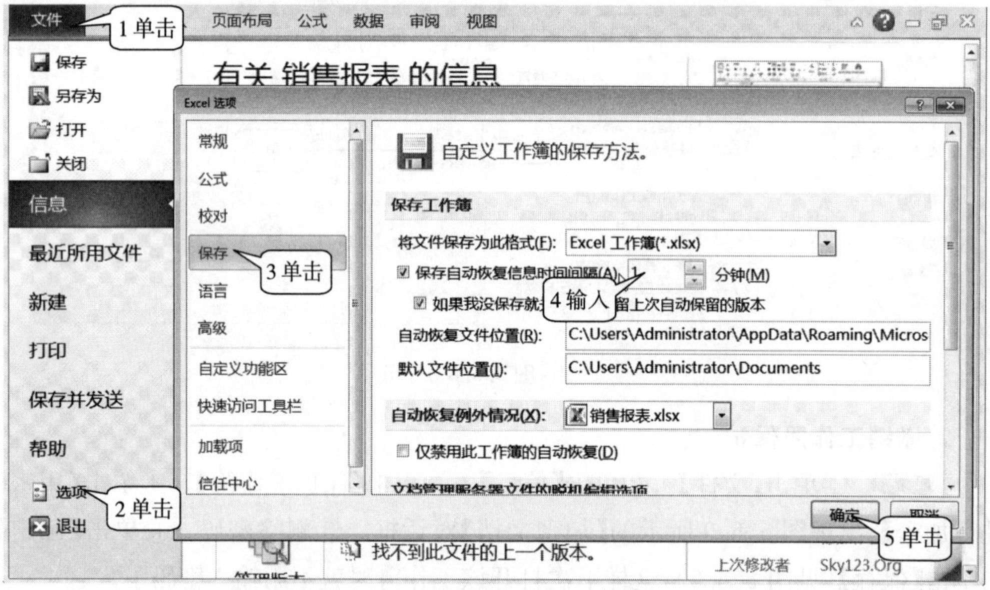

图 5.6.10

项目 7　实例制作集锦

项目任务描述与分析

表格是日常工作中要大量使用的文档之一。掌握在 Excel 中制作各种复杂表格的办法是办公中必备的基本技能。通过“面试表”的制作，使读者掌握复杂表格的制作方法和技巧。以熟悉行、列、单元格、边框、字体、对齐方式等多项操作。使表格更美观，内容更有条理，方便填表人填写。

任务 1 制作面试表

xx职面试表

申请职务：________ 填表日期：________ 年____月____日

姓　名		身　高			出生日期		
性　别		体　重			身体状况		
年　龄		视　力	左	右	民　族		
婚　姻		不良记录			祖　籍		
目前住址			联系电话			邮编	
户籍住址			联系电话			邮编	

学历（中学开始）：

时　间	学校名称	阶段（中、大学）	专　业

工作经历：

时　间	服务机构名称	职　位	职　称	离职原因

家庭状况：

关　系	姓　名	单　位	地　址	联系电话

专业技能：

专业技能名称	收到证书时间	证书等级	授予证书单位
特长爱好		可以到职日期	
特殊情况联系人	**联系电话**	**地址**	

*** 应聘人员同意公司对以上个人资料进行核实，如有虚假愿接受辞退处理，并且无任何赔偿。**

图 5.7.1

(1)制作图 5.7.1 所示的【面试表】的具体步骤，请扫描下方左侧的二维码阅读。

(2)制作图 5.7.1 所示的【面试表】的讲解视频，请扫描下方右侧的二维码观看。

任务 2 制作付款单

付款单的制作方法与面试表相同。

付　款　单

__________年_____月_____日

收款单位/经办人：　　　　　　　　　　　　会计处理方式/科目：

摘要	数量	单价	金额	付款方式			附单：张
				现金	支票	其他	
小计							
合计：　佰　拾　万　仟　佰　拾　元　角　分Y：							
备注：							

业务经办：　　　　　　　　　主管经理：　　　　　　　　　　财务经理：

总经理：　　　　　　　　　　　　　　　　　　　　　　　　　出纳：

图 5.7.2

(1)制作图 5.7.2 所示的【付款单】的具体步骤，请扫描下方左侧的二维码阅读。

(2)制作图 5.7.2 所示的【付款单】的讲解视频，请扫描下方右侧的二维码观看。

任务 3 制作工资表

工资表的表格结构较为简单，但工资表运算功能较为强大，通过对不同工作表之间数据的引用，以及对具有逻辑判断功能函数的应用，使表格具备了较强的计算和逻辑判断功能。由于使用了较为智能的具有逻辑判断功能的函数，并且函数能根据设定的条件自动抽取不同表中满足要求的数据进行计算。所以工资表的自动化功能比较突出。

员工月工资结算单　　单位：元

平均值	2,900.00	最大值	5,000.00	最小值	1,100.00	计数	7		
工　号	隶属部门	姓　名	基本工资				奖　金	缺勤扣款	应发工资
			职务工资	工龄工资	学历工资	合　计			
1609	销售部	王　瑛	500.00	200.00	400.00	1,100.00	98.22	300	898.22
1602	销售部	赵　兵	3,000.00	1,000.00	1,000.00	5,000.00	1680.4035	0	6680.4035
1620	销售部	马汉民	2,000.00	800.00	1,000.00	3,800.00	1555	0	5355
1604	销售部	叶清宏	1,500.00	500.00	500.00	2,500.00	720.04	0	3220.04
1618	销售部	宋海涛	800.00	200.00	800.00	1,800.00	1055	0	2855
1607	销售部	洪　嘉	2,000.00	1,000.00	800.00	3,800.00	1180	40	4940
1616	销售部	朝晓霞	800.00	500.00	1,000.00	2,300.00	240.04	0	2540.04

员工考勤表　　单位：元

工　号	隶属部门	姓　名	请假天数	缺勤薪资（日）	缺勤扣款
1609	销售部	王　瑛	5	20	300
1602	销售部	赵　兵		20	0
1620	销售部	马汉民		20	0
1604	销售部	叶清宏		20	0
1618	销售部	宋海涛		20	0
1607	销售部	洪　嘉	2	20	40
1616	销售部	朝晓霞		20	0

员工奖金计算表　　单位：元

工　号	隶属部门	姓　名	销售金额	奖金比例	奖金总额
1602	销售部	赵　兵	336,080.70	0.50%	1680.4035
1604	销售部	叶清宏	180,010.00	0.40%	720.04
1605	销售部	李艳新	183,000.00	0.40%	732
1607	销售部	洪　嘉	236,000.00	0.50%	1180
1609	销售部	王　瑛	65,480.00	0.15%	98.22
1616	销售部	朝晓霞	120,020.00	0.20%	240.04
1618	销售部	宋海涛	211,000.00	0.50%	1055
1620	销售部	马汉民	311,000.00	0.50%	1555

图 5.7.3

制作如图 5.7.3 所示的工资表，在 Excel 中要制作员工工资结算单、员工考勤表、员工奖金计算表三张表格。三张表格之间的数据是相互关联的。其中，员工工资结算单中的奖金的数据和缺勤扣款的数据是根据员工考勤表和员工奖金计算表自动查找并提取的。

(1)制作图 5.7.3 所示的【工资表】的具体步骤，请扫描下方左侧的二维码阅读。

(2)制作图 5.7.3 所示的【工资表】的讲解视频，请扫描下方右侧的二维码观看。

项目 8　常用技巧荟萃

项目任务描述与分析

在实际处理表格中，常常会遇到一些棘手的问题，比如对多张表格中的同类型的数据进行求和汇总；让一个具有上百行的表格在打印时每个页面上都显示表头；限定单元格内输入数据的范围，使其不能输入超出范围的数据；根据设置的条件自动查找和标注不满足条件的数据；根据身份证号自动取出出生日期，并填入相应的单元格；在表格中设置对象的超链接，以方便在表格之间迅速的切换等。掌握这些实用技巧会给实际工作带来更多方便。

任务 1　用合并计算汇总数据

在 Excel 中，若要将多个工作表的数据汇总，可以将多个独立工作表中的数据合并计算放到一个汇总表中。此时可以利用“合并计算”按钮来完成，每个表可是一张流水记账表，同一表上有相同名称行。而且每张表上的各行名称也可以不完全一样，“合并计算”实际上是在每张表中把相同名称行的对应几列挑出来进行合计。避免了人工在表中寻找相同数据进行求和的麻烦。方法如下。

（1）【用合并计算汇总数据】的具体步骤，请扫描下方左侧的二维码阅读。

（2）【用合并计算汇总数据】的讲解视频，请扫描下方右侧的二维码观看。

任务 2　限制输入数据的大小与标定无效数据

为避免在大量输入数据时发生部分错误，可以对单元格输入的数据范围进行限定，这样当输入的数据超出范围时就不允许输入，而提示要求重新输入。

（1）【限制输入数据大小与标定无效数据】的具体步骤，请扫描下方左侧的二维码阅读。

（2）【限制输入数据大小与标定无效数据】的讲解视频，请扫描下方右侧的二维码观看。

任务3　给长表格每页都加表头

对于一个超过一页纸的表格，如果不设置就打印这个表格，表头只会出现在第一页上，其他页将没有表头名称。为此就要进行设置，以保证很长的表格上每页都有表头的名称。设置的方法如下。

(1)【给长表格每页都加表头】的具体步骤，请扫描下方左侧的二维码阅读。

(2)【给长表格每页都加表头】的讲解视频，请扫描下方右侧的二维码观看。

任务4　自动获取字符串

在填写表格数据时，如果某一列填写的内容比较长，而其他的某一列中要填写的内容也包含在这一列的内容中，其他列的就可以不用再填了，而是让 Excel 从指定的列中取出我们所需要的字符，并填写到该列中。要想达到这个目的，就要使用函数来实现。方法如下。

(1)【自动获取字符串】的具体步骤，请扫描下方左侧的二维码阅读。

(2)【自动获取字符串】的讲解视频，请扫描下方右侧的二维码观看。

任务5　复制含公式的单元格数据

如果想把含有公式的单元格中的数据复制到其他单元格中，不能采用简单的复制粘贴的方式完成。因为简单的复制粘贴方式只会把公式复制到目标单元格，而不会把原来单元格中公式计算的数据复制到目标单元格，这样我们在目标单元格中就得不到原来单元格中的数据。所以必须用另外的方法实现。实现复制带有公式的单元格中的数据的方法如下。

(1)【复制含公式的单元格数据】的具体步骤，请扫描下方左侧的二维码阅读。

(2)【复制含公式的单元格数据】的讲解视频，请扫描下方右侧的二维码观看。

任务 6 应用艺术字、图形与去除网格线

在 Excel 中同样也可以插入艺术字和图形，通过艺术字的插入和图形的引入可以使表格看起来更为新颖和有吸引力。同时为了使表格更像一个 Word 文档，也可以将 Excel 的网格线去除，具体操作如下。

(1)【应用艺术字、图形与去除网格线】的具体步骤，请扫描下方左侧的二维码阅读。

(2)【应用艺术字、图形与去除网格线】的讲解视频，请扫描下方右侧的二维码观看。

任务 7 超链接的建立与编辑

给表格中的图形、艺术字、图片等添加超级链接，可以实现在多个工作表或工作簿之间随意切换。这样就可以方便地快速查找相应的表格内容，具体操作方法如下。

(1)【超链接的建立与编辑】的具体步骤，请扫描下方左侧的二维码阅读。

(2)【超链接的建立与编辑】的讲解视频，请扫描下方右侧的二维码观看。

第6章

办公演示文稿应用

项目1 利用模板制作幻灯片

项目任务描述与分析

幻灯片在单位宣传、员工培训、工作总结汇报、市场营销方案讨论、会议讲演、技术方案研讨中都能发挥很好的作用。通过投影机、平板电视等相应的大屏幕显示设备与电脑的连接，将所要说明的问题展示在大屏幕上，以使众多的观众能够看到相应的内容。幻灯片中可以应用多种多媒体素材，以使幻灯片更为生动、翔实。本项目从简单的幻灯片制作入手，并且通过样本模版、本地模版、主题的应用使读者能够快速、简单、方便地制作出满足工作需求的幻灯片。

任务1 利用样本模板制作幻灯片

样本模板提供了一些可以帮助用户快速制作所需要的幻灯片的模板。在模板里已经设计好了图片、背景，以及文本框格式，利用这些模板可以快速制作出符合要求的幻灯片，节省制作幻灯片的时间。

步骤1 ①单击【文件】。②单击【新建】。③单击【样本模板】(见图6.1.1)，出现图6.1.2。

步骤2 ①拖动滚动条找到【现代型相册】模板。②单击【现代型相册】模板。③单击【创建】(见图6.1.2)，结果见图6.1.3。这就是利用模版创建的幻灯片，这是一组设计好的幻灯片，可以根据需要在每张幻灯片中输入相应的文字来完成幻灯片。

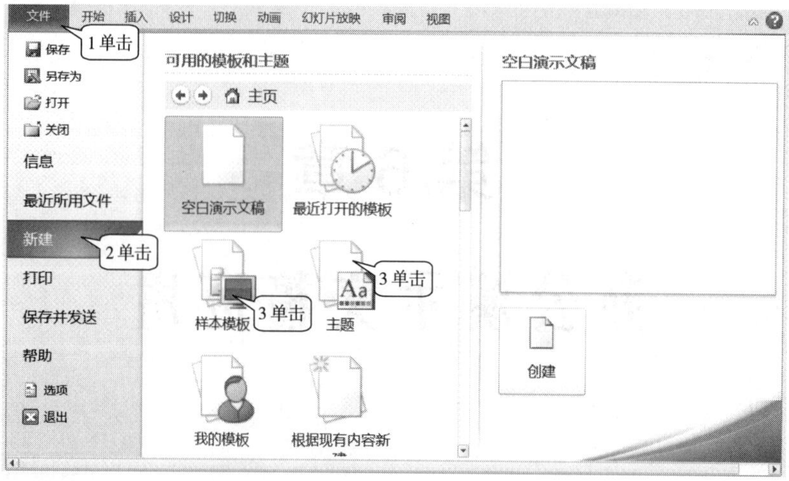

图 6.1.1

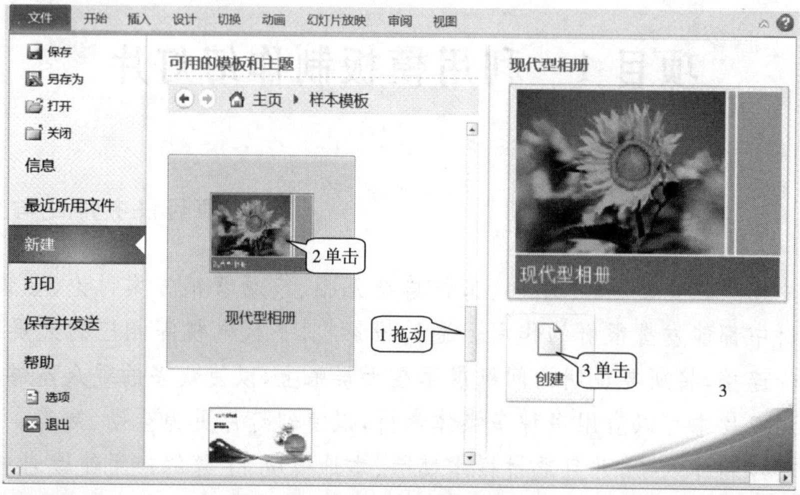

图 6.1.2

图 6.1.3

任务 2　利用主题制作幻灯片

步骤 1 ①单击【文件】。②单击【新建】。③单击【主题】(参见图 6.1.1)，出现图6.1.2。

步骤 2 ①拖动滚动条找到【奥斯汀】主题。②单击【奥斯汀】主题模板。③单击【创建】(见图 6.1.4)，结果见图 6.1.5。这就是利用主题创建的幻灯片，这是一张设计好的幻灯片，可以根据需要在幻灯片中输入相应的文字来完成幻灯片。

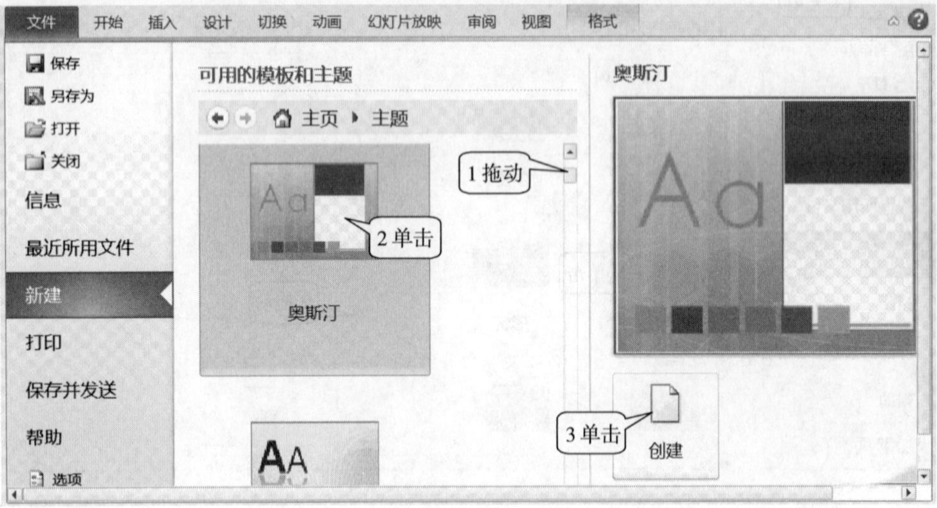

图 6.1.4

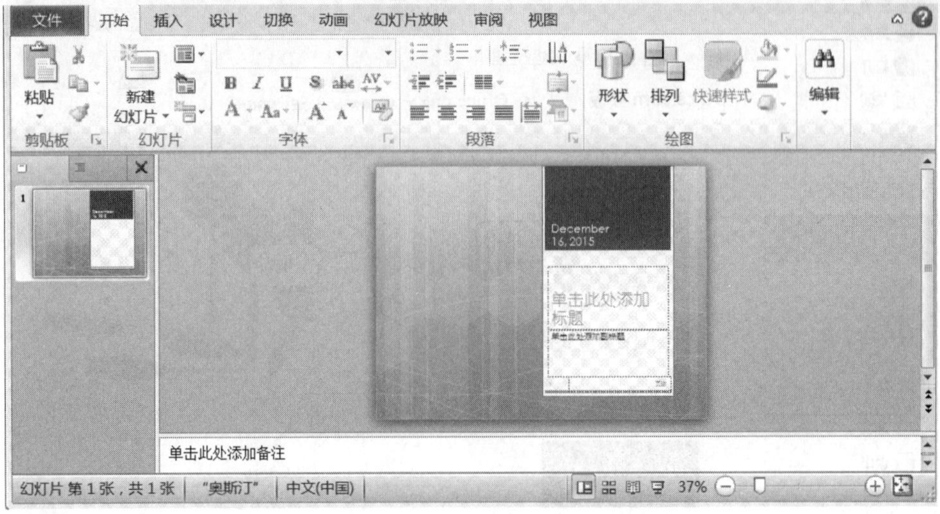

图 6.1.5

任务 3 利用 Office. com 模版制作幻灯片

PowerPoint 提供了从网上下载各种模板的功能，通过 Office. com 模版就可以直接从网上下载所需要的各种模板。通过 Office. com 创建幻灯片的方法如下。

步骤 1 ①单击【文件】。②单击【新建】。③拖动滚动条，找到 Office. com 模板下的【小型企业】。④单击【小型企业】文件夹（见图 6. 1. 6），出现图 6. 1. 7。

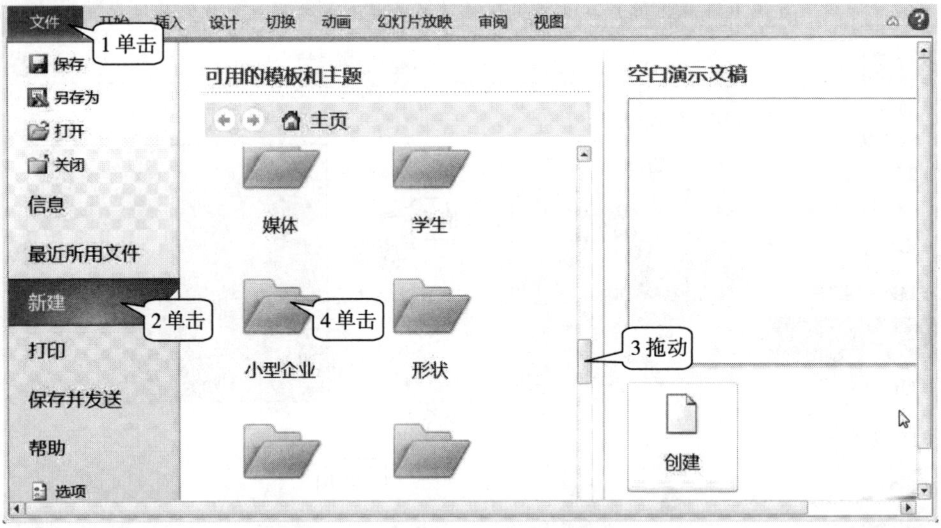

图 6. 1. 6

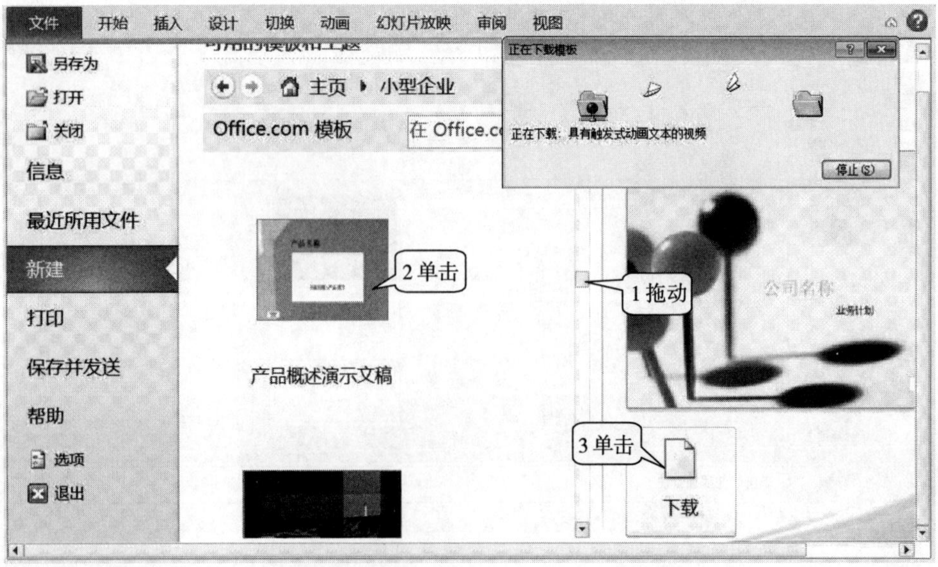

图 6. 1. 7

步骤 2 ①拖动滚动条，找到【产品概述演示文稿】。②单击【产品概述演示文稿】。③单击【下载】(见图 6.1.7)，出现如图 6.1.7 所示的【下载进度】条，下载结束后，出现图 6.1.8。这是一个半成品幻灯片。Office.com 模板中给出了各种幻灯片的标准模板，而我们选择的产品概述模板则是把项目概述幻灯片所应该包括的各个部分，以及各个部分阐述内容的标题，都写明在了幻灯片中。所以即使我们不会制作产品概述幻灯片，也不会有什么影响，我们需要做的只是对每张幻灯片进行具体内容的细化。

图 6.1.8

项目 2　企业演示文稿的制作

项目任务描述与分析

在会议、展览、宣传等场合都需要对企业的产品、文化、经营理念、销售模式、人才需求、发展战略等诸多情况进行系统介绍，这些场合是宣传企业形象、推广产品、争取客户的好时机。如何使展示更具有吸引力，是我们成功的关键。而利用幻灯片的图文并茂、色彩纷呈、声像俱全的特点恰可以很好地展现。下面就以一个企业演示文稿的制作为例来学习相关功能的应用。本例中应用了字符与段落格式的设置，图片的插入及对其各种效果的设置，表格与图表的效果设置和视频的添加等。

任务 1　幻灯片的增加、复制、移动与删除

步骤 1 打开 PowerPoint。单击【新建幻灯片】按钮，增加一张幻灯片(见图 6.2.1)。

步骤 2 ①单击第 1 张幻灯片，然后按【Ctrl+C】键。②在第 1 张幻灯片下面单击，然后按【Ctrl+V】键 7 次，这样可以复制出 7 张同样的幻灯片。③向上拖动幻灯

片可以移动幻灯片的位置(见图 6.2.1)。

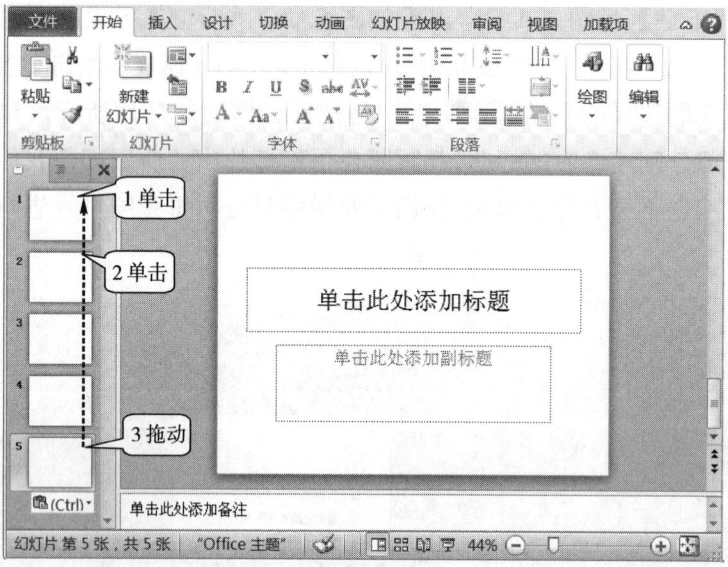

图 6.2.1

步骤 3 按住【Ctrl】键分别单击 2 张幻灯片，这样就选定了 2 幻灯片，按 Delete 键，以删除选定的幻灯片。

步骤 4 拖动最后一张幻灯片到第一张幻灯片之前，即可将它移到最前面(参见图 6.2.1)。

任务 2 文本框的复制、插入、移动与删除

步骤 1 ①在文本框中输入【奇瑞公司】。②拖动文本框边框到适当的位置，即移动了该文本框。③单击多余的文本框边框，然后按 Delete 键(见图 6.2.2)，即可将其删除。

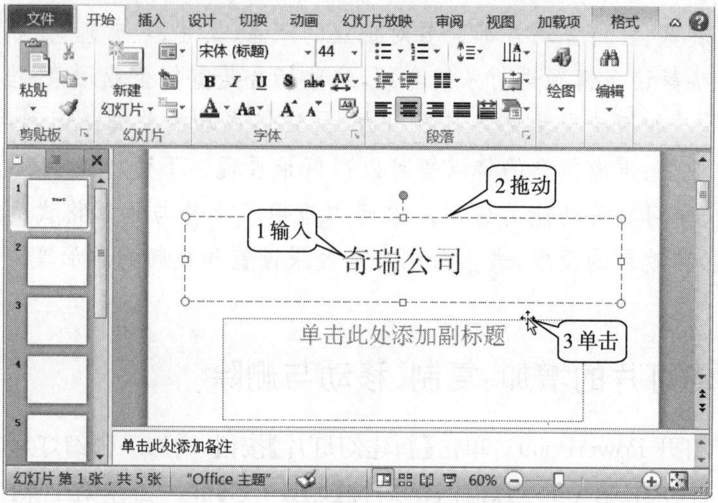

图 6.2.2

步骤 2 ①单击第 2 张幻灯片。②单击【插入】。③单击【文本框】按钮。④单击【横排文本框】。⑤拖动鼠标画出文本框(见图 6.2.3),这样就可以插入一个新的文本框。

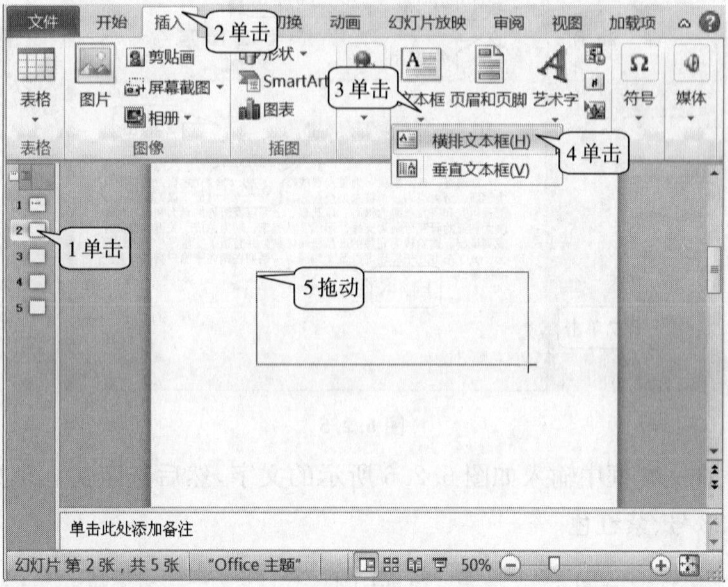

图 6.2.3

步骤 3 ①在文本框中输入文字【公司介绍】。②将鼠标指到文本框边框上,按住【Ctrl】键向下拖动文本框(见图 6.2.4),这样就可以复制出一个同样的文本框。

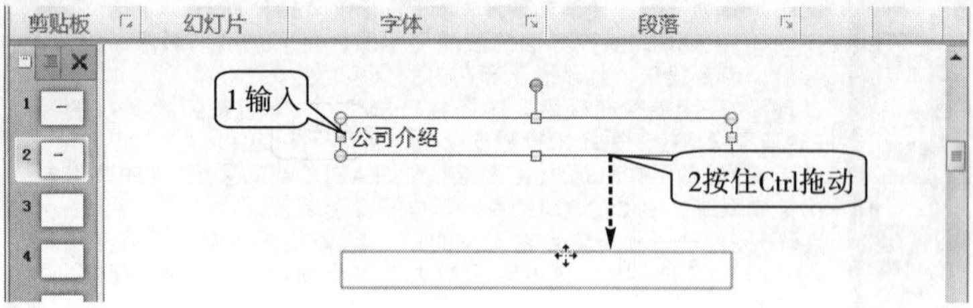

图 6.2.4

任务 3 设置段落与字符格式

步骤 1 删除新复制文本框中的文字。

步骤 2 ①在复制的文本框中输入【奇瑞以"自主创新"为发展战略的核心。从创立之初,就坚持自主创新,努力成为一个技术型企业。目前,奇瑞已建成了以芜湖的汽车工程研究和研发总院为核心,以北京、上海,以及海外的意大利、日本和澳大利亚的研究分院为支撑,形成了从整车、动力总成、关键零部件开发到试制、试验较为完整的产品研发体系,并打造了艾瑞泽、瑞虎、风云、QQ、东方之子、瑞虎以及艾瑞泽等一系列在国内家喻户晓的知名产品品牌。】。②单击标题的文本框边框。③拖动鼠标选定里面的文字。④单击【字体颜色】按钮，选择红色。⑤单击【字体】按钮，选择【华文彩云】。⑥单击【字号】按钮，选择【48】。⑦单击第 4 张幻灯片（见图 6.2.5），出现图 6.2.6。

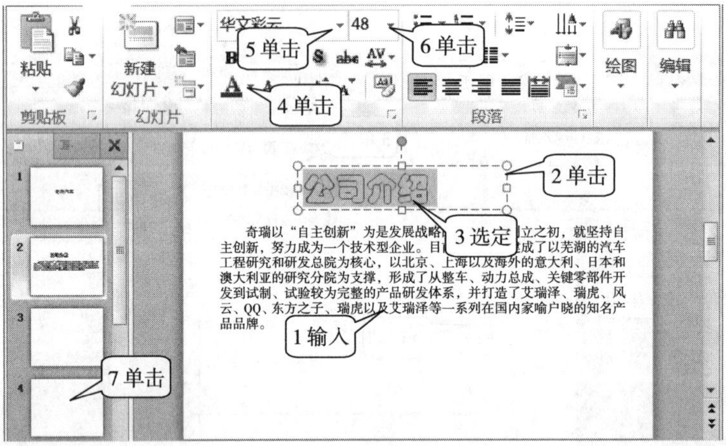
粘贴
新建
幻灯片
剪贴板
幻灯片
华文彩云
48
5 单击
6 单击
4 单击
绘图
编辑
段落
2 单击
公司介绍
3 选定
奇瑞以“自主创新”为是发展战略……立之初，就坚持自主创新，努力成为一个技术型企业。目……成了以芜湖的汽车工程研究和研发总院为核心，以北京、上海以及海外的意大利、日本和澳大利亚的研究分院为支撑，形成了从整车、动力总成、关键零部件开发到试制、试验较为完整的产品研发体系，并打造了艾瑞泽、瑞虎、风云、QQ、东方之子、瑞虎以及艾瑞泽等一系列在国内家喻户晓的知名产品品牌。
1 输入
7 单击

图 6.2.5

步骤 3 在文本框中输入如图 6.2.6 所示的文字，然后选定文本框中所有字符，将其设置为 28 号、紫红色。

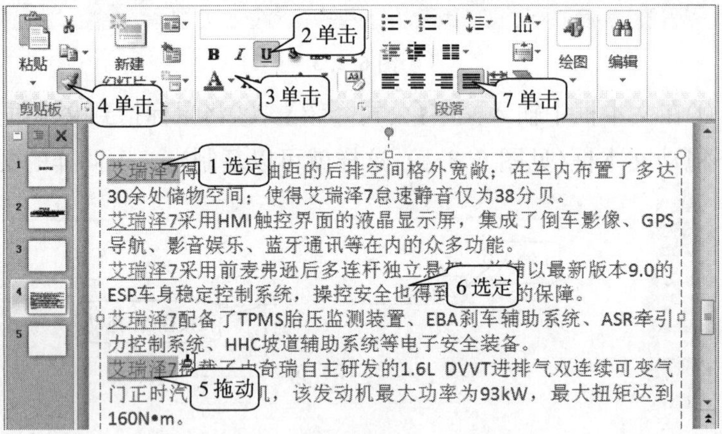
粘贴
新建
幻灯片
剪贴板
2 单击
3 单击
4 单击
7 单击
绘图
编辑
段落
1 选定
艾瑞泽7得……轴距的后排空间格外宽敞；在车内布置了多达30余处储物空间；使得艾瑞泽7怠速静音仅为38分贝。
艾瑞泽7采用HMI触控界面的液晶显示屏，集成了倒车影像、GPS导航、影音娱乐、蓝牙通讯等在内的众多功能。
艾瑞泽7采用前麦弗逊后多连杆独立悬……以最新版本9.0的ESP车身稳定控制系统，操控安全也得到……的保障。
6 选定
艾瑞泽7配备了TPMS胎压监测装置、EBA刹车辅助系统、ASR牵引力控制系统、HHC坡道辅助系统等电子安全装备。
艾瑞泽7……载了由奇瑞自主研发的1.6L DVVT进排气双连续可变气门正时汽……机，该发动机最大功率为93kW，最大扭矩达到160N•m。
5 拖动

图 6.2.6

步骤 4 ①选定文本框中要设置的字符【艾瑞泽 7】。②单击【下划线】按钮，设置下滑线。③单击【字体颜色】按钮，选择绿色。④选定刚设置好的字符，然后单击【格式刷】工具，这样就将格式信息传递到格式刷上了。⑤再在要设置的字符上拖动，这样拖动的字符就被设置成了刚才的格式了。⑥选定文本框中所有字符。⑦单击两端对齐按钮（见图 6.2.6），则文本框中的文字两端就会整齐排列，结果见图 6.2.6。

步骤 5 将其他的几个【艾瑞泽 7】的颜色分别设为浅绿、浅蓝和深蓝色。

知识拓展

在图 6.2.6 中如果单击【左对齐】按钮☰，则对齐效果如图 6.2.7 所示。如果单击【居中】按钮，则对齐效果如图 6.2.8 所示。如果单击【右对齐】按钮，则对齐效果如图 6.2.9 所示。如果单击【分散对齐】按钮，则对齐效果如图 6.2.10 所示。

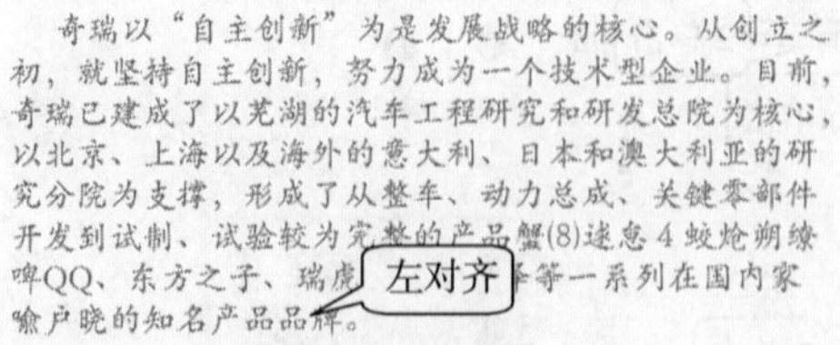

图 6.2.7

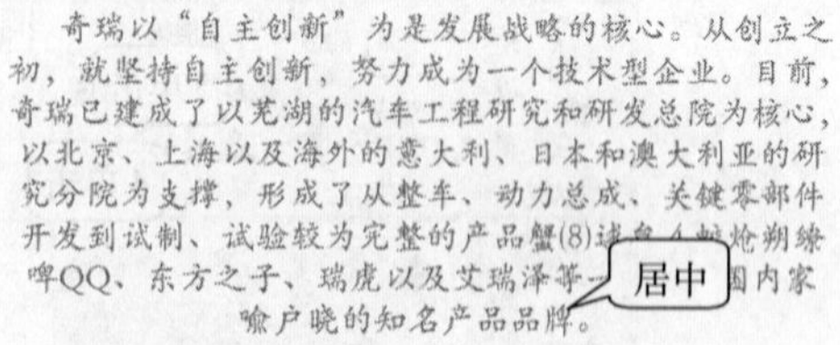

图 6.2.8

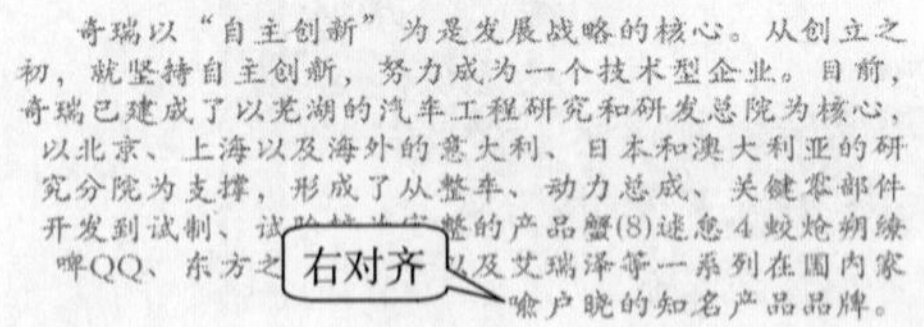

图 6.2.9

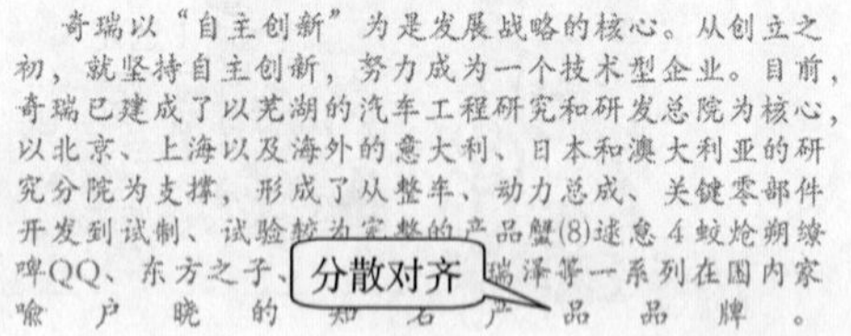

图 6.2.10

任务 4 设置编号与项目符号

步骤 1 ①选定文本框中要设置的字符。②单击【编号】按钮。③单击所要的编号样式，则选定的几个段落前都加入了 ABCD 编号。④单击第 2 张幻灯片（见图 6.2.11），出现图 6.2.12。

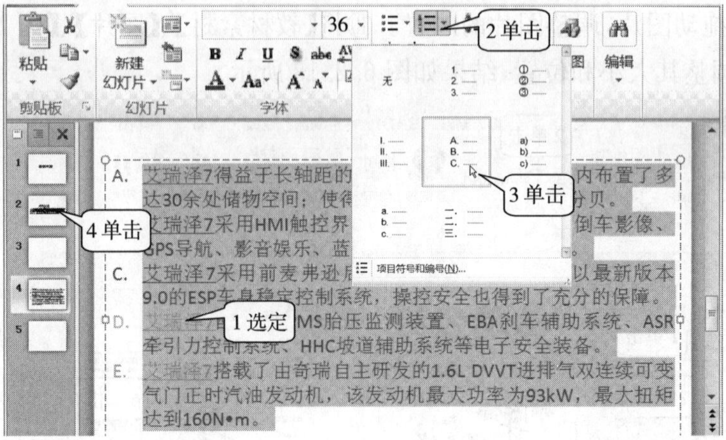

图 6.2.11

步骤 2 ①选定要设置项目符号的段落。②单击【项目符号】按钮。③单击选择所要的项目符号。④单击【字体颜色】按钮，选择紫红色。⑤单击【字体】按钮，选择【华文楷体】。⑥单击【字号】按钮，选择【30】（见图 6.2.12），这样该文本框就被设置好了字体、字号、颜色和项目符号了。如果对所看到的项目符号和编号不满意，还可以通过单击项目符号和编号按钮，再单击 项目符号和编号(N)...，打开项目符号和编号对话框来选择其他样式的项目符号和编号。

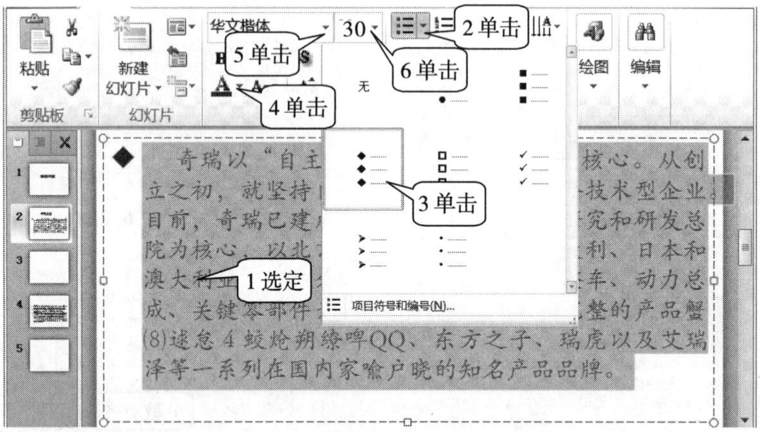

图 6.2.12

任务 5 图片的插入与设置

步骤 1 ①单击第 1 张幻灯片。②将标题框字符格式设为方正琥珀简体、66、红色。③单击【插入】。④单击【图片】按钮，出现插入图片对话框。⑤单击选择图片所在的文件夹。⑥双击【汽车 4】图片文件，则图片就被插入到幻灯片中了。⑦拖动插入图片的控点，调整图片的大小。⑧拖动图片上方的绿色控点，可以旋转图片（这里不作调整）。⑨拖动图片，调整图片的位置。⑩将【教材素材】\【图片】\【图 1】插入（见图 6.2.13），并调整其大小和位置，结果如图 6.2.13 所示。

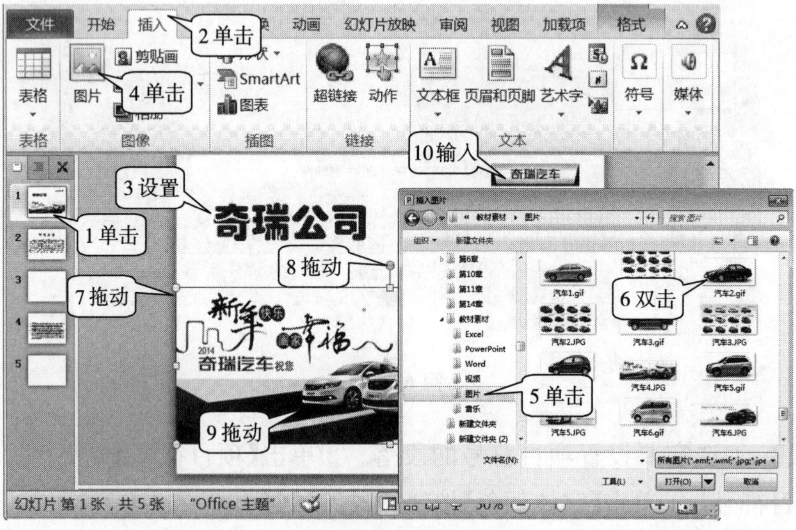

图 6.2.13

步骤 2 ①单击图片。②单击【格式】。③单击【图片效果】按钮。④单击【柔化边缘】。⑤单击【柔化边缘选项】(见图 6.2.14)，出现如图 6.2.15 所示的【设置图片格式】对话框。

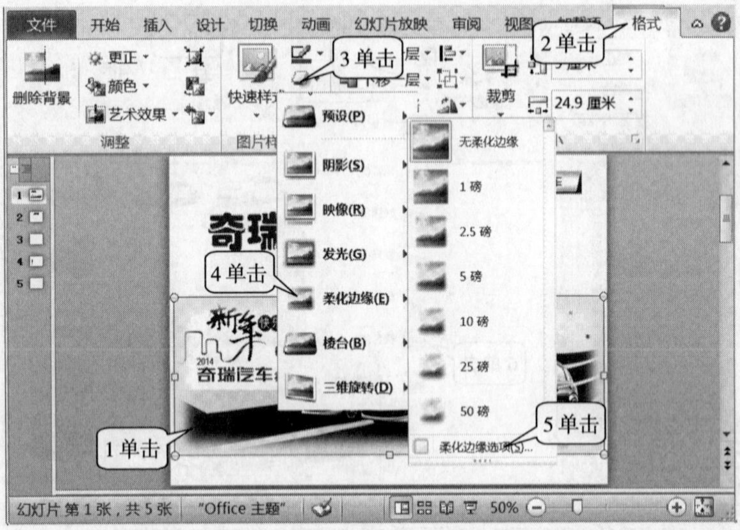

图 6.2.14

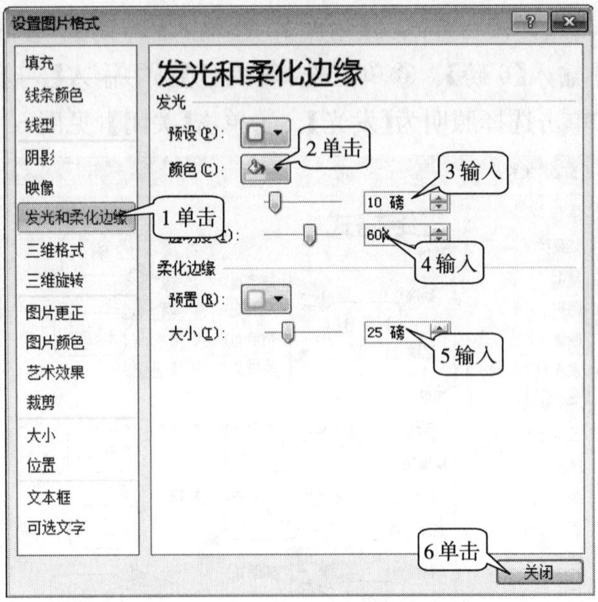

图 6.2.15

步骤 3 ①单击【发光和柔化边缘】。②单击选择【橙色淡色 80%】。③输入【10 磅】。④输入【60】。⑤输入【25 磅】。⑥单击【关闭】(见图 6.2.15)，这样就设置好了柔化的颜色、柔化边缘的宽度和柔化色的透明效果。

步骤 4 ①单击第 3 张幻灯片。②插入【汽车 1】图片文件。③拖动控点调整图片的大小。④单击【格式】。⑤单击【图片效果】按钮。⑥单击【棱台】。⑦单击【三维选项】(见图 6.2.16)，出现如图 6.2.17 所示的【设置图片格式】对话框。

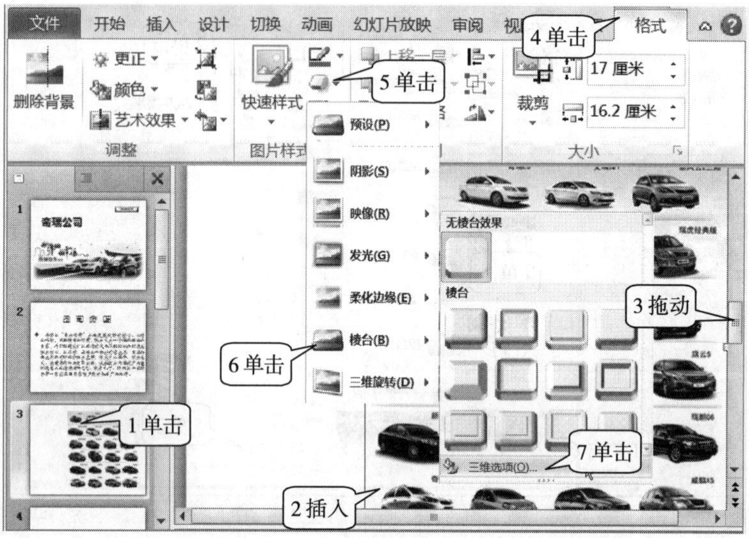

图 6.2.16

步骤 5 ①单击选择棱台样式为【角度】。②输入【15 磅】。③输入【15 磅】。④单击选择浅绿色。⑤输入【6 磅】。⑥单击选择【褐色】。⑦输入【5 磅】。⑧单击选择材料为【硬边缘】。⑨单击选择照明为【发光】。⑩单击【关闭】(见图 6.2.17)。

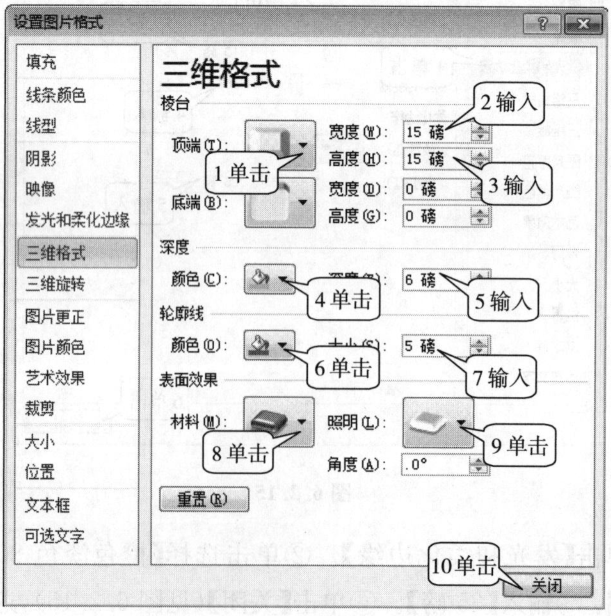

图 6.2.17

知识拓展

（1）PowerPoint 提供了 28 种不同效果的图片处理样式。通过【快速样式】按钮可以十分快捷地处理图片。这种功能原本只能在专业的图片处理软件中才能够实现，通过这一功能可以快捷地将图片设置成一种风格。

（2）PowerPoint 还提供了将图片设置为多种颜色效果的功能，这种功能可以使图片色彩偏向一种颜色。除此之外还提供了 23 种【艺术效果】方案，只要通过单击【艺术效果】按钮 艺术效果 ▾，并加以选择就可以得到相应的图片艺术效果。此外，对图片的亮度、对比度、柔化程度也可进行设置，对图片边框的线条能够进行多种颜色、线形、粗细的设置。还可以对其形状效果进行诸如预设、映象、阴影、柔化边缘、发光、棱台和三维旋转效果的设置。合理应用这些设置就可以制作出效果突出、风格各异的图片。

任务 6　艺术字的插入与设置

步骤 1 ①单击第 4 张幻灯片。②单击【插入】。③单击【艺术字】按钮。④单击选择一种样式。⑤幻灯片中会出现一个艺术字输入框，输入文字。⑥拖动艺术字框到幻灯片的上部（见图 6.2.18）。⑦将艺术字设为华文楷体、60。

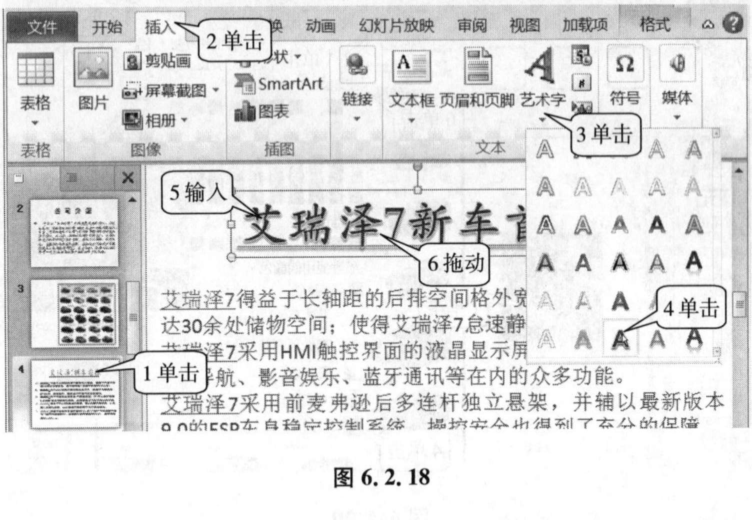

图 6.2.18

步骤 2 ①单击选中艺术字。②单击【绘图工具】\【格式】。③单击【形状填充】按钮。④单击【图片】，出现如图 6.2.19 所示的【插入图片】对话框。⑤单击选择【教材素材】\【图片】文件夹。⑥双击【汽车 5】图片文件（见图 6.2.19），则图片就被插入到艺术字框中作为艺术字的背景图了。插入背景图片，效果见图 6.2.19。

步骤 3 ①在第 3 张幻灯片中插入艺术字，在艺术字框中输入文字【产品专区】。

②单击【开始】。③单击【字体】按钮，选择【华文新魏】。④单击【字号】按钮，选择【54】。

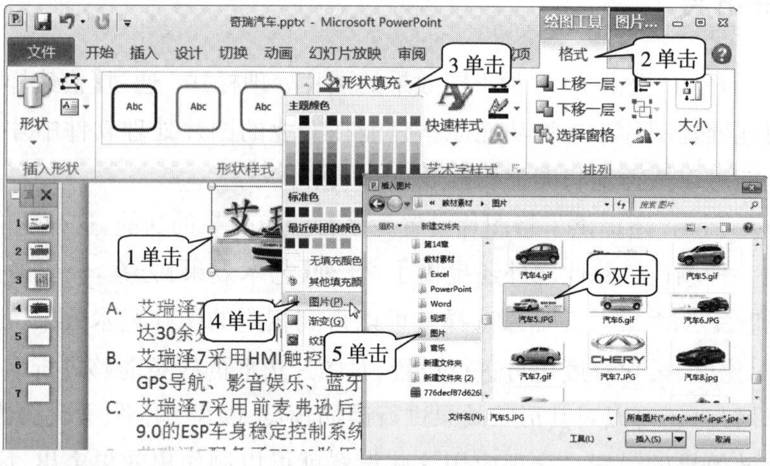

图 6.2.19

步骤 4 ①单击插入的【产品专区】艺术字。②单击【绘图工具】\【格式】。③单击【形状填充】按钮。④单击【纹理】。⑤单击选择【绿色大理石】样式。⑥单击【形状效果】按钮，将其发光效果设置为【橙色 18pt 发光】，将其棱台效果设为【角度】，将其映像效果设为【半映像】（见图 6.2.20）。

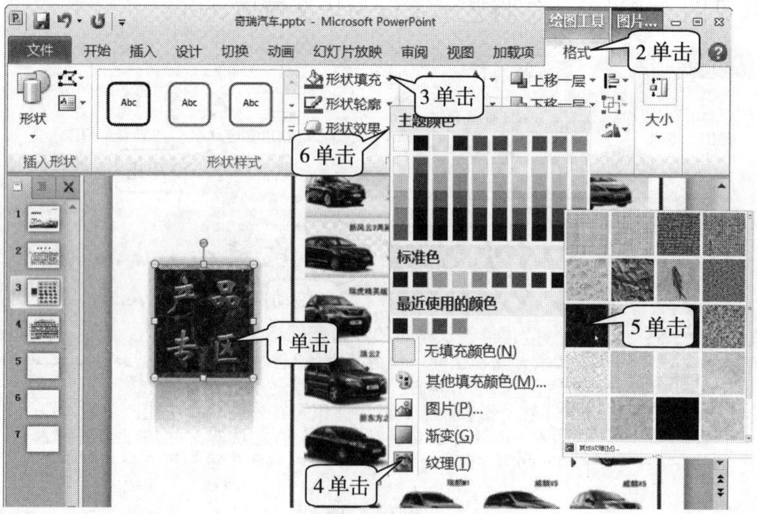

图 6.2.20

步骤 5 再将第 5 张幻灯片复制 2 张，这样就有了第 6 张和第 7 张幻灯片。

步骤 6 在第 5 张幻灯片中插入两个艺术字，将其设为华文楷体、54 号、蓝色和黄色，将其发光效果设为【橙色 5pt 发光】，将其棱台效果设为【角度】（见图 6.2.21），效果见图 6.2.21。

步骤 7 ①单击艺术字。②单击【文字效果】按钮。③单击【转换】。④单击选择【正 V 形】艺术字排列效果(见图 6.2.21)。

步骤 8 用同样的方法将图 6.2.21 的另一个艺术字形状设置为【倒 V 形】艺术字排列效果。

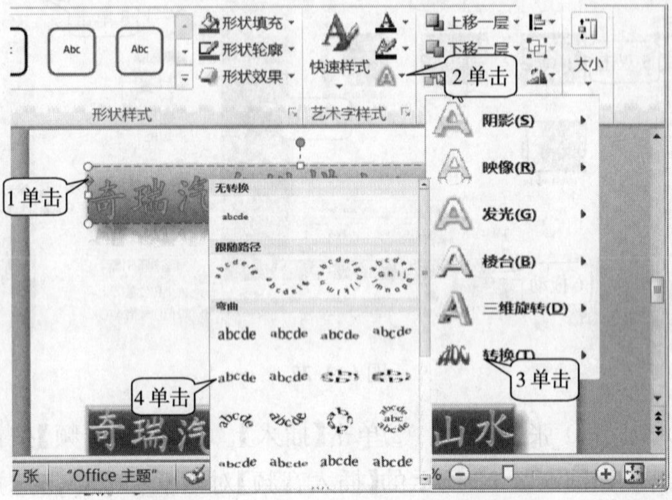

图 6.2.21

步骤 9 同理，在第 6 张幻灯片中插入一个【销售业绩】艺术字，将其字体设为华文楷体，字号设为 60，并将其【形状效果】\【阴影】设为【左上斜偏移】，【映像】设为【全印象】，【棱台】设为【角度】效果。

知识拓展

PowerPoint 对艺术字的设置功能十分丰富，可以对艺术字的背景进行单色填充、渐变色填充、图案填充和纹理填充，也可以对艺术字边框的线条颜色、线形和粗细进行设置，同时还可以对艺术字形状效果进行诸如预设、映象、阴影、柔化边缘、发光、棱台三维旋转效果的设置。如果将这些设置合理的运用就可以做出效果突出的各种艺术字。

任务 7　视频、音频的插入与设置

步骤 1 ①选择第 5 张幻灯片。②单击【插入】。③单击【视频】按钮。④单击【文件中的视频】，出现如图6.2.22所示的【插入视频】对话框。⑤单击选择【教材素材】\【视频】。⑥双击【001】视频文件。⑦拖动插入视频和其控点调整大小和位置。⑧右击插入的视频。⑨单击【置于底层】(见图6.2.22)。

步骤 2 ①单击【视频】。②单击【视频工具】\【格式】。③单击【视频样式】的【其他】按钮，选择【柔化边缘椭圆】。

图 6.2.22

步骤 3 ①单击第 1 张幻灯片。②单击【插入】。③单击【音频】按钮。④单击【文件中的音频】，出现如图 6.2.23 所示的【插入音频】对话框。⑤单击选择【教材素材】\【音乐】。⑥双击【08】音乐文件，则幻灯片中就会出现一个代表该音乐文件的小喇叭。⑦拖动小喇叭的控点，调整其大小。⑧单击【播放】按钮（见图 6.2.23），就可以听到音乐。

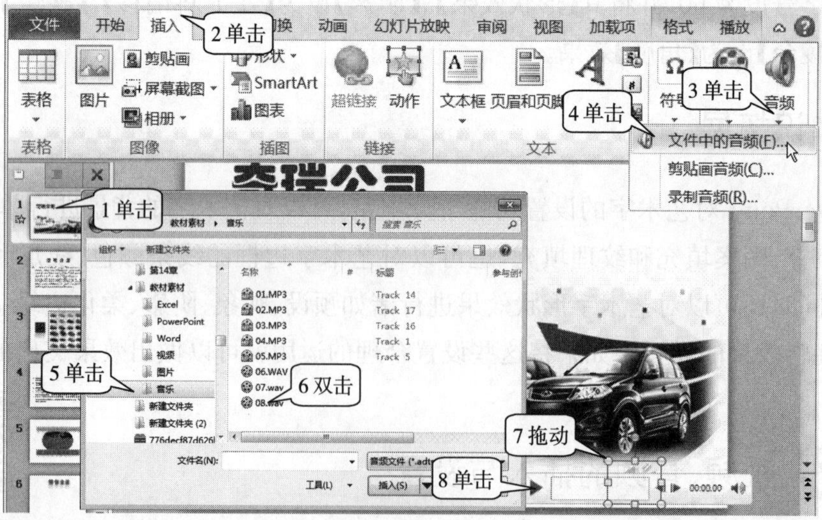

图 6.2.23

步骤 4 ①单击【播放】。②单击【开始】下拉列表，选择【跨幻灯片播放】，这样在播放幻灯片时，音乐就不会由于幻灯片的切换而停止，而是到幻灯片播放完才停止。③单击勾选【循环播放直到停止】复选框，以设置音乐在幻灯片放完之前会自动重头循环播放，只有在幻灯片播放完之后音乐才会停止。④单击勾选【播完返回开头】复选框，这样幻灯片播放完以后会自动回到第一张幻灯片。⑤单击勾选【放映时隐藏】，表示放映时小喇叭图标会隐藏。⑥在【淡入】框中输入【5】，表示音乐播放时将从 0 开始经过 5 秒钟达到正常音量。⑦在【淡出】框中输入【5】，表示音乐在结束时将经过 5 秒钟，音量逐渐降为 0。⑧单击【音量】按钮，选择【中】(见图 6.2.24)设置音乐的音量。

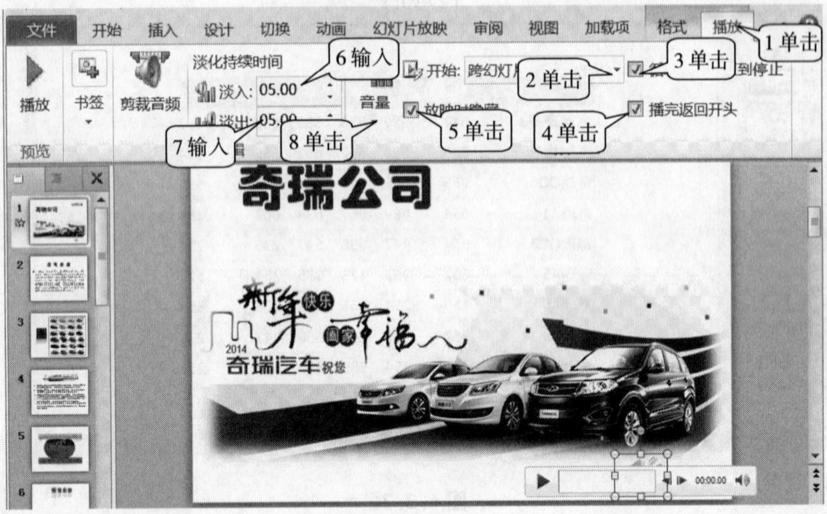

图 6.2.24

任务 8　表格、图表的插入与设置

步骤 1　①单击第 6 张幻灯片。②单击【插入】。③单击【表格】按钮。④单击【插入表格】，出现如图 6.2.25 所示的【插入表格】对话框。⑤输入列数【7】。⑥输入行数【10】。⑦单击【确定】。⑧在插入的表格中输入表格内容(见图 6.2.25)。

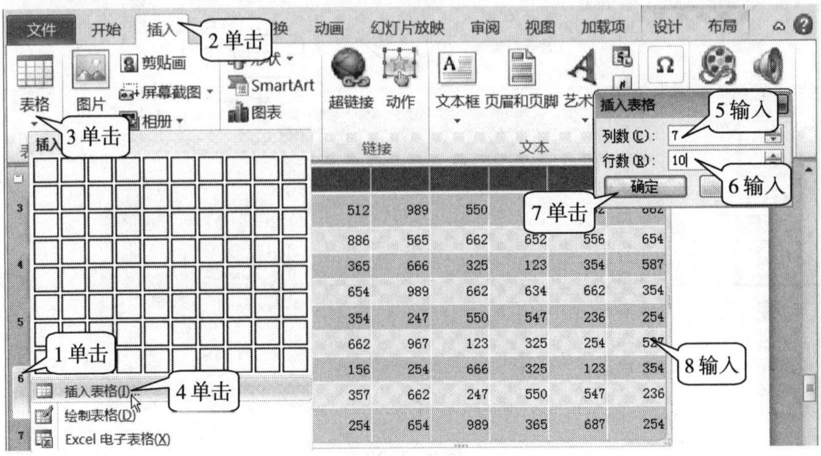

图 6.2.25

步骤 2 ①单击【设计】。②单击【表格样式】中的【其他】按钮(见图 6.2.26)，在弹出的样式中单击选择【中度强样式 2—强调 1】样式，则表格就被套用成了所选择的样式，见图 6.2.26。

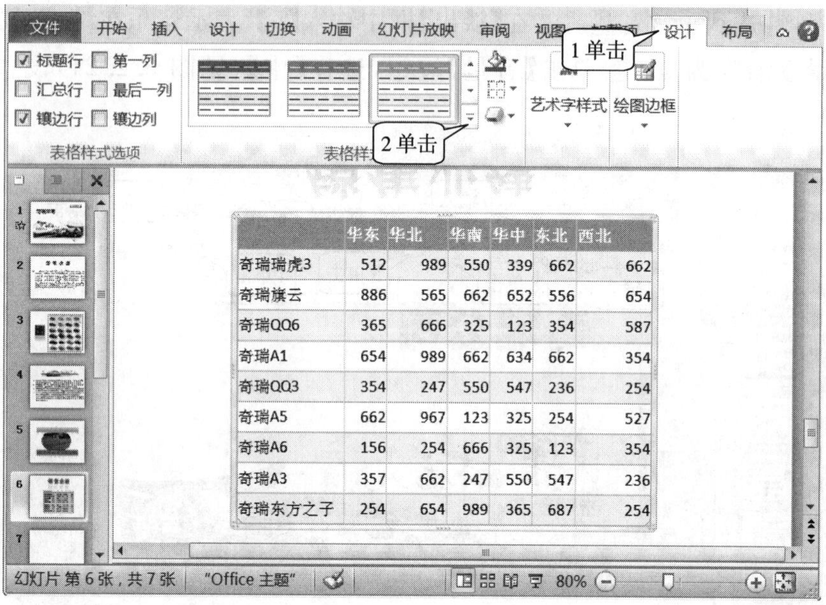

图 6.2.26

步骤 3 将表格中的车名部分设置为华文楷体、紫色、20；将表格的数字部分设为宋体、紫色、20；将表格的地区部分设为华文楷体、蓝色、28。

步骤 4 ①单击【布局】。②选定要设定的单元格。③在【表格列宽】框中输入列的宽度值【2.4 厘米】。④单击【对齐方式】按钮。⑤单击【居中】按钮(见图 6.2.27)。

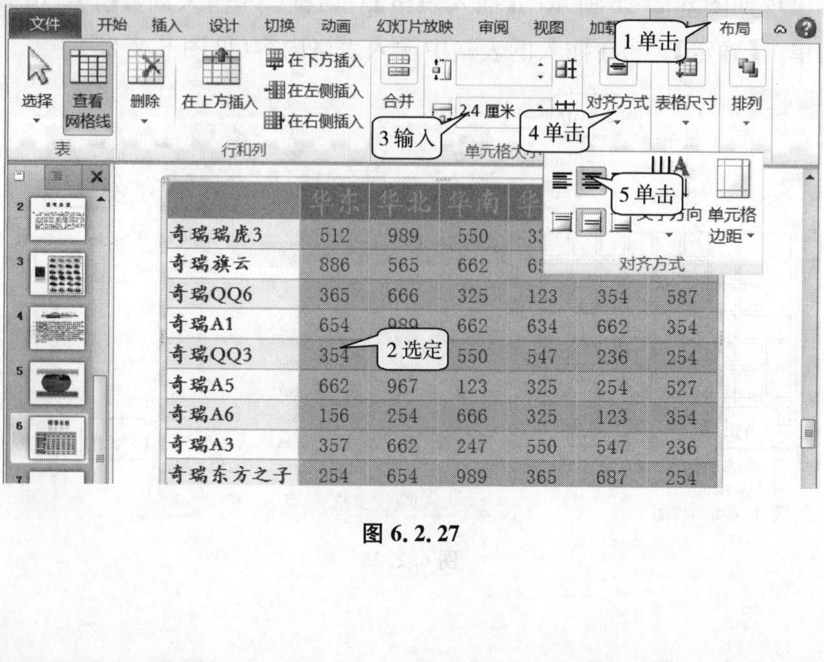

图 6.2.27

步骤 5 同理,将表格第 1 列的列宽设为 4.5,将表格第 1 行的行高设为 2.1。

步骤 6 ①单击【设计】。②单击【绘图边框】按钮。③单击选择【白色】。④单击【绘制表格】工具。⑤拖动鼠标画出表格斜线。⑥在斜线表头输入文字并将其设为绿色、华文楷体、20(见图 6.2.28)。

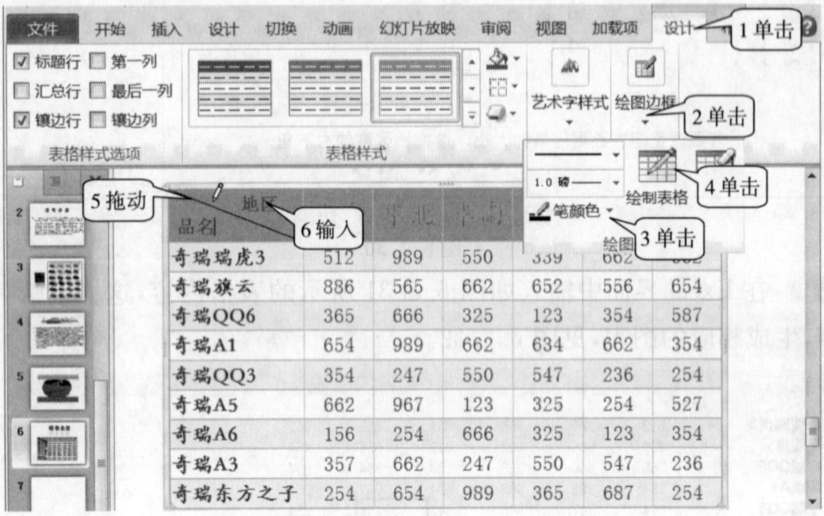

图 6.2.28

PowerPoint 提供了强大的表格功能,可以对表格的行、列进行插入、删除、设置大小、合并单元格、拆分单元格,以及手绘复杂表格,其制表功能和 Word 中的一样。

步骤 7 ①单击第 7 张幻灯片。②单击【插入】。③单击【图表】按钮,出现图 6.2.29所示的【插入图表】对话框。④单击【柱状图】。⑤单击【确定】(见图 6.2.29),会打开如图 6.2.30 所示的 Excel 界面。

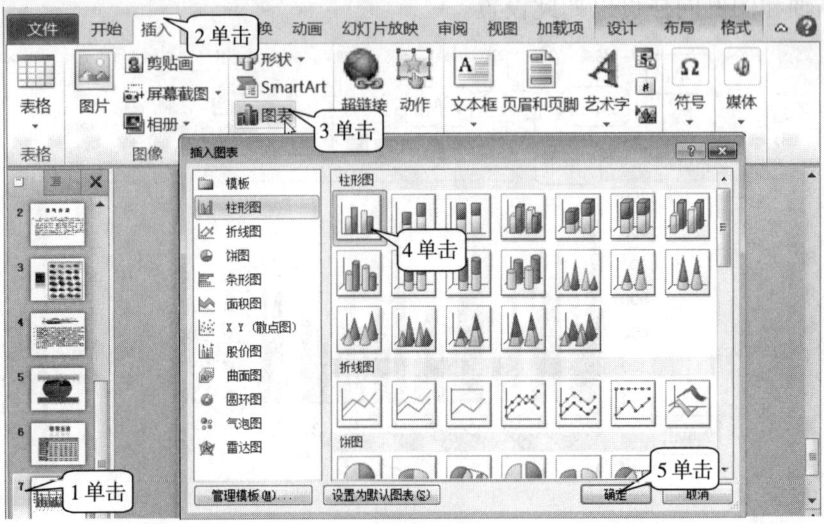

图 6.2.29

步骤8 根据上述表格的行列数拖动图6.2.30中提示的蓝框线的右下角，使得蓝框线包含的区间为A1:G10(见图6.2.30)。

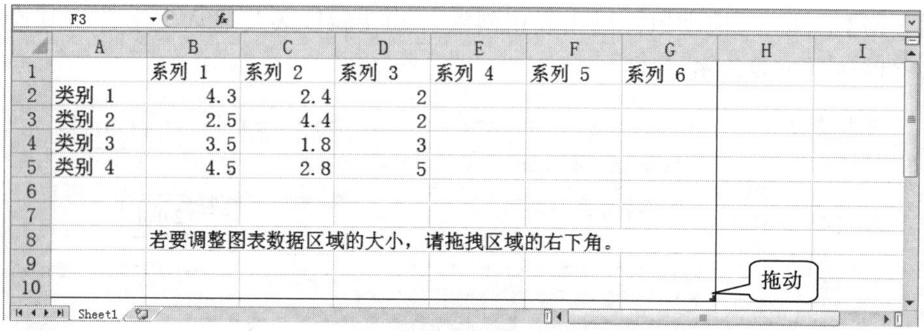

	A	B	C	D	E	F	G
1		系列 1	系列 2	系列 3	系列 4	系列 5	系列 6
2	类别 1	4.3	2.4	2			
3	类别 2	2.5	4.4	2			
4	类别 3	3.5	1.8	3			
5	类别 4	4.5	2.8	5			

图 6.2.30

步骤9 在Excel界面中输入如图6.2.31所示的表格内容，这样幻灯片会根据表格内容，生成相应的图表，见图6.2.32。

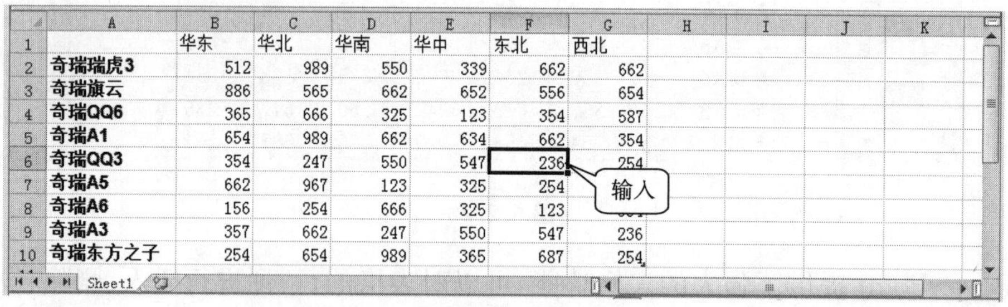

	A	B	C	D	E	F	G
1		华东	华北	华南	华中	东北	西北
2	奇瑞瑞虎3	512	989	550	339	662	662
3	奇瑞旗云	886	565	662	652	556	654
4	奇瑞QQ6	365	666	325	123	354	587
5	奇瑞A1	654	989	662	634	662	354
6	奇瑞QQ3	354	247	550	547	236	254
7	奇瑞A5	662	967	123	325	254	[illegible]
8	奇瑞A6	156	254	666	325	123	[illegible]
9	奇瑞A3	357	662	247	550	547	236
10	奇瑞东方之子	254	654	989	365	687	254

图 6.2.31

步骤10 拖动图表边框，调整图表大小。

步骤11 ①单击【开始】。②单击横坐标文字。③单击【字体】按钮选择【宋体】。④单击【字号】按钮，选择【18】。⑤单击【字体颜色】按钮，选择【黑色】(见图6.2.32)。图表的纵轴和图例同样可以如此设置。

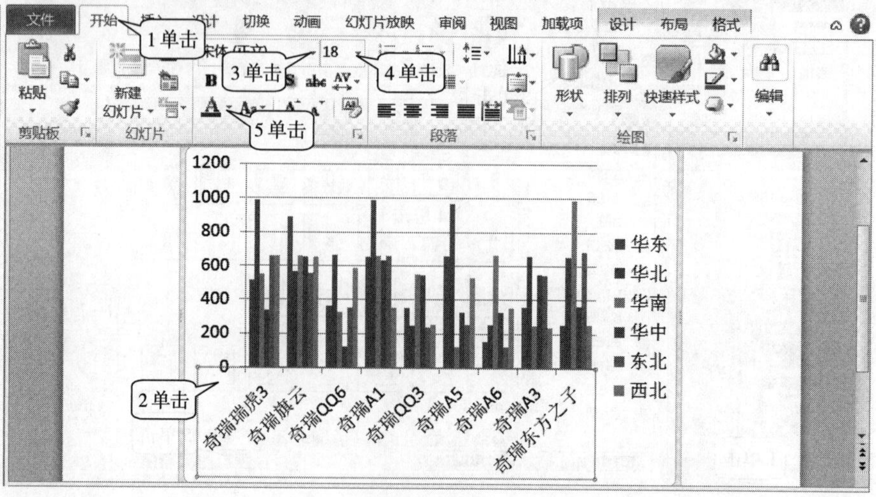

图 6.2.32

任务 9　设置幻灯片背景

步骤　①单击第 7 张幻灯片。②单击【设计】。③单击【主题】中的【其他】按钮。④单击选择【跋涉】(见图 6.2.33)。这样所有幻灯片的背景都变成了我们所选择的【跋涉】背景,结果见图 6.2.34。

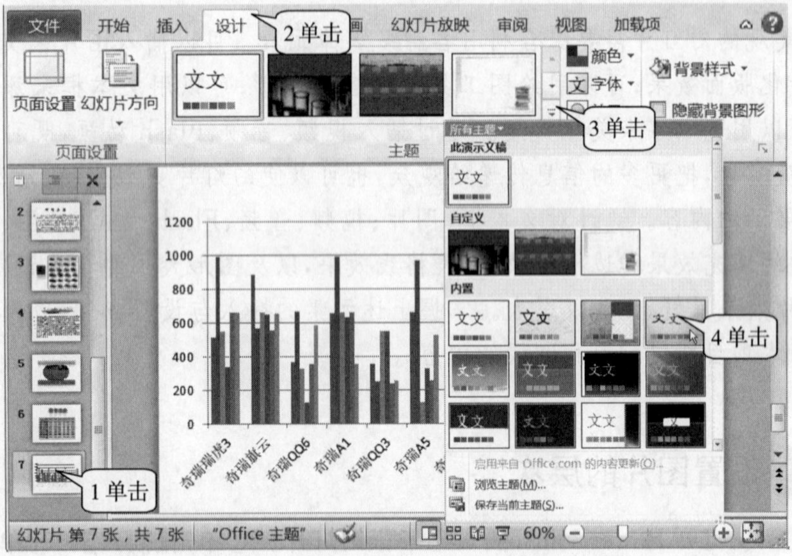

图 6.2.33

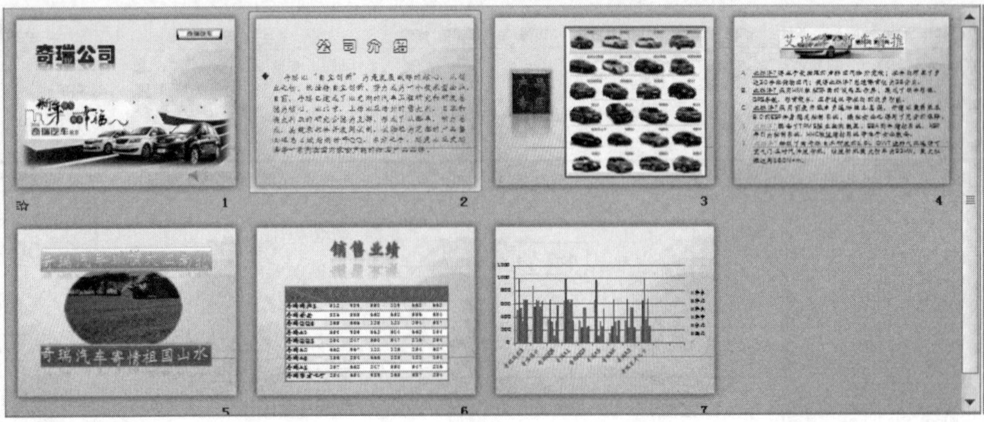

图 6.2.34

项目3　多媒体幻灯片的制作

项目任务描述与分析

一个美观的幻灯片需要综合利用各种多媒体元素。可以插入图片来美化幻灯片的背景，优化版面效果；可以用绘图工具绘制各种图形；可以用文本框来添加文字说明内容；可以用艺术字来美化标题。通过插入视频、音频、Flash动画，既可以使幻灯片更具有观赏性，把更多的信息传递给观众，也可以使幻灯片更为生动、活泼，更清晰地说明要展示的内容。通过对文本框、图片、视频、音频、Flash动画、绘图、表格的应用，对图形的填充效果和边框线效果、表格线效果，以及图形大小的精确设定，使制作出的幻灯片效果更好，更为吸引人。掌握上述元素的插入与设置方法，以及综合应用方法，即为本项目所要学习和掌握的内容。

任务1　设置图片的层次

步骤1　①打开PowerPoint，插入第一张幻灯片。②单击【插入】。③单击【图片】按钮，在弹出的【插入图片】对话框中，选择【教材素材】\【图片】\【78】。④双击选中的图片文件，则幻灯片中就插入了图6.3.1所示的图片。

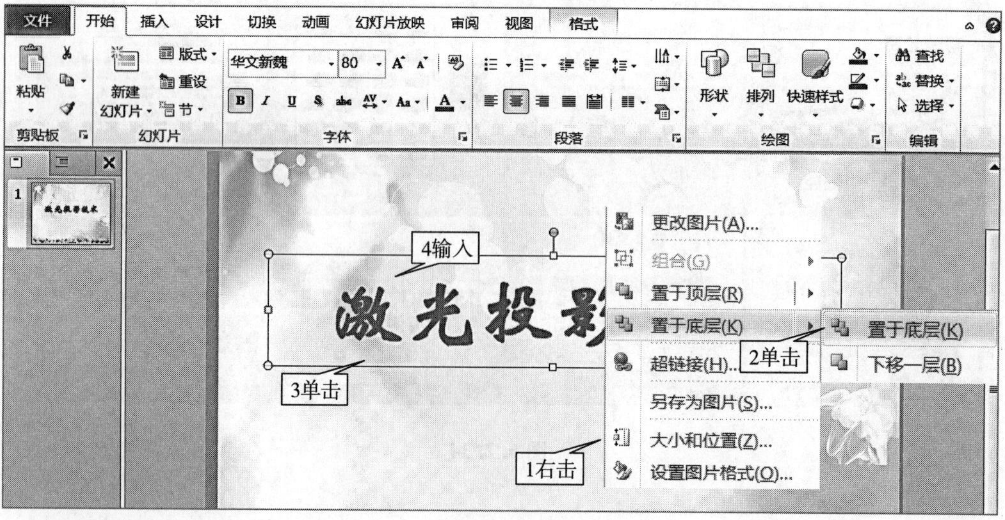

图6.3.1

步骤2　①右击插入的图片。②单击【置于底层】\【置于底层】，将图片置于底层，使文本框能显示在图片上方。③单击文本框。④输入【激光投影技术】，并将其设为华文新魏、加粗、蓝色、80(见图 6.3.1)。

步骤 3 ①单击文本框。②单击【格式】。③单击【文本填充】按钮。④单击【渐变】\【其他渐变】,弹出图 6.3.2 所示的【设置文本效果格式】对话框。⑤单击【文本填充】。⑥单击【渐变填充】按钮。⑦单击【预设颜色】按钮。⑧单击选择【彩虹出釉Ⅱ】。⑨单击【关闭】(见图 6.3.2),则文字就被设为了彩虹出釉效果。

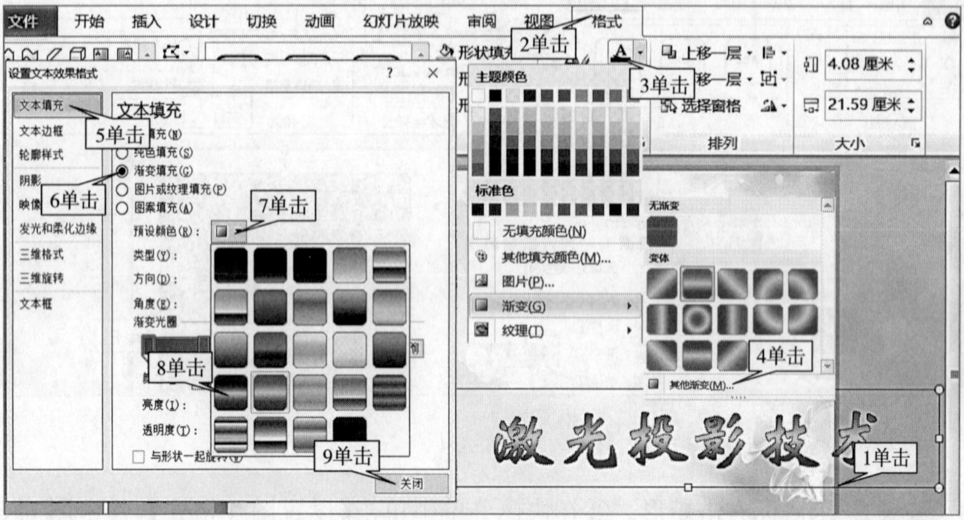

图 6.3.2

步骤 4 删除多余的另一个文本框。

步骤 5 复制两张同样的幻灯片,将其中的文本框删除。

任务 2 设置插入的图形

1. 平面图形的插入与设置

步骤 1 ①单击第 2 张幻灯片。②单击【插入】。③单击【形状】按钮。④单击【矩形】工具。⑤拖动鼠标,画出矩形(见图 6.3.3)。

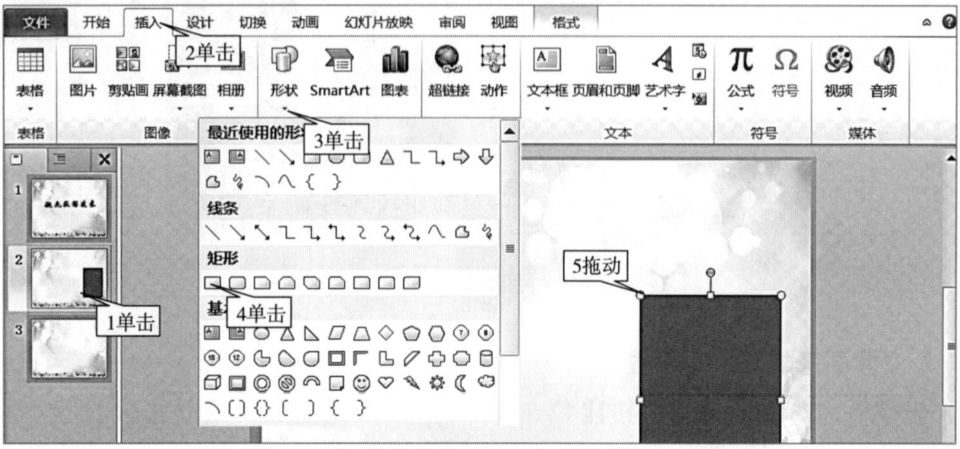

图 6.3.3

步骤 2 ①单击矩形。②单击【绘图工具】\【格式】。③单击【形状填充】按钮。④单击【纹理】。⑤单击选择【褐色大理石】。⑥在【形状高度】框中输入【16.5 厘米】。⑦在【形状宽度】框中输入【11 厘米】，设置好矩形的大小。⑧单击【形状轮廓】，选择黑色，将矩形的边线设为黑色（见图 6.3.4）。

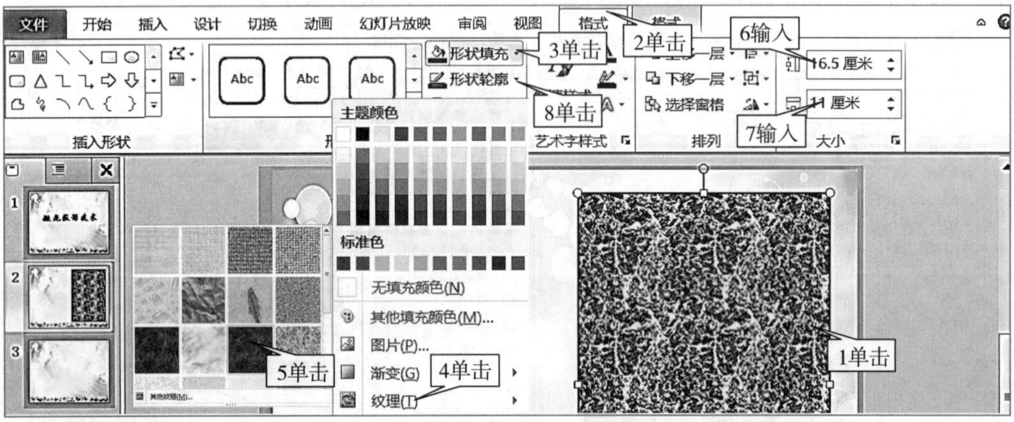

图 6.3.4

步骤 3 ①鼠标右击矩形。②在快捷菜单中单击【设置图片格式】，弹出图 6.3.5 所示的【设置图片格式】对话框。③单击【图片更正】。④单击【亮度】按钮，将图片调整到合适的亮度（图 6.3.5）。⑤单击【关闭】按钮，完成图片设置。

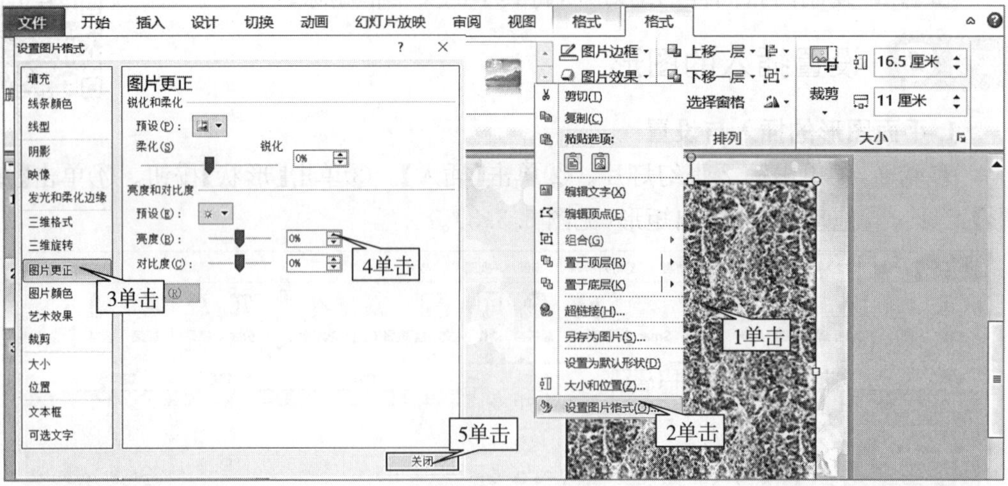

图 6.3.5

2. 立体图形的插入与设置

步骤 1 ①单击矩形。②按住 Ctrl 键拖动复制一个矩形。③单击【插入】。④单击【形状】按钮。⑤单击选择【立方体】工具。⑥拖动画出立方体。⑦拖动控点调整大小。⑧拖动控点调整厚度(见图 6.3.6)。

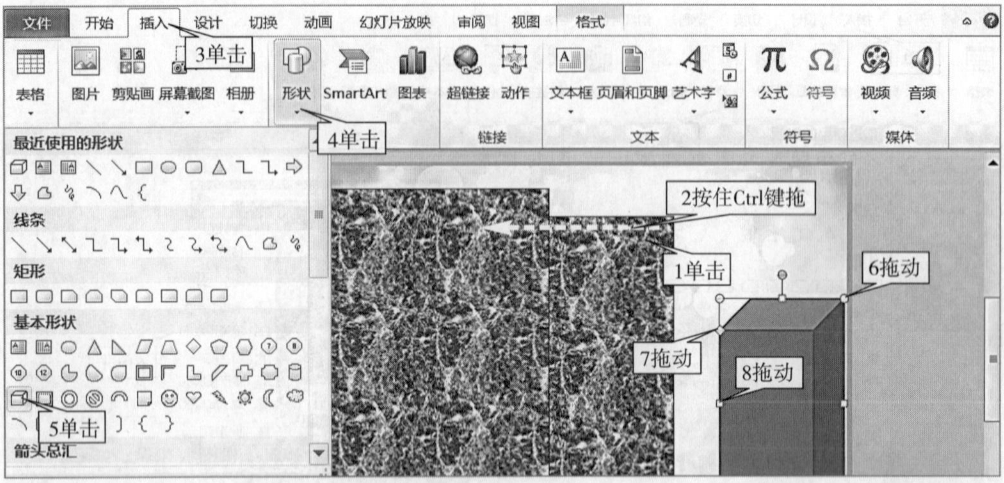

图 6.3.6

步骤 2 按上述方法将复制的矩形和立方体的尺寸设为 16.5 厘米×11 厘米(见图 6.3.7)。

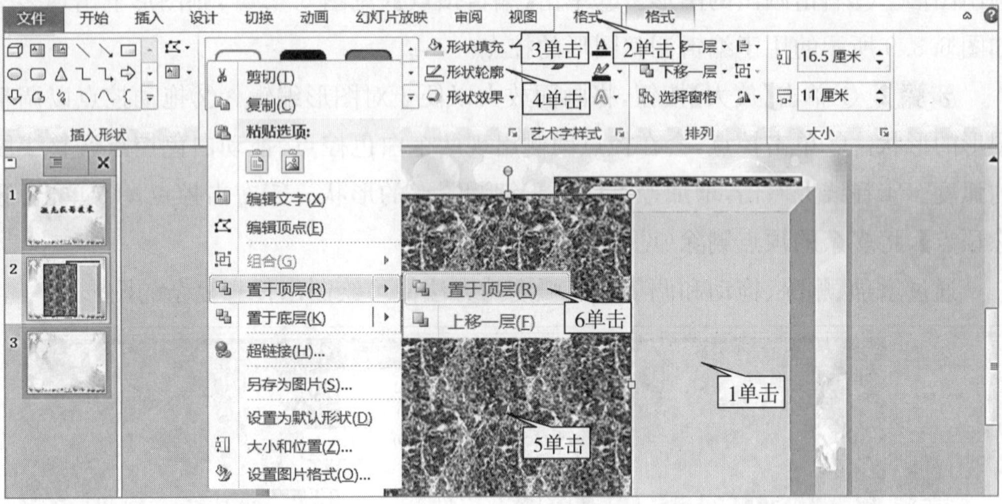

图 6.3.7

步骤 3 ①单击立方体。②单击【绘图工具】\【格式】。③单击【形状填充】,选择【白色 背景色 15%】。④单击【形状轮廓】,选择【无轮廓】。⑤右击上一步复制好的矩形。⑥单击【置于顶层】\【置于顶层】,将其设为在立方体的上层(见图 6.3.7)。

步骤4 拖动各个图形到适当的位置，结果见图6.3.8。

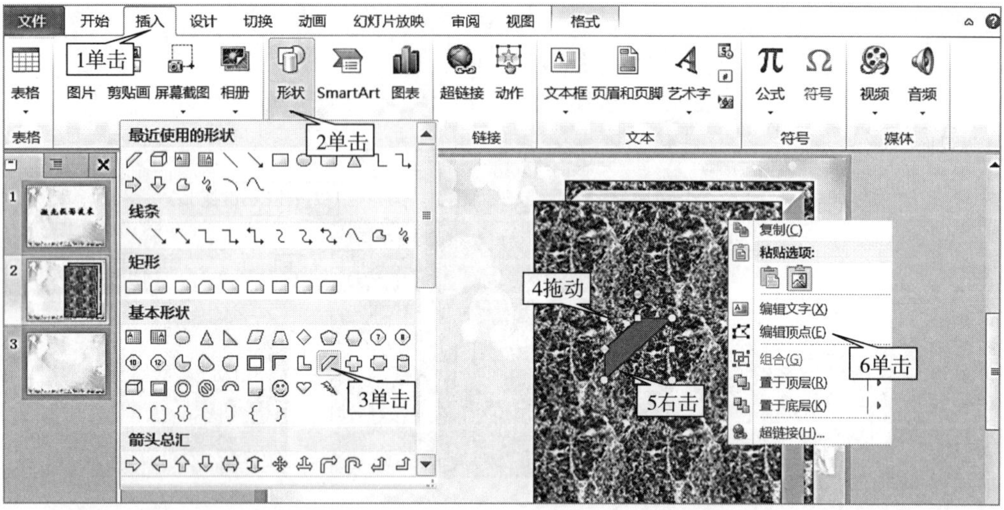

图6.3.8

3. 插入图形的编辑

步骤1 ①单击【插入】。②单击【形状】按钮。③单击【斜纹】工具。④拖动鼠标，画出图形。⑤右击画出的图形。⑥单击【编辑顶点】（见图6.3.8），则图形上出现多个如图6.3.9所示的用于编辑调整图形的控点。

步骤2 ①单击【放大】按钮，将画面放大以便于对图形编辑。②拖动控点以调整图形的形状。③单击控点，会在控点两侧出现两个白色控点，拖动白色控点调整线段的弧度。④在线上右击，增加控点以便于细调图形的形状。⑤右击控点。⑥单击【删除顶点】，将多余的顶点删除（见图6.3.9）。

通过增加、删除、拖动和调节控点弧度的方法便可绘制出任意复杂的图形。

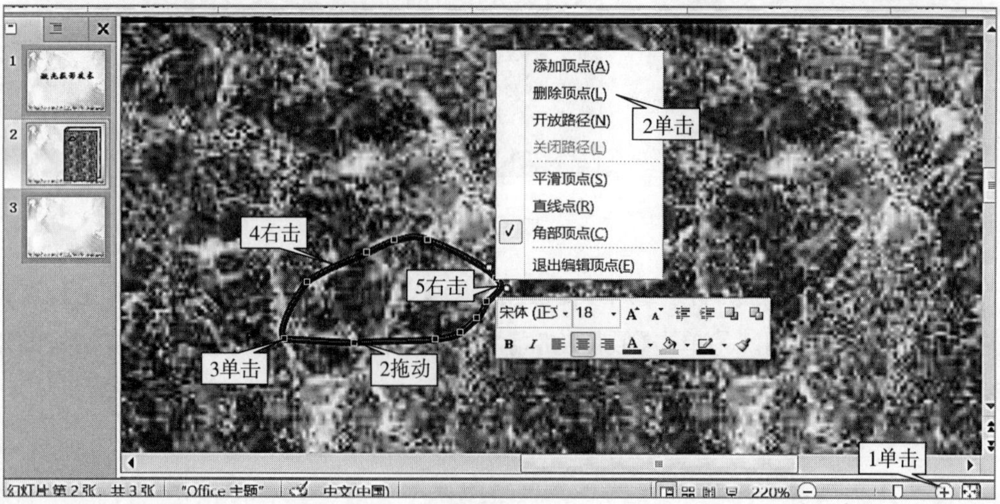

图6.3.9

步骤3 将图6.3.9中编辑好的图形调整为图6.3.10所示的形状，填充设置为【纸袋褐色大理石】，边线设为黑色、1.5磅。

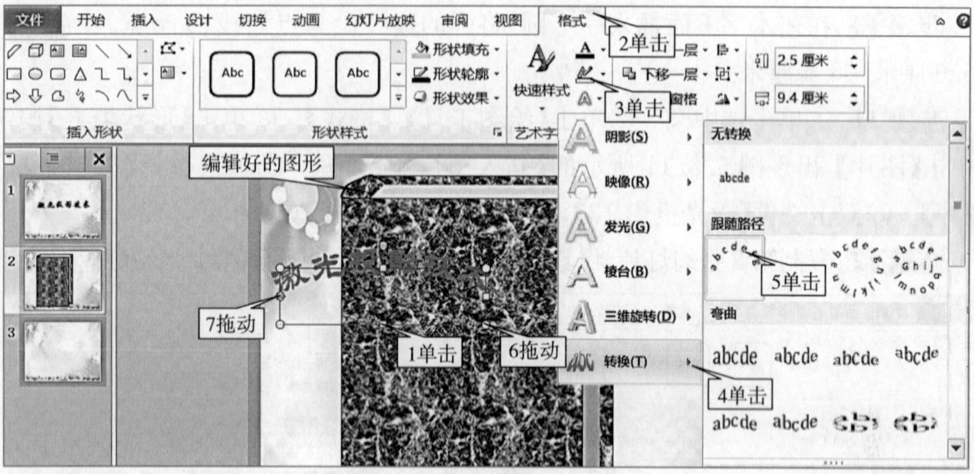

图6.3.10

步骤4 右击图6.3.9中编辑好的图形，然后在弹出的快捷菜单中选择【置于底层】\【下移一层】。

步骤5 ①再次右击图6.3.9中编辑好的图形，然后在弹出的快捷菜单中选择【置于底层】\【下移一层】。②拖动该图形到图6.3.10所示的位置。

步骤6 ①插入艺术字“激光投影技术”。②单击【开始】，单击【字体】按钮，选择【华文隶书】。③单击【字号】按钮，选择【48】。

步骤7 ①单击选中艺术字。②单击【格式】。③单击【文字效果】按钮。④单击【转换】。⑤单击【跟随路径】\【上弯弧】。⑥拖动白色控点，调整大小。⑦拖动红色控点，调整形状（见图6.3.10）。

步骤8 单击选中艺术字，按图6.3.2中的方法将艺术字的文本填充效果设为彩虹出釉样式（见图6.3.11）。

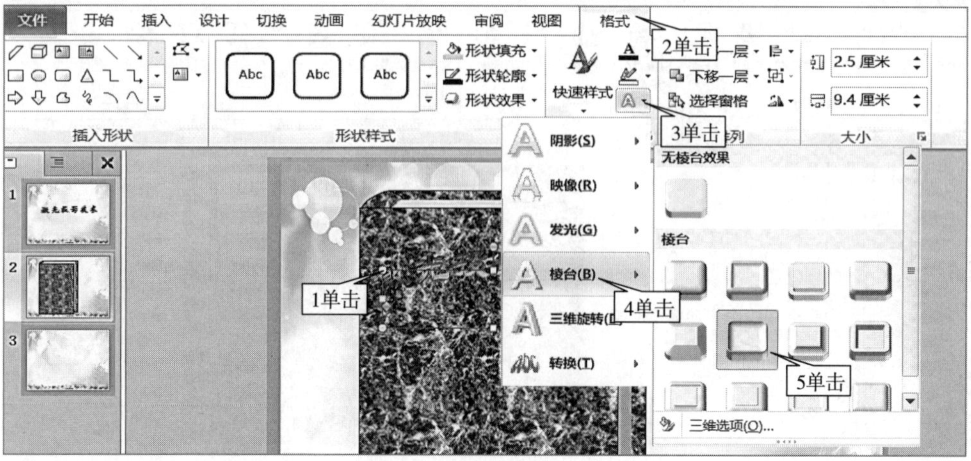

图6.3.11

步骤 9 ①单击选中艺术字。②单击【格式】。③单击【文字效果】按钮。④单击【棱台】。⑤单击选择【圆柔】(见图 6.3.11)，则艺术字就被设成了立体效果。

步骤 10 在艺术字下面插入一个圆，将圆的边线设为点划线、6 磅宽、红色、大小为6.6 厘米×6.6 厘米。

步骤 11 ①单击选中圆。②单击【绘图工具】\【格式】。③单击【形状填充】按钮。④单击【图片】，出现图 6.3.11 所示的【插入图片】对话框。⑤单击选择【教材素材】\【图片】。⑥双击文件【激光投影 18】，则圆中便插入了图片(见图 6.3.12)。

步骤 12 复制第 2 张幻灯片，将其作为第 3 张幻灯片，并删除第 3 张幻灯片中的圆。

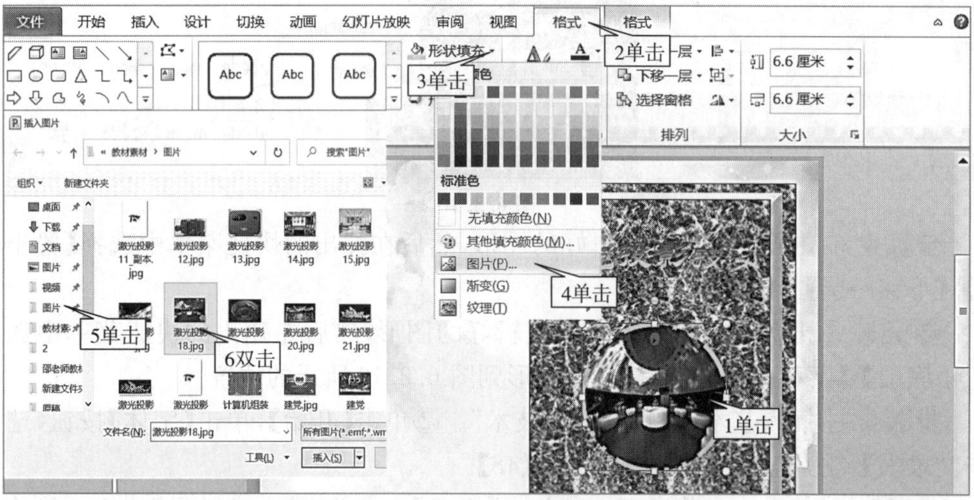

图 6.3.12

步骤 13 ①按住 Ctrl 向右拖动书的封面，复制一个同样的矩形，并将该矩形调整到图 6.3.12 所示的位置。②单击【插入】。③单击【形状】按钮。④单击选择【波形】，拖动鼠标画出波形。⑤拖动白色控点，调整大小。⑥拖动黄色控点，调整形状(图 6.3.13)。

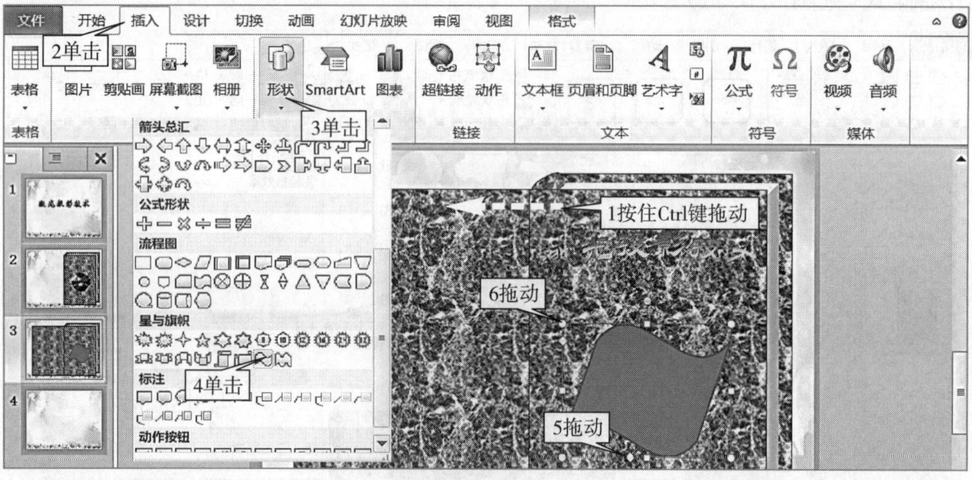

图 6.3.13

步骤 14 单击选中图形，单击【绘图工具】\【格式】，参照图 6.3.12 中的方法，将该形状填充效果设置为【渐变】\【彩虹出釉】(图 6.3.14)。

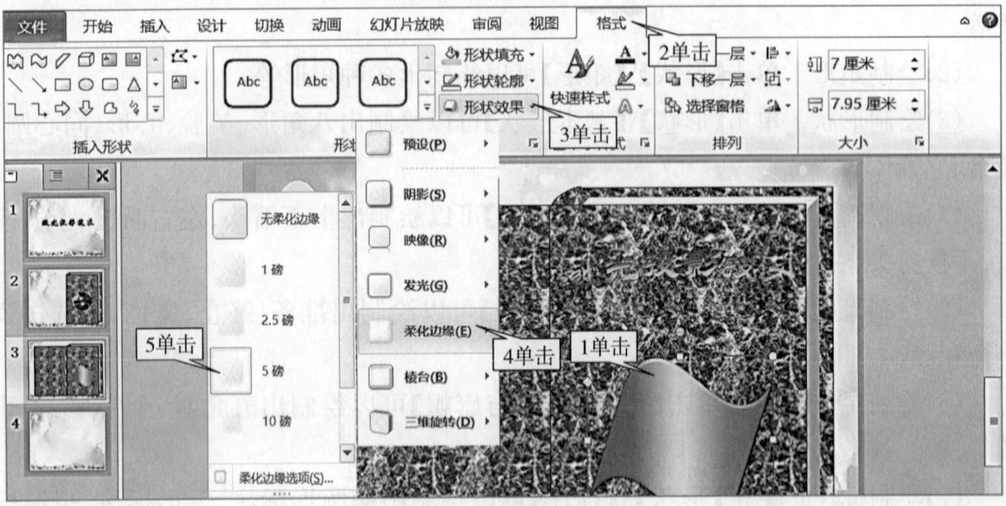

图 6.3.14

步骤 15 ①单击图形。②单击【格式】。③单击【形状效果】按钮。④单击选择【柔化边缘】。⑤单击柔化边缘值【5 磅】(见图 6.3.14)。

步骤 16 单击选中图形，参照图 6.3.14 的方法，将该图形的形状效果设置为【棱台】\【圆】，并去除形状的边框线。

步骤 17 将【教材素材】\【图片】\【激光投影 11】插入，并拖动图片的控点缩小图片到图 6.3.15 所示的大小。

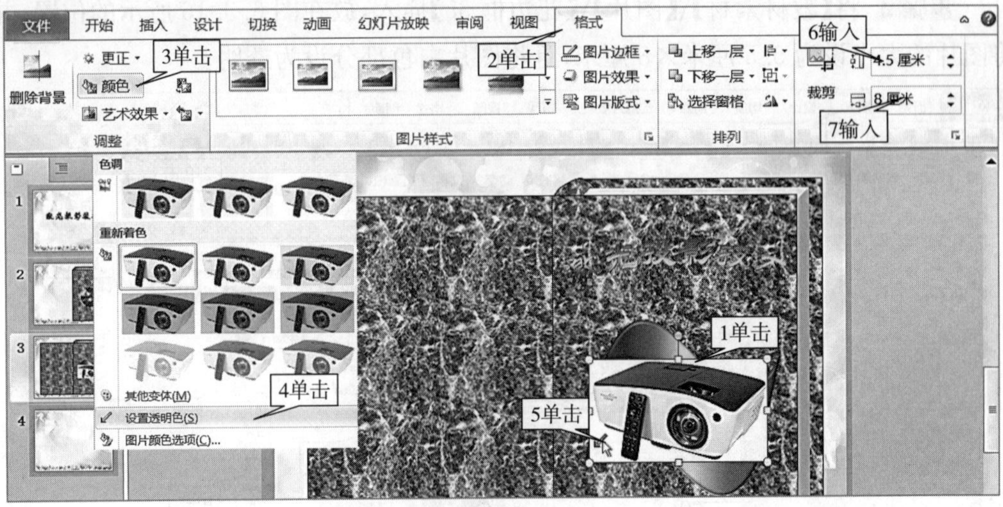

图 6.3.15

知识拓展

在【插入】功能区的【形状】按钮中还提供了其他一些形状图形工具。灵活运用这些工具绘制各种图形，并进行组合和设置，就可以得到更多更美观的图形。

(1)绘制线条。单击【形状】\【线条】可以绘制出各种曲线、箭头、直线、自由曲线等。

(2)绘制矩形。单击【形状】\【矩形】可以绘制出各种矩形等。

(3)绘制形状。单击【形状】\【基本形状】可以绘制出八角形、笑脸、心形、同心圆、棱台、立方体等。

(4)绘制箭头。单击【形状】\【箭头总汇】可以绘制出上下箭头、左右箭头、十字箭头、手杖剪头、右弧形箭头、左弧形箭头等。

(5)绘制流程图。单击【形状】\【流程图】可以绘制出准备、终止、文档、可选过程等流程图。

(6)绘制星与旗帜。单击【形状】\【星与旗帜】可以绘制出五角星、十字星、爆炸图等。

(7)绘制标注。单击【形状】\【标注】可以绘制出椭圆形标注、云形标注、矩形标注、线标注等。

任务 3 图片的抠图处理与大小设置

步骤 1 ①单击选中图片。②单击【格式】。③单击【颜色】按钮。④单击【设置透明色】。⑤将鼠标移到图片的白色部分单击，则可以将图片的白色部分设为透明。⑥输入【4.5】。⑦输入【8】(见图 6.3.15)，将图片大小设为 4.5 厘米×8 厘米。

步骤 2 将【教材素材】\【图片】\【花边框 35】插入，放在图 6.3.16 所示的位置；并将图片的大小设为 5.5 厘米×8 厘米；且将图片白色部分设为透明。

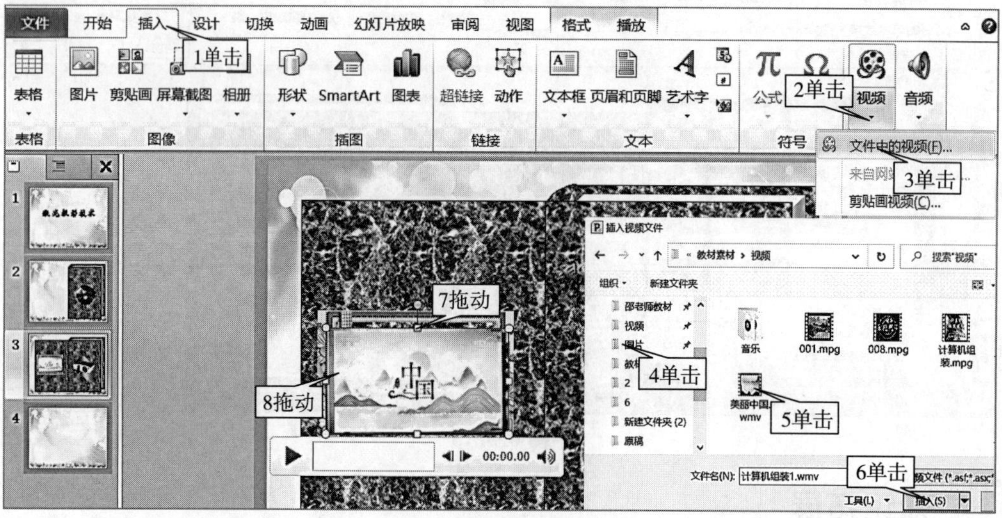

图 6.3.16

任务 4　插入视频的剪辑与设置

步骤 1　①单击【插入】。②单击【视频】按钮。③单击【文件中的视频】。④单击选择【教材素材】\【视频】。⑤单击【美丽中国】文件。⑥单击【插入】按钮。⑦拖动控点调整大小。⑧拖动视频到【花边框 35】内(见图 6.3.16)。

步骤 2　①单击视频。②单击【视频工具】\【播放】。③单击【开始】,选择【自动】,表示视频在播放到这张幻灯片时会自动播放。④单击【音量】按钮。⑤单击【高】。⑥单击【剪裁视频】,出现图 6.3.16 所示的【剪裁视频】对话框。⑦拖动结束点滑块裁剪视频的结束点。⑧拖动开始点滑块裁剪视频的开始点,这样视频只播放开始与结束点之间的部分。⑨单击【确定】(见图 6.3.17)。

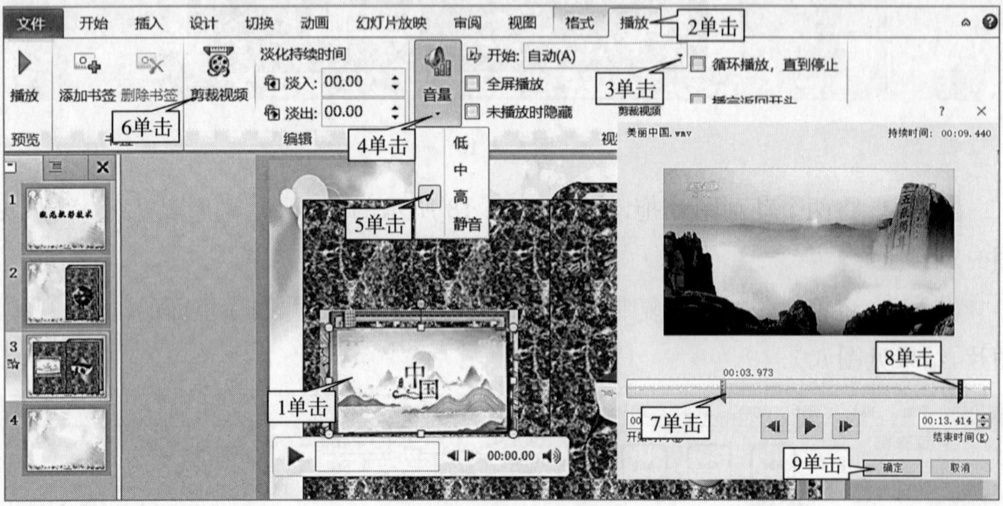

图 6.3.17

任务 5　Flash 动画的插入与设置

步骤 1　①单击【插入】。②单击【图片】按钮,出现图 6.3.17 所示的【插入图片】对话框。③单击选择【教材素材】\【图片】。④按住 Ctrl 单击【1. gif】、【2. gif】两个动画文件。⑤单击【插入】按钮,将两个动画插入,由于是同时选定的,因此两个动画图片插入后是同时处于选定状态的。⑥在其他地方单击以取消两个动画图片同时选定状态(见图 6.3.18)。

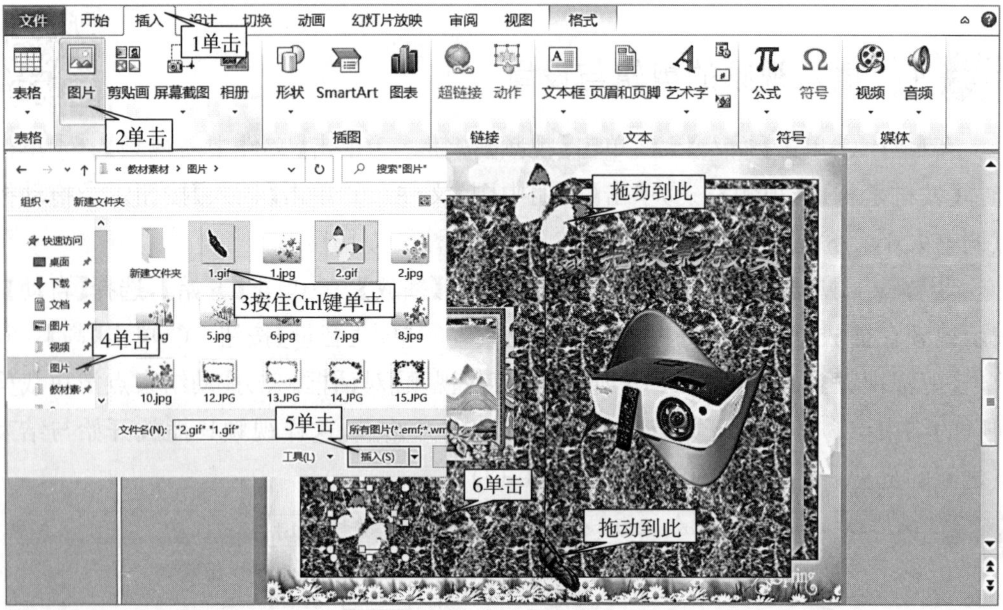

图 6.3.18

步骤 2 将两个动画图片拖动到图 6.3.18 所示的位置，并调整其大小，结果见图6.3.18。

步骤 3 将第 3 张幻灯片复制一张作为第 4 张幻灯片，并删除里面的动画、视频、图片，结果见图 6.3.19。

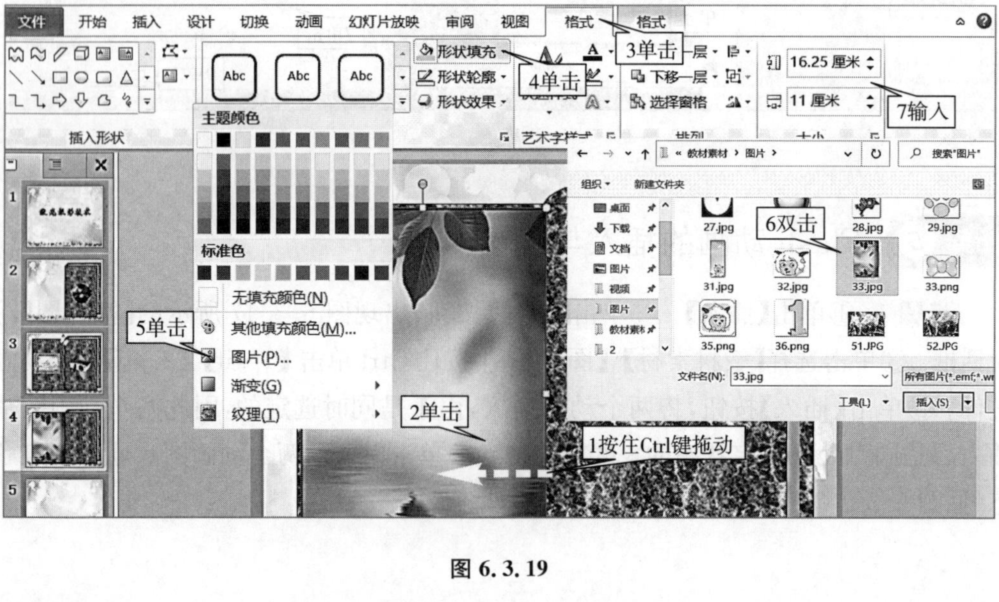

图 6.3.19

步骤 4 ①按住 Ctrl 拖动复制出一个矩形。②单击复制出来的矩形。③单击【绘图工具】\【格式】。④单击【形状填充】按钮。⑤单击【图片】，出现图 6.3.19 所示的

【插入图片】对话框。⑥选择【教材素材】\【图片】,双击【33. jpg】。⑦输入图片大小为 16. 25 厘米×11 厘米,然后将其放到左边的书的封皮上,基本与其重合,略向下、向右偏移一点(见图 6. 3. 19)。

步骤 5 ①单击矩形。②单击【绘图工具】\【格式】。③单击【形状轮廓】按钮。④单击【无轮廓】按钮,去除轮廓线(见图 6. 3. 20)。

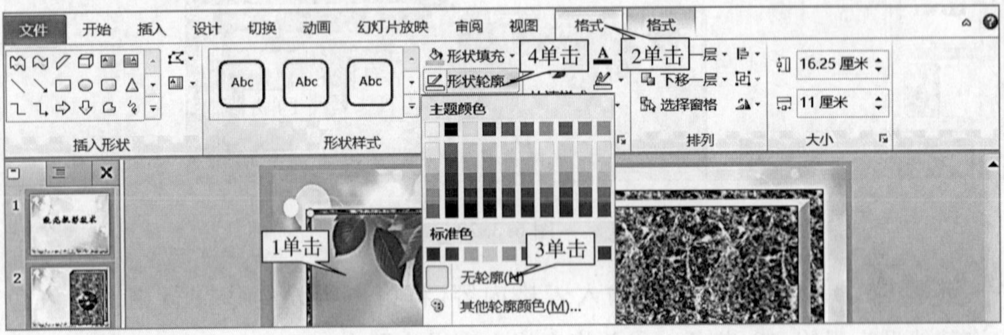

图 6. 3. 20

步骤 6 同理,将幻灯片右侧的矩形也作同样的填充、大小和线型设置,结果见图6. 3. 21。

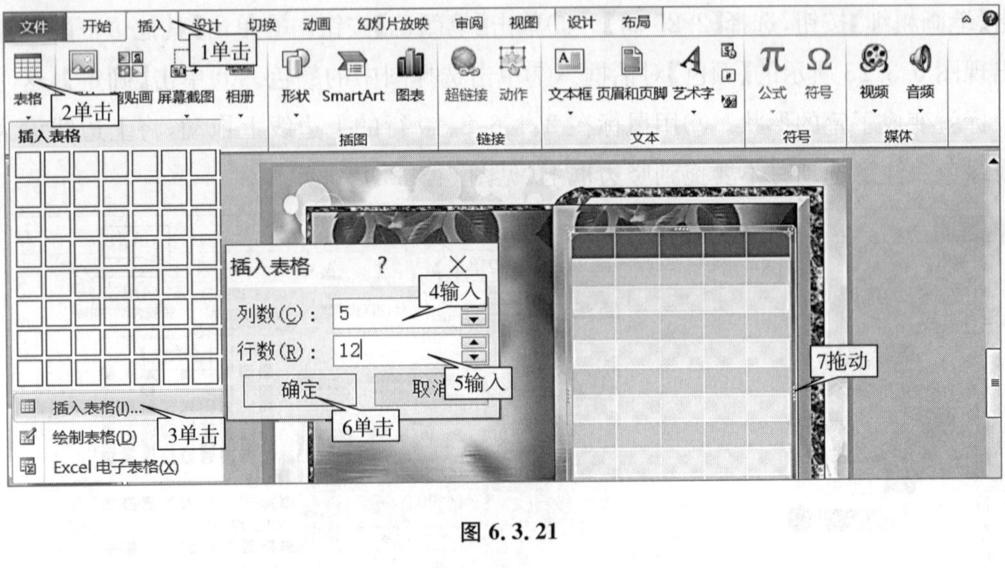

图 6. 3. 21

步骤 7 ①单击【插入】。②单击【表格】按钮。③单击【插入表格】,出现图 6. 3. 21 所示的【插入表格】对话框。④输入【5】。⑤输入【12】。⑥单击【确定】。⑦拖动表格到适当的位置(见图 6. 3. 21)。

步骤 8 ①将鼠标从表格的左上角拖动到表格右下角,选中整个表格。②单击【表格工具】\【设计】。③单击【其他】按钮,找到【无样式无网格】样式。④单击【无样式无网格】(见图 6.3.22)，以去除表格线。

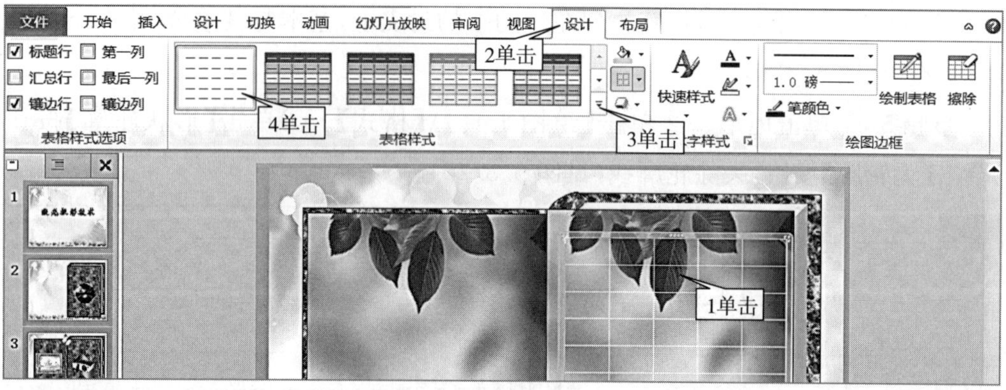

图 6.3.22

步骤 9 ①参照图 6.3.24 输入表格内容，将第一行设为华文行楷、18、红色。②将其他设为黑体、12、蓝色。③并将表格文字设为居中。

任务 6 设置表格的线型和底纹

步骤 1 ①单击表格。②单击【设计】。③单击【笔样式】按钮，选择单实线。④单击【笔画粗细】按钮，选择【2.25 磅】。⑤单击【笔颜色】按钮。⑥单击【其他边框颜色】，出现图 6.3.23 所示的【颜色】对话框。⑦单击选择图中的颜色。⑧单击【确定】，这时鼠标就变成了笔的形状。⑨用鼠标在 2、4、6、8、10 行的上边线上拖动，将上边线设为浅绿色。注意拖动时不要拖到竖边框上(见图 6.3.23)。

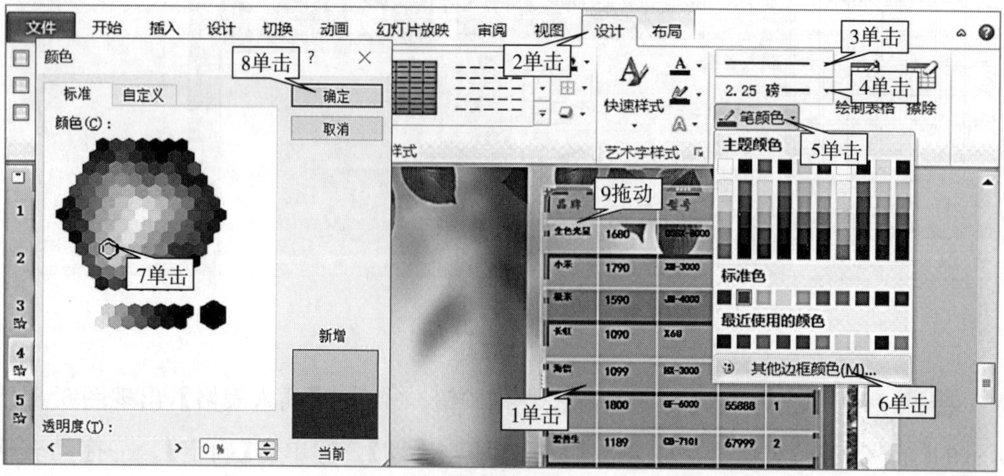

图 6.3.23

步骤 2 参照图 6. 3. 23 中所示方法，将表格 2、4、6、8、10 行的下边线设为单实线、4. 5 磅、深绿色(见图 6. 3. 24)。

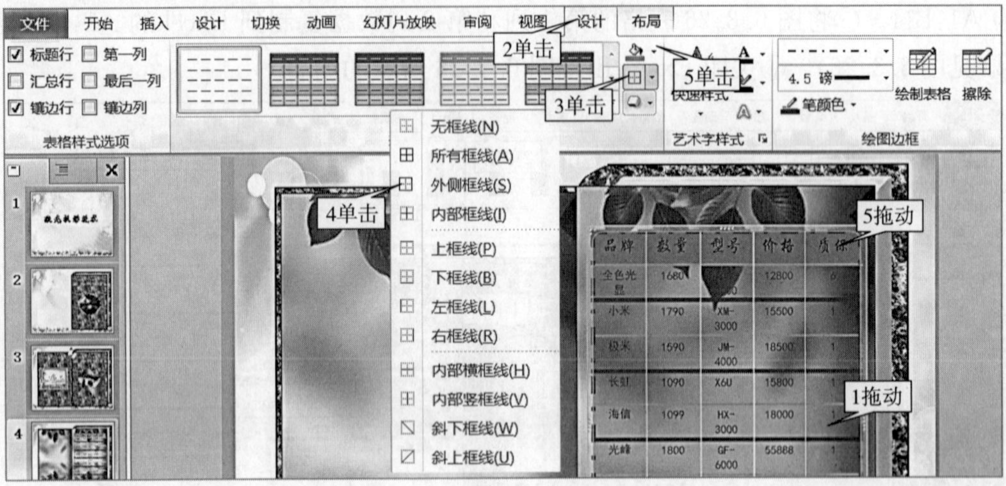

图 6. 3. 24

步骤 3 ①拖动选中整个表格。②单击【设计】。③单击【表格边框】按钮。④单击【外侧边框】选项，将表格外边框设置为粗点划线(见图 6. 3. 24)。⑤拖动选中表格第一行。⑥单击【填充】按钮。⑦单击【其他边框颜色】，在对话框中选中绿色，单击选择图中的颜色，为表格的第一行填充绿色的底纹(见图 6. 3. 24)。

步骤 4 ①单击【插入】。②单击【图表】，出现图 6. 3. 25 所示的【图表】对话框。③单击选择【柱形图】\【簇状柱形图】。④单击【确定】(见图 6. 3. 25)，会自动启动 Excel。⑤关闭 Excel，出现图 6. 3. 25 所示的图表。

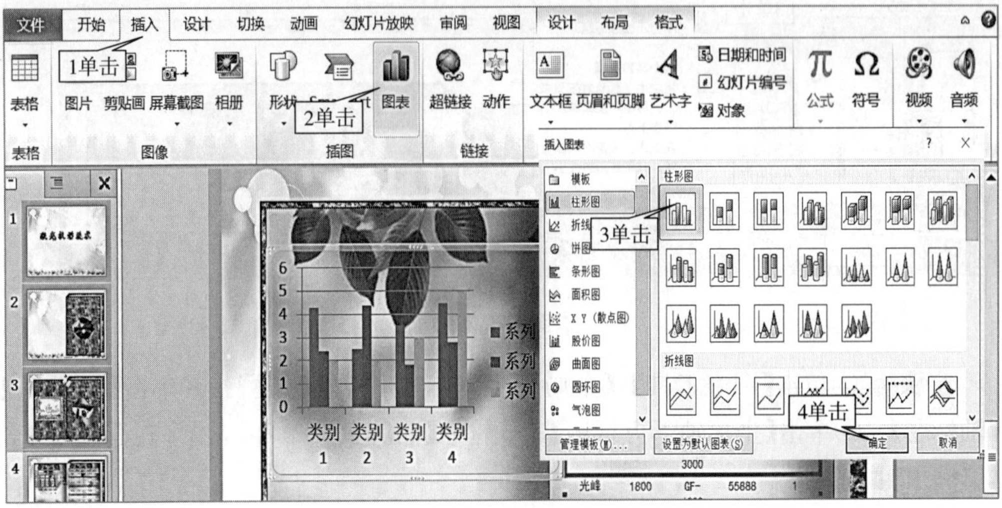

图 6. 3. 25

步骤 5 ①单击图 6.3.26 中的图表。②单击【图表工具】\【设计】。③单击【编辑数据】，启动 Excel。④拖动 Excel 表格中的蓝线改变数据区的大小，使其包含的区域为 A1:B11。⑤将图 6.3.26 表格的第 1 列和第 2 列数据复制到 Excel 的 A1:B11 区域(见图 6.3.26)。⑥关闭 Excel，出现图 6.3.26 所示的图表。

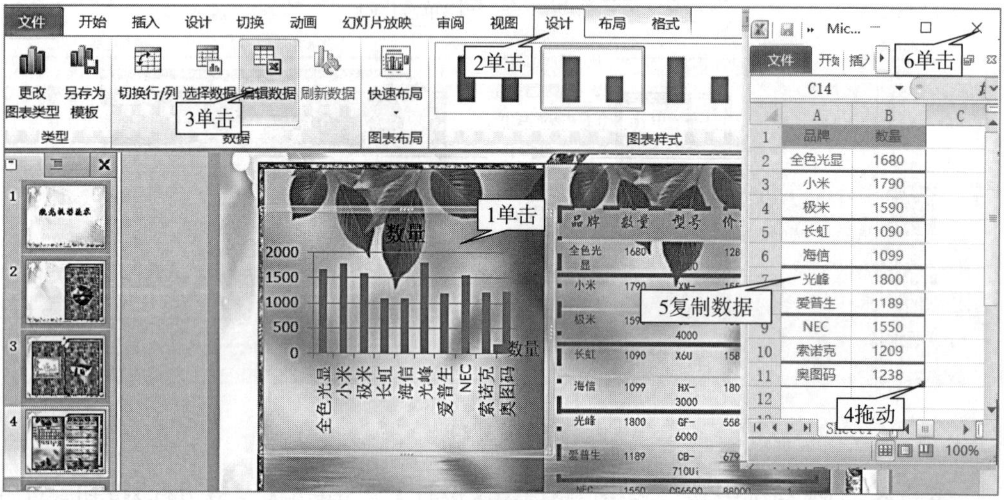

图 6.3.26

步骤 6 ①单击图表。②单击【图表工具】\【布局】。③单击【图表标题】。④单击【图表上方】。⑤输入【激光投影销售图表】(6.3.27)，并将其设为新魏、22、加粗。

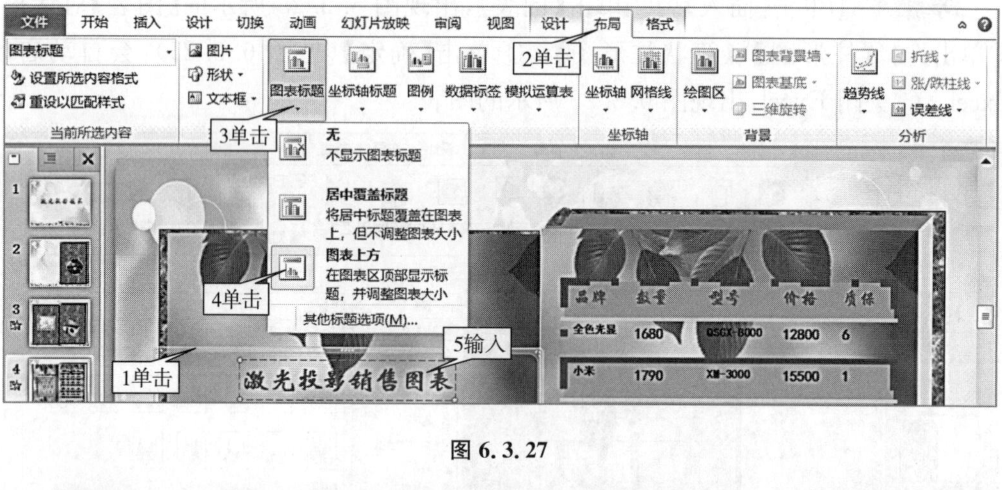

图 6.3.27

步骤 7 ①单击【图表工具】\【布局】。②单击【坐标轴标题】。③单击【主要横坐标轴标题】。④单击【坐标轴下方标题】。⑤输入【品牌】(6.3.28)，并将其设为方正舒体、18、加粗、红色。

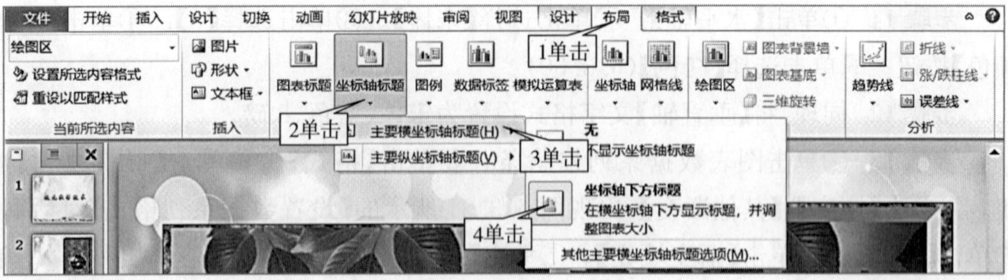

图 6.3.28

步骤 8 ①单击【图表工具】\【布局】。②单击【坐标轴标题】。③单击【主要纵坐标轴标题】。④单击【横排标题】。⑤输入【数量】(6.3.29)，并将其设为方正舒体、18、加粗、蓝色。

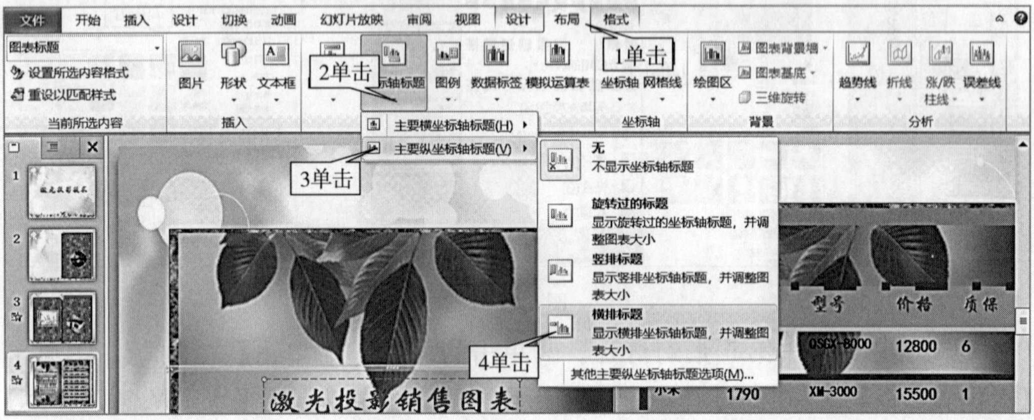

图 6.3.29

步骤 9 ①单击【图表工具】\【布局】。②单击【坐标轴标题】。③单击【主要坐标轴标题】。④单击【坐标轴下方标题】。⑤输入【标题】(6.3.30)，并将其设为方正舒体、18、加粗、蓝色。

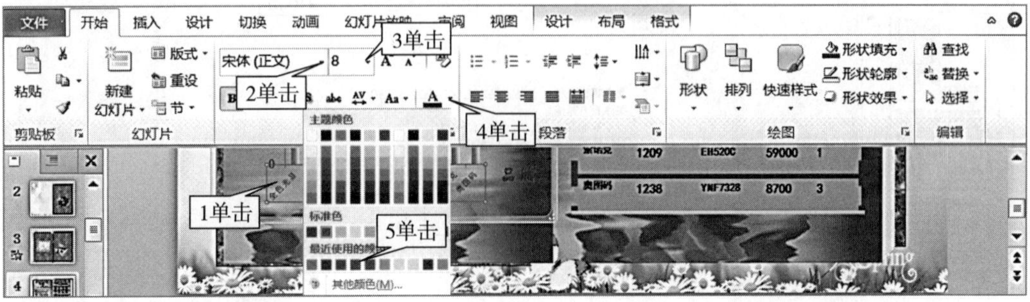

图 6.3.30

步骤 10 将图例文字设为方正舒体、18、加粗、黄色。

步骤 11 ①单击【水平轴】。②单击选择【宋体】。③单击选择【8】。④单击【字体颜色】按钮。⑤单击选择【红色】(6.3.30)。

步骤 12 同理，将【垂直轴】文字格式设置为宋体、蓝色、8 磅。

步骤 13 ①单击图表数据系列柱状条。②单击【格式】。③单击【形状填充】按钮。④单击【渐变】\【其他渐变】，出现图 6.3.31 所示的【设置数据系列格式】对话框。⑤单击【填充】。⑥单击【渐变填充】。⑦单击【预设颜色】。⑧单击【彩虹出釉】。⑨单击【关闭】(见图 6.3.31)。

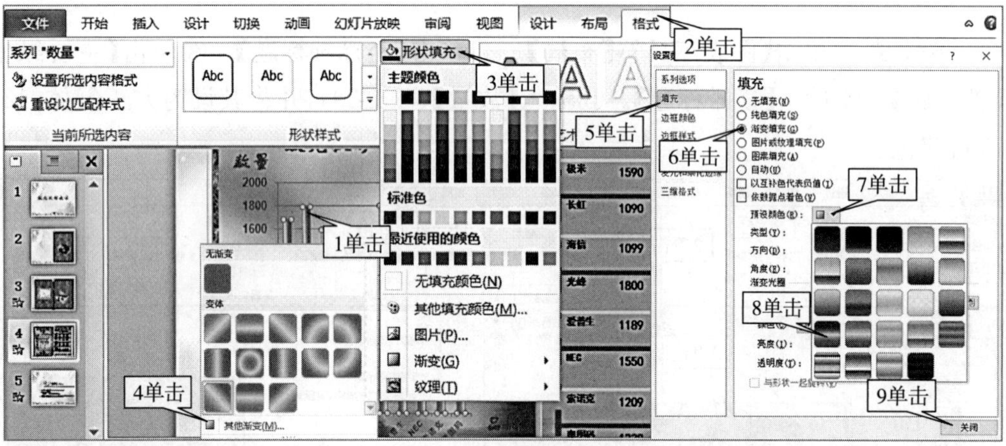

图 6.3.31

步骤 14 ①单击第 5 张幻灯片。②单击【插入】。③单击【文本框】。④单击【横排文本框】。⑤在幻灯片上拖动矩形文本框。⑥输入文字【WWW. WPS. CN】(见图 6.3.32)。

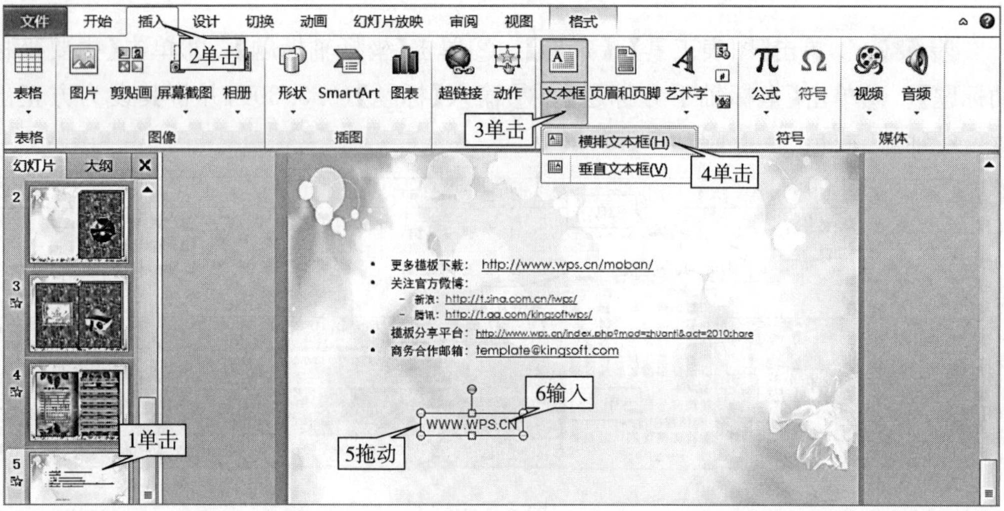

图 6.3.32

步骤 15 去除文本框的轮廓，并设置文本的字体为【Microsoft Sans Serif】、16

磅、白色、背景 1、深色 50%(见图 6.3.28)。

步骤 16 插入第 2 个文本框,输入文字【更多模板下载:http://www.wps.cn/moban/　关注官方微博:　新浪:http://t.sina.com.cn/iwps/　腾讯:http://t.qq.com/kingsoftwps/　模板分享平台:http://www.wps.cn/index.php? mod=zhuanti&act=2010share　商务合作邮箱:template@kingsoft.com】,并设置文字格式为华文细黑、16 磅(见图 6.3.33)。

步骤 17 将【教材素材】\【图片】下的 W、P、S 和 WPS 四个图片文件插入,将【W】【P】【S】三张图片的高度设为 2 厘米,将【WPSOffice】图片高度设为 3.5 厘米(见图 6.3.33)。

图 6.3.33

步骤 18 单击【插入】\【形状】按钮,选择直线工具,画出直线,并设置白色,背景 1,深色 50%(见图 6.3.33)。

步骤 19 将幻灯片中图片、形状、文本框调整至合适的位置(见图 6.3.33)。

项目 4　制作含动画的幻灯片

项目任务描述与分析

为了能够形象生动地说明问题,PowerPoint 提供了丰富的动画效果,能够将抽象的理论、概念、看不见的微观现象和难以展现的宏观现象用动画的形式加以表现。学习和掌握 PowerPoint 提供的各种动画的特点,以及各种动画的参数设置,并能综合应用各种动画,而组合形成特定的动画效果,用以解释和说明特殊现象是十分有用的。PowerPoint 不但能对幻灯片中的文本框、图片、Flash 动画、艺术字、图形进行动画设置,而且同时还可以为这些动画配上声音或者音乐。

任务 1 设置幻灯片的页面和显示比例

步骤 1 打开【教材素材】\【PowerPoint】\【激光投影技术】。

步骤 2 ①单击【设计】。②单击【页面设置】，弹出页面设置对话框。③单击选择【全屏显示(16:9)】。④单击【横向】。⑤单击或输入【1】，则按第 1 张幻灯片的编号 1 的顺序编号。⑥单击【确定】，幻灯片的页面比例被设置为 16:9(见图 6.4.1)。

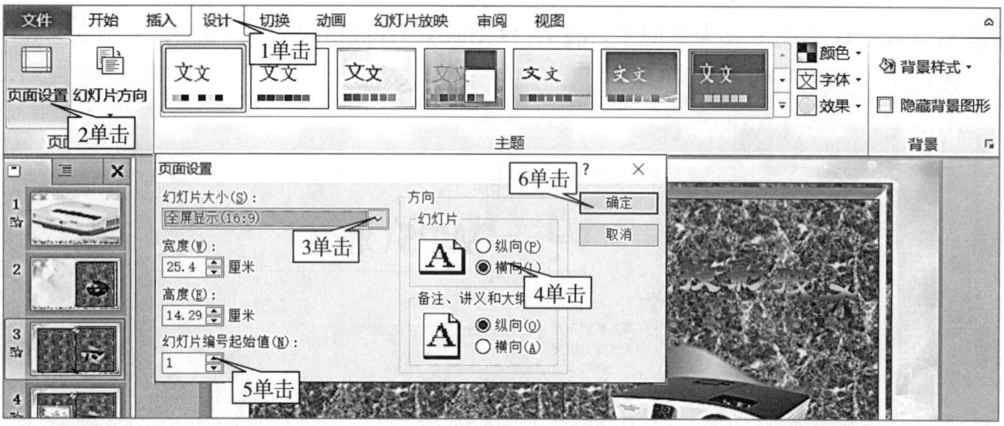

图 6.4.1

步骤 3 ①单击【视图】。②单击【显示比例】按钮，弹出如图 6.4.1 所示的【显示比例】对话框。③单击或输入【10%】。④单击【确定】。⑤插入【教材素材】\【图片】下的【激光投影 1】—【激光投影 10】系列图片。⑥将插入的图片拖动到相应的位置(见图 6.4.2)。

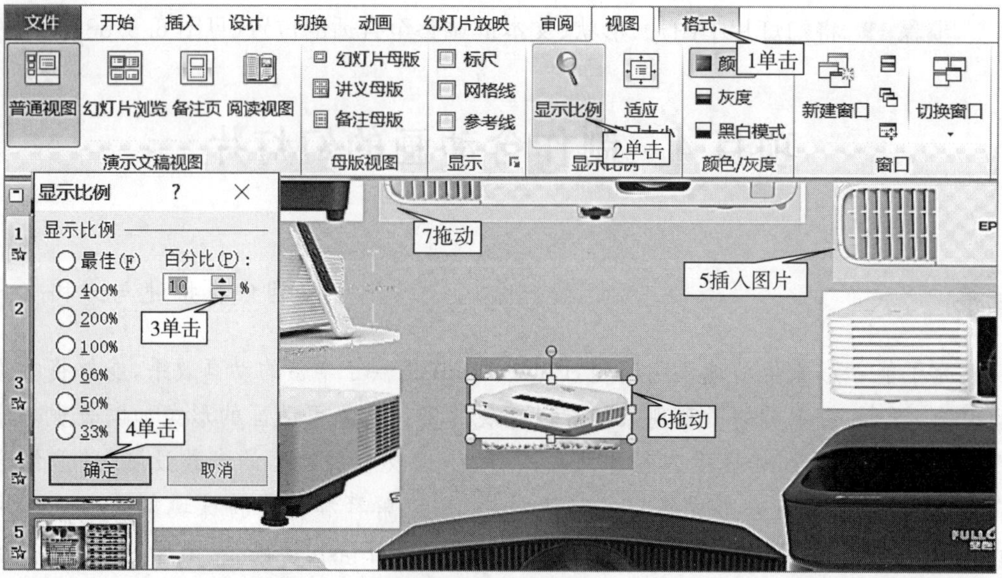

图 6.4.2

步骤 4 单击【图片工具】\【格式】，将插入图片的高度和宽度均设置为【80 厘米】，并再次调整图片的位置（见图 6.4.2）。

步骤 5 ①单击【图片工具】\【格式】。②单击【颜色】。③单击【设置透明色】。④将图片【激光投影 5】和【激光投影 8】的白色底纹设置为透明（见图 6.4.2）。

任务 2 幻灯片动画效果的添加与设置

1. 设置退出类动画

步骤 1 ①单击第一张图片。②单击【动画】。③单击【添加动画】按钮。④单击【更多退出效果】。⑤在弹出的【退出类动画效果】对话框中，选择【温和型】\【基本缩放】。⑥单击【确定】（见图 6.4.3）。

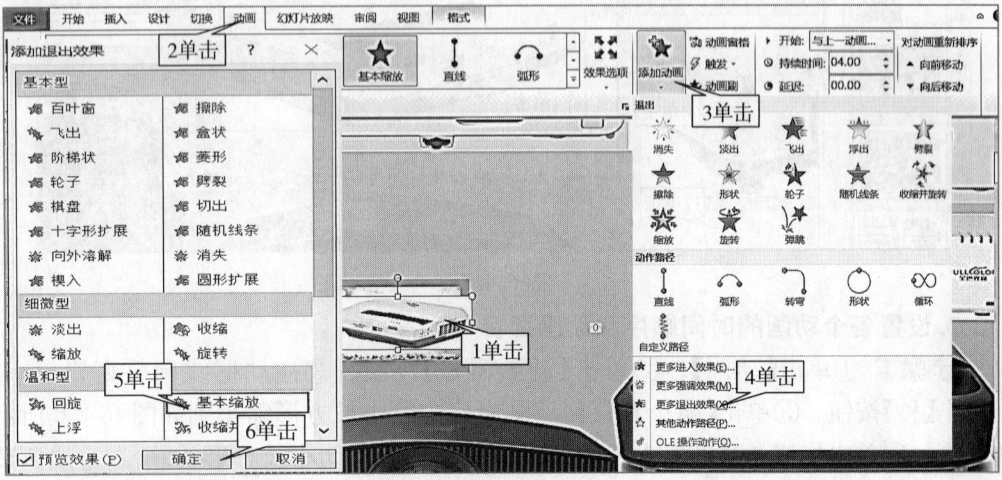

图 6.4.3

步骤 2 ①单击第一张图片。②单击【动画】。③单击选择【与上一动画同时】，设置动画会自动开始。④输入【4】，设置动画的持续时间为 4 秒。⑤单击【效果选项】按钮。⑥单击【缩小到屏幕中心】，图片播放时呈现从原位置缩小至屏幕中心消失的动画效果（见图 6.4.4）。

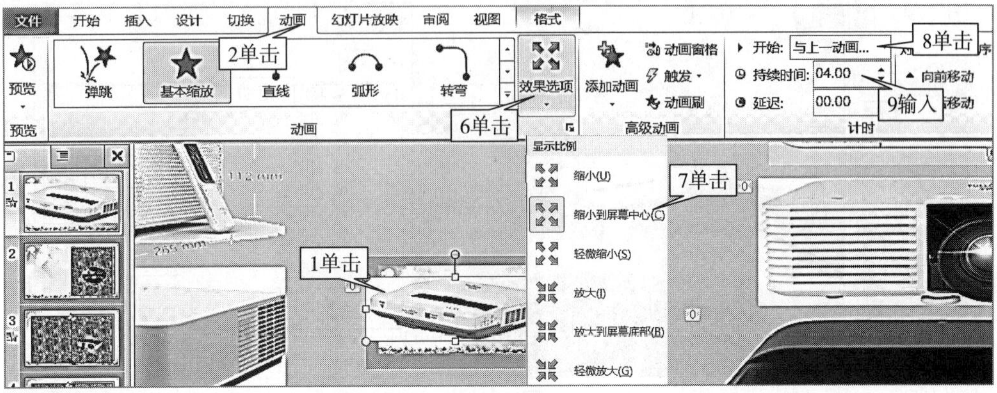

图 6.4.4

步骤 3 ①单击第一张图片。②双击【动画刷】按钮，动画刷同格式刷的功能一样。③单击其余 10 张图片。这样第一张图片设置的动画效果就被传递到了所有图片上了（见图 6.4.5）。

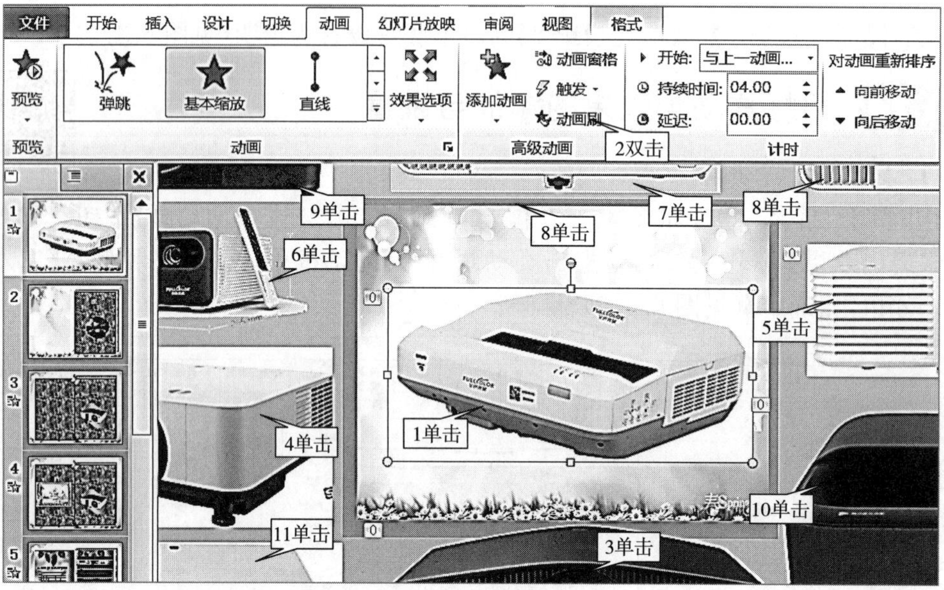

图 6.4.5

2. 设置各个动画的时间顺序和动画配音

步骤 1 ①单击【动画】。②单击【动画窗格】按钮。③拖动框线调整窗格大小。④单击【秒】按钮。⑤单击【缩小】，直到动画窗格中的小长方形缩小到如图 6.4.6 所示的长度。⑥单击按钮 **>** 可以将小长方形区域左移。⑦拖动小长方形的左、右边线调节动画的持续时间。⑧向右拖动小长方形的中间部分，改变该图片动画的起始时间，将各个动画的起始时间调整如图 6.4.6 所示的位置，从而使各个图片依次出现（见图 6.4.6）。

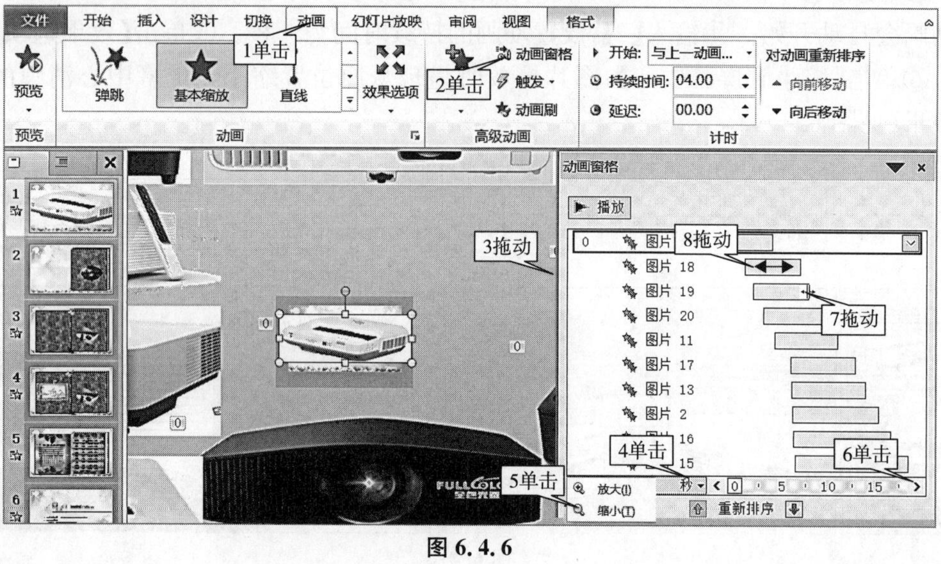

图 6.4.6

步骤 2 ①单击第一张图片。②单击【效果选项】右下角的【显示其他设置效果选项】按钮，弹出如图 6.4.7 所示的对话框。③单击【效果】选项卡。④单击选择【风铃】，也可单击旁边的小喇叭按钮，为动画配上音乐。设置后图片在显示动画时，还会伴有声音或音乐。⑤单击【确定】(见图 6.4.7)。

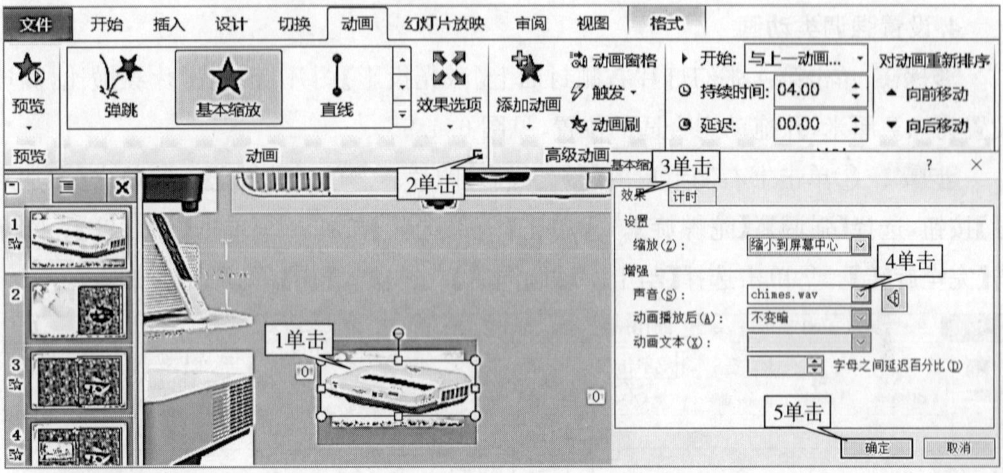

图 6.4.7

步骤 3 单击第 1 张幻灯片中的其他【激光投影】系列图片，按照图 6.4.7 的方法，为图片播放添加音乐效果。

步骤 4 按照图 6.4.2 的方法，将显示比例调整为 60%或其他合适的比例。

3. 设置进入类动画

步骤 1 复制第 3 张幻灯片置于第 2 张幻灯片之后，删除左侧封皮中的图片、视频和鸽子。

步骤 2 ①单击第 3 张幻灯片。②单击书的左侧的封皮。③单击【动画】。④单击【擦除】。⑤单击选择【单击时】。⑥单击【效果选项】按钮。⑦单击选择【自右侧】，以设置封皮从右侧向左翻开的动画效果。⑧输入【2】，动画持续时间为 2 秒(见图 6.4.8)。

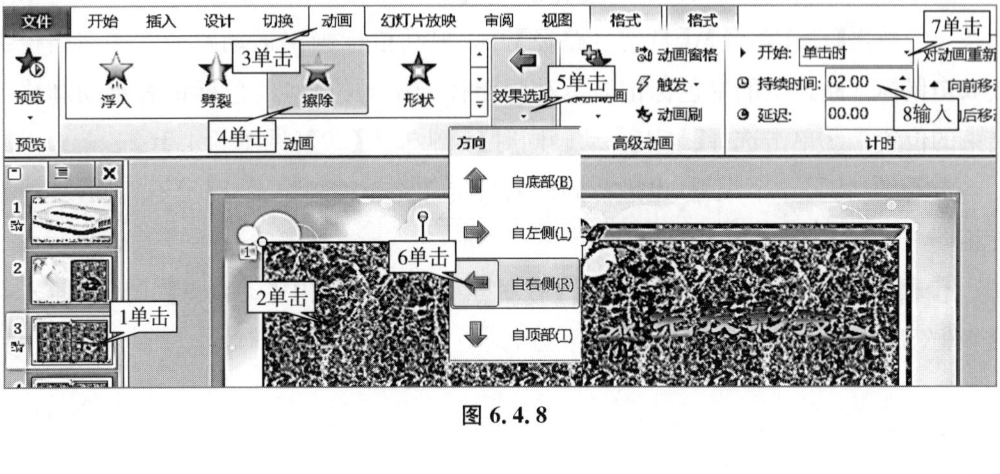

图 6.4.8

步骤 3 按照图 6.4.7 的方法，设置在左侧封皮播放时添加【风铃】音乐效果。

步骤 4 单击第 4 张幻灯片左侧的封皮【花边】图片，按照图 6.4.8 的方法，设置添加进入动画【轮子】，效果选项【轮辐图案(1)】，【上一动画同时之后】开始，持续时间【2】秒。

4. 设置强调类动画

步骤 1 单击第 4 张幻灯片右侧封面上【激光投影】图片，锁定图片纵横比，高度设置为 3.7 厘米，并拖动到合适的位置，见图 6.4.9。

步骤 2 ①单击书右侧封皮的【激光投影】图片。②单击【动画】。③单击【添加动画】按钮，选择【强调】\【陀螺旋】。④单击【效果选项】按钮。⑤单击【顺时针】。⑥单击【完全旋转】。⑦单击选择【与上一动画同时】。⑧输入【10】(见图 6.4.9)。

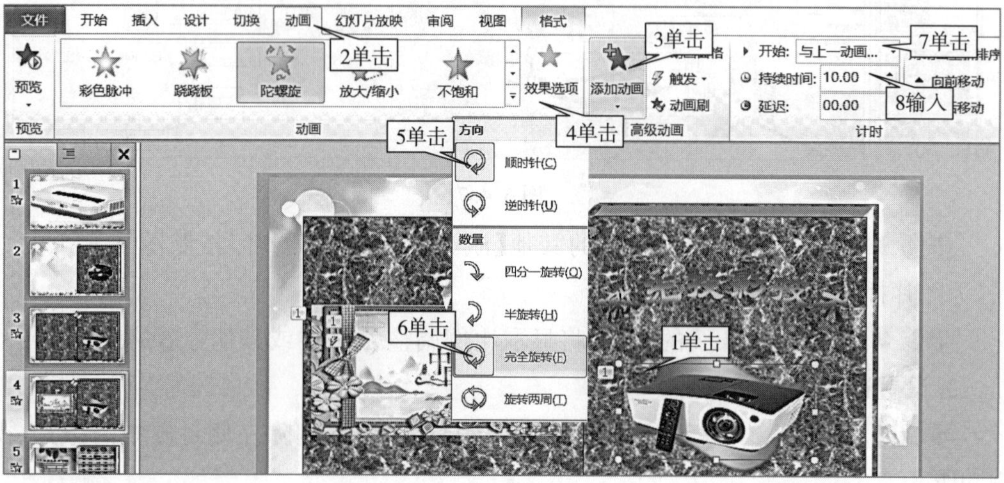

图 6.4.9

5. 设置动作路径类动画

步骤 1 ①单击蝴蝶图片。②单击【动画】。③单击【添加动画】按钮。④拖动滚动条。⑤单击【动作路径】\【自定义路径】。⑥拖动鼠标画出运动路径。⑦在路径终点双击鼠标。路径上的绿色标记表示动画路径开始的位置，红色标记表示动画路径结束的位置。⑧单击选择【与上一动画同时】。⑨输入【20】(见图 6.4.10)。

步骤 2 将另一个蝴蝶，也进行同样的自定义路径动画设置，路径不相同，其他设置相同。

步骤 3 单击【插入】\【图片】，将【教材素材】\【图片】中【动画 5】(鸽子)插入到第 4张幻灯片，并拖放到【花边框】的上方，见图 6.4.10。

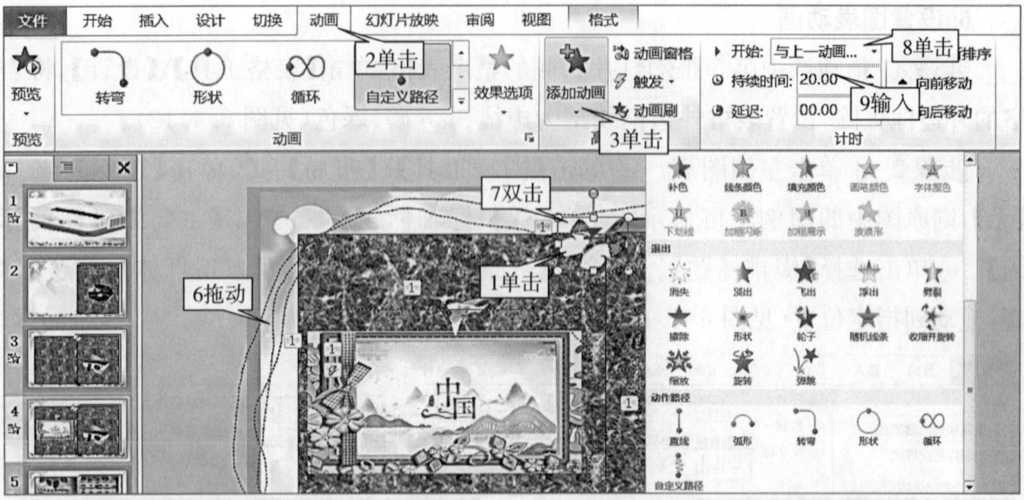

图 6.4.10

步骤 4 ①单击鸽子图片。②单击【动画】。③单击【动画】组右侧的【其他】按钮，在打开的下拉框中拖动滚动条，找到【动作路径】\【形状】。④单击【动作路径】\【形状】。⑤单击【效果选项】。⑥单击【正方形】，会出现一个带有控点的正方形虚线框。⑦拖动虚线框的控点，调整虚线框的位置和大小，使其围绕着花边框。这样鸽子的飞行路径就是围绕花边框的一个正方形。⑧单击选择【与上一动画同时】。⑨输入【15】(见图6.4.11)。

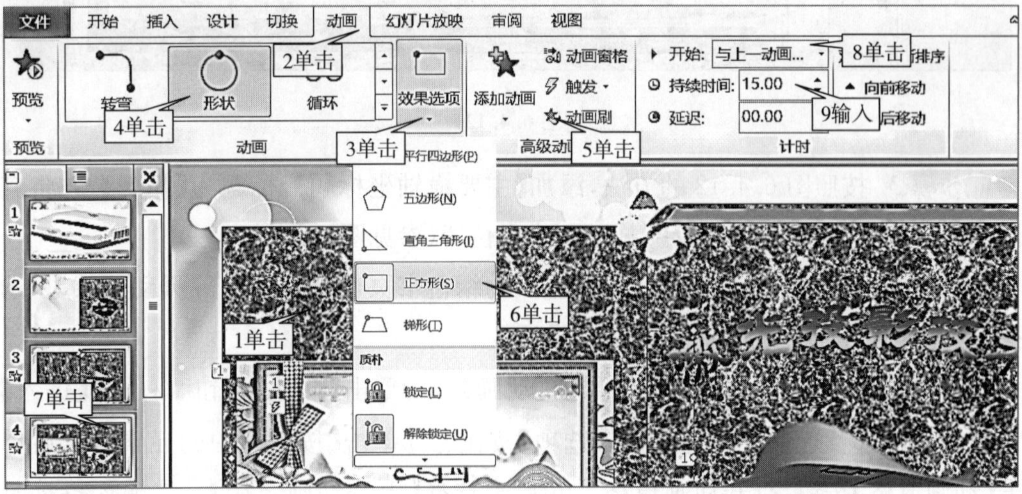

图 6.4.11

6. 设置图表动画

步骤 1 拖动选中第 5 张幻灯片右侧的整个表格，单击【表格工具】\【设计】，将表格的外边框去除，设置表格外边框线型为虚线、4.5 磅、绿色（见图 6.4.12）。

步骤 2 ①单击左侧图表。②单击【图表工具】\【布局】。③单击【图例】，选择【无】，则原图中的图例不再显示。④单击【坐标轴标题】。⑤单击【主要纵坐标轴标题】。⑥单击选择【横排标题】。⑦输入【数量】，并将其设置为【方正舒体】、蓝色、18 磅，拖动到指定位置（见图 6.4.12）。

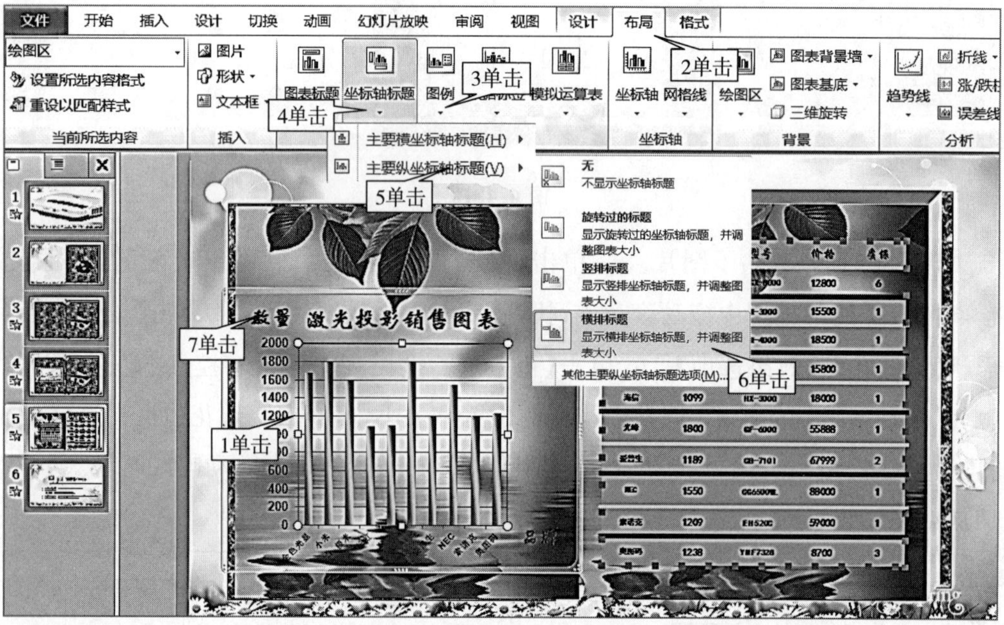

图 6.4.12

步骤 3 按照图 6.4.12 的方法，添加【主要横轴坐标题】，标题为【品牌】，并将其设置为【方正舒体】、红色、18 磅，拖动到指定位置（参见图 6.4.12）。

步骤 4 单击第 5 张幻灯片，将书左侧的绿色书页也设置一个翻页动画效果，选择【上一动画同时之后】开始，持续时间【3】秒。

步骤 5 ①单击左侧图表。②单击【动画】。③单击【其他】按钮，选择【进入】\【翻转式由远及近】。④单击【效果选项】按钮。⑤单击【按系列中的元素】，然后单击【动画窗格】按钮，打开动画窗格。⑥单击选择【上一动画之后】。⑦输入持续时间【1】。⑧单击【动画窗格】，在动画窗格中可以看到图表中的数据元素依次出现（见图 6.4.13）。

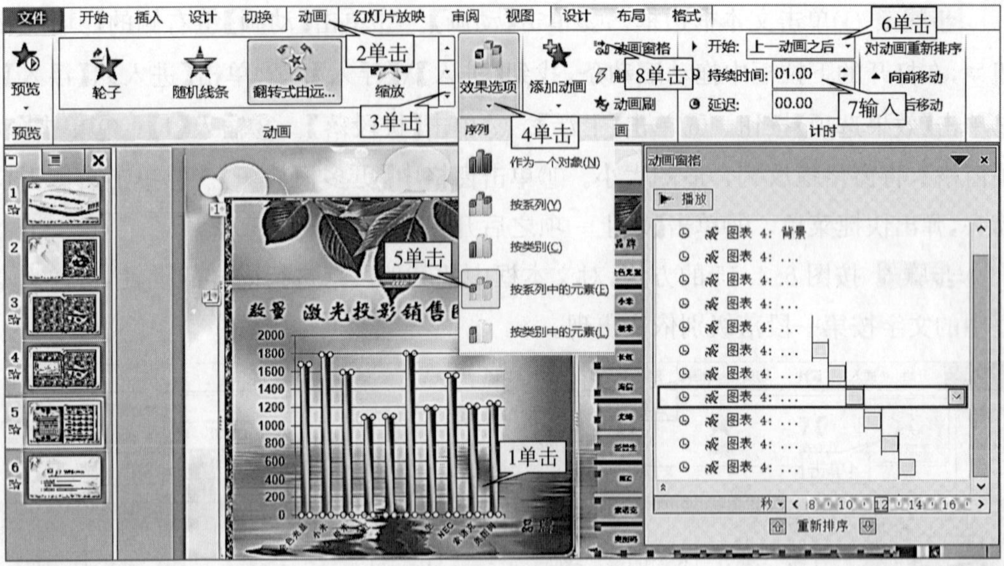

图 6.4.13

任务 3 动画设置综合应用

步骤 1 单击第 6 张幻灯片，单击【W】图片，为图片添加【飞入】动画效果，效果选项设为【自底部】，开始设为【与上一动画同时】，输入持续时间【2】。

步骤 2 ①单击【P】图片。②单击【动画】。③单击【动画】组右侧的【其他】按钮，在打开的下拉框中拖动滚动条，找到【进入】\【形状】。④单击【进入】\【形状】。⑤单击【效果选项】按钮。⑥单击【放大】。⑦单击【圆】。⑧单击选择【上一动画之后】。⑨输入【2】(见图 6.4.14)。

步骤 3 单击【S】图片，为图片添加【旋转】动画效果，开始设为【上一动画之后】，持续时间设为【2】。

步骤 4 ①单击【WPS】图片，为图片添加【轮子】动画效果，效果选项设为【1 轮辐图案】，开始设为【上一动画之后】，持续时间设为【2】。

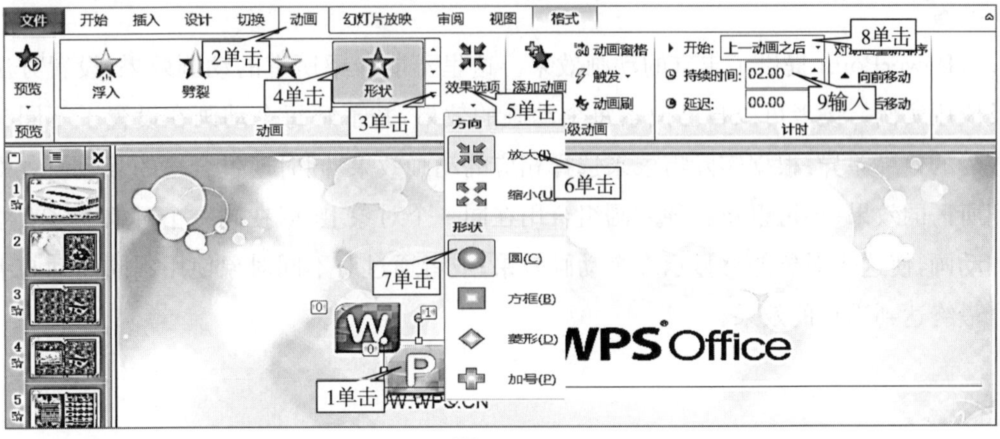

图 6.4.14

步骤 5 ①单击文本框边框。②单击【动画】。③单击【动画】组右侧的【其他】按钮，在打开的下拉框中拖动滚动条，找到【进入】\【浮入】。④单击【进入】\【浮入】。⑤单击【效果选项】按钮。⑥单击【上浮】。⑦单击【按段落】。⑧输入【1】。⑨单击【动画窗格】，将窗格拖放到合适的大小。⑩单击窗格中【更多模板…】。⑪单击右侧下拉箭头，弹出快捷菜单。⑫单击【从上一项之后开始】（见图 6.4.15）。

步骤 6 按图 6.4.15 的方法，对文本框中的其他段落进行同样的设置，这样文本框中的文字按第一段落级别依次出现。

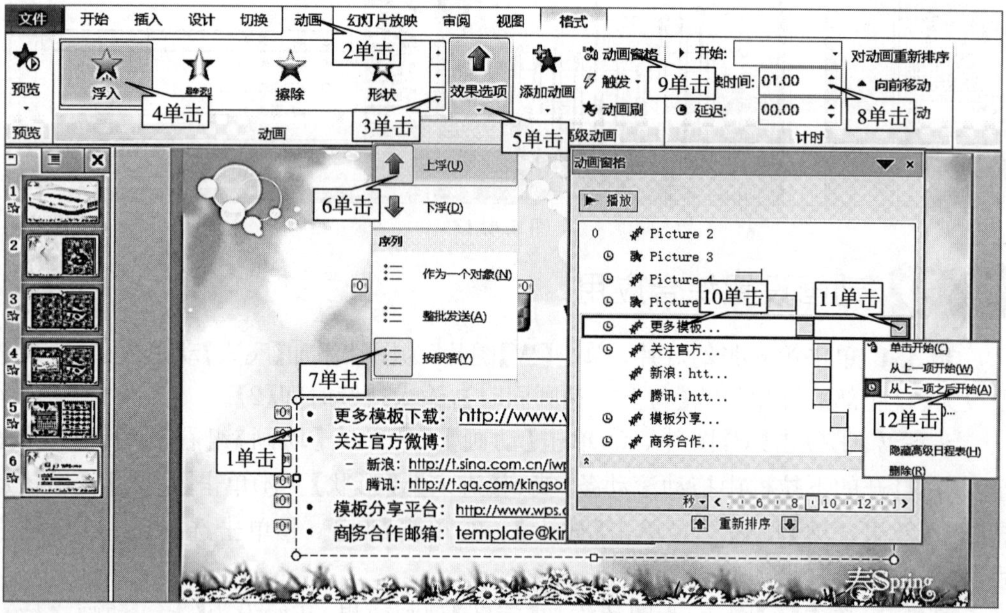

图 6.4.15

知识拓展

PowerPoint 提供了丰富的动画效果。这里不能介绍所有的动画效果、设置方法及应用实例。读者可以自己摸索每个动画的效果，并了解每个动画在设置了不同参数后的效果差异；根据实际需求来选择相应的动画效果，同时通过合适的参数设置得到所需的效果；还可以将各种动画组合用在同一个对象上，即在同一个对象上多次添加动画，使这个对象能够显示多个动画效果；或者通过对不同对象使用不同的动画组合最终达到满意的效果。

项目 5　制作广告幻灯片

项目任务描述与分析

幻灯片除了能够用于教学之外，还可以用于制作广告幻灯片。而在制作广告幻灯片时配乐是必不可少的，但是由于幻灯片插入音乐时默认的是音乐只在插入音乐的幻灯片中播放，如果跳转到其他幻灯片，音乐就停止播放。为了使音乐在幻灯片切换后仍能连续不停地播放，就需要进行特殊设置。同时为了使广告幻灯片有配乐解说的效果，我们还可以利用录制旁白的功能，对每张幻灯片录制相应的解说。这样音乐和解说同时播放就构成了配乐解说的广告。由于广告是需要进行循环播放的，而我们又不能靠人工来循环播放幻灯片，因此，就需要利用设置幻灯片放映方式的操作将幻灯片设置为循环播放模式。这样幻灯片就能自动循环播放，而无需人工控制。通过打包幻灯片中插入的视频、音频及动画素材，可以将幻灯片传到任何一台计算机上播放。

任务 1　幻灯片配乐技巧

设置一组幻灯片的配音有一定的技巧。一般情况下，在一张幻灯片上插入音乐后，当幻灯片放映时，音乐只会在该张幻灯片放映时播放。当放映到下一张幻灯片时，音乐就会停止。要想在整个幻灯片放映过程中音乐都连续播放，就要进行下面的设置。

步骤 1　打开【教材素材】\【PowerPoint】\【激光投影原版(动画)】。

步骤 2　①单击第 1 张幻灯片。②单击【插入】。③单击【音频】按钮。④单击【文件中的声音】，出现图 6.5.1 所示的【插入音频】对话框。⑤单击选择【教材素材】\【音乐】。⑥双击【05. mp3】(见图 6.5.1)，出现图 6.5.2。

图 6.5.1

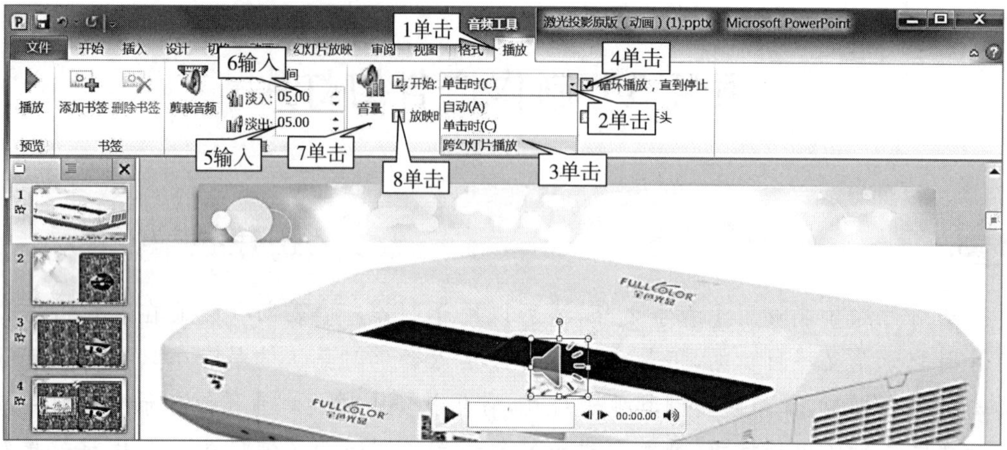

图 6.5.2

步骤 3 ①单击【音频工具】\【播放】。②单击【开始】下拉列表。③单击【跨幻灯片播放】，表示音频不会因为单击鼠标或播放到下一张幻灯片而停止。从而使音乐在播放幻灯片过程中不间断。实现了对一组幻灯片用一首音乐连续配乐的目的。④单击勾选【循环播放，直到停止】，表示在幻灯片没有放完前音频会循环播放。⑤输入【5】。⑥输入【5】，表示音频开始播放时声音是由小变大的，而音频结束时声音是由大变小的。⑦单击【音量】按钮，选择【高】。⑧单击勾选【放映时隐藏】，则放映时小喇叭就不会出现在屏幕上（见图 6.5.2）。

步骤 4 单击【文件】\【另存为】，用“激光投影原版（动画配乐）”作为文件名保存。

任务 2 幻灯片的配音解说

步骤 1 打开【教材素材】\【PowerPoint】\【激光投影原版（动画配乐）】。

步骤 2 ①单击第 1 张幻灯片。②单击【幻灯片放映】。③单击【录制幻灯片演示】按钮。④单击【开始录制】按钮（见图 6.5.3），出现图 6.5.4。

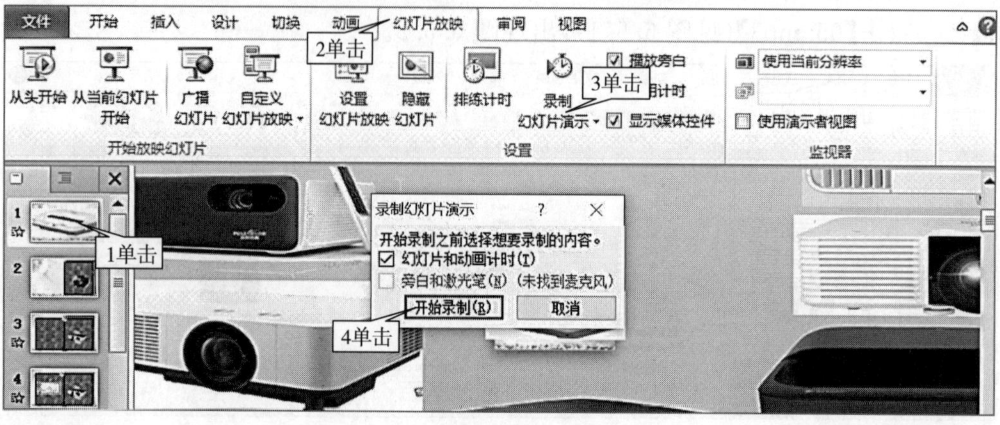

图 6.5.3

步骤 3 在第 1 张幻灯片出现时，对照幻灯片的画面，通过耳麦进行讲解，这样你的解说声音就被记录在这一张幻灯片中了。

步骤 4 单击【下一项】按钮，继续进行讲解（见图 6.5.4）。

图 6.5.4

步骤 5 按照这种方法，对后面的每一张幻灯片进行配音解说，直到最后一张。等待一会儿自动退出播放。出现图 6.5.5，每张幻灯片下都有数字和小喇叭。小喇叭是讲解的声音，数字是幻灯片持续的时间。

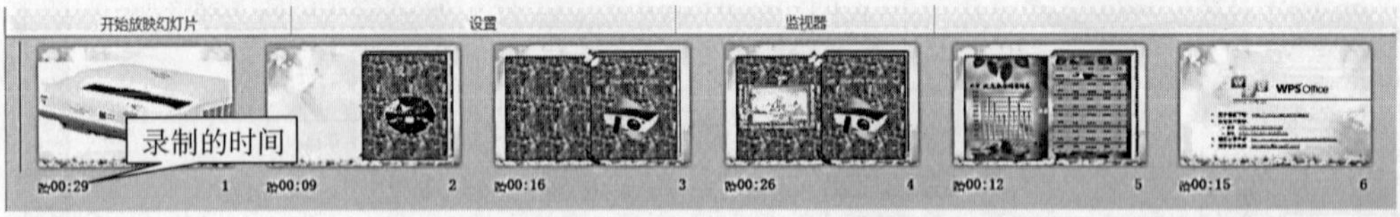

图 6.5.5

步骤 6 单击【文件】\【另存为】，用【激光投影原版（动画配乐解说）】作为文件名保存，这样就可将录制的配音解说保存到文件中。

当我们播放“激光投影原版（动画解说）”幻灯片时，是不需要人工操作控制播放的，它会自动播放。每张幻灯片持续的时间就是你解说的时间。利用这种功能可以制作自动连续播放的广告，以及自动播放的教学课件。

任务 3　制作配乐解说的幻灯片

如果需要制作一套具有配乐解说功能的幻灯片，可以将录制旁白和上面所介绍的配乐方法结合起来。一边播放幻灯片，一边对照幻灯片内容进行解说。最终 PowerPoint 会将配乐与解说合成在一起，并保存在文件中。当放映时就可以看到具有配乐解说的幻灯片了。制作方法是：

步骤 1 用图 6.5.1 介绍的方法制作一个配乐演示文稿。

步骤 2 用图 6.5.2 介绍的录制旁白方法，一边播放幻灯片，一边对照幻灯片内容借助耳麦进行解说。

步骤 3 单击【文件】\【另存为】，用“激光投影原版（动画配乐解说）”作为文件名保存。

任务 4　制作自动循环播放的配音广告

步骤 1 打开【教材素材】\【PowerPoint】\【激光投影原版（动画配乐解说）】。

步骤 2 ①单击【幻灯片放映】。②单击【设置幻灯片放映】按钮，出现如图 6.5.6 所示的【设置放映方式】对话框。③单击勾选【循环放映，按 ESC 键终止】项。④单击

【确定】(见图 6.5.6)。这样放映时这个幻灯片文件就会自动循环播放，直到我们按 ESC 键才终止放映。

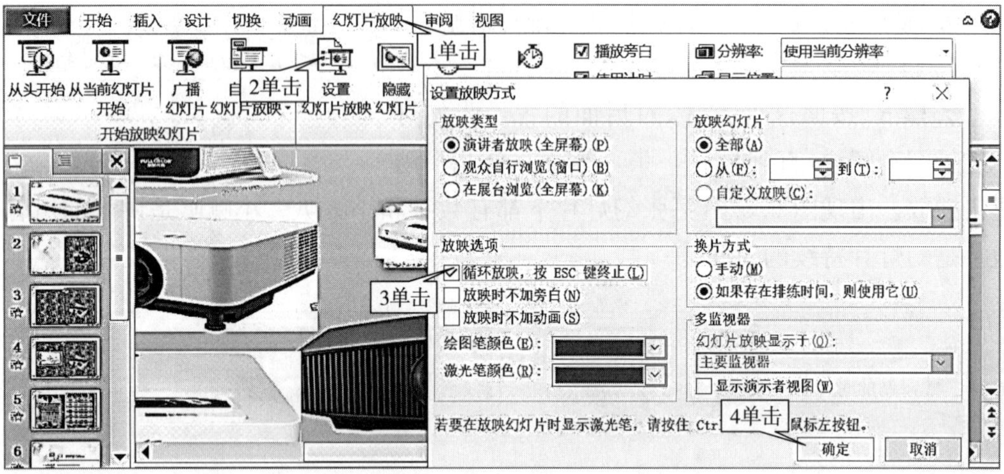

图 6.5.6

任务 5 演示文稿的打包

一般演示文稿的播放是要在 PowerPoint 中进行的，在没有安装 PowerPoint 的计算机中演示文稿文件无法播放。因此为了能让演示文稿在任何情况下都可以播放，我们可以将做好的演示文稿打包成可以独立播放的文件。打包的好处就是：它可以将幻灯片中所用到的音频、视频、Flash、图片等素材文件以及 PowerPoint 播放器，一同放进一个文件夹，这个文件夹就是打包后的文件夹。打包后的文件夹在任何计算机上都可以正常放映。

另外当我们在演示文稿中加入音频、视频、Flash 等素材时，如果用该演示文稿在其他计算机上播放，就会发现加入的音频、视频、Flash 等均无法播放出来。其原因就是这些音频、视频、Flash 并没有被保存到演示文稿文件中去，而只是在演示文稿文件中给出了一个调用音频、视频、Flash 文件的路径。由于其他计算机上并没有路径所指的文件，所以也无法调用到这些音频、视频、Flash 文件，因此也就无法正常播放 PowerPoint 中的音频、视频、Flash 文件。而打包功能就可以将这些音频、视频、Flash 文件及所有的素材都集中存放到一个打包文件夹中，这样在任何情况下，就都可以正常播放演示文稿中的音频、视频、Flash 文件了。打包的方法如下。

步骤 1 打开【教材素材】\【PowerPoint】\【激光投影原版(动画配乐解说)】。

步骤 2 ①单击【文件】。②单击【保存并发送】。③单击【将演示文稿打包成 CD】。④单击【打包成 CD】，出现图 6.5.7 所示的【打包成 CD】对话框。⑤输入文件夹名【打包激光投影原版】。⑥单击【复制到文件夹】，出现图 6.5.7 所示的【复制到文件夹】对话框。⑦单击选择路径。⑧单击【确定】(见图 6.5.7)，出现图 6.5.8 所示的对话框。

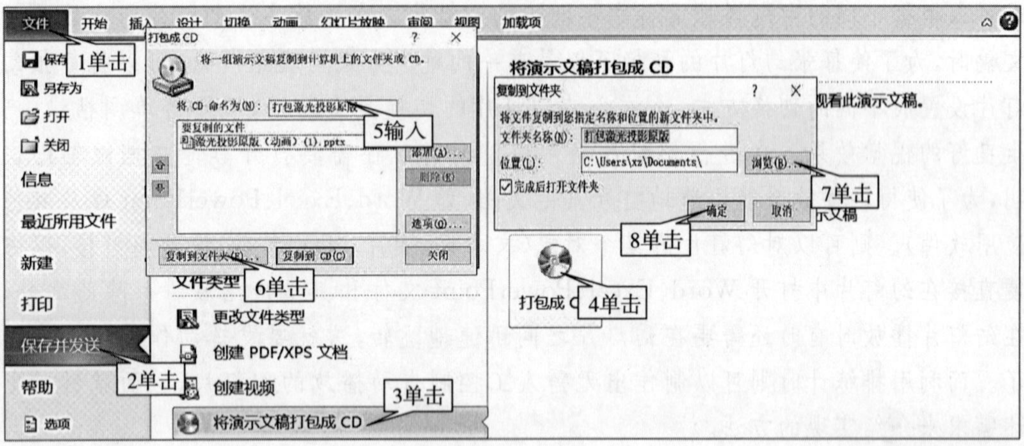

图 6.5.7

图 6.5.8

步骤 3 单击【是】(见图 6.5.9)，出现图 6.5.9，表示正在将幻灯片所加入的各种音频、视频文件放入文件夹。

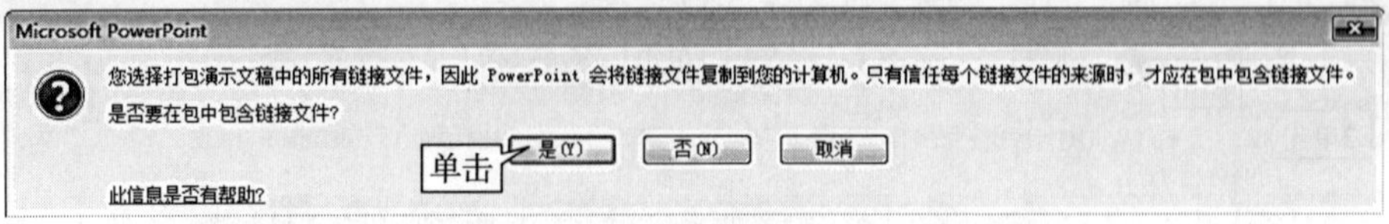

图 6.5.9

这样计算机就开始将所有的文件复制到名为【打包激光投影原版】的文件夹中。复制完成后就结束了打包工作，这样演示文稿中的所有内容都被打包到文件夹中了。

项目 6　形式多样的幻灯片放映手段

项目任务描述与分析

制作幻灯片的最终目的是为了播放幻灯片，为了满足播放幻灯片的各种个性化的需求，可以对幻灯片播放进行相应的设置。例如，可以将多个主题制作成一个由许多张幻灯片组成的文件，并将每个主题包含的若干张幻灯片组成一组来放映。使用时可以根据不同的主题播放文件中不同组的幻灯片。在播放多张幻灯片组成的演示文稿时，为了使每张幻灯片的切换不以是单一的跳出方式呈现给观众，可以将每张幻灯片设置成不同的切换方式，这样会使幻灯片的切换具有动感，不显得单调枯燥，产生良好的视觉效果。在进行幻灯片演示讲解时有时还需要打开其他文档做辅助说明，为了使得在播放时能快速地打开其他文档（如 Word、Excel、PowerPoint 以及其他应用软件）。则可以对幻灯片的某个对象（文本框、图片、艺术字等）设置超链接，以方便直接在幻灯片中打开 Word、Excel、PowerPoint 文件和其他应用软件。除此之外，在幻灯片播放时有时还需要在幻灯片之间迅速地跳转，这就要发挥动作按钮的作用了。而利用排练计时则可以制作出无需人工控制自动播放的幻灯片，下面就针对上述需求来介绍实现的方法。

任务 1 幻灯片的放映

步骤 1 打开【教材素材】\【PowerPoint】\【计算机组装技术】。

步骤 2 ①单击【幻灯片放映】。②单击【从头开始】按钮，即可从第一张幻灯片开始放映，也可以单击右下侧的按钮放映打开的演示文稿（图 6.6.1）。

步骤 3 单击【从当前幻灯片开始】放映幻灯片，则可以从选中的幻灯片开始放映（见图 6.6.1）。

图 6.6.1

任务 2　幻灯片切换效果的设置

幻灯片切换效果是指在放映幻灯片时，从一张切换到另一张时的幻灯片呈现的方式及给人的视觉和声音效果。

步骤 1　①单击选择要设置切换效果的幻灯片。②单击【切换】。③单击【其他】按钮，选择【涟漪】。④单击【效果选项】。⑤单击【居中】。⑥单击【声音】按钮，选择风铃。⑦输入【2】，表示涟漪方式切换的时间为 2 秒（见图 6.6.2）。如果单击全部应用按钮，则以上幻灯片切换方案可应用于演示文稿中的全部幻灯片，若不单击【全部应用】按钮，则以上幻灯片切换方案只用于当前幻灯片。

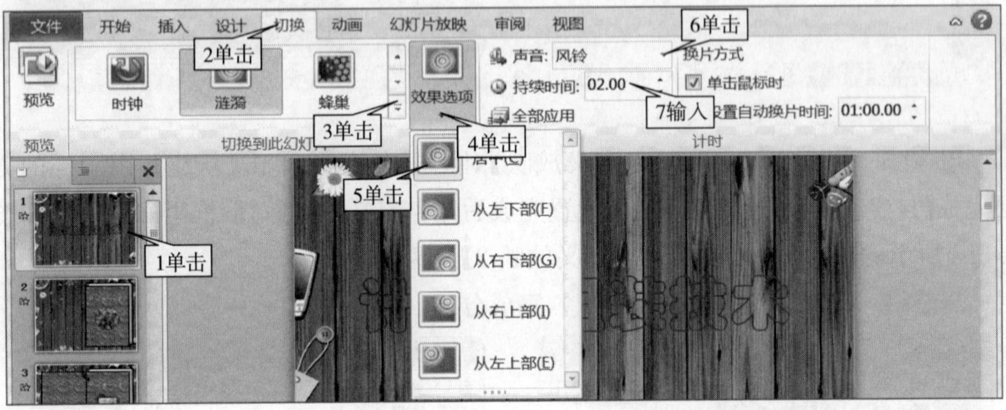

图 6.6.2

步骤 2　单击选择第 2 张幻灯片，参照以上方法，设置其切换方案为【淡出】，切换时间为【0.5】，切换时的声音为【激光】，换片方式为【单击鼠标】。PowerPoint 提供了多种切换形式，用同样的方法将剩下的幻灯片设置为不同的切换方式。

任务 3　分组放映幻灯片

用户可以通过自定义放映方式，把一个演示文稿中的幻灯片分为几组，并针对不同的观众播放不同组的幻灯片，实现不同的展示目标。其方法如下。

1. 幻灯片放映分组

步骤 1　打开【教学素材】\【PowerPoint】\【计算机组装技术】。

步骤 2　①单击【幻灯片放映】。②单击【自定义幻灯片放映】按钮。③单击【自定义放映】，出现图 6.6.3 所示的【自定义放映】对话框。④单击【新建】按钮，出现图 6.6.3所示的【定义自定义放映】对话框。⑤单击选择需要分组的放映幻灯片。⑥单击【添加】按钮。⑦完成所有幻灯片的添加后，输入该组幻灯片名称【自定义放映 1】。

⑧单击【确定】(见图 6.6.3)，会回到图 6.6.4 所示的【自定义放映】对话框。

图 6.6.3

步骤 3 在图 6.6.4 所示【自定义放映】对话框中，再次单击【新建】，用同样的方法完成【自定义放映 2】组的设置。设置完成后，【自定义放映】对话框里面就有了如图 6.6.5 所示的【自定义放映 1】、【自定义放映 2】这两个放映组。

步骤 4 单击【关闭】(见图 6.6.5)，完成分组。

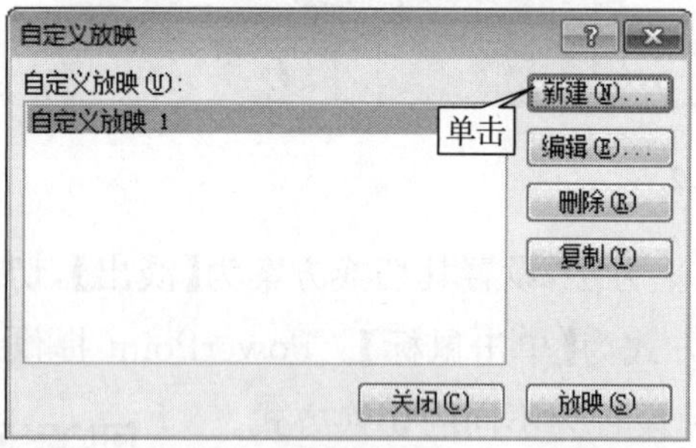

图 6.6.4

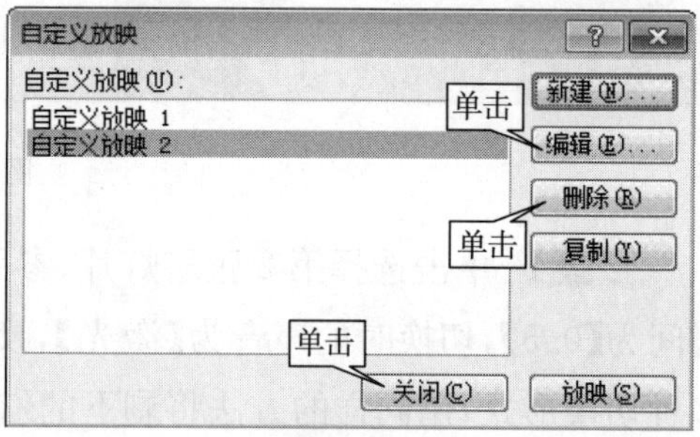

图 6.6.5

2. 分组放映幻灯片

步骤 ①单击【幻灯片放映】。②单击【自定义幻灯片放映】按钮。③单击【自定义放映 1】(见图 6.6.6)，就可以放映第 1 组幻灯片。

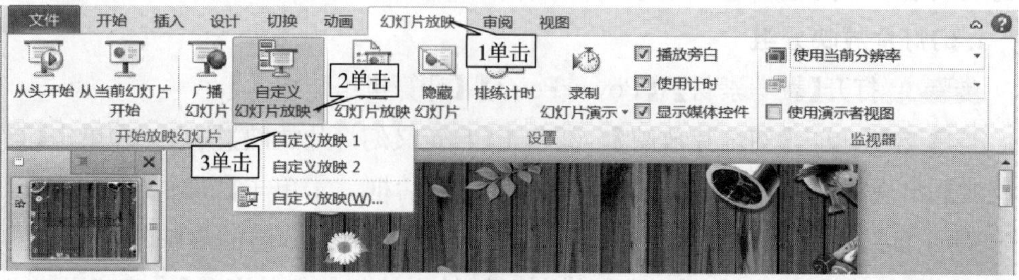

图 6.6.6

3. 幻灯片放映组的编辑

步骤 1 ①单击【自定义放映】。②单击【自定义幻灯片放映】按钮(参见图6.6.6),就会出现图 6.6.5 所示的【自定义放映】对话框。

步骤 2 单击【编辑】按钮,可以对选定的放映组重新编组(参见图 6.6.5)。

步骤 3 单击【删除】按钮,可以删除选定的放映组(参见图 6.6.5)。

任务 4　实现幻灯片间的直接跳转

当一组幻灯片比较多时,为了在演示中快速随意地找到其中某一张特定的幻灯片,可以在某张幻灯片中加入跳转按钮,并在放映时单击该按钮跳转到所要看的那张幻灯片,设置跳转按钮的方法如下。

1. 设置跳转按钮

步骤 1 打开【教材素材】\【PowerPoint】\【计算机组装】,单击选择第 3 张幻灯片。

步骤 2 ①单击【插入】。②单击【形状】。③单击【动作按钮:前进或下一项按钮】。④在幻灯片上拖动鼠标绘制出一个动作按钮,同时弹出【动作设置】对话框。⑤单击【超链接到】列表框右侧的三角。⑥单击【幻灯片…】,会弹出图 6.6.7 所示的【超链接到幻灯片】对话框。⑦单击选择【幻灯片 5】。⑧单击【确定】,回到【动作设置】对话框。⑨单击【确定】(见图 6.6.7)。

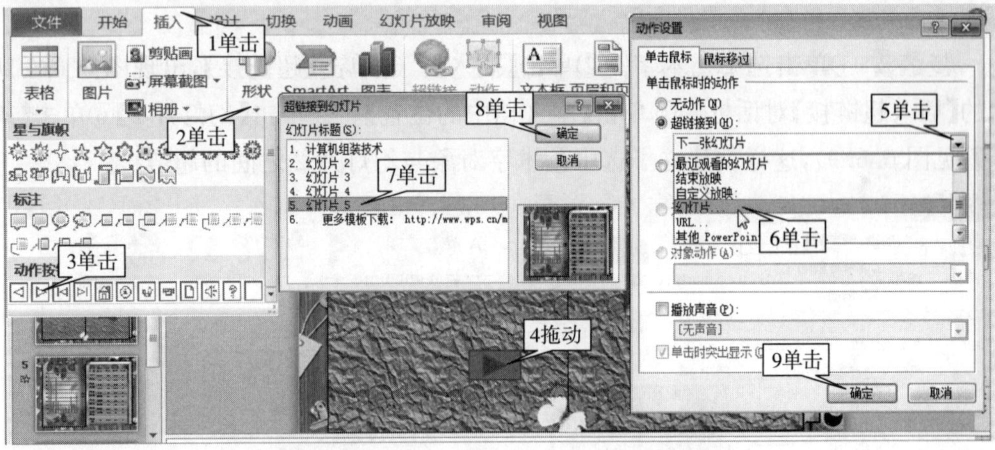

图 6.6.7

这样当幻灯片放映到第 3 张时,单击动作按钮,就可以直接跳转到第 5 张继续放映了。

2. 编辑与取消跳转链接

步骤 1 ①右击设置了超链接的动作按钮。②单击【编辑超链接】(见图 6.6.8),

就会出现图 6.6.7 所示的【动作设置】对话框，通过这个对话框就可以像前面的操作一样来重新设置超链接。

步骤 2 ①右击设置了超链接的动作按钮。②单击【取消超链接】(参见图 6.6.8)，即可取消动作按钮的超链接。

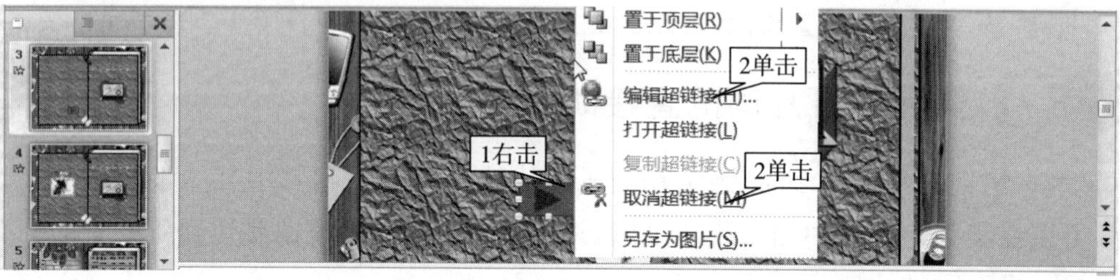

图 6.6.8

任务 5 在放映时用超链接打开其他文档

通过给幻灯片中某个对象设置超链接的方法，不但可以实现本演示文稿中幻灯片之间的跳转，而且还可以实现不同演示文稿之间的跳转。这一功能对制作教学课件和各种讲座是很有用的，超链接的设置方法如下。

1. 与本演示文稿内幻灯片的超链接

步骤 1 打开【教材素材】\【PowerPoint】\【计算机组装】，单击选择第 3 张幻灯片。

步骤 2 ①单击选中艺术字。②单击【插入】。③单击【超链接】，出现图 6.6.9 所示的【插入超链接】对话框。④单击【本文档中的位置】。⑤单击【幻灯片 2】⑥单击【确定】(见图 6.6.9)，这样就建立了选中艺术字对象与幻灯片 2 之间的超链接。

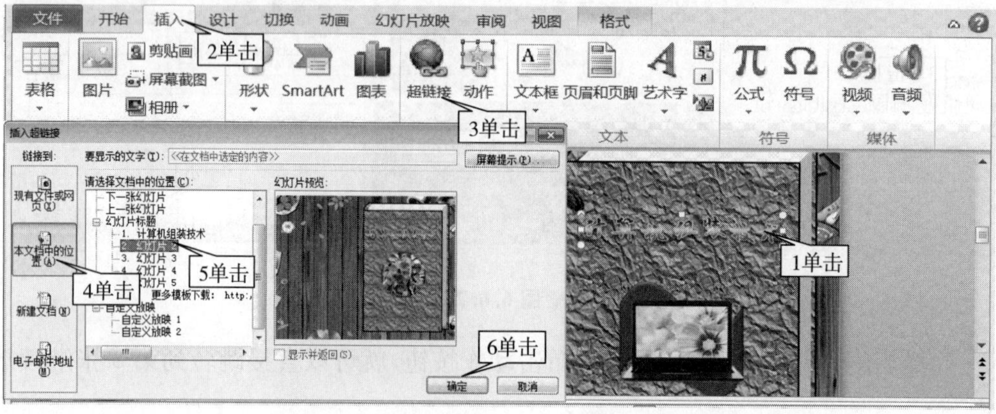

图 6.6.9

步骤 3 单击窗口右下侧的【幻灯片放映】按钮。放映设置了超链接的这张幻灯片，将鼠标指向设置了超链接的艺术字，指针就会变成一个小手形状。单击艺术字，就可实现超链接跳转，即跳转到【幻灯片 2】。

2. 与其他文件的超链接

步骤 1 ①单击选中第 1 张幻灯片。②单击【插入】。③单击选中文本框。④单击【超链接】，出现图 6. 6. 10 所示的【插入超链接】对话框。⑤单击【现有文件或网页】。⑥单击选择要链接的文件所在的文件夹。⑦单击【当前文件夹】。⑧单击【企业介绍】。⑨单击【确定】(见图 6. 6. 10)，这样就建立了选中文本框与【企业介绍】这个文件之间的超链接。

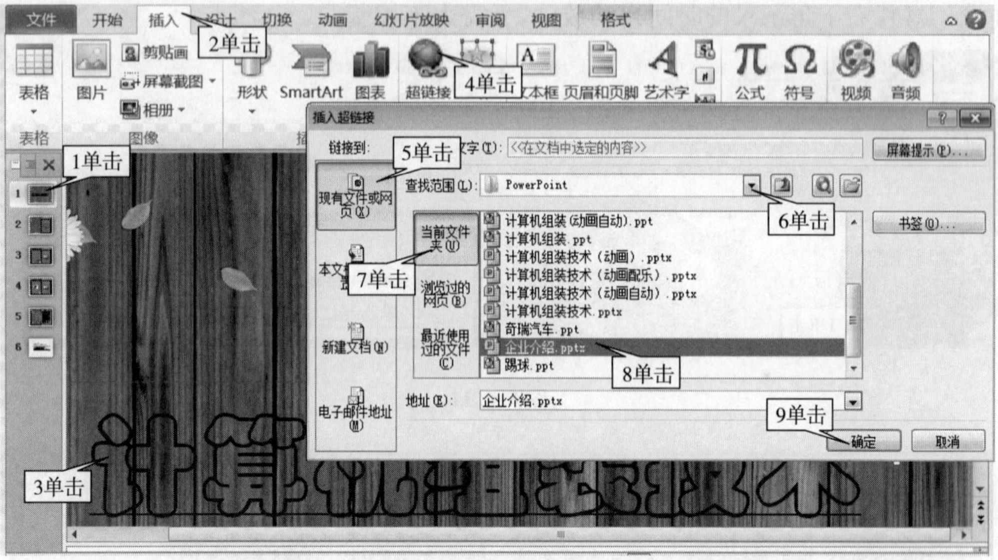

图 6. 6. 10

步骤 2 单击窗口右下侧的【幻灯片放映】按钮。放映设置了超链接的这张幻灯片，将鼠标指向设置了超链接的文本框，指针就会变成一个小手形状。单击该文本框，就可实现超链接跳转，自动打开【企业介绍】这个文件。如果从头开始放映该组幻灯片，当放映到这张幻灯片时，只要用鼠标单击该对象(文本框)，同样可实现超链接跳转，即自动打开【企业介绍】这个文件。这里我们链接的文件是 PowerPoint 文件，除了 PowerPoint 文件外，还可超链接 Word 文档、Excel 文档，也可以直接链接可执行文件，打开相关的应用程序。

任务 6　幻灯片自动放映的设置

当我们希望幻灯片放映时，每张幻灯片的放映时间是事先设定好的，放映过程中自动播放，无需人工控制操作，就可以利用【排练计时】命令，将每张幻灯片需要放映的时间事先设定好，设定的方法如下。

步骤 1 打开【教材素材】\【PowerPoint】\【计算机组装技术(动画解说)】。

步骤 2 ①单击第 1 张幻灯片。②单击【幻灯片放映】。③单击【排练计时】按钮，则幻灯片开始放映，并出现图 6.6.11 所示的【录制】框。④单击【下一项】按钮，跳到下一张幻灯片，再次单击【下一项】按钮，则继续向后跳转。两次单击【下一项】按钮之间的时间就是该张幻灯片播放持续的时间。继续单击【下一项】按钮，直到最后一张幻灯片，然后会出现图 6.6.11 所示的对话框。⑤单击【是】按钮，出现图 6.6.12。从图中可以看到每张幻灯片的播放时间被记录在幻灯片的左下方，下次放映时就会按每张幻灯片右下角记录的时间自动放映，无需人工控制。

图 6.6.11

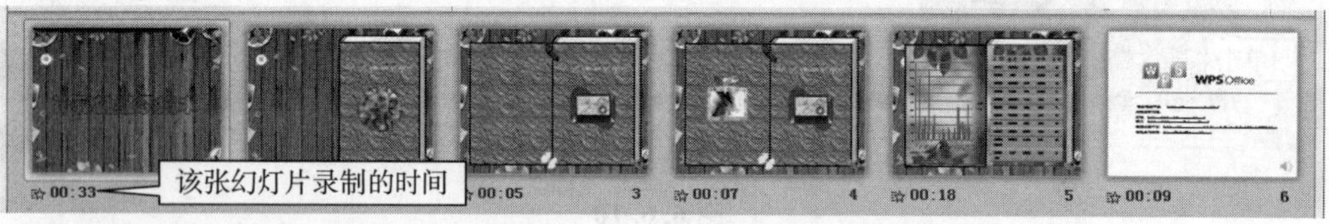

图 6.6.12

步骤 3 单击【文件】\【另存为】，用“计算机组装技术(自动播放)”作为文件名保存，就可将记录的各张幻灯片的放映时间保存到文件中。

项目 7 设计个性化通用的幻灯片

项目任务描述与分析

观察下面一组幻灯片会发现，除了第一张之外，后面的幻灯片的背景都是一样的，而且背景实际上是由多个图形组成的，且不能被删除、移动和改变。在这个幻灯片文件中每增加一张幻灯片，其背景都是一样的，这是因为在此应用了母版来设计这组幻灯片。这组幻灯片中的第一张则是该母版封面。同时在各张幻灯片中的图形则较多地运用了绘图工具绘制。通过对图形内部进行各种颜色、各种样式的填充来获得各种效果，同时对图形的边框线、立体效果进行各种设置，来改变原图的外观。而把各种图形有机而巧妙的组合，就构成了新的图形，把绘制的图形与图片组合也同样能构成精美的图形。总之通过灵活使用绘图工具和运用图形组合，就使得幻灯片画面更具有吸引力、画面更生动活泼。下面就介绍制作图 6.7.1 所示幻灯片的方法。

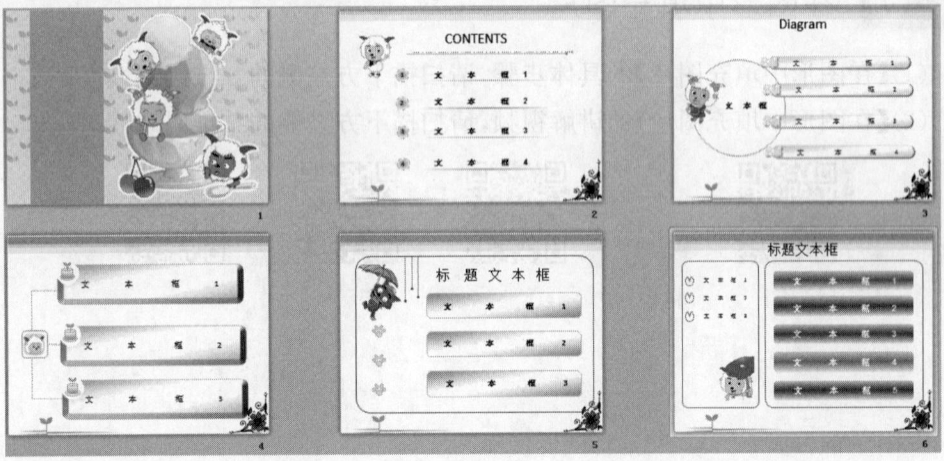

图 6.7.1

任务 1　制作幻灯片母版

(1)【制作幻灯片母版】的具体步骤，请扫描下方左侧的二维码阅读。

(2)【制作幻灯片母版】的讲解视频，请扫描下方右侧的二维码观看。

任务 2　图形的组合与拆分

(1)【图形的组合与拆分】的具体步骤，请扫描下方左侧的二维码阅读。

(2)【图形的组合与拆分】的讲解视频，请扫描下方右侧的二维码观看。

任务 3 设置图形的叠放层次

(1)【设置图形的叠放层次】的具体步骤，请扫描下方左侧的二维码阅读。

(2)【设置图形的叠放层次】的讲解视频，请扫描下方右侧的二维码观看。

任务 4 在图形中填充图片

(1)【在图形中填充图片】的具体步骤，请扫描下方左侧的二维码阅读。

(2)【在图形中填充图片】的讲解视频，请扫描下方右侧的二维码观看。

第7章

网络办公

项目1 网络资源下载

项目任务描述与分析

网络时代的来临，为日常办公应用提供了极大的方便。办公所需要的各种资料信息都可以从网络中获得。同时与他人的办公信息交流也更为快速、便捷了。通过浏览器和搜索引擎我们从浩瀚的信息海洋中迅速找到我们所需要的各种资料，这些资料包括文字的、视频的、图片的、音乐的。学会将这些资料下载到自己的计算机上，就可以让这些资料在今后的办公应用中发挥重要的作用。

任务1 搜索引擎的使用

【搜索引擎的使用】的具体步骤，请扫描下方左侧的二维码阅读。

任务2 从网上下载资料

【从网上下载资料】的具体步骤，请扫描下方左侧的二维码阅读。

项目 2　QQ 的使用

项目任务描述与分析

即时通讯软件 QQ 是一个非常好的交流工具。将 QQ 的各种功能应用于办公，会大大提高办公效率，使得单位之间、朋友之间、同学之间、同行之间的商务交流、办公交流、技术交流能够十分方便、及时、有效地进行。而将手机 QQ 应用于这种交流，就会使得这种交流更为流畅。不会因为交流双方不在电脑旁而耽误信息的接受和传递。QQ 的文字聊天可以和对方进行简单的交流。而通过语音则可以和对方进行详细交流，其效果如同电话交流一样。若结合文件传送功能，就可以和对方更为详细地讨论诸如：文章修改、技术方案、商务计划、工作计划等，双方在讨论中可以相互实时传送文件，并同时打开要讨论的文件，进行语音说明或修改。然后及时将修改的结果传送给对方。这与面对面的讨论与修改形式没有太大的差别。通过群语音或者群视频还可以和加入群中的人召开远程会议。

1. 文字聊天

步骤 1 打开 QQ，见图 7.2.1。

图 7.2.1

图 7.2.2

步骤 2 ①输入 QQ 号码。输入密码。③单击【登录】按钮（见图 7.2.1），出现图 7.2.2。

步骤 3 ①输入 QQ 名。②双击要聊天的好友图标（见图 7.2.2），出现图 7.2.3。

步骤 4 ①输入文字。②单击【发送】按钮（见图 7.2.3），对方的计算机屏幕下方会出现一个闪动的图标。

步骤 5 对方单击闪动的图标，则计算机上就会打开聊天窗口，见图 7.2.4。上面是收到的信息，下面空白处是回复信息的输入区。

步骤 6 ①对方输入文字。②对方单击【发送】（见图 7.2.4），则对方输入的信息就被传送到你这里了。

图 7.2.3

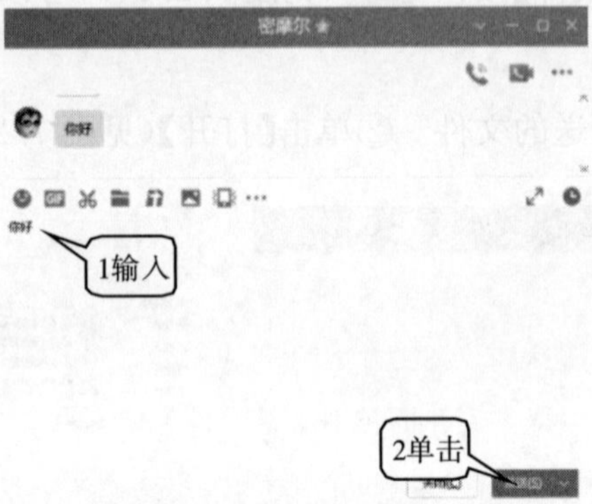

图 7.2.4

2. 语音聊天

步骤 1 单击【发起语音通话】按钮（见图 7.2.5）。

步骤 2 对方聊天窗口会出现图 7.2.6 的【发起了语音通话】提示，并会出现【接听】和【拒绝】两个按钮。单击【接听】按钮，对方就会出现图 7.2.7。这样双方就可以通过耳麦进行对话。

图 7.2.5

图 7.2.6

图 7.2.7

3. 视频聊天

步骤 1 ①单击【发起视频通话】按钮（参见图 7.2.5），会出现本机摄像头的画面见图 7.2.8。

步骤 2 对方会出现图 7.2.9 所示的【发起了视频通话】提示，单击【接听】（见图 7.2.9）。对方屏幕上就会出现自己摄像头的画面，而发起方的画面就会以小窗口显示，见图 7.2.10。

图 7.2.8

图 7.2.9

图 7.2.10

4. 发送文件

步骤 1 单击【传送文件】按钮 （见图 7.2.11），可以打开图 7.2.12 所示的文件选择对话框。

步骤 2 ①单击要传送的文件。②单击【打开】（见图 7.2.12），出现图 7.2.13。

图 7.2.11

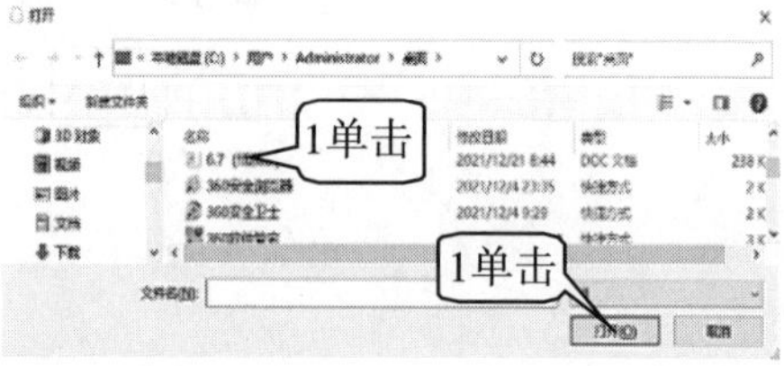

图 7.2.12

步骤 3 单击【发送】按钮，出现图 7.2.14。而对方聊天窗口右侧会出现如图 7.2.15所示的【传送文件】提示，并会出现【另存为】等四个按钮。

步骤 4 单击【另存为】（见图 7.2.15）后会弹出对话框，指定保存路径即可。

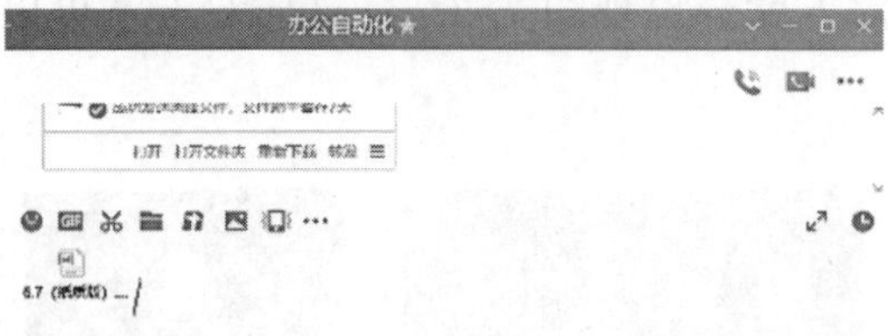

图 7.2.13

图 7.2.14

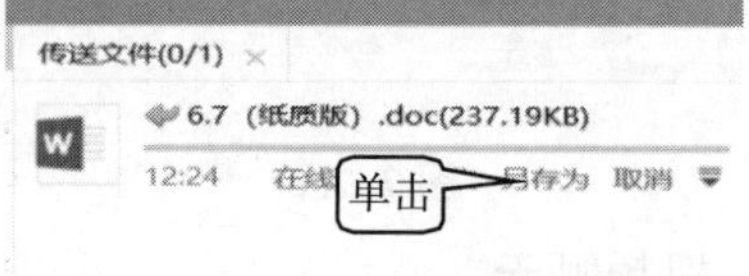

图 7.2.15

项目 3　远程会议的使用

项目任务描述与分析

为了满足用户日益增长的云上办公需求，各类在线会议软件层出不穷，这里以腾讯会议为例，简单介绍在线会议软件的使用方法。腾讯会议是腾讯公司旗下的一款音视频会议软件，具有300人在线会议、全平台一键接入、音视频智能降噪、美颜、背景虚化、锁定会议、屏幕水印等功能。

任务 1　腾讯会议的下载和安装

步骤 1　登录腾讯会议官网(https://meeting.tencent.com/)，单击图7.3.1中的【免费体验】，下载腾讯会议电脑版。

图 7.3.1

步骤 2　双击下载的安装包，按照提示进行安装。

任务 2　腾讯会议的注册和登录

1. 注册

步骤 1　双击【腾讯会议】图标，进入如图7.3.2所示的腾讯会议注册和登录界面。

步骤 2　单击【注册/登录】按钮，进入账号密码登录页面，点击“新用户注册”进入官网注册页，根据要求填写对应的信息并完成注册。

2. 登录

腾讯会议有很多登录方式，可以根据需要选择【账号密码登录】、【验证码登录】、【微信登录】。若是购买了企业版，也可以选择使用【SSO 登录】或【企业微信登录】。当用微信账号登录时，需要绑定账号才可以登录成功。成功登录后，就进入腾讯会议主界面，如图 7.3.3 所示。

图 7.3.2

图 7.3.3

3. 发起会议

(1)快速会议。单击图 7.3.3 中的【快速会议】，无需填写其他信息，即可开始一场快速会议。快速会议不会在会议列表显示，也就是说离开会议后不能在会议列表找到这个会议，但可以在会议开始一个小时内通过输入会议号加入会议的方式再次回到这个会议，当会议持续一小时后，若会议中无人，则系统会主动结束该会议。

(2)预定会议。预定会议相对于快速会议更偏向正式的会议。单击图 7.3.3 中的【预定会议】，然后填写包括会议主题、会议召开时间、会议密码与地点等会议内容，点击预定完成，会议就预定成功了。

4. 加入会议

(1)用链接加入会议。若已安装腾讯会议，点击邀请链接，验证身份后即可直接进入会议。如果会议创建者创建的会议类型为预定会议，单击下方“添加到我的会议”，即可将这个会议添加到会议列表，防止后续入会时忘记会议号。

(2)用会议号加入会议。在腾讯会议主界面图 7.3.3 中单击选择【加入会议】，输入会议号，并填写和勾选相应的入会前设置项，点击【加入会议】即可。

(3)用拨号方式加入会议。根据所处位置拨打入会号码，根据语音提示输入会议号入会。

输入会议号并按＃号键确认；输入参会者ID，按＃号键确认。如不知道参会者ID，可以直接按＃号键入会；收到语音提示："已加入会议，当前N人在会议中"代表入会成功。

5. 邀请成员

会中或在会议列表单击"邀请"，复制会议邀请信息，并通过微信、企业微信等即时聊天工具发送给被邀请人。被邀请人即可通过上述后两种方式加入会议。

6. 结束和离开会议

当身份是会议主持人时，单击会议界面的[结束会议]按钮，弹出如图7.3.4所示对话框。【离开会议】是指离开该会议，系统会在离开后随机指定一名成员获取主持人身份，【结束会议】则是将会议中的其他成员全部移出。

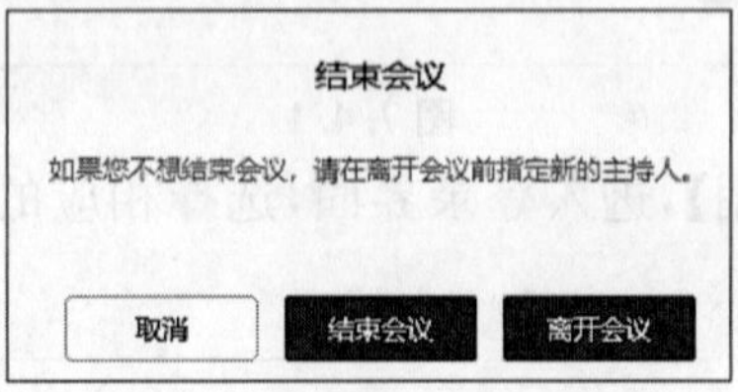

图7.3.4

当身份是参会人员时，单击会议界面的[结束会议]按钮，即离开会议。

项目4　线上多人协同文档编辑

在实际工作中经常会出现多个部门及人员共同服务于一个项目的情况，往往需要反复传输文件，传输过程中经常会出现文件丢失的情况。跨地域协同编辑则更难，资料不能及时共享，造成信息孤岛的现象。文档多人编辑后还会造成文档版本的混乱，如何安全高效实现文档协同编辑成为工作中的一大难题。

当我们需要多人同时处理同一个文档时，传统的方式是几个同事讨论划分工作量，等这个同事完成自己的板块后，再由另一个同事填写自己的板块，依次排队。独占式编辑解决了版本冲突问题，却做不到同时编辑。比如每年农业部都要收集各省农作物产量，需要全国各地的数据采集员同时合作编制同一份文档，可由总负责人建立汇总表后，其他采集员就可以在各自的PC端通过网络访问汇总表，并发起云编辑，完成自己负责的板块。这就是跨地域实时协作编辑一个文档。

在众多的办公软件中，腾讯文档脱离了本地客户端的使用条件，可以在线进行编辑、保存，完成文档和表格的制作，很大程度上方便了用户。实现多人实时协同编辑同一文档的功能。下面简单介绍腾讯文档的使用。

步骤 1 在浏览器输入 http：//docs. qq. com，即可进入腾讯文档的官网，如图 7. 4. 1所示。

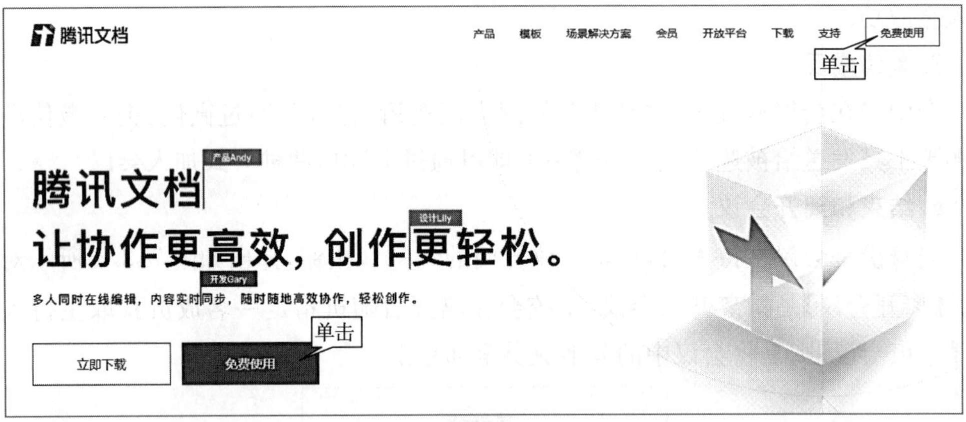

图 7. 4. 1

步骤 2 单击【免费使用】，进入登录界面，选择相应的登录方式即可。登录后的界面如图 7. 4. 2 所示。

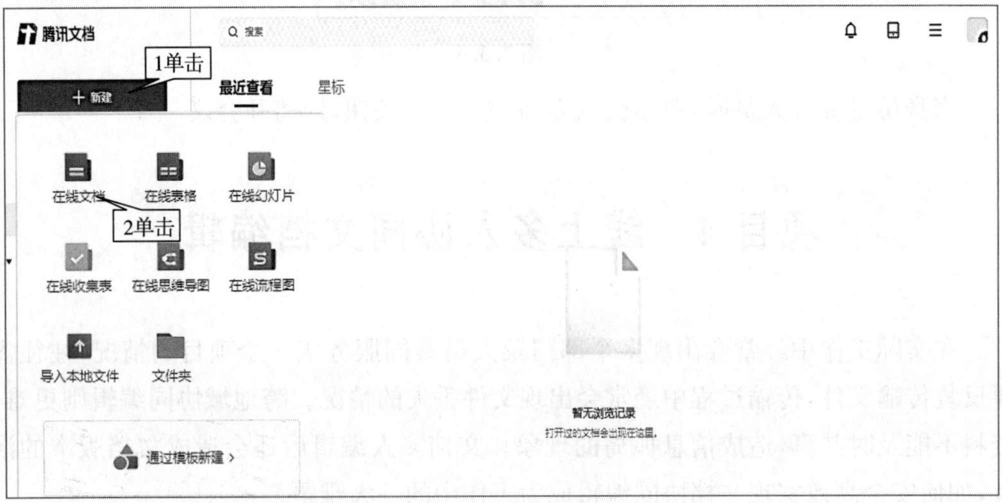

图 7. 4. 2

步骤 3 ①单击【新建】按钮。②单击【在线文档】（见图 7. 4. 2），创建一个在线文档，即 Word 文档，界面如图 7. 4. 3 所示。

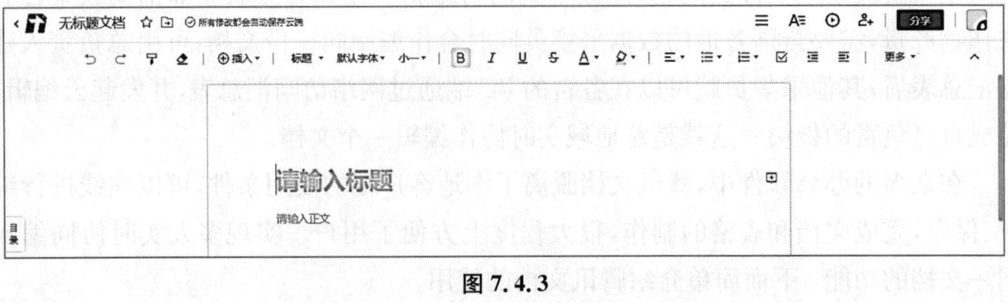

图 7. 4. 3

步骤 4 根据需要对文档进行内容的输入、编辑和排版。此时，无论断电还是死机，编辑的文档内容都会实时保存。

步骤 5 ①单击【文档操作】按钮☰。②单击【查看修订记录】(见图 7.4.4)，可以将文档还原到任何版本。

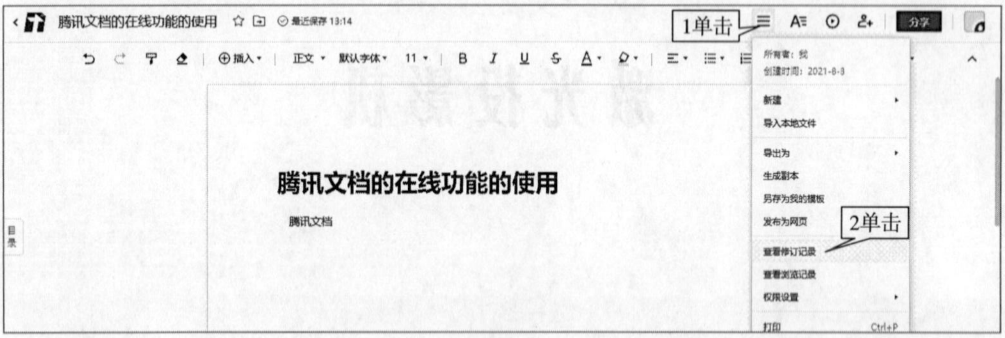

图 7.4.4

步骤 6 ①单击【分享】按钮。②单击【所有人可编辑】设置相应的编辑和查看权限。③单击选择分享方式(见图 7.4.5)，即可邀请其他人协同编辑文档。

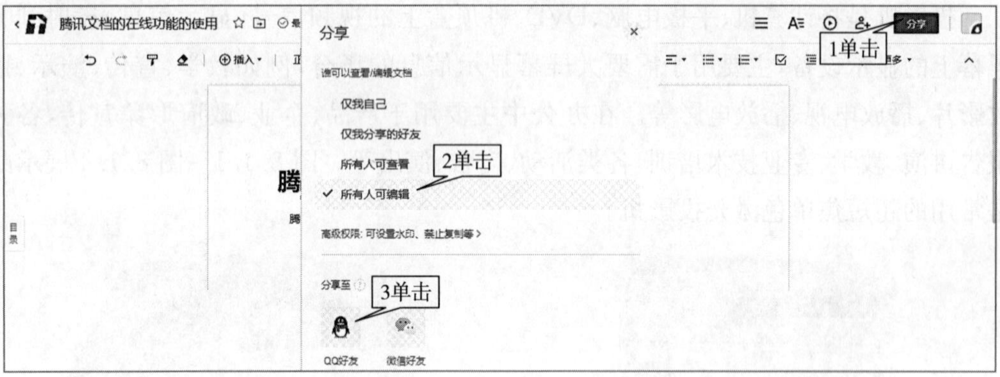

图 7.4.5

步骤 7 ①所有人完成在线文档的编辑后，单击【文档操作】按钮☰。②单击【导出为】。③单击【本地 Word 文档(.docx)】(见图 7.4.6)，即将在线文档导出，生成本地文件。

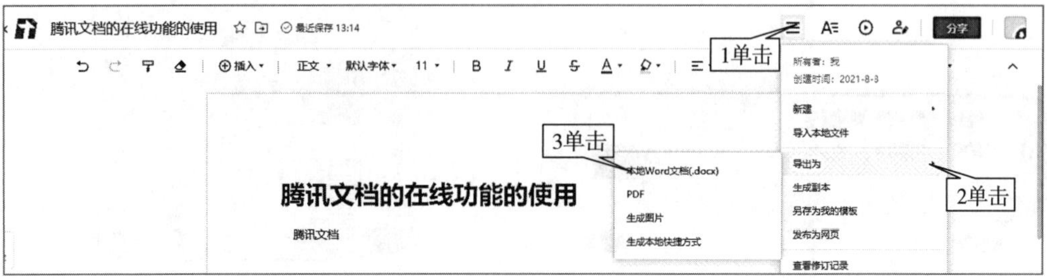

图 7.4.6

第 8 章

激光投影机

项目 1　激光投影机的选购与使用

投影机是将计算机、平板电脑、DVD、机顶盒上的视频信号（显示信息）投射到大屏幕上的显示设备，主要用于需要大屏幕显示信息的场合，例如教学、宣传、演示、播放影片、播放电视、播放电影等。在办公中主要用于产品、企业、政府形象宣传，各种报告讲演、教学、专业技术培训，各类活动、广告、演出等。图 8.1.1～图 8.1.4 展示的是常用的超短焦单色激光投影机。

图 8.1.1

图 8.1.2

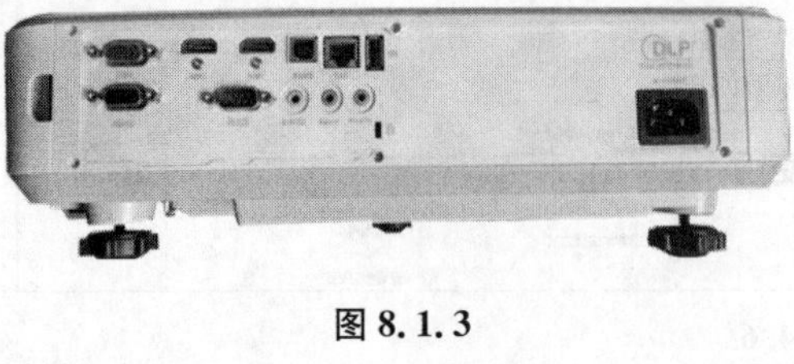

图 8.1.3

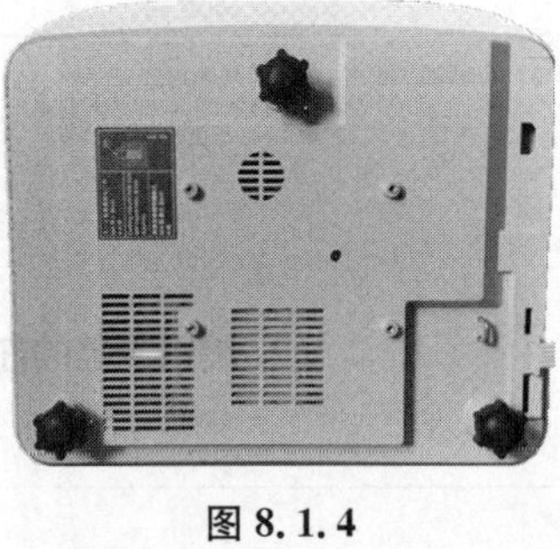
图 8.1.4

2021年对于激光显示产业来说是一个重要的转折点。以激光电视为首的激光显示产业,无论是从技术成熟度、市场认可度、厂商参与度,还是国家政策支持力度等多个维度,都进入了一个相对成熟的节点。

2021年,激光显示与新型显示、第三代半导体被共同列入科技部“新型显示与战略性电子材料”“十四五”重点专项;从80年代的863计划(国家高新技术研究发展计划),激光显示被列入其中,到十二五、十三五、十四五规划,激光显示以产业方针的方式被支持,激光显示发展的“全方位”共识早已形成。

传统电视机时代,无论是最早布局的黑白显示技术、还是随后的彩电显示技术,以及21世纪初的数字显示技术的液晶显示时代,这些技术都是国外企业在引领和主导。中国人想看中国显示的“中国梦”一直没能实现。

激光显示是自主可控地打造的新一代显示产品和产业,圆了中国人看中国屏幕的“中国梦”。

根据中国电子技术标准化研究院的报告,激光显示技术具有良好的舒适度,低视觉疲劳,并且没有短波蓝光的伤害。

近20年来,激光显示在我国经历了从原理可行、技术可行到产业可行三个发展阶段。目前国内已建成三基色激光显示生产示范线,2017年推出世界首台三基色激光投影产品。到2019年,我国激光显示企业已有27家,年产值超过150亿元。我国激光技术和产业已经迈入国际领先行列,在关键材料、元件、技术、整机及专利等方面已具备自主可控发展产业的条件。从技术到产业我们在这个领域已经达到了国际领先水平,我们已经有能力结束进口显示生产的历史,圆了中国人看中国显示的“中国梦”。

在激光显示领域,中国申请和授权的激光显示专利超过7000项,占全球激光显示专利比例的50%以上。在激光显示时代,中国企业有望首次拥有全球产品的“知识产权和技术标准”话语权。激光显示正在开启“中国方案”时代。激光显示作为第四代显示技术革命的代表,将是未来显示市场的主角。

激光显示的原理是以红、绿、蓝三基色激光为光源,通过调控三色激光强度比、总强度和强度时空分布进行显示。激光显示技术解决的是图像高保真再现问题。激光光谱窄、方向性好、功率高,能够精准控制在人眼最佳视觉感知区,易实现8K高分辨率、高对比度。激光光源寿命达到超长的3万小时,是普通灯泡机的30倍以上。可以做到投影机终身使用,无需更换光源。也就是说投影机使用过程中无任何耗材。这些特点是其他所有显示光源无法同时具备的。激光显示还有一个优势就是观看舒适度高、护眼,因为它是漫反射成像、全像素发光、无短波蓝光。激光具有亮度高、方向性好、单色性好三大特点。以激光为光源的激光显示代表了显示技术的发展方向,达到人眼的视觉分辨极限,实现了超高清、大色域、大颜色数的高保真视频图像再现,是唯一全面满足超高清显示国际标准BT.2020的显示技术,下一代显示产业的主流就是激光显示。中国在激光显示领域已经完成了弯道超车，实现了对全球激光显示创新的技术引领。

除了激光显示技术以外，还有液晶显示技术、OLED 显示技术和 LED 显示技术。表 8.1.1 列出了各种显示技术的优缺点和适应环境。读者可据此选择合适的显示设备。

表 8.1.1

类型 技术 指标	三色激光投影（六色）	单色激光投影	普通投影	LED 投影	液晶电视（液晶拼接屏）	LED 屏
亮度	1000—90000 流明	1000—20000 流明	10—20000 流明	100—2000 流明	10—20000 流明	100—100000 流明
色彩还原度	90%（98%）	40%	30%	30%	30%	30%
正常效果光源寿命	>30000 小时（高亮优质显示效果）	10000 小时（高亮优质显示效果）	<1000（高亮优质显示效果）	15000 小时（高亮优质显示效果）	15000 小时（高亮优质显示效果）	<2000（高亮优质显示效果）
对眼睛的伤害	漫反射，极窄的蓝光波长，对眼睛影响极小，保护视力	漫反射，极窄的蓝光波长，对眼睛影响极小	漫反射，对眼睛影响极小	漫反射，较宽的蓝光波长，对眼睛有一定的影响	直射蓝光，较宽的蓝光波长，对眼睛影响大，损伤视网膜	直射强蓝光，较宽的蓝光波长，对眼睛影响大，损伤视网膜
光源维修时间	终身免维护	终身免维护	500—1000 小时	20000 小时	15000 小时	>200 小时
开机速度	<9 秒	>20 秒	>60 秒	<9 秒	<9 秒	<9 秒
画面质量	4K—8K（画面清晰光滑细腻）	4K—8K（画面清晰光滑细腻）	2 K	4K（画面清晰光滑细腻）	4K（有多条拼接黑线）	2K（有马赛克）
设备体积	很小	很小	很小	很小	特大	特大
设备重量	很轻	很轻	很小	很小	特大	特大
屏幕尺寸	60 寸—巨幕	60 寸—巨幕	60 寸—巨幕	60 寸—150 寸—巨幕	60 寸—巨幕	60 寸—巨幕
安装成本	极小	极小	极小	极小	很大	很大
对环境光的要求	室内、高亮环境光下	室内、较亮环境光下	室内较暗环境光下	室内暗环境	室外、室内亮环境光下	室外、室内高亮环境光下
电源功耗（使用成本）	小	小	大	小	大	很大
维护及耗材成本（以 8 年计算）	无成本	较小	很大（15000 元）	很小	无	是购买价格的 50%左右
质量免费质量保证时间	5 年	1 年	1 年	1 年	1 年	1 年

续表

技术指标＼类型	三色激光投影（六色）	单色激光投影	普通投影	LED 投影	液晶电视（液晶拼接屏）	LED 屏
光源安全性	安全无爆灯风险	安全	有爆灯风险	安全	安全	容易坏
爆灯风险	无	无	有	无	无	无
维修还原性	可恢复原样	可恢复原样	可恢复原样	可恢复原样	可恢复原样	无法恢复原样，有色差
价格（同性能档次）	合理	合理	合理	合理	偏高	特高
光源种类	三基色激光	蓝色激光加荧光粉	卤素灯	LED	LED	LED
投影方式	正投、背投、超短焦超近距离投影、超远距离投射（1 公里左右）	正投、背投、超短焦超近距离投影、超远距离投射（1 公里左右）	正投、背投、超短焦超近距离投影	正投、背投、超短焦超近距离投影	无投射功能，正面直射	无投射功能，正面直射
应用场景	高端教室、会议厅、报告厅、展览厅、电影院、图书馆大屏显示；各个单位的入门、大楼大厅宣传和广告大屏显示；各单位的调度中心、指挥中心、控制中心的大屏显示。江面、湖面投射、水幕投射、以高层建筑的外墙作为屏幕景观视频照明	高端教室、会议厅、报告厅、展览厅、电影院、图书馆大屏显示；各个单位的入门、大楼大厅宣传和广告大屏显示；各单位的调度中心、指挥中心、控制中心的大屏显示	教室、会议厅、报告厅、展览厅、电影院、图书馆大屏显示；各个单位的入门、大楼大厅宣传和广告大屏显示；各单位的调度中心、指挥中心、控制中心的大屏显示	家庭、办公	会议厅、报告厅、展览厅、电影院、图书馆大屏显示；各个单位的入门、大楼大厅宣传和广告大屏显示；各单位的调度中心、指挥中心、控制中心的大屏显示	会议厅、报告厅、展览厅、图书馆大屏显示；各个单位的入门、大楼大厅宣传和广告大屏显示；各单位的调度中心、指挥中心、控制中心的大屏显示

任务 1 激光投影机的选购

1. 激光投影机的分类

目前市场上广泛使用的激光投影机按显示器件分可分为液晶投影机和数字光处理器投影机。液晶激光投影机又简称为 LCD 激光投影机，数字光处理器投影机又简称为 DLP 激光投影机。市场上投影机的品牌还是比较多的，大致可分为国内品牌和国外品牌。国外品牌主要有爱普生、索尼、松下、明基等。国内品牌主要有全色光显、光峰、中科、索诺克(Sonnoc)、海信、坚果、极米、小米、长虹等。

2. 激光投影机的主要技术指标

(1)分辨率。激光投影机的分辨率通常指该投影机内部核心成像器件的物理分辨率。激光投影机的物理分辨率(又称真实分辨率)一般有 SXGA(1280×824)、2K(2048×1080)、4K(4096×2160)这几种。分辨率越高，表示激光投影机显示精细图像的能力越强。而分辨率越高激光投影机的价格也越高。选择什么样的分辨力要根据具体的应用场合而定。作为一般的应用于产品演示、播放影片、教学的场合，只要选用分辨率为 SXGA(1 280×824)、2K(2048×1080)的机型即可，如果是用于三维动画教学、CAD 和电影欣赏的教学，则最好选用分辨率为 2K(2048×1080)、4K(4096×2160)的机型。

(2)亮度。表示激光投影机亮度的国际标准单位是 ANSI，即流明。随着激光投影机产品的发展，激光投影机的亮度大多数在 2000 流明以上，亮度最高的可以达到 80000 流明，一般情况下，激光投影机的亮度越高，投射到屏幕上的相同尺寸的图像越明亮，图像也越清晰，但是亮度越高其投影机的价格也就越高。用户应当根据投影机使用的环境条件，选择合适的亮度。除了要根据空间大小来选择亮度指标外，还要考虑使用环境的光线条件、屏幕类型等因素。同样的亮度，不同的环境光线条件和不同的屏幕类型会产生不同的显示效果。在同样的亮度环境下，采用金属幕的效果比采用普通玻珠幕的效果要好，但是金属幕的价格比普通玻珠幕高。在较亮的环境下宜采用抗光布。在比较暗的环境下可以采用白塑幕或者玻珠幕。画面亮度还与投影幕到激光投影机的距离有关，两者的距离越短，亮度就越高；投影画面的大小也与距离有关，距离越短投影的画面越小；投影画面的大小与亮度也有关系，投出的画面越小，亮度越高。

(3)对比度。对比度是亮区对暗区的比例，对比度反映了一个画面明暗变化的范围大小，好的对比度使得画面显得有很高的分辨率。对比度越大，效果越细微。目前大多数 LCD 投影仪产品的对比度都在 500∶1～1000∶1 之间，而大多数 DLP 投影仪的对比度都在 1000∶1～200000∶1 之间。

(4)均匀度。任何投影机射出的画面都会有中心区域与四角的亮度不同的现象。

均匀度反映边缘亮度与中心亮度的比值，均匀度越高，画面的一致性越好。

(5)光源。激光投影分为单色、三色和六色激光投影，如图 8.1.5 所示。单色激光投影是指激光投影中的激光光源只有蓝色激光管，它用单个的蓝光激光管去激发红色和绿色荧光粉，产生红光和绿光基色。荧光粉和激光管的寿命不一样。荧光粉在长时间使用以后，它的发光效率会降低，也就是说它的发光会衰减。而激光管的寿命可以达到 3 万小时，荧光粉的寿命大约在 1 万小时左右。所以当使用到 1000 小时左右时荧光粉的发光效率会下降。这样三基色中的红色和绿色的光强就会降，而蓝激光管光强度不变。这样就会造成色彩失真。所以如果要以色彩这个标准来衡量的话。单色激光投影使用一段时间后就会产生偏色。

激光投影——
- 单色激光投影（色彩还原率40%）
- 三色激光投影（色彩还原率90%）
- 六色激光投影（色彩还原率98%）

图 8.1.5

三色激光投影由于采用了红、绿、蓝三个激光管，它们的寿命都是一样的，所以不会在使用一段时间后产生色彩偏差和失真，这是三色以上激光投影机的最大优势。其色彩还原率可以做到 90%。也就是说自然界的颜色 90%都可以在投影机上显示。

六色激光投影由于采用了红、绿、蓝、黄和另外两种颜色的激光管，它们的寿命都是一样的，所以不会在使用一段时间后产生色彩偏差和失真，色彩还原率可以做到 98%。也就是说自然界中所有色彩中 98%的颜色都可以通过激光投影显示在屏幕上。

3. 激光投影机的应用

激光投影机除了可以用在办公、演艺活动、电影院、教学，以及作为家用电视使用之外，还可以通过融合技术充当展览馆巨幕显示屏，见图 8.1.6；展览馆或影院的球顶环形显示屏，见图 8.1.7；环幕电影院的环幕显示屏，见图 8.1.8；还可以远距离投射到建筑物上，将建筑物作为屏幕，构成景观照明的效果，见图 8.1.9。

图 8.1.6

图 8.1.7

图 8.1.8

图 8.1.9

4. 投影机的价格

激光投影机的价格从12000元到几十万元不等。价格的高低和光源的亮度成正比，亮度越高，价格越高；同时也和激光投影的分辨率成正比，分辨率越高，价格越高；还和激光光源中激光管的数量有关。三色激光投影通常比单色激光投影贵。常用2K分辨率、4000流明的教学单色激光投影机，其价格一般在15000元左右。三色、4K分辨率、6000流明的，其价格一般在40000元左右，三色、4K分辨率、1500流明的家用激光投影机（又称激光电视），其价格一般在12000元左右。由于激光投影可以非常轻松地实现100寸以上的大屏幕观影效果，同时100寸以上的激光投影的价格只有液晶显示屏的1/3左右，因此国内的各大显示器和电视机厂商近年来都加大了激光投影的研发和生产力度。随着激光投影应用的广泛和产量的提高。各种档次的激光投影价格会快速的下降。在三到五年后，家用激光投影的价格预计会下降到5000元左右。

任务 2 激光投影机的安装

1. 超短焦投影机的安装

（1）正投。投影机位于屏幕正前方40到50厘米的位置，见图8.1.10。这是放置投影机最常用的方式，安装快速且移动方便。这样安装的投影机一般需要调节投影角度，投影机配备三个调节支脚螺丝。这些调节支脚螺丝可以调节图像的高度、投影的角度，以及梯形失真。

（2）吊装正投。投影机倒挂于屏幕正上方，见图8.1.11。这种方法需要购买专用投影机吊架。

（3）吊装背投。投影机倒挂于屏幕的背面正上方40到50厘米的位置，见图8.1.12。这种方法需要购买专用投影机吊架

（4）背投。投影机位于屏幕背面正前方40到50厘米的位置，见图8.1.13。

图 8.1.10

图 8.1.11

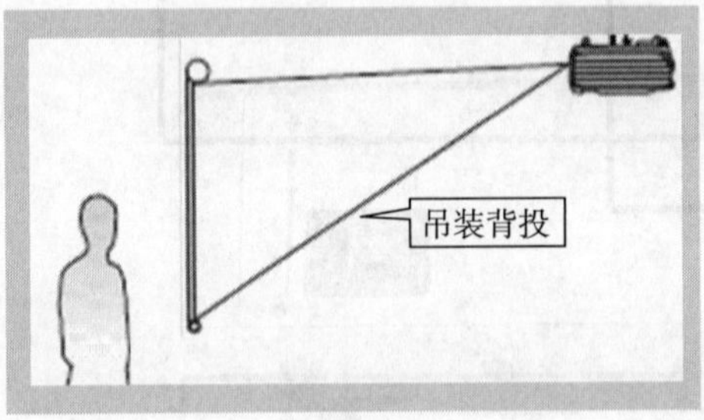

图 8.1.12

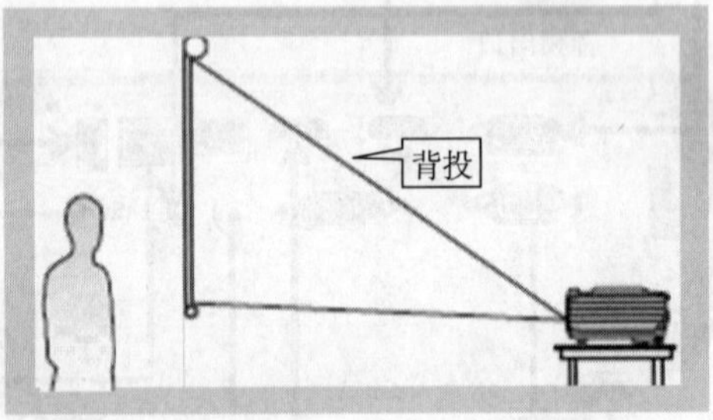

图 8.1.13

2. 长焦投影机的安装

(1)正投。投影机位于屏幕正前方 2 米到 3 米的位置,见图 8.1.14。这是放置投影机最常用的方式,安装快速且移动方便。这样安装的投影机一般需要调节投影角度,投影机配备三个调节支脚螺丝。这些调节支脚螺丝可以调节图像的高度、投影的角度,以及梯形失真。

(2)吊装正投。投影机倒挂于屏幕正前方 3 米到 4 米的位置,见图 8.1.15。这种方法需要购买专用投影机吊架。

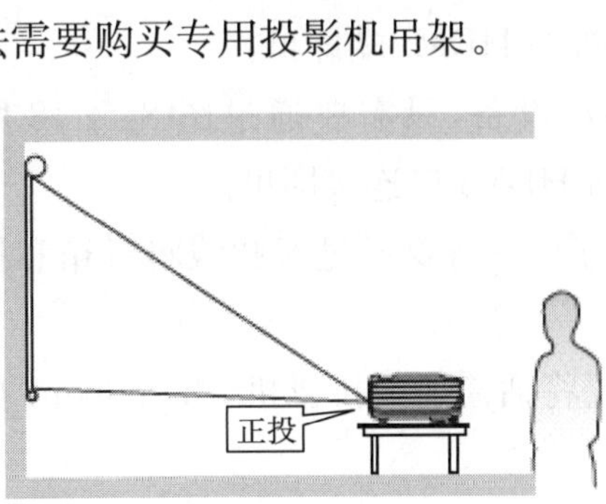

图 8.1.14

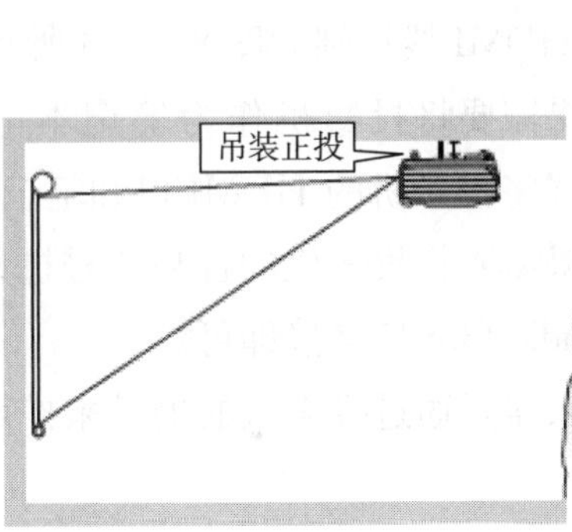

图 8.1.15

3. 投影机的信号线连接

图 8. 1. 16 给出了投影机与计算机、摄像机、交换机、音箱等设备的信号线连接图。从图 8. 1. 16 中可以看出：电脑的显卡输出，通过如图 8. 1. 17 所示的 VGA 线连接到了如图 8. 1. 16 所示的投影机 VGA 输入端，而图 8. 1. 16 所示的投影机的 VGA 输出端，则通过 VGA 线连接到了显示器。这样从计算机输出的 VGA 信号就会被同时送到投影机和显示器。因此我们就可以同时从投影机和显示器上看到计算机上的图像了。这种接法是将投影机作为电脑的显示设备来使用。

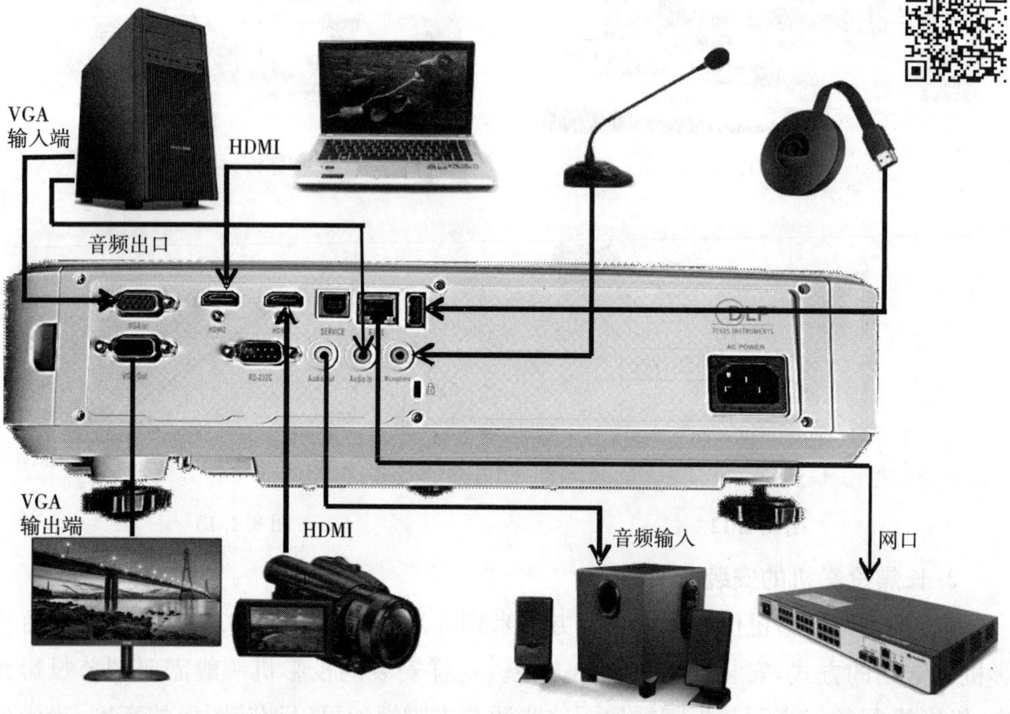

图 8. 1. 16

如果需要将投影机作为摄像机的显示设备，只需要将摄像机的 HDMI 音视频信号通过 HDMI 线接到如图 8. 1. 16 所示的投影机的 HDMI 端即可。

如果需要将投影机作为笔记本电脑的显示设备，只需要通过图 8. 1. 18 所示 HDMI 线将投影机的 HDMI 口和笔记本电脑的 HDMI 口连接即可。

如果需要将投影机的音频信号进行放大扩声，只需要通过音频线将音箱和投影机的 Audio Out 口连接即可。

如果需要通过投影机的喇叭来扩声，只需要将话筒插到投影机 Microphone 插口即可。

如果需要将投影机与网络连接，只需要通过网线将交换机和投影机的网口连接即可。

如果要使用投屏器，只需要将投屏器插入投影机的 USB 口即可。

图 8.1.17

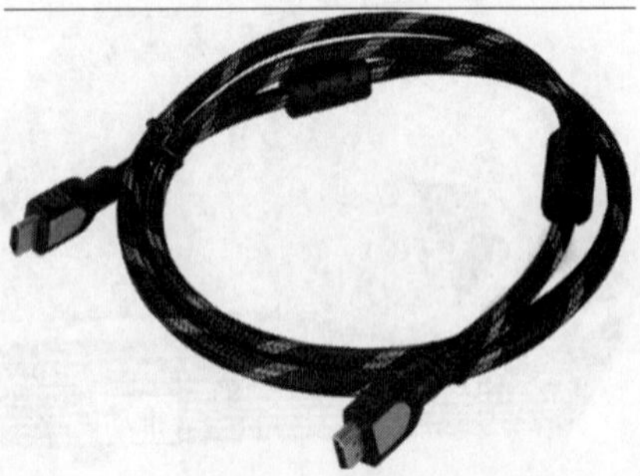

图 8.1.18

任务 3　激光投影机的基本调整

激光投影机的操作可以通过图 8.1.19 投影机上的按钮来进行，也可以通过图 8.1.20所示的遥控器来进行，两者的使用方法是一样的，下面就以遥控器的操作为例，来说明投影机的操作方法。

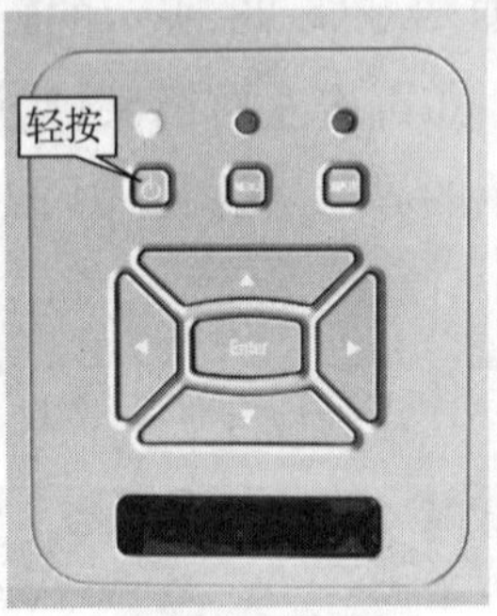

图 8.1.19

图 8.1.20

（1）按电源按钮（见图 8.1.19），或按图 8.1.20 所示遥控器上的红色电源按钮，则投影机电源打开，经过几秒钟后屏幕上就可以看到投影出的图像了。

（2）推动调焦杆，以使屏幕上的图像清晰（见图 8.1.21）。

（3）移动调整投影机和屏幕的距离就可以放大或缩小画面。投影机与屏幕的距离在 30～70 cm 之间。

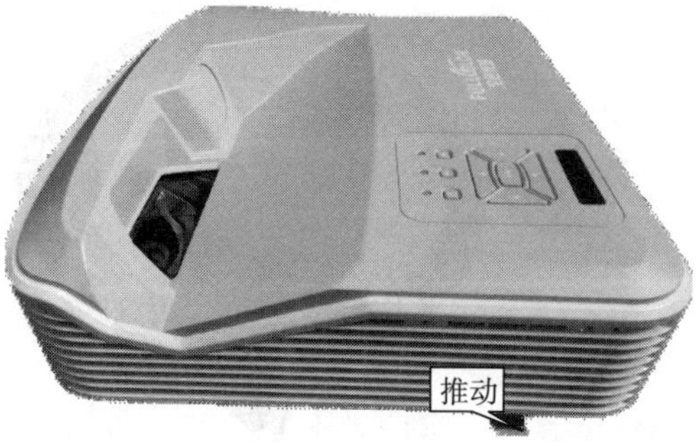

图 8.1.21

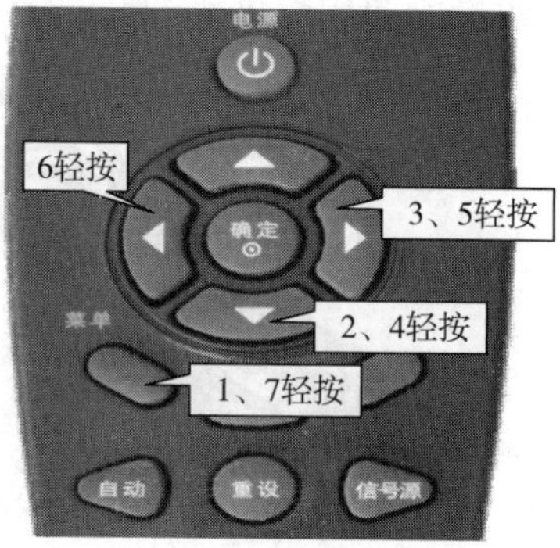

图 8.1.22

任务 4 激光投影机投影方式的调整

激光投影机投射的画面根据投影机的放置方式，可以进行 180 度旋转。不同的投影方式画面会进行不同的旋转，这就是投影方式的设定。投影方式有 4 种：正投、吊装背投、背投、吊装正投。

步骤 ①按【菜单】键，弹出设置界面。②按遥控器下箭头键，使加亮框跳到如图 8.1.23 所示的【屏幕】图标上。③按右箭头键，出现如图 8.1.23 所示的界面。④按遥控器上下箭头键，使加亮条跳到如图 8.1.23 所示的【投影方式】上。⑤按右箭头键，出现如图 8.1.24 所示的界面。⑥再按左右箭头键，选择投影方式。⑦按【菜单】键 2 次，退回到如图 8.1.23 所示的界面(见图 8.1.22)。

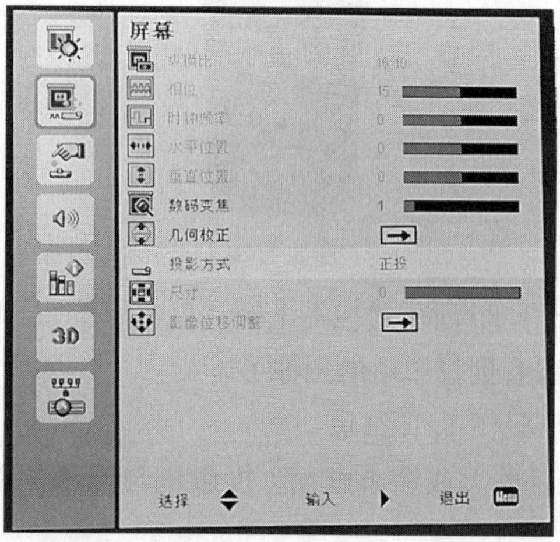

图 8.1.23

图 8.1.24

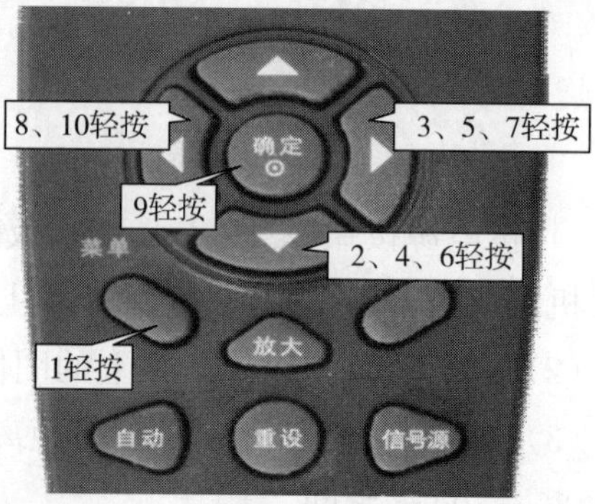

图 8.1.25

任务 5 激光投影机画面的几何校正

激光投影机投射的画面由于投影机角度摆放不同，位置不同，会使画面产生一些几何失真。通过下面的操作可以消除画面的几何失真。

步骤 1 ①按遥控器【菜单】键，弹出设置界面。②按遥控器下箭头键，使加亮框跳到如图 8.1.26 所示的【屏幕】图标上。③按右箭头键，出现如图 8.1.26 所示的界面。④按上下箭头键，使加亮条跳到【几何校正】。⑤按右箭头键，出现图 8.1.27。⑥按上下箭头键，使加亮条跳到【边角调整】。⑦按右箭头按钮，出现图 8.1.28。⑧再按左右箭头键，使色块在网格的四角之间移动。如果某一个角失真，就把黄色的色块调到该角对应的小方格。⑨按【确定】按钮，黄色的小方块就变成如图 8.1.29 所示的红色小方块。⑩根据几何失真的情况，按四个箭头键进行调整，消除失真(见图 8.1.25)。

步骤 2 按【菜单】键 4 次，退回到如图 8.1.26 所示的界面。

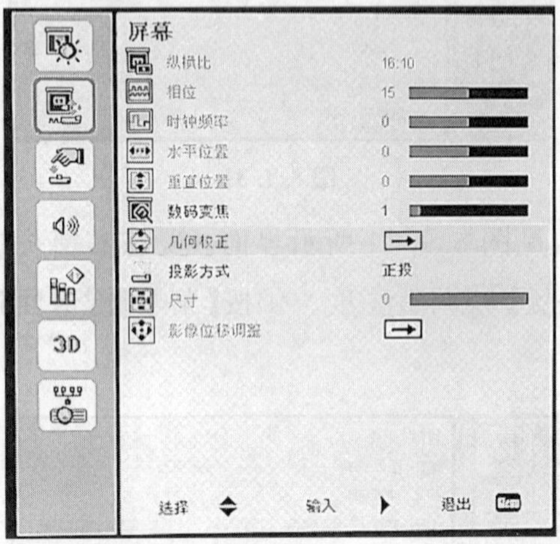

图 8.1.26

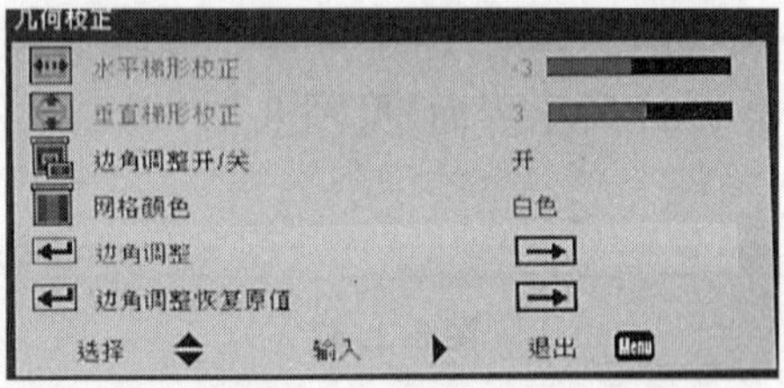

图 8.1.27

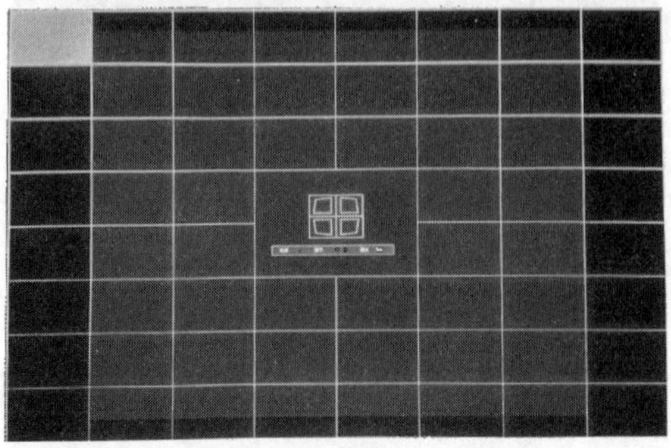

图 8.1.28

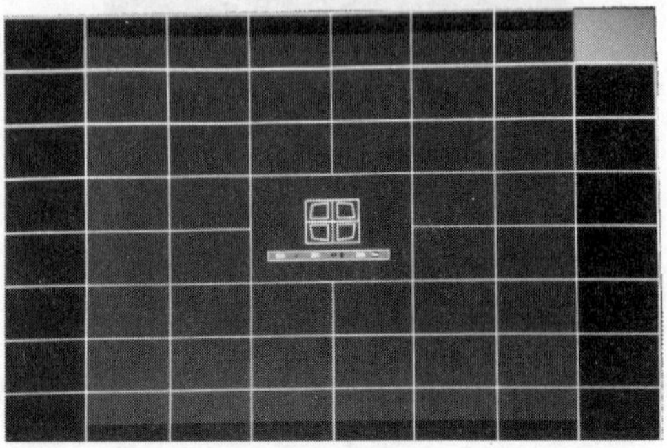

图 8.1.29

任务 6　激光投影机亮度、对比度的调整

步骤 1 ①按【菜单】键，出现如图 8.1.31 所示界面。②按右箭头键，出现

如图 8.1.32 所示界面。③按左右箭头键选择图像模式。④按【菜单】键退回到图 8.1.31 所示界面(见图 8.1.30)。

系统自带的几种图像模式(固定的亮度和对比度),适合大多数情况下使用。如果对亮度和对比度还需要更进一步调整,则需要继续进行下面的操作。

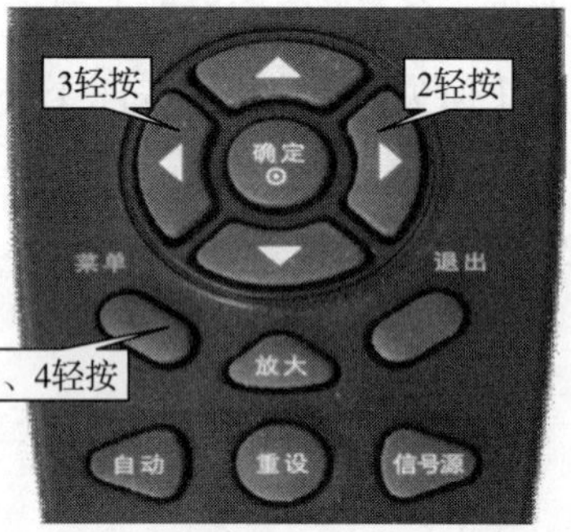

图 8.1.30

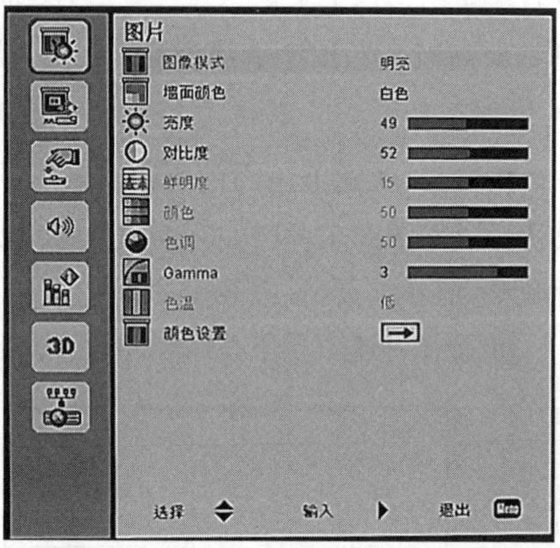

图 8.1.31

步骤 2 ①按下箭头键,选择【亮度】,见图 8.1.34 所示界面。②按右箭头键,出现图 8.1.35 所示界面。③按左右箭头键调整亮度。④按【菜单】键退回到图 8.1.34 所示界面(见图 8.1.33)。

图 8.1.32

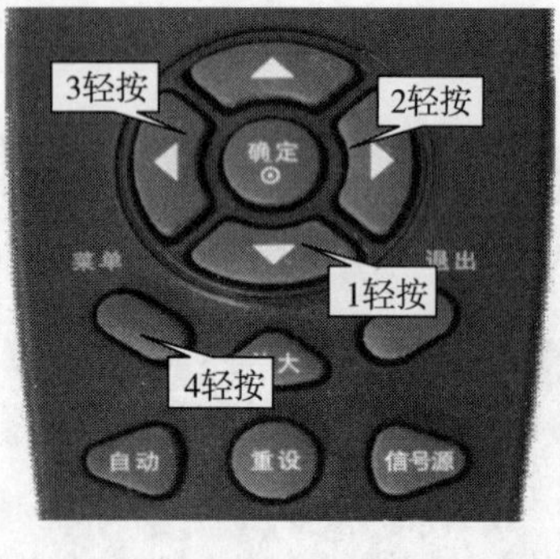

图 8.1.33

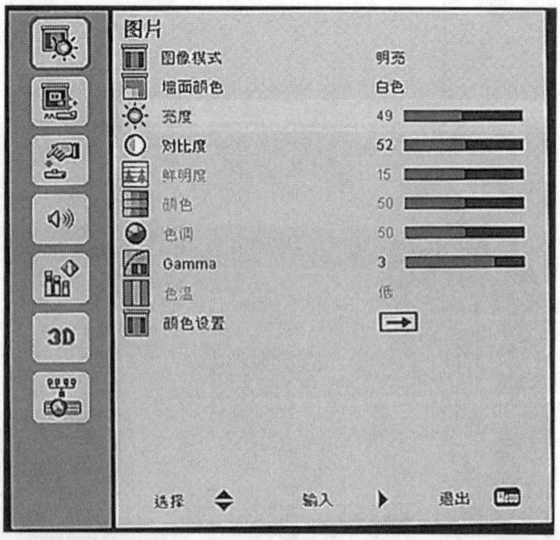

图 8.1.34

步骤 3 ①按下箭头键,选择【对比度】,出现图 8.1.37 所示界面。②按右箭头键。出现图 8.1.38 所示界面。③按左右箭头键调整对比度。④按【菜单】键退回到图 8.1.37 所示界面(见图 8.1.36)。

图 8.1.35

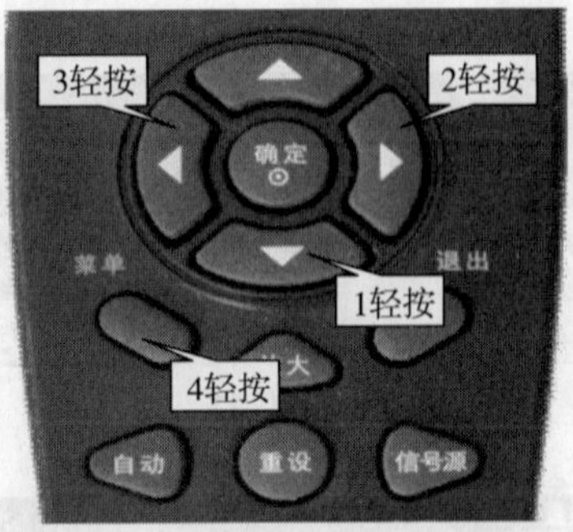

图 8.1.36

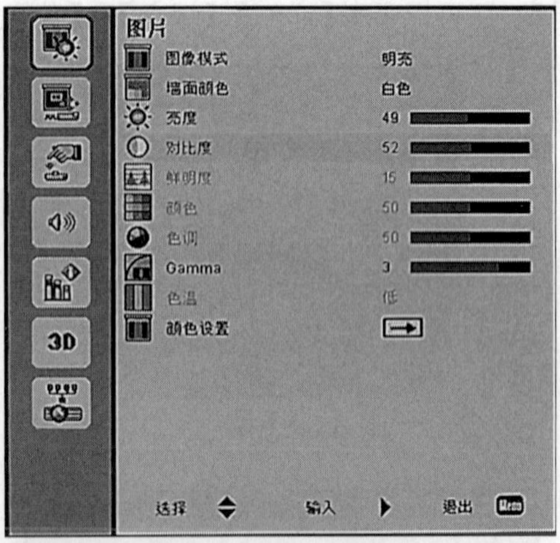

图 8.1.37

图 8.1.38

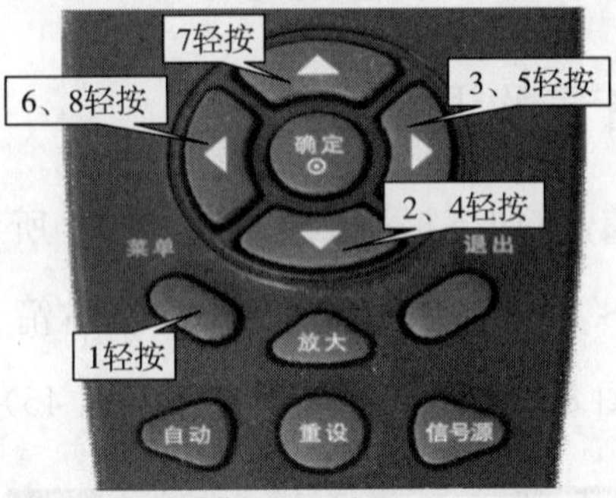

图 8.1.39

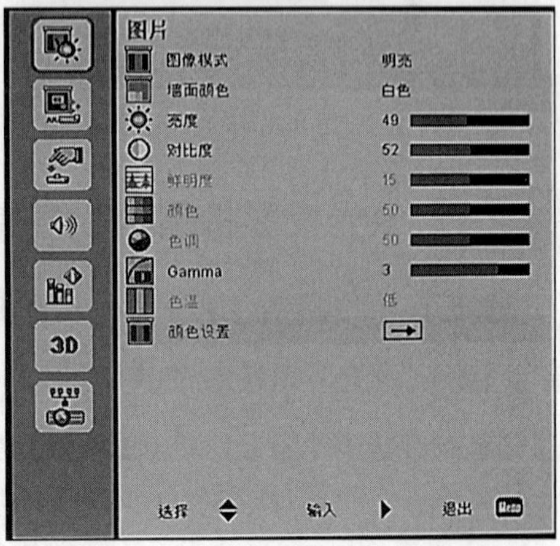

图 8.1.40

任务 7　激光投影机颜色的调整

步骤 1　①按遥控器【菜单】键，弹出设置界面。②按遥控器上下箭头键▼▲，使加亮框跳到如图 8.1.40 所示的【图片】图标上。③按右箭头键▶，出现如图 8.1.40 所示的界面。④按下箭头键▼，使加亮条跳到【颜色设置】，见图 8.1.40。⑤按右箭头键▶。出现图 8.1.42 所示界面。⑥按左右箭头键◀▶找到【红色】。⑦按下箭头键▼▲，使加亮条跳到【色调】，见图 8.1.43 所示界面。⑧按左右箭头键◀▶进行调整(见图 8.1.39)。同理【饱和度】和【增益】都可以这样调整。

步骤 2　①按上下箭头键▼▲把加亮条移到最上面，见图 8.1.44。②按左右箭头键◀▶(见图 8.1.41)找到【蓝色】，见图 8.1.44 界面。下面的调整方法与上面相同。

同理，还可以调整【洋红】、【绿色】和【黄色】。

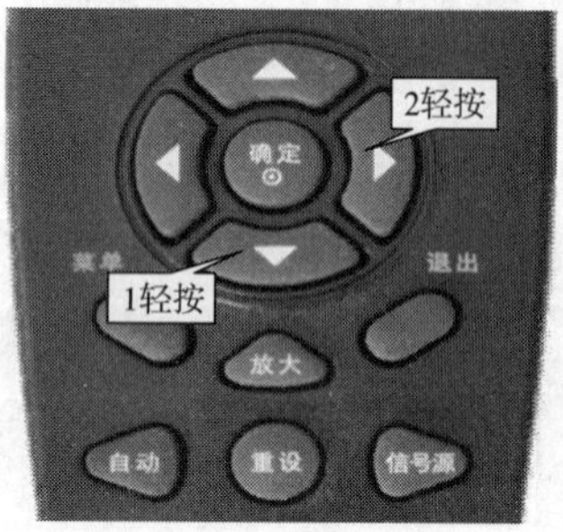

图 8.1.41

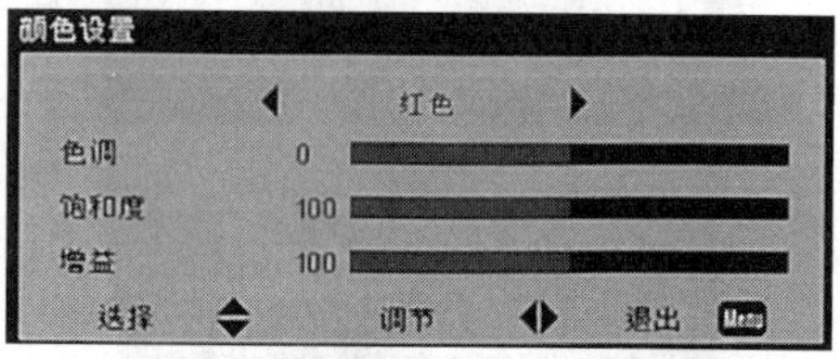

图 8.1.42

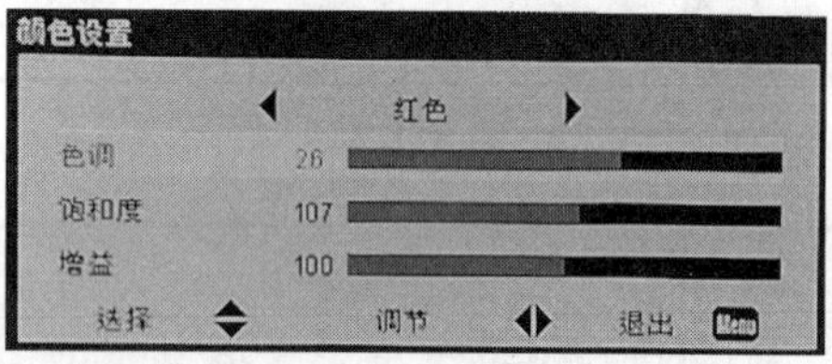

图 8.1.43

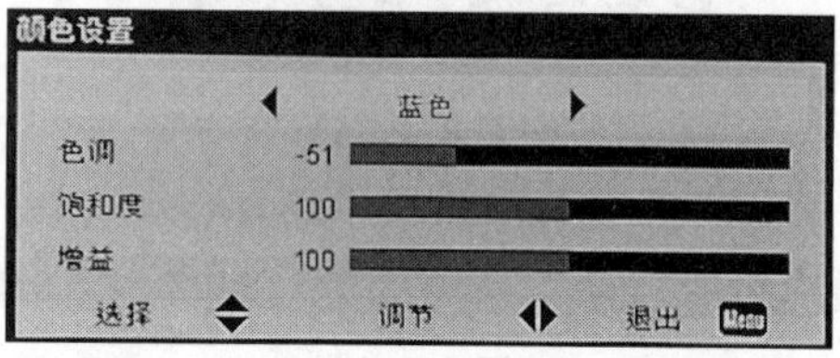

图 8.1.44

任务 8 激光投影机喇叭和麦克风音量的调整

步骤 1 ①按【菜单】键。②按下箭头键，使加亮框跳到如图 8.1.46 所示的【音量】图标上。③按右箭头键，出现图 8.1.47 所示界面。④按左右箭头键调整投影机喇叭音量。⑤按【菜单】键回到图 8.1.46 所示界面(见图 8.1.45)。

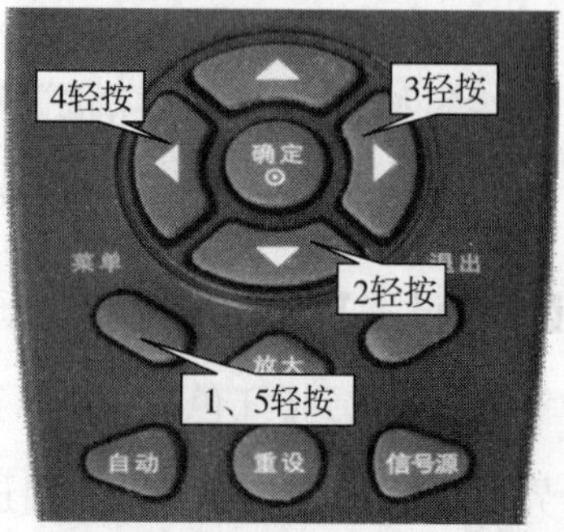

图 8.1.45

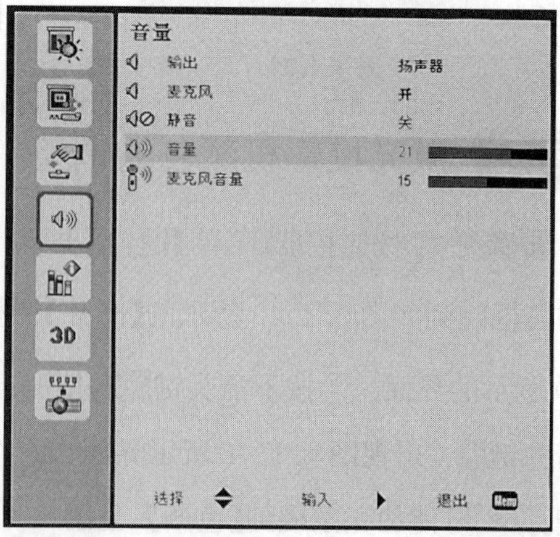

图 8.1.46

步骤 2 ①按下箭头键，使加亮框跳到如图 8.1.49 所示的【麦克风音量】。②按右箭头键，出现图 8.1.50 所示界面。③按左右箭头键调整麦克风音量。④按【菜单】键回到图 8.1.49 所示界面(见图 8.1.48)。

图 8.1.47

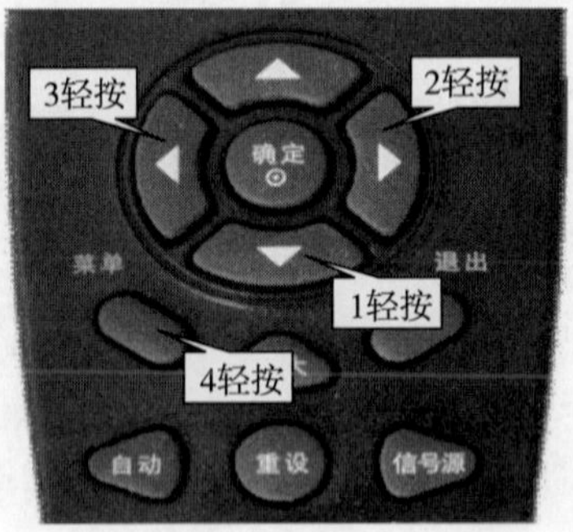

图 8.1.48

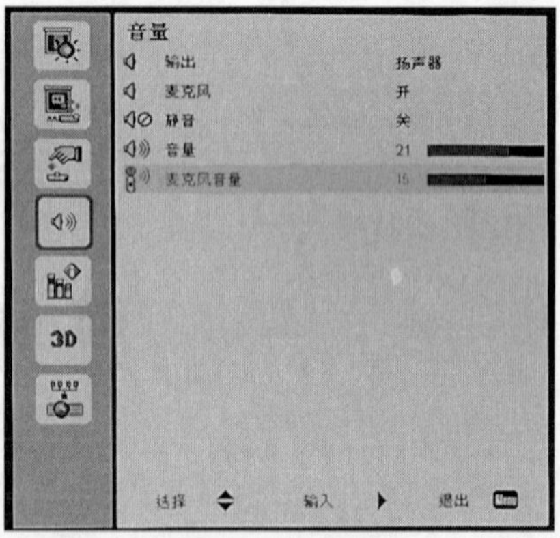

图 8.1.49

图 8.1.50

项目 2　投影机的基本维护与保养

对投影机的维护需要做到以下几点。

(1)清洁镜头。可在发觉镜头表面有污点或灰尘时清洁镜头,清洁的方法是:

①使用压缩空气罐来清除灰尘。

②如果有灰尘或污点,可用拭镜纸或湿软布沾些清洁剂轻轻擦拭镜头表面。

③切勿使用任何类型的磨砂百洁布、碱性/ 酸性清洁剂、去污粉或挥发性溶剂,例如酒精、苯、稀释剂或杀虫剂。使用这类物质或长时间接触橡胶或乙烯物质会对投影机表面和箱体材料造成损坏。

(2)清洁投影机外壳。清洁外壳之前,要按正确关闭程序关闭投影机,并拔掉电源线。

①要除去污垢或灰尘,请使用柔软、不起毛的布料擦拭外壳。

②要去除牢固的污垢或斑点,可用水和中性的清洁剂沾湿软布,然后擦拭外壳。切勿使用蜡、酒精、苯、稀释剂或其他化学清洁剂,这些物质会损坏外壳。

(3)搬运时严防强烈的冲撞和震动。因为强震能造成液晶片的位移,影响放映时三片 LCD 的会聚,出现 RGB 颜色不重合的现象,而光学系统中的透镜、反射镜也会产生变形或损坏,影响图像投影效果,而变焦镜头在冲击下会使轨道损坏,造成镜头卡死,甚至镜头破裂无法使用。

第9章

激光打印机

1971年11月，被人们誉为“激光打印机之父”的盖瑞·斯塔克维在施乐公司帕克研究中心研制出了世界上第一台激光打印机。1977年，施乐公司将9700型激光打印机投放市场，标志着打印机进入了一个新的时代。

项目1 激光打印机的选购

激光打印机(见图9.1.1)是一种光、电、机一体、高度自动化的计算机输出设备。其结构较复杂，价格昂贵，但在打印精度、打印速度和设备的稳定性方面是办公设备中的佼佼者，深受办公用户的青睐。

图9.1.1

近几年激光打印机的性能和质量稳步提高，价格却大幅下调，目前已在办公中广泛使用，并逐渐进入普通家庭。

任务1 激光打印机的分类

按打印出的色彩划分，激光打印机可以分为黑白激光打印机和彩色激光打印机两大类。

按应用领域划分，激光打印机可分为家用激光打印机、中小企业激光打印机和高端商用激光打印机。家用激光打印机对输出质量要求不高，价格低廉；中小企业激光打印机侧重打印质量、双面打印和网络打印，价格要求适中；高端商用激光打印机侧重输出速度和输出质量，一般用于专业输出的打印部门或单位。

按打印输出速度划分，可将激光打印机分成三类：印刷速度小于 20 页/分钟的低速激光打印机、印刷速度在 20～80 页/分钟的中速激光打印机和印刷速度大于 80 页/分钟的高速激光打印机。

任务 2　激光打印机的主要技术指标

激光打印机由于噪声小(一般低于 50dB)、打印速度快、分辨率高，因而成为目前办公自动化和激光印刷系统的主要打印设备，同时也是计算机网络的共享打印设备。其主要技术指标为：

1. 分辨率

一般来说，激光打印机的价格随其分辨率、幅面不同而有很大的差别。在购买时建议首先考虑实际使用激光打印机所做工作的性质，再选择分辨率合适的激光打印机。市场上流行的激光打印机的分辨率有 118 印点/CM(300dpi)、157 印点/CM(400dpi)和 236 印点/CM(600dpi)。少数激光打印机的分辨率可以达到 1200dpi。如果只需要激光打印机打印常见的办公室文件、图表、报表等，建议选择 118 印点/CM(300dpi)的激光打印机即可。

2. 打印速度

目前，一般台式激光打印机的输出速度约为 15～20 页/分钟。影响打印速度的因素一般有：主机 CPU 性能、应用软件、打印机驱动程序、数据通信方式等。

3. 内存

当进行打印时，信息是从计算机上被读取到打印机中的。如果打印内容多，打印机就不得不分步读取信息。因此，打印机内存越大，读取的内容就越多，从而可以提高打印速度。小型办公环境下，主流的激光打印机内存在 4MB 以上。

4. 最大打印幅面

激光打印机绝大部分都是 A4 幅面的，也有少量的激光打印机是 A3 幅面的，但是这种打印机价格非常昂贵。

任务 3　激光打印机的特点

与针式打印机和喷墨打印机相比，激光打印机有下列明显的优点。

1. 高分辨率

激光打印机的打印分辨率最低为 300dpi，此外还有 400dpi、600dpi、800dpi、1200dpi，以及 2400dpi。

2. 高速度

激光打印机的打印速度一般为15页/分钟，有些激光打印机的打印速度高达33页/分钟。

3. 噪音低

噪音一般在50dB以下，非常适合在安静的办公场所使用。

项目2　激光打印机的安装和使用

任务1　激光打印机的安装

本教材以brother HL-2140为例进行介绍。打印机的电源插座、数据线插座和电源开关均在打印机的背面。

步骤1 将打印机电源线的一端插到打印机背部的电源插座上，另一端插到交流电源插座上，参见图9.2.1。

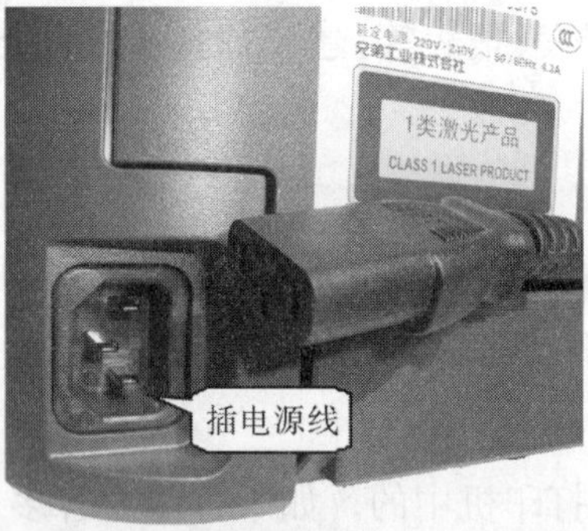

图9.2.1

图9.2.2

步骤2 将数据线一端插到打印机的数据线插口上，另一端插到计算机的USB接口上，参见图9.2.2和图9.2.3。

图9.2.3

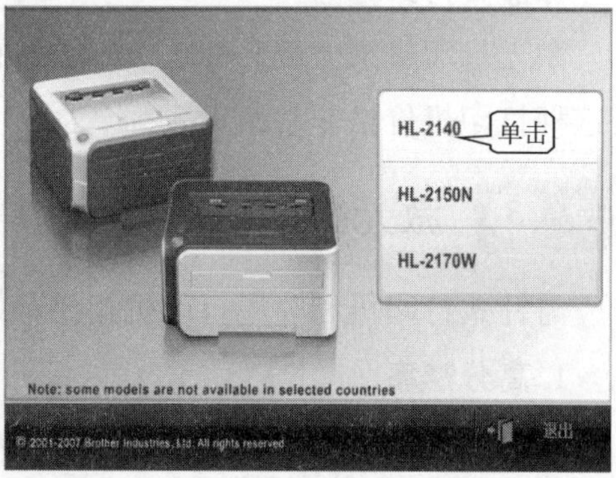

图9.2.4

任务 2　激光打印机驱动程序的安装

完成激光打印机的硬件连接后，还必须安装打印机驱动程序，只有正确的安装好打印机驱动程序后，才能正常打印。安装打印机驱动程序的方法如下。

步骤 1　将随机赠送的打印机驱动光盘放入光驱，会出现图 9.2.4 所示的安装界面。

步骤 2　单击【HL-2140】(见图 9.2.4)出现图 9.2.5。

步骤 3　单击【选择语言/中文】(见图 9.2.5)出现图 9.2.6。

步骤 4　单击【USB 电缆用户】(见图 9.2.6)出现图 9.2.7。

注意：如果此时打印机数据线是接上的，要把它暂时拔下。

图 9.2.5

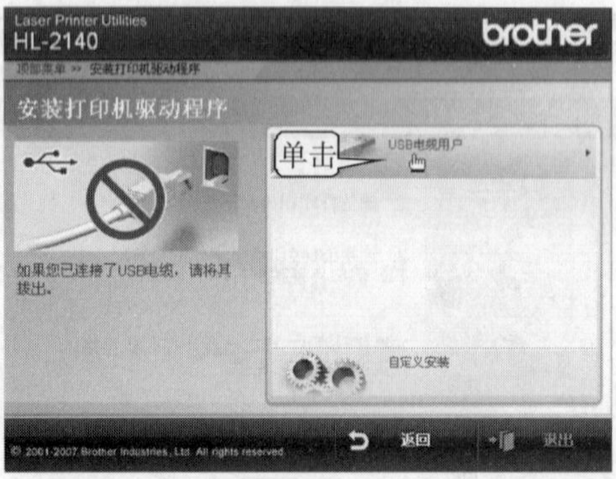

图 9.2.6

图 9.2.7

图 9.2.8

步骤 5　单击【安装打印驱动程序】(见图 9.2.7)出现图 9.2.8，开始安装驱动程序，在图 9.2.8 中的进度条结束后，出现图 9.2.9。

步骤 6　单击【是】(见图 9.2.9)出现图 9.2.10。在图 9.2.10 中的进度条结束后，出现图 9.2.11。

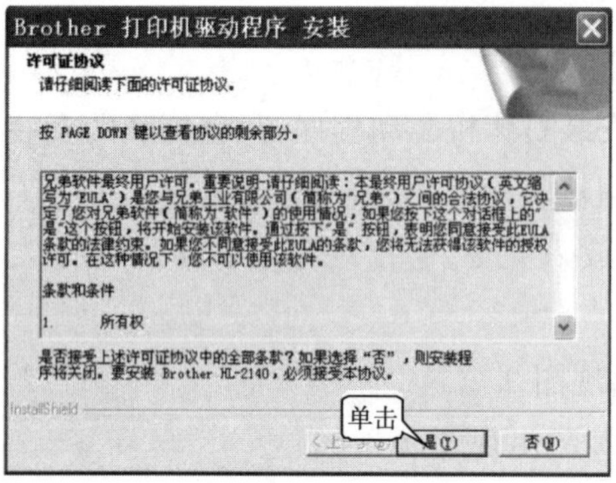
Brother 打印机驱动程序 安装
许可证协议
请仔细阅读下面的许可证协议。
按 PAGE DOWN 键以查看协议的剩余部分。
条款和条件
1. 所有权
是否接受上述许可证协议中的全部条款？如果选择“否”，则安装程序将关闭。要安装 Brother HL-2140，必须接受本协议。
InstallShield
单击
是(Y)
否(N)

图 9.2.9

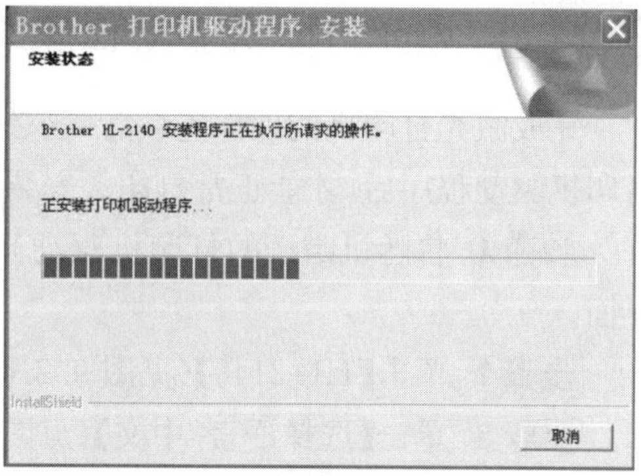
Brother 打印机驱动程序 安装
安装状态
Brother HL-2140 安装程序正在执行所请求的操作。
正安装打印机驱动程序...
InstallShield
取消

图 9.2.10

步骤 7 按图 9.2.11 中的要求，打开打印机电源，接好数据线，单击【下一步】，出现图 9.2.12。在图 9.2.12 中的进度条结束后，出现图 9.2.13。

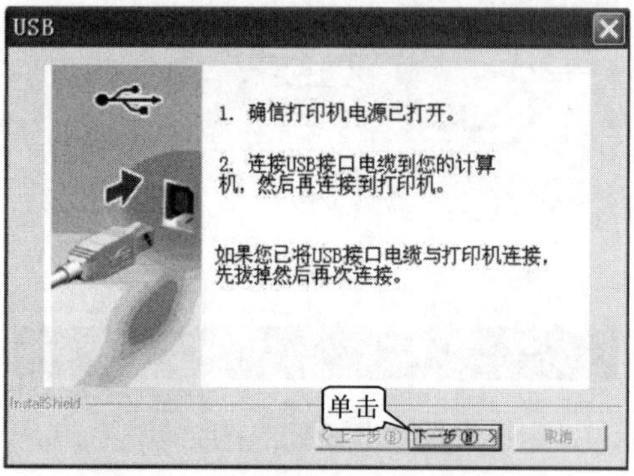
USB
1. 确信打印机电源已打开。
2. 连接USB接口电缆到您的计算机，然后再连接到打印机。
如果您已将USB接口电缆与打印机连接，先拔掉然后再次连接。
InstallShield
单击
< 上一步(B)
下一步(N) >
取消

图 9.2.11

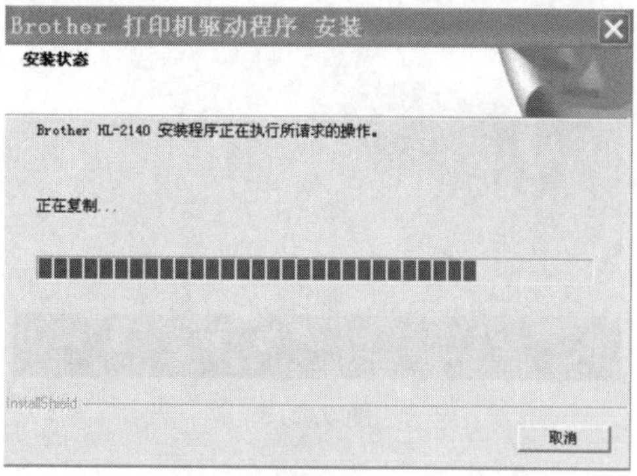
Brother 打印机驱动程序 安装
安装状态
Brother HL-2140 安装程序正在执行所请求的操作。
正在复制...
InstallShield
取消

图 9.2.12

步骤 8 单击【完成】(见图 9.2.13)。

在完成了打印机的硬件连接和驱动程序安装后，就可以使用打印机了。

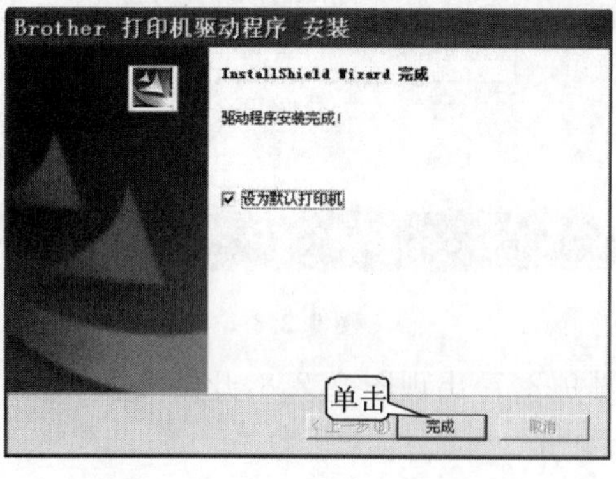
Brother 打印机驱动程序 安装
InstallShield Wizard 完成
驱动程序安装完成!
设为默认打印机
单击
< 上一步(B)
完成
取消

图 9.2.13

打开电源开关

图 9.2.14

任务 3　激光打印机的使用

步骤 1 打开打印机背面的电源开关，参见图 9.2.14。

步骤 2 ①从打印机前方底部拉开纸匣。②调整导纸板的宽度，使其与放入的纸张等宽，见图 9.2.15。

图 9.2.15

图 9.2.16

步骤 3 ①放入 A4 纸。②将纸匣推进打印机，见图 9.2.16。

步骤 4 在 Word 中打开要打印的文档。

步骤 5 单击【文件\打印】，出现图 9.2.17。

步骤 6 单击【属性】(见图 9.2.17)出现图 9.2.18。

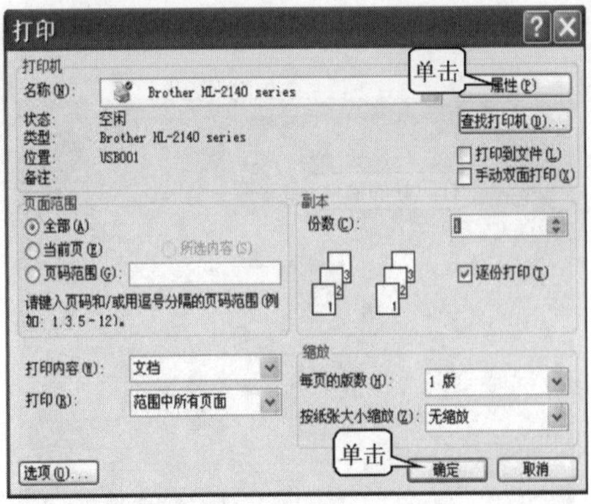

图 9.2.17

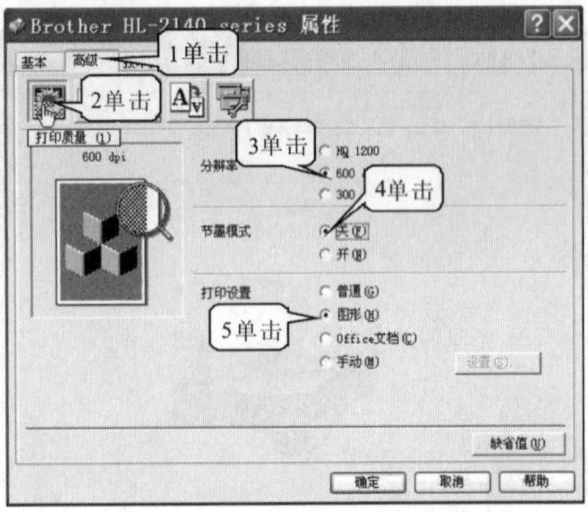

图 9.2.18

步骤 7 ①单击【高级】选项卡。②单击【打印质量】选项卡。③单击【600】单选钮，设置可以打印带有照片的文档(如果想打印带有照片的文档，要选择该项或 HQ1200 项)。④单击【关】单选钮，设置关闭节墨功能。⑤单击【图形】单选钮(图 9.2.18)，设置可以打印带有照片的文档。上述设置也可以用于打印普通的不带照片的文档。

步骤 8 ①单击【双面打印】选项卡。②单击勾选【手动双面打印】复选框。③单击【左边翻页】单选钮(在图 9.2.19 中)，设置用手动方式进行双面打印。

步骤 9 ①单击【水印】选项卡。②单击勾选【使用水印】复选框，如果不想要水印，可以不勾选【使用水印】复选框。③单击【绝密】，用以设置在打印的文档中增加【绝密】水印的字样。④单击【确定】(见图 9.2.20)，回到图 9.2.17。

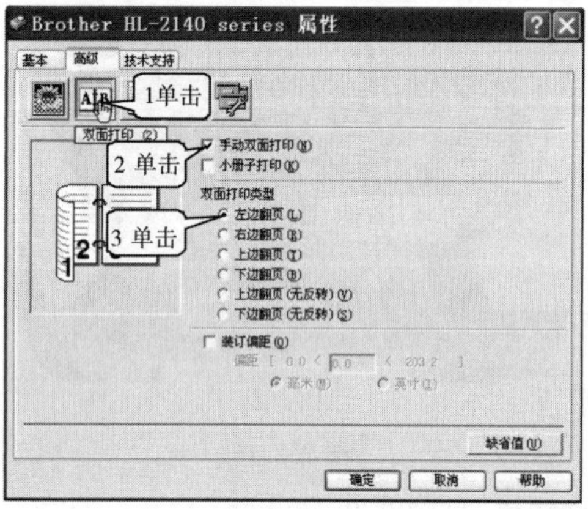

图 9.2.19

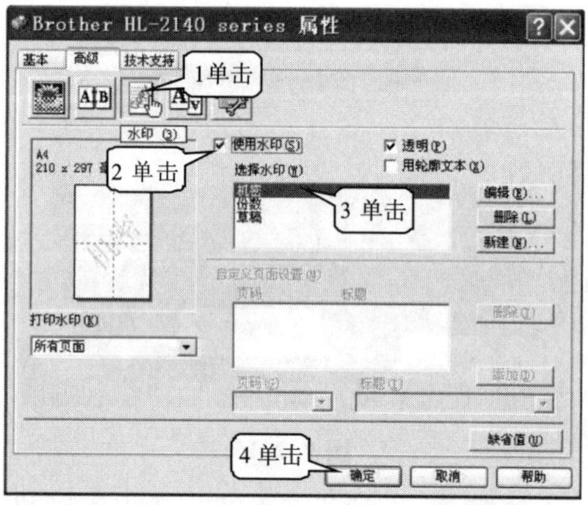

图 9.2.20

步骤 10 单击【确定】(参见图 9.2.17)，出现图 9.2.21。

步骤 11 单击【确定】(见图 9.2.21)，则打印机开始打印偶数页，打印的稿件从打印机顶部出纸，见图 9.2.22。偶数页打印好后，出现图 9.2.23。

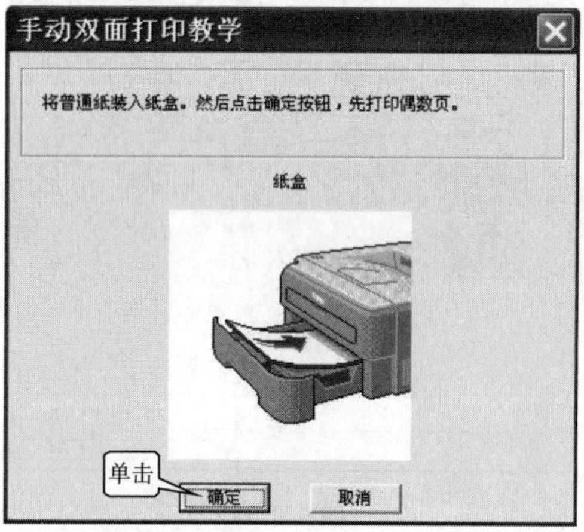

图 9.2.21

图 9.2.22

步骤 12 将打印好的偶数页按照图 9.2.23 的提示的方向整理好，正面朝上，重新放入纸匣，然后单击确定(见图 9.2.23)。打印机便开始打印另一面奇数页的内容。最终实现了双面打印。

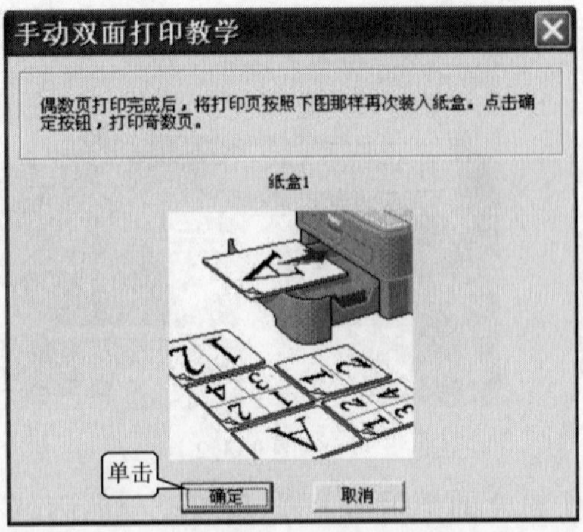

图 9.2.23

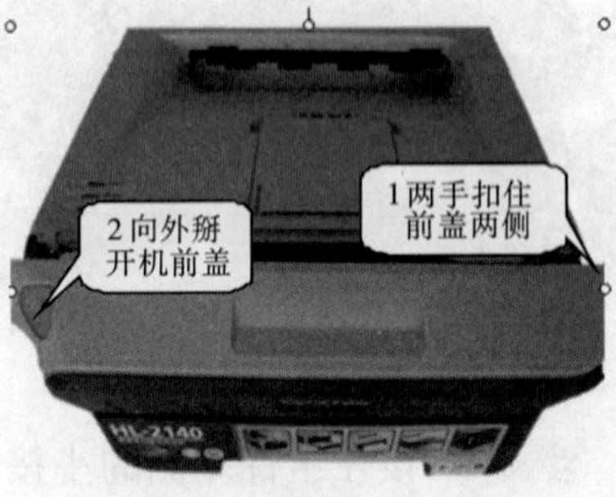

图 9.2.24

项目 3　激光打印机的维护

任务 1　硒鼓的维护

激光打印机使用过程中要特别注意纸张的使用，因为激光打印机里面的重要部件是硒鼓，硒鼓的寿命是有限的。如果硒鼓被弄脏或者被划伤，则打印机打印出来的稿件就会不清楚或者有多道条文，甚至会有较大面积的黑色部分。所以激光打印机对纸张的要求是比较严格的，主要是要求纸张干净、光滑不能夹杂有灰尘、纸纤维和沙粒。因为这些东西都会由于静电效应被吸附在硒鼓上，或者会划伤硒鼓。如果硒鼓被划伤或弄脏了，在静电成像的时候就会使图像产生条纹或者斑块，而使打印出来的图像也会出现这种条纹或斑块。如果硒鼓表面被划伤，一般是无法修复的，只有更换硒鼓。而更换硒鼓的代价是比较高的，一般一个硒鼓要几百元，如果发现硒鼓上粘有灰尘、纸纤维，我们可以将硒鼓取出，用专用的清洗剂和专用的清洁布擦拭表面，使硒鼓恢复原来的光洁和亮度。清洁硒鼓的方法如下。

步骤 1　①两手扣住打印机前盖两侧。②向外掰开机前盖(见图 9.3.1)，打开前盖后的情形见图 9.3.2。

步骤 2　用手握住硒鼓和粉盒组件的把手，向外用力拉出硒鼓和粉盒组件(见图 9.3.3)。

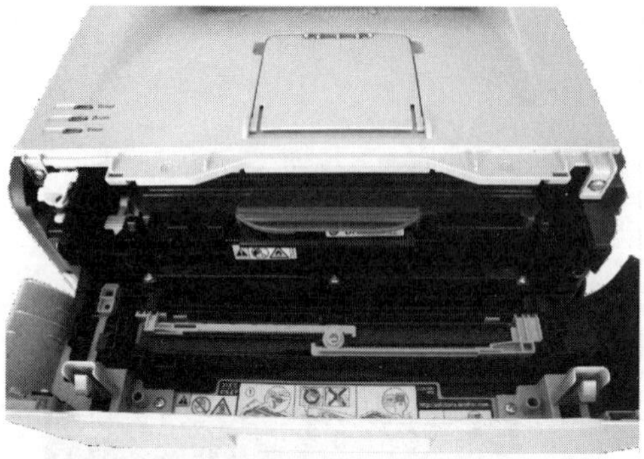

图 9.3.1

图 9.3.2

步骤 3 按住组件左侧的小按钮，握住粉盒的把手向上提，就可以分离硒鼓和粉盒（在图 9.3.4 中），分离后的硒鼓和粉盒见图 9.3.5 和图 9.3.6。

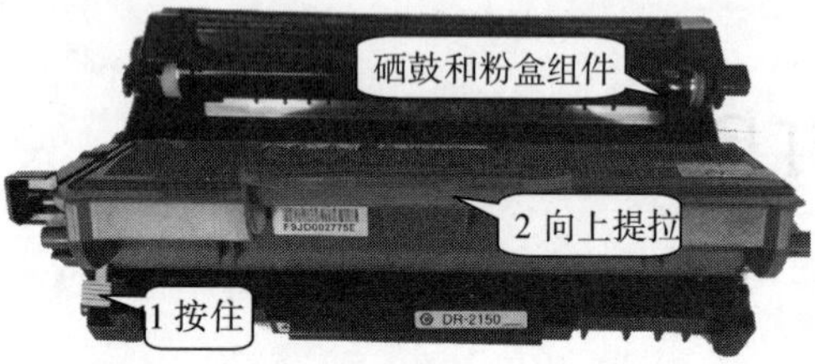

图 9.3.3

图 9.3.4

步骤 4 用专用的清洁剂和清洁布擦拭硒鼓的表面，见图 9.3.4。

图 9.3.5

图 9.3.6

任务 2 添加碳粉

粉盒内的碳粉在使用一段时间后会被用完，这就需要及时添加碳粉，当发现打印的文稿字迹变淡，甚至看不清楚时，一般来讲就表示碳粉已经被用完了，需要及时补充碳粉，以保证打印机能继续使用。添加碳粉的方法如下。

步骤 1 按上面介绍的方法取出硒鼓和粉盒组件，并将硒鼓和粉盒分离。

步骤 2 将粉盒竖起，打开粉盒右侧的小盖，用纸做一个小漏斗，并放在粉盒的加粉口上，将碳粉倒入小漏斗，最后盖上小盖。然后将粉盒水平拿在手上摇动几下，使粉盒内的碳粉均匀地平铺在粉盒内，参见图 9.3.7 和图 9.3.8。

图 9.3.7

图 9.3.8

任务 3 卡纸故障的排除

卡纸是打印机中常遇到的故障，所以学会排除卡纸故障的方法是非常必要的。下面就介绍卡纸故障的排除方法。

步骤 1 打开激光打印机上部的前盖，参见图 9.3.2。

步骤 2 取出硒鼓和粉盒组件，参见图 9.3.3。

步骤 3 用手或者是镊子取出被卡在打印机内部的纸张，见图 9.3.9。

步骤 4 将硒鼓和粉盒组件还原，并盖上前盖。

第10章

数码复印机

项目1　数码复印机的选购与使用

数码复印机(见图10.1.1)是20世纪80年代发展起来的新一代复印机。它与传统的模拟式复印机不同,应用了数字化图像处理技术,因此使复印机具有了一些新的特殊功能。它通过电荷耦合器件(即CCD)将原稿的模拟图像信号通过光电转换变成数字信号,然后将经过数字处理的图像信号输入激光调制器,调制后的激光束对被充电的感光鼓进行扫描,在感光鼓上产生静电潜像,再经过显影、转印、定影等步骤,完成整个复印过程。数码复印机相当于把扫描仪和激光打印机融合在一起。同样由于它是通过激光扫描成像的,因此它既是一台独立的复印设备、又可作为输入/输出设备与计算机以及其他办公自动化设备联机使用,亦可成为网络的终端。数码复印机的出现是对传统复印概念的突破,为复印技术的发展开辟了新路。

图10.1.1

任务1　数码复印机的选购

1. 数码复印机的分类

数码复印机按颜色划分,可分为单色和彩色两种。按成像原理划分,可分为数码复印机和模拟复印机两种。其中模拟复印机已渐渐地退出市场,取而代之的是功能更强大的数码复印机。

2. 数码复印机的特点

(1)一次扫描,多次复印:数码复印机只需对原稿进行一次扫描,便可一次复印达999次之多。因减少了扫描次数,所以减少了扫描器产生的磨损总量及噪音总量,同时减少了卡纸的机会。

(2)整洁、清晰的复印质量:具有文稿、图片/文稿、图片、复印稿、低密度稿、浅色稿等多种模式,充分保证了复印品的整洁、清晰。

(3)电子分页:一次复印,分页可达999份。

(4)先进的环保系统设计:无废粉、低臭氧、自动关机节能,图像自动旋转,减少废纸的产生。

(5)强大的图像编辑功能:具有自动缩放、单向缩放、自动启动、双面复印、组合复印、重叠复印、图像旋转、黑白反转、25%～400%缩放倍率。

3. 数码复印机的主要技术指标

(1)复印速度:中端数码复印机一般在25张/分钟～35张/分钟,低端的一般在15张/分钟左右。因此购买之前应分析一下大概的复印量是多少、复印高峰期每小时要复印的份数有多少,这些数据将决定购买何种档次的复印机,然后根据分析结果来选购机型。

(2)复印精度:复印精度由扫描分辨率和输出分辨率决定。扫描分辨率可以保证输出原稿的清晰度。对于黑白数码复印机来说,一般为600dpi。目前的数码复印机的输出分辨率都在600dpi以上。主流数码复印机已经达到了1200dpi,甚至2400dpi。其中600dpi已经可以满足普通文本和图像的复印输出,而1200dpi的分辨率对于日常办公来说已经是绰绰有余了。

(3)复印幅面:主流的数码复印机都具有A3以上幅面的复印能力,而目前低端便携机的复印幅面多为A4,还有A0幅面的机器可以复印工程类图纸。

(4)特殊功能:具有按特定比例缩放复印、双面复印、多份原稿一次性成套复印、送稿器、双面器、分页装订器。

4. 数码复印机的价格

数码复印机的价格差异较大,从几千元到几万,直至十万不等。机器的价格会因为复印速度(价格10万的复印速度可达A4:82张/分)、复印精度(价格10万的复印分辨率可达1800×600dpi)、是否自动翻页、是否双面复印、缩放比例大小、是否有送稿器、连续复印数(价格10万的可达1—9999张)、纸盒的多少(价格10万的可达500张纸盒＊2个、1500张纸柜＊2个、100张手送纸盒)等而不同。

任务2　数码复印机的使用

下面以京瓷KM-2050数码复印机为例介绍复印机的使用方法。

1. 装纸

复印前，请在适当的纸盒中放置复印纸。该款复印机有两个纸盒，分别是可以放置 A3 复印纸的 A3 纸盒，以及可以放置 A4 复印纸的 A4 纸盒，见图 10.1.2。

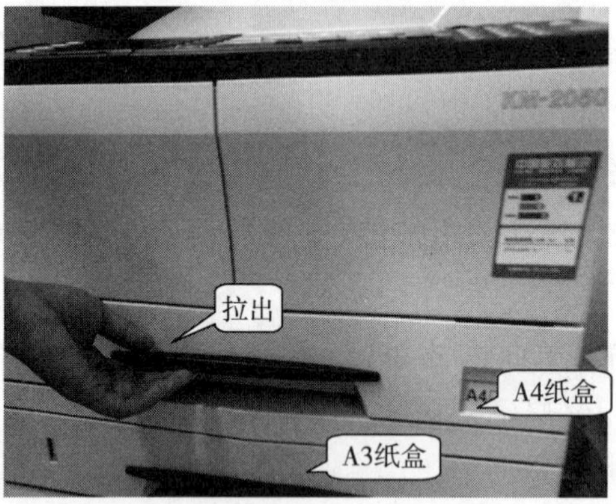

图 10.1.2

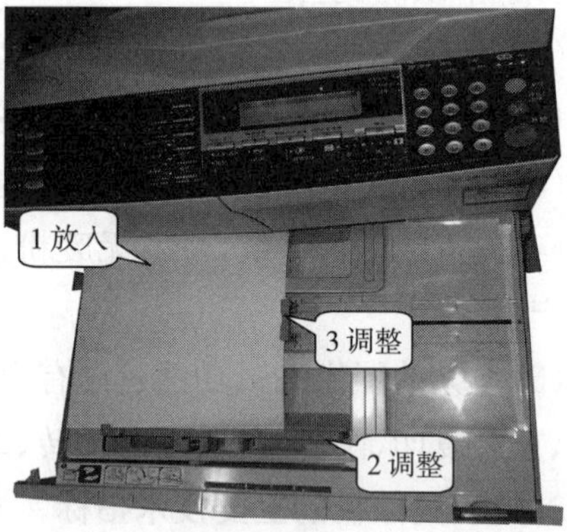

图 10.1.3

(1)拉出 A4 纸盒，见图 10.1.2。

(2)①将 A4 纸放入纸盒当中，注意要将纸张整齐地放在盒内。②调整纵向导纸板，使其紧贴复印纸。③调整横向导纸板，使其紧贴复印纸(见图 10.1.3)。④关闭 A4 纸盒。

(3)拉出 A3 纸盒，参见图 10.1.2。

(4)①将 A3 纸放入纸盒当中，注意要将纸张整齐地放在盒内。②调整纵向导纸板，使其紧贴复印纸。③调整横向导纸板，使其紧贴复印纸(见图 10.1.4)。

(5)关闭 A3 纸盒。

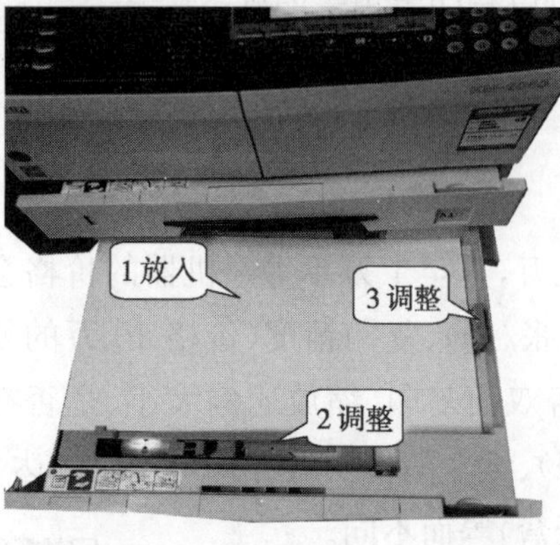

图 10.1.4

图 10.1.5

2. 复印

(1)打开电源开关，使复印机预热 25 秒左右。

(2)①打开复印机上盖。②将要复印的原稿有内容的一面朝下，放在复印机的玻璃稿台上，然后盖上复印机上盖，见图 10.1.5。注意要把原稿的左上角与玻璃稿台的左上角对齐。这样可以确保复印后的稿件内容在复印纸的正中位置。确保不会发生复印后的稿件在复印纸上发生偏离，或者是只复印了稿件的一部分的现象。

(3)按数字键盘上的数字键，输入相应的份数(见图 10.1.7)，则液晶显示屏上就会显示出要复印的份数，见图 10.1.6。图 10.1.7 中【停止/清除】键的作用是在输入的数字不对的情况下，通过按【停止/清除】键，清除刚刚输入的数字。这个键还可以用于在复印过程当中，人为地中止复印。而【复位】键的作用是在我们做好各项复印前的设置后，开始复印前，如果发现设置有较大的错误，就可以通过按动【复位】键，回到接通电源时的初始状态，以便重新进行各项设置。

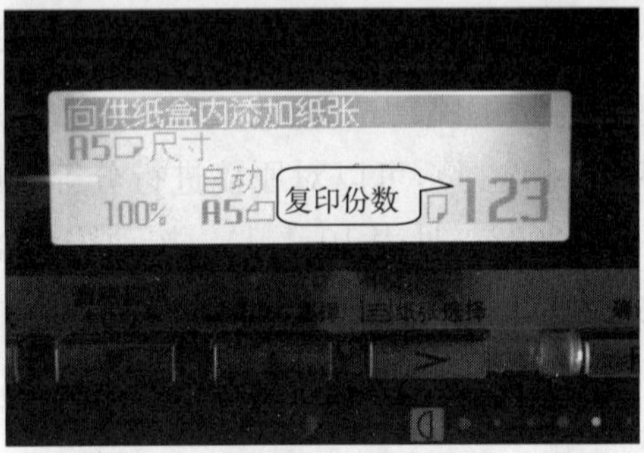

图 10.1.6

图 10.1.7

(4)①按【纸张选择】键，用于选择是用 A4 纸盒中的纸，还是用 A3 纸盒中的纸来复印稿件，注意原稿的大小不能大于你所选择的纸盒中纸张的大小。②按【原稿尺寸选择】键。③按【▲】和【▼】键，用来选择原稿的尺寸，以告诉复印机原稿的尺寸大小，同时液晶屏上会显示原稿尺寸，见图 10.1.9。④按【确认】键(见图 10.1.8)。

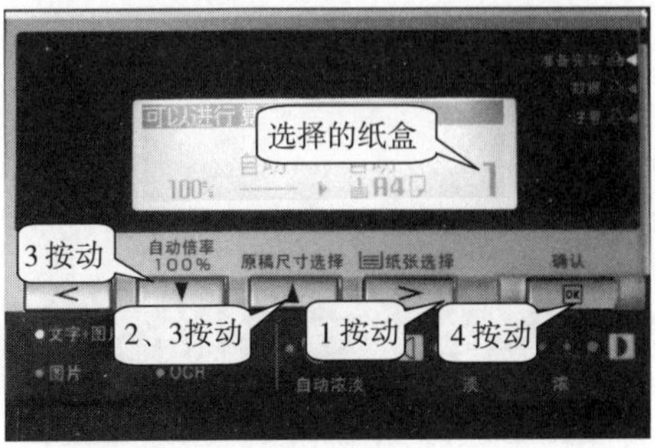

图 10.1.8

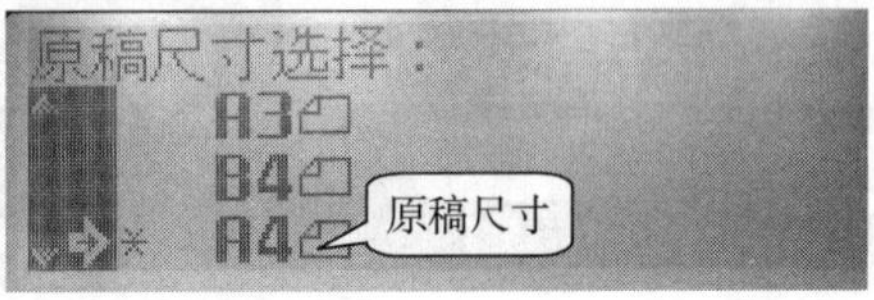

图 10.1.9

(5)①按【缩小/放大】键。②按【 >】键，可以连续增加缩放比例(25%～200%)，见图10.1.11。③按【<】键，可以连续减小缩放比例(25%～200%)。我们可以根据

需要用上述两个键来设定原稿的放大或缩小比例。如果对原稿没有放大或者缩小要求，可以将放大和缩小的比例设为 100%。④按【确认】键（见图 10.1.10）。

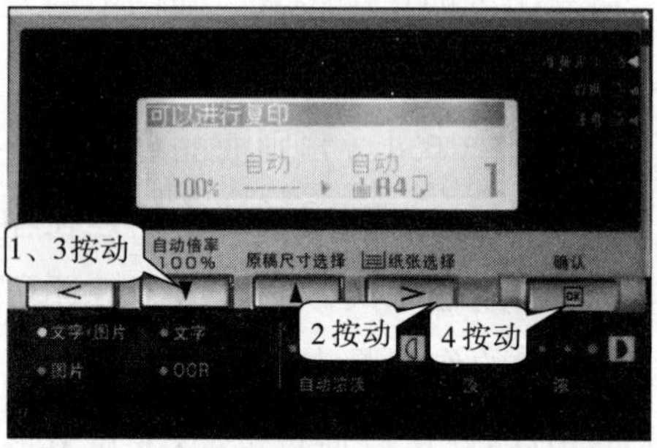

图 10.1.10

图 10.1.11

（6）①按【缩小/放大】键。②按【自动倍率】键。③按【▼】键（自动倍率），可以对原稿进行分等级缩小，具体有下列几个等级：100%、86%、81%、70%、50%、25%。按动该按键，液晶屏上会有一个箭头在这几个固定等级上跳动选择，箭头所指的数字就是所设定的缩小比例等级。④按【▲】键（原稿尺寸选择），可以对原稿进行分等级的放大，具体有下列几个等级：115%、122%、141%、200%（见表 10.1.1）。按动按键，液晶屏上会有一个箭头在这几个缩放等级上跳动，箭头所指的数字就是所设定的放大等级，见图10.1.13（见图 10.1.12）。

表 10.1.1

缩放等级	规格变化规律	缩放等级	规格变化规律
200%	A5→A3	86%	A3→A4，A4→B5
141%	A4→A3，B5→B4	81%	B4→A4，B5→A5
122%	A4→B4，A5→B5	70%	A3→A4，B4→B5
115%	B4→A3，B5→A4		

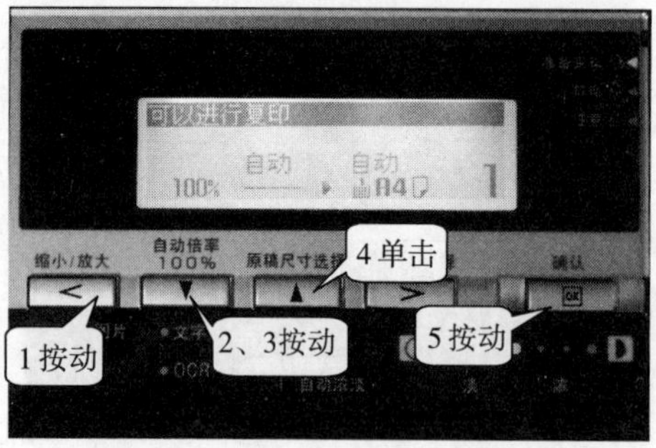

图 10.1.12

图 10.1.13

用分级设置放大缩小，可以方便我们对原稿按常用纸张规格进行放大和缩小。例如，如果要把 A4 规格大小的图像放大复印到 A3 规格大小的纸上，或把 B5 规格大小的图像放大复印到 B4 规格大小的纸上，我们就可以将分级比例设为:“141%:A4→A3,B5→B4”，见图 10.1.13。表 10.1.1 给出了各个缩放等级对应的规格变化规律。

(7)①按【浓】键，可以使复印出来的稿件比原稿深。②按【淡】键，可以使复印出来的稿件比原稿浅。我们可以根据需要来设置复印件的深浅，如果原稿的深浅符合要求的话，就不需要进行浓淡设置了。面板上有表示浓淡大小的 6 个指示灯，当中间的指示灯亮时表示对原稿的复印既不加深也不变浅。当右边的灯亮时表示加深，当左边的灯亮时表示调浅(在图 10.1.14 中)。

(8)按【启动】键，开始复印，复印后的成品从稿台下面送出，见图 10.1.15。

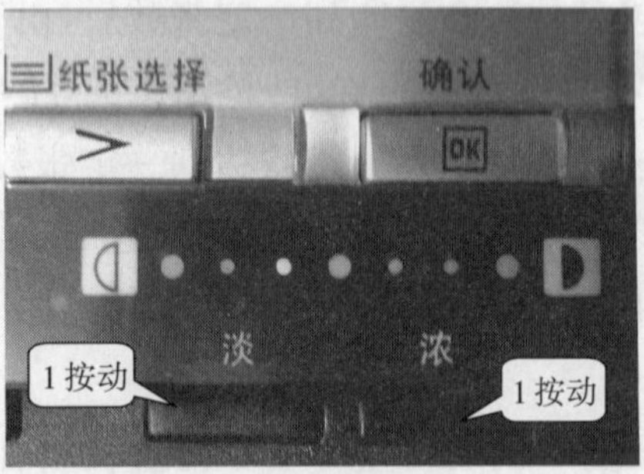

图 10.1.14

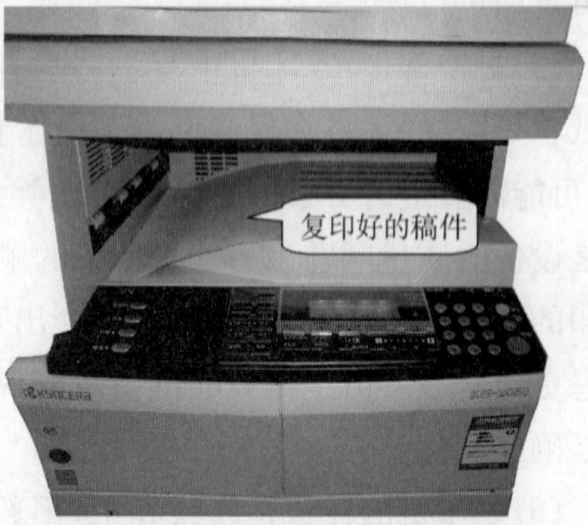

图 10.1.15

项目 2　数码复印机的基本维护与保养

数码复印机是集光学、机械、电子技术为一体的精密办公设备，通过使用颗粒小的静电墨粉，利用静电原理，在感光材料上形成静电潜像，使微小的墨粉附在感光材料上，再将其转印到纸上，从而得到复印副本。这个工序是利用静电的特性进行的。因此，机器内部的传动部件、光学部件，以及高压部件上容易附着纸屑、漂浮的墨粉等，这些会影响复印的质量。所以用户需要对复印机进行日常维护和保养，下面介绍日常维护和保养的几个方面及注意事项。

(1)清洁盖板:由于盖板接触各种原稿且被手抚摸，会使洁白的塑料衬里变黑，造成复印件的边角出现黑色污迹。可以用棉纱布蘸些洗涤剂反复擦拭，然后用清水擦拭，再擦干即可。

注意:不要用酒精、乙醚等有机溶剂擦拭清洁。

(2)清洁稿台玻璃:由于稿台玻璃容易受到稿件和手的沾污，同时也容易被划伤，所以应定期清洁保养才能保证良好的复印效果。在工作中要避免用手直接接触稿台玻璃，如有装订，应将原稿上的大头针、曲别针、订书钉等拆掉，并放在指定位置。涂改后的原件一定要等到涂改液干了以后再复印。清洁稿台玻璃时，应避免用有机溶剂擦拭。因为稿台玻璃上涂有透光涂层和导电涂层，这些涂层不溶于水，而溶于有机物质。

(3)清洁内部机电系统：内部机电系统因长时间在高压下工作，吸附了大量的粉尘，从而造成电子元件间的电阻率降低，可能会引起电流击穿电子元件，烧毁线路板，也可能会造成光学系统、机械系统、进纸系统、出纸系统的各种故障，所以要定期进行清洁。另外还需要在必要的部件上加注润滑油。以上的这些清洁工作应请专业技术人员定期进行。

(4)更换部件：复印机中有一些易耗性零件（如：清洁刮片、电极丝、分离爪（片）、搓纸轮等，这些零件在保修期内不属于免费更换部件），在复印到一定张数后，由于磨损，可能需要进行必要的更换。而这类维修及零配件费用的支出，是正常的，不应认为是设备的质量问题。另外复印机的硒鼓也是有寿命的，当中印数达到一定张数后，复印的质量就会严重下降，稿件上会出现黑色条纹或大面积的黑色斑块，这时就可以考虑更换硒鼓。由于硒鼓的价格较为昂贵，所以更换时要准确地判断故障的原因是否是硒鼓老化。

(5)复印机的耗材是墨粉和纸，墨粉是放在复印机的粉盒中的。粉盒容量有限，在使用一段时间后墨粉就会被用完。当我们发现复印的字迹变淡时，应及时添加墨粉，添加墨粉的方法也很简单，只要打开复印机的前盖，将墨粉盒取出，再将墨粉倒入粉盒即可。

另外复印纸的选用也很重要，一定要选专用的优质复印纸，不要选用普通纸张和劣质的复印纸。因为专用的复印纸是经过一定处理的，上面不会有纸屑和灰尘，更不会有砂粒，可以保护复印机的硒鼓。而复印纸上的纸屑、灰尘和砂粒会通过静电的作用吸附到硒鼓上，造成硒鼓的污染，甚至划伤硒鼓，造成复印稿件上出现各种条纹，因此，选用优质的复印纸是非常重要的。另外还需要注意复印纸一定要放在干燥的地方，如复印纸含水量过大，墨粉就不能完全粘在纸上，造成复印品的图像暗淡。复印机对复印纸的挺度也有一定要求。挺度是指复印纸的坚挺程度，是保证复印过程中不发生卡纸的重要因素。挺度过低，会使纸张在复印传输过程中起皱阻塞通道，出现卡纸故障。

(6)用户要学会处理卡纸故障的方法，因为它是常见的故障，而复印纸的湿度过大、不平整、挺度不够等原因都会造成卡纸。所以只有及时排除卡纸故障，才能使复印机正常工作。排除卡纸故障的方法也比较简单，只要打开复印机的侧板或者是抬起复印机的机头，就可以看到卡在复印机中的纸张了。取出这些卡住的纸张，就可以使复印机正常工作了。如果发现是纸张质量问题造成卡纸，要及时更换纸张。

第11章 数码相机

项目 1　数码相机的选购与使用

数码相机(Digital Camera,DC)是数码照相机(Digital Still Camera,DSC)的简称,又名数字式相机,是一种利用电子传感器把光学影像转换成电子数据的照相机,如图 11.1.1 和图 11.1.2 所示。它集成了影像信息的转换、存储和传输等部件,具有数字化存取模式、与电脑交互处理和实时拍摄等特点。

与普通照相机在胶卷上靠溴化银的化学变化来记录图像的原理不同,数码相机的传感器是一种光感应式的电荷耦合器件(CCD)或互补金属氧化物半导体(CMOS),这种成像元件的特点是,在光线通过时,能根据光线的不同转化为相应的数字信号,数字信号通过影像运算芯片储存在存储设备(闪存)中。

图 11.1.1

图 11.1.2

任务 1　数码相机的选购

1. 数码相机的分类

根据用途划分,数码相机可分为单反数码相机、普通数码相机和长焦数码相机三类。在日常生活中，使用最为普遍的是普通数码相机。下面就简单介绍一下上述三类数码相机。

（1）单反相机：即单反数码相机，指的是单镜头反光数码相机，英文缩写为DSLR，是数码相机中的高端产品，一般为摄影专业人士所用。单反数码相机最大的特点就是镜头可拆卸，可以换上不同规格的镜头，使其具有不同的性能。例如，换上广角镜头，焦距短，视角较宽，而景深却很深，比较适合拍摄较大场景的照片，如建筑、风景等题材；如果换上长焦镜头，就可以用来拍摄较远的景物。这一点是单一镜头的普通数码相机所不能比拟的。

（2）普通数码相机：普通数码相机不是专业的照相设备，分为普通机型和卡片机。卡片机镜头小，成像质量会比普通机型差一点，不过普通用户是分辨不出来的。

（3）长焦相机：即长焦数码相机，指的是具有较大光学变焦倍数的机型。其光学变焦倍数越大，能拍摄的景物就越远。长焦数码相机和望远镜的原理相似，均通过镜头内部镜片的移动而改变焦距。镜头越长的长焦相机，内部的镜片和感光器移动空间就越大，变焦倍数也更大。

2. 数码相机的主要指标

（1）像素。像素是衡量数码相机的最重要指标之一。像素指的是构成数码相机中一幅图像的点，如图 11.1.3 所示。数码相机中一幅图像就是由很多纵横整齐排列的像素点构成的。

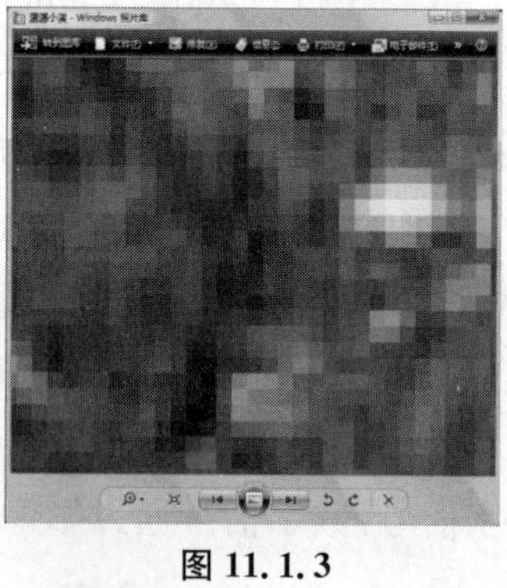

图 11.1.3

相机里的光电传感器上有很多的光敏元件，一个光敏元件对应一个像素点，光敏元件数目越多，对应的像素点就越多，图像也就越清晰。因此像素越大，意味着光敏元件越多，相应的成本就越大。一般数码相机中使用的成像器件有 CCD（电荷耦合器件）和 CMOS（互补金属氧化物半导体）。真实的感光元件图片如图 11.1.4 所示。

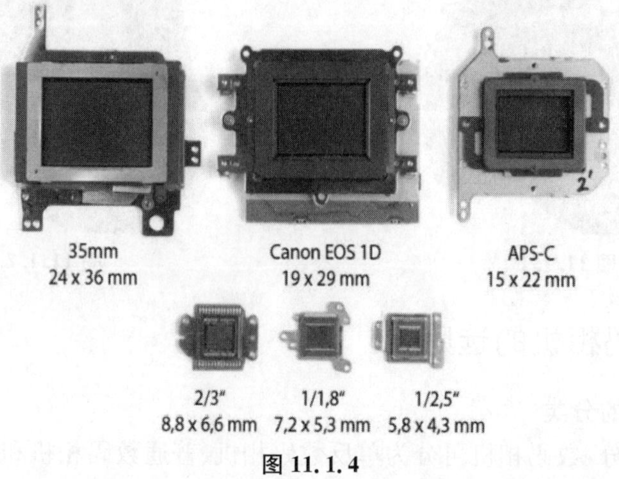

图 11.1.4

数码相机的像素数指标表示方法：一是物理像素，它指的是数码相机所选用的CCD上面的感光单元个数，也称为CCD像素数；二是有效像素数，由于镜头设计等方面的原因，CCD上面的所有像素只有部分被利用，被利用的这部分的像素数目称为有效像素数。数码相机最后的成像由有效像素决定，表示为照片长宽两边的像素数的乘积。中文全称为图像元素。

像素是构成数码影像的基本单元，通常以每英寸上的像素数（PPI）为单位来表示影像分辨率的大小。

例如，1200×1200PPI分辨率，即表示水平方向与垂直方向上每英寸长度上的像素数都是1200，也可表示为一平方英寸内有1200×1200个像素。

（2）镜头。数码相机镜头的变焦倍数直接关系到数码相机对远处物体的抓取水平。数码相机变焦越大，能拍清楚的物体就越远，反之亦然。数码相机变焦分为光学变焦（物理变焦）和数码变焦。其中真正起作用的是数码相机的光学变焦，数码变焦只是使被摄物体在取景器中显得大点，对物体的清晰程度没有任何作用，要注意区分。数码相机镜头口径也需要注意。口径小的数码相机，即使再大的像素，在光线比较暗的情况下也拍摄不出好的效果。

（3）液晶取景器。数码相机液晶取景器的主要要求就是亮度要够高，像素要够大，还有面积也要大，现在比较流行的是2.5寸到3寸。

3. 数码相机的新特点

随着数码相机技术的高速发展，普通数码相机除了大家所知道的机型小巧、携带方便、机身超薄等特点之外，那些以往只配备于专业单反相机的高端的技术与性能，也已经成为数码相机的主流配置。

（1）液晶显示面积增大。目前数码相机的液晶屏实现了真正的大画面，有效解决了视角和显示的问题，方便拍摄和回放。当然大屏幕也有负面的影响，尺寸的变大使得功耗上升，影响了数码相机拍摄的时间。

（2）脸部识别技术成为标配。以佳能为代表的厂商采用了面部优先技术。所谓面部优先技术，或称脸部识别技术，即只要人脸出现在数码相机的画面中，几乎是瞬间，图像引擎就能识别出来。与此同时，对焦、图像优化等也已经完成，只需按下快门，瞬间就能拍下所需要的画面，几乎没有时滞。

（3）光学防抖保清晰。普通数码相机用户大多都没有经过专门的摄影培训，因此他们需要的是一台能够随时按下快门就能拍出清晰画面的相机，但这仅靠面部优先技术还是不够，还需要光学防抖技术。数码相机的光学防抖设计，让普通用户也能像摄影高手一样，张张相片都焦点准确，清晰锐利。

4. 数码相机的价格

普通数码相机价格的差异与其品牌有很大的关系。国外的知名品牌有日本的佳能、尼康、索尼、富士、松下和韩国的三星等。这些品牌的普通消费级自动相机的主流机型的价位一般在 1000～4000 元。专业使用的数码相机价格在5000～60000元。大家在选购数码相机的时候，应该购买最适合自己的，而不是盲目追求品牌。

任务 2 数码相机的基本使用

本任务以佳能 EOS M2 微型单反相机为例进行讲解。

1. 安装镜头

步骤 1 取下镜头保护盖和机身上的镜头保护盖。

步骤 2 将镜头上的白色安装标志与相机机身上的白色安装标志对齐，顺时针旋转镜头直到听到“咔嚓”一声，镜头卡到位，左右旋转镜头，镜头不会转动即表明镜头已经卡到位（见图 11. 1. 5）。

图 11. 1. 5

2. 拆卸镜头

按下镜头释放按钮的同时，逆时针旋转接头，即可取下镜头（见图 11. 1. 6）。

3. 安装存储卡与电池

数码相机拍摄的照片或视频是存储在存储卡里的，常用的存储卡有 SD 卡等，所以使用数码相机前要先装存储卡。

SD 卡中文翻译称为安全数码卡，是一种基于半导体快闪记忆器的新一代记忆体，拥有高记忆容量、快速数据传输率、极大的移动灵活性，以及很好的安全性。

步骤 1 向图 11. 1. 6 箭头所指的方向滑动，打开存储卡/电池仓盖。

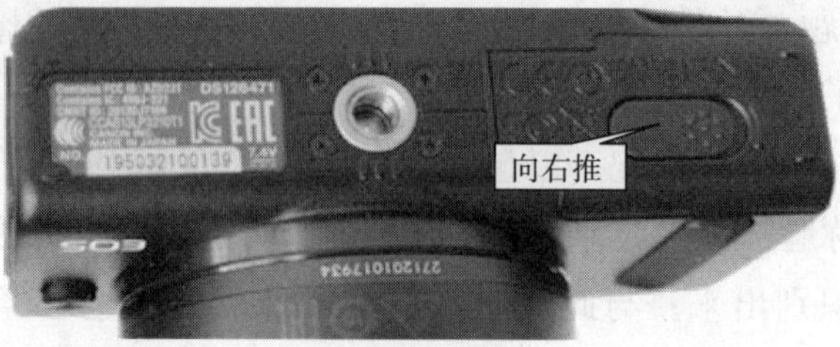

图 11. 1. 6

步骤 2 将电池的金属触点端朝下，将电池的金属触点与电池仓盖内的金属触点对准，插入电池，直到发出“咔嚓”声，表示电池锁定到位。

步骤 3 将存储卡的标签面朝向相机的前面，将其向下按压直到锁定。

步骤 4 关闭存储卡/电池仓盖，向左推动电池仓盖，锁住仓盖。

4. 取出电池与存储卡

步骤 1 关闭电源。

步骤 2 打开存储卡/电池仓盖。

步骤 3 推动图 11.1.7 中的电池锁定扣，电池弹出，拔出电池即可。

步骤 4 向下按压存储卡，存储卡就会向上弹出，拔出存储卡即可(见图 11.1.7)。

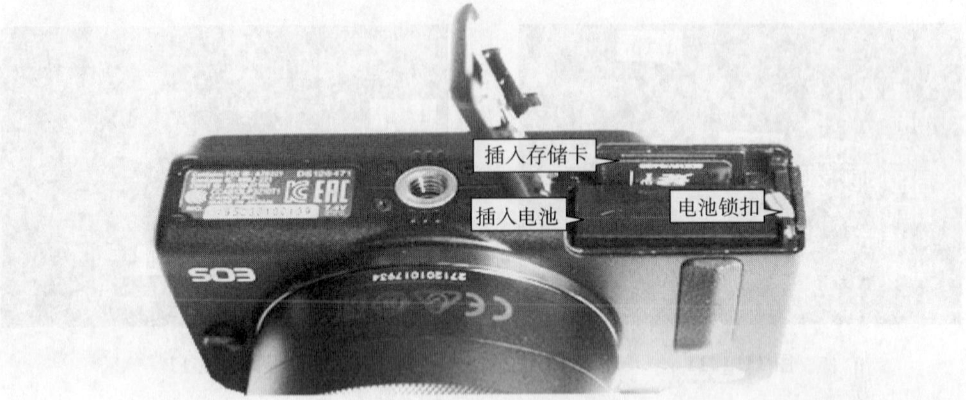

图 11.1.7

图 11.1.8 是该相机的电源开关、拨盘、外接闪光灯灯座的位置。

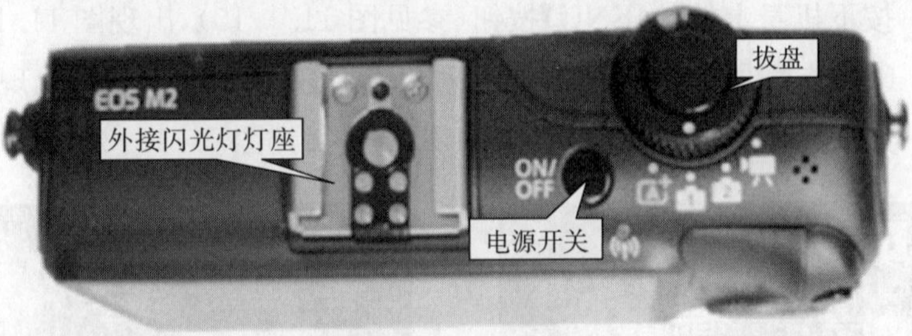

图 11.1.8

5. 设置时间和日期

步骤 1 将转盘拨到图 11.1.9 中的【场景智能自动模式】位置。

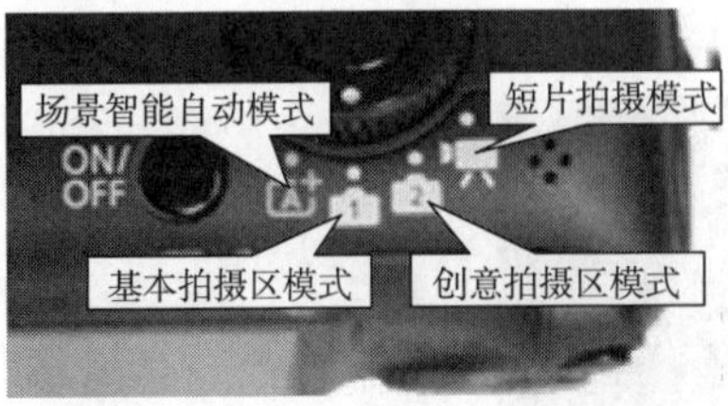

图 11.1.9

图 11.1.10

步骤 2 按下机身上的【MENU】按钮(见图 11.1.10)，出现图 11.1.11。

步骤 3 ①点击图标。②点击【日期/时间/区域】(见图 11.1.11)，出现图 11.1.12。

步骤 4 ①点击【年】。②点击【▲】按钮，改变年份数值；月、日、时、分、秒的设置方法同年的设置方法相同。③点击【确定】，回到图 11.1.11（见图 11.1.12）。

步骤 5 按下图 11.1.10 中机身上的【MENU】按钮，完成设置。

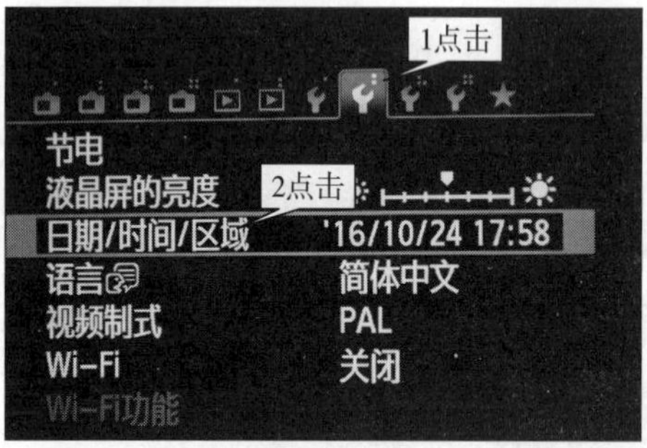

图 11.1.11

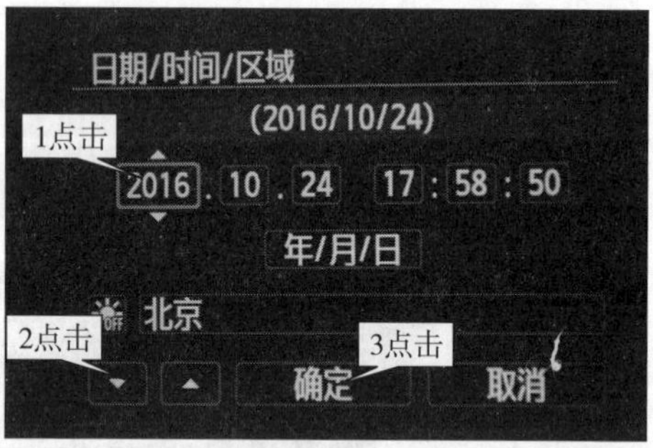

图 11.1.12

6. 设置自动对焦方式

步骤 1 将转盘拨到图 11.1.9 中的【场景智能自动模式】位置。

步骤 2 按下机身上的【MENU】按钮（参见图 11.1.10），出现图 11.1.13。

步骤 3 ①点击图标。②点击【自动对焦方式】（见图 11.1.13），出现图 11.1.14。

步骤 4 点击【自由移动 AF】（见图 11.1.14），回到图 11.1.13。

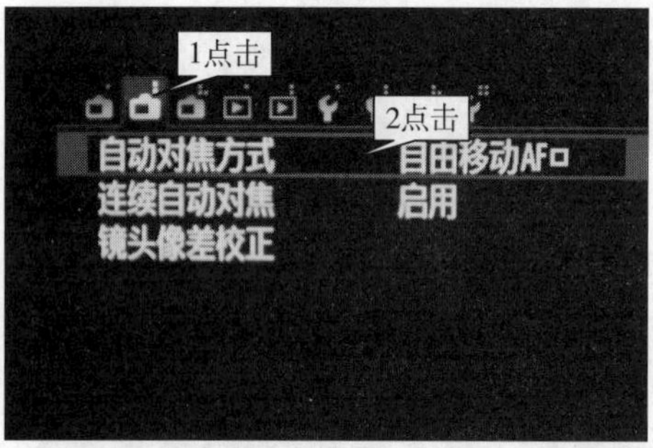

图 11.1.13

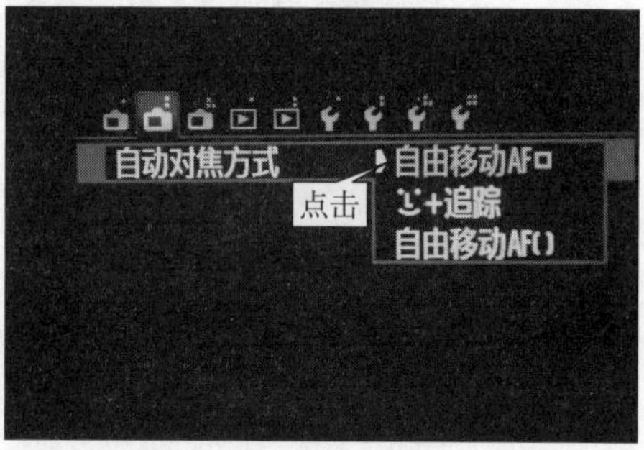

图 11.1.14

步骤 5 按下图 11.1.10 中机身上的【MENU】按钮，完成设置，出现图 11.1.15。

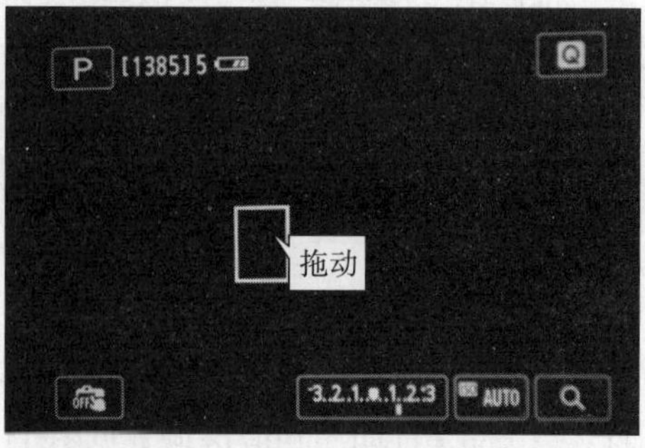

图 11.1.15

步骤 6 用手拖动图 11.1.15 中的对焦框，对准画面中的对焦物体，相机就会以画面中的该物体为对焦点来进行对焦，确保所拍摄的物体清晰。

7. 设置图像画质

相机拍摄照片的分辨率是可以设置的，照片的分辨率也就是图像的画质，画质越高，分辨率越高。而分辨率高的照片，文件容量就大，点击图中不同的图标就可以设置不同的分辨率。

步骤 1 将转盘拨到如图 11.1.9 所示的【场景智能自动模式】位置。

步骤 2 按下机身上的【MENU】按钮（见图 11.1.10），出现图 11.1.16。

步骤 3 ①点击图标。②点击【图像画质】（见图 11.1.16），出现图 11.1.17。

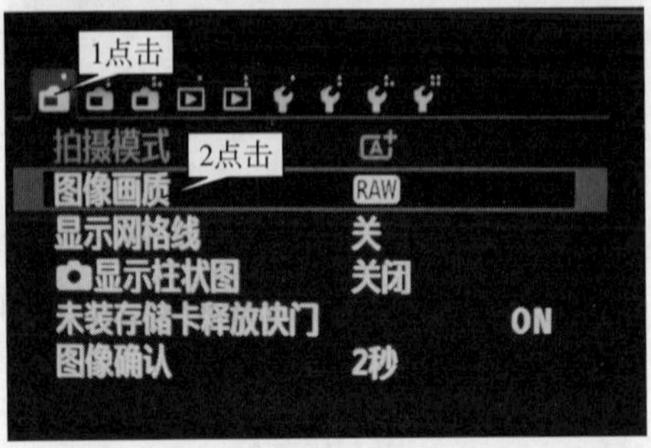

图 11.1.16

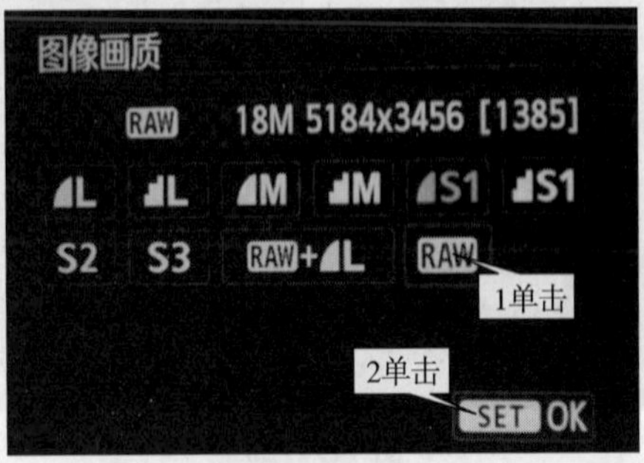

图 11.1.17

步骤 4 ①点击【RAW】，就可以将分辨率设为 5184×3456，在此分辨率下照片的文件大小为 18M，是最高的画质。②点击【OK】（见图 11.1.17），回到 11.1.16。

步骤 5 按下图 11.1.10 中机身上的【MENU】按钮，完成设置。

8. 设置图像确认时间

为了能够在显示器上看到拍摄的照片效果，可以设置拍摄后的图像在显示器上停留的时间。

步骤 1 将转盘拨到图 11.1.9 中的【场景智能自动模式】位置【】。

步骤 2 按下机身上的【MENU】按钮（见图 11.1.10），出现图 11.1.18。

步骤 3 ①点击图标。②点击【图像确认】（见图 11.1.18），出现图 11.1.19。

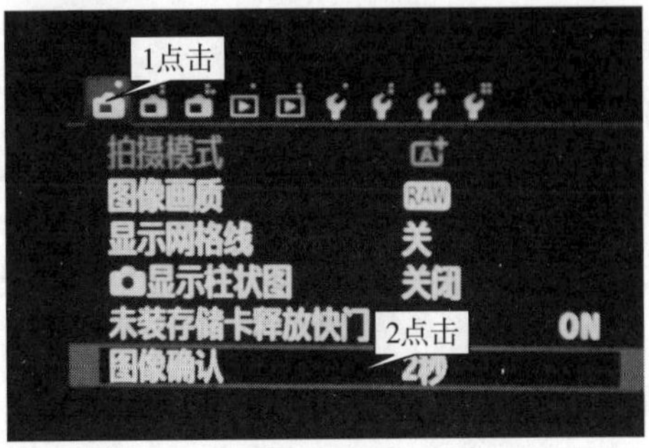

图 11.1.18

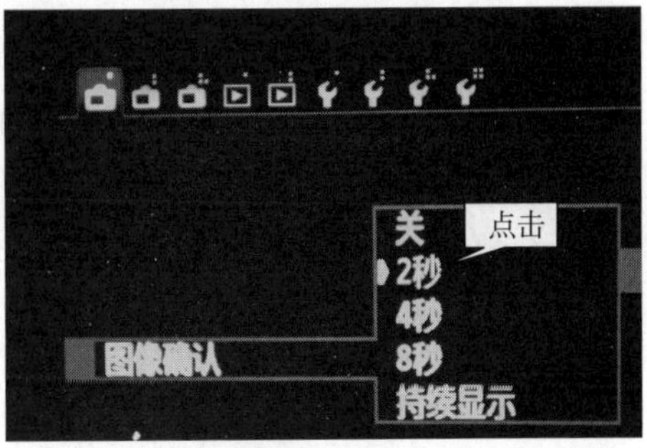

图 11.1.19

步骤 4 ①点击【2 秒】，就可以使拍摄后的图像在显示器上停留两秒时间（见图 11. 1. 19）。

步骤 5 按下图 11. 1. 10 中机身上的【MENU】按钮，完成设置。

9. 删除图像

步骤 1 将转盘拨到图 11. 1. 9 中的【场景智能自动模式】位置【 】。

步骤 2 按下机身上的【MENU】按钮（见图 11. 1. 10），出现图 11. 1. 20。

步骤 3 ①点击 图标。②点击【删除图像】（见图 11. 1. 20），出现图 11. 1. 21。

步骤 4 ①点击【选择并删除图像】（见图 11. 1. 21），出现图 11. 1. 22。

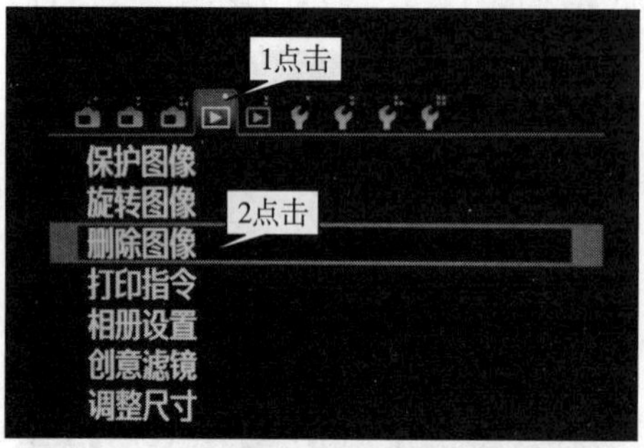

图 11. 1. 20

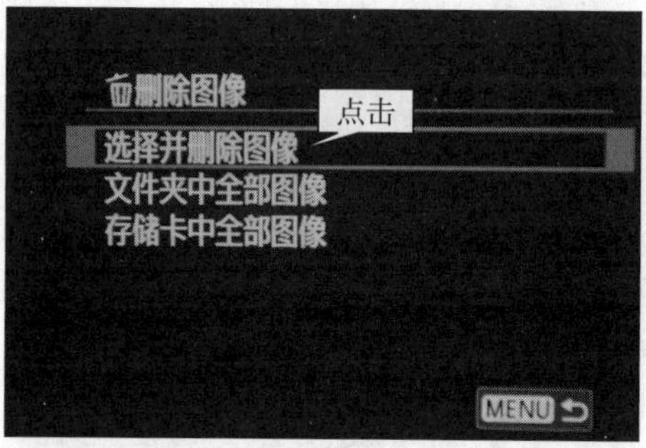

图 11. 1. 21

步骤 6 ①用手指在屏幕上滑动，找到要删除的图像。②点击【删除】图标。③点击【OK】（见图 11. 1. 22），出现图 11. 1. 23。

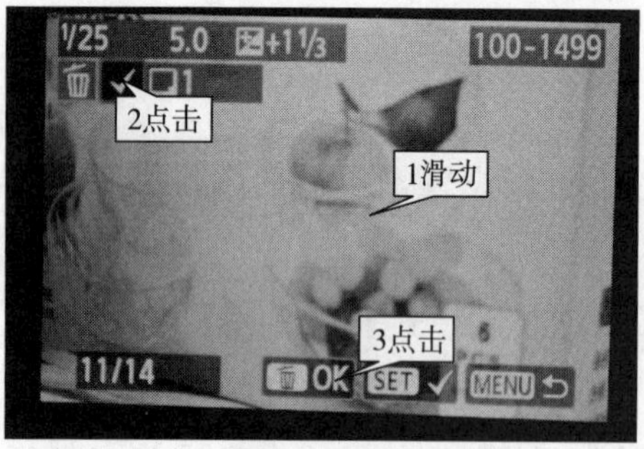

图 11. 1. 22

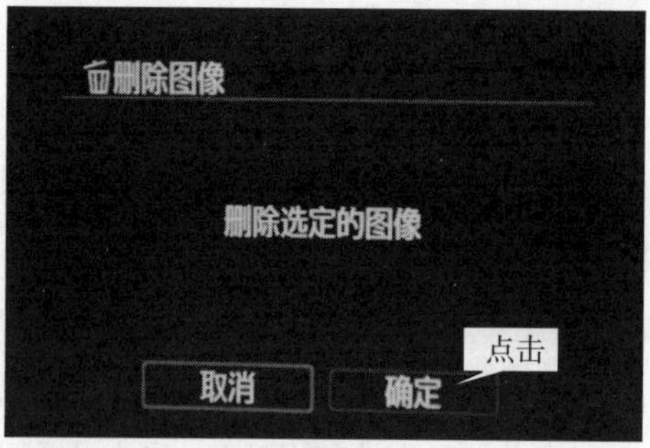

图 11. 1. 23

步骤 7 点击【确定】（见图 11. 1. 23），回到图 11. 1. 21。

步骤 8 按下图 11. 1. 10 中机身上的【MENU】按钮，完成设置。

10. 设置视频制式

数码相机也可以用来拍摄视频，由于中国使用的电视制式是 PAL 制式，所以在拍摄时应该把视频制式设为 PAL 制。

步骤 1 将转盘拨到图 11. 1. 9 中的【场景智能自动模式】位置【 】。

步骤 2 按下机身上的【MENU】按钮（见图 11. 1. 10），出现图 11. 1. 24。

步骤 3 ①点击图标。②点击【视频制式】(见图 11.1.24),出现图 11.1.25。

步骤 4 ①点击【PAL】(见图 11.1.25),回到图 11.1.24。

步骤 5 按下图 11.1.10 中机身上的【MENU】按钮,完成设置。

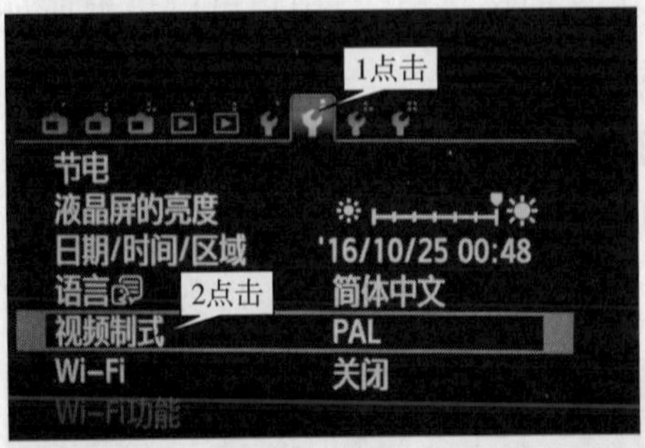

图 11.1.24

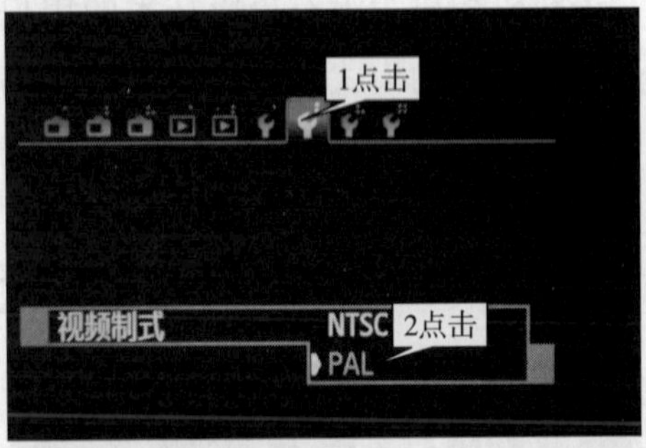

图 11.1.25

11. 自动拍摄方式

将转盘拨到如图 11.1.9 所示的位置。数码相机处于自动拍摄方式,无需调整光圈速度即可拍摄。

步骤 1 将转盘拨到如图 11.1.9 所示的【场景智能自动模式】位置。

步骤 2 旋转图 11.1.26 中镜头变焦的变焦环,可以将被摄体拉近或者推远,使其达到满意的程度。

步骤 3 半按住图 11.1.26 中的快门按钮(半按快门是指将快门按下一点,但不要按到底),这时屏幕上会出现一个图 11.1.15 所示的对焦小方框。拖动小方框到画面中要对焦的部分,直到小方框变成绿色(表示对焦完成),然后将快门按到底,即可拍摄。

图 11.1.26

12. 查看照片

步骤 1 按下图 11.1.10 中的按钮,屏幕上就会出现拍摄的图像。

步骤 2 用手左右滑动即可翻看拍摄的照片。

任务 3 数码相机的高级使用

1. 根据不同场景拍摄

该数码相机为没有摄影技术的用户设置了多种场景模式，用户可以根据所处的场景选择对应的模式来拍摄，从而获得最佳的拍摄效果。

步骤 1 将转盘拨到如图 11. 1. 9 所示的【基本拍摄区模式】位置【 】。

步骤 2 按下【MENU】按钮（见图 11. 1. 10），出现图 11. 1. 24。

步骤 3 ①点击【 】图标。②点击【拍摄模式】（见图 11. 1. 27），出现图 11. 1. 28。

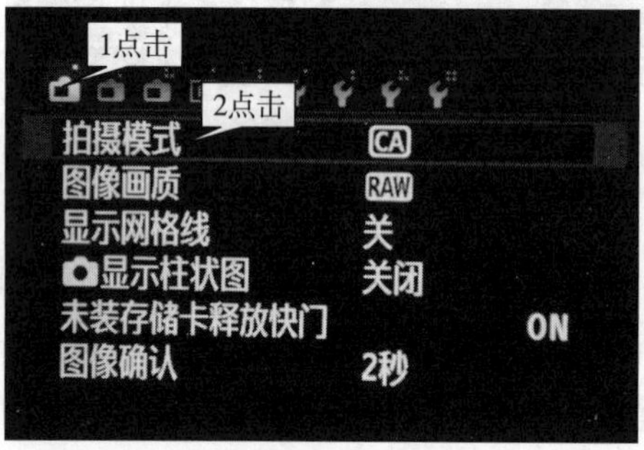

图 11. 1. 27

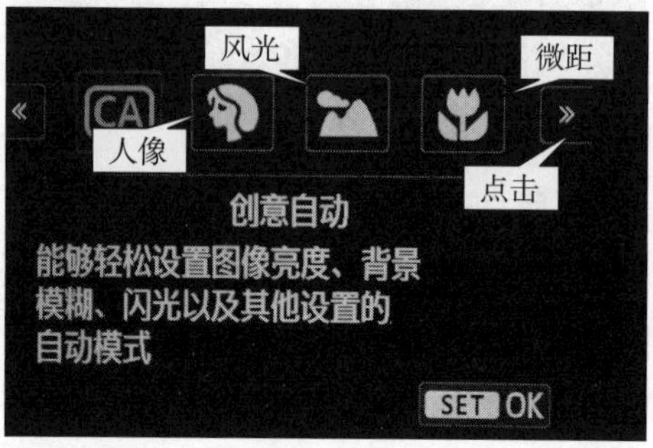

图 11. 1. 28

步骤 4 点击【»】图标（见图 11. 1. 28），出现图 11. 1. 29。

步骤 5 点击【»】图标（见图 11. 1. 29），出现图 11. 1. 30。

步骤 6 ①点击【HDR 逆光控制】。②点击【OK】（见图 11. 1. 30）。

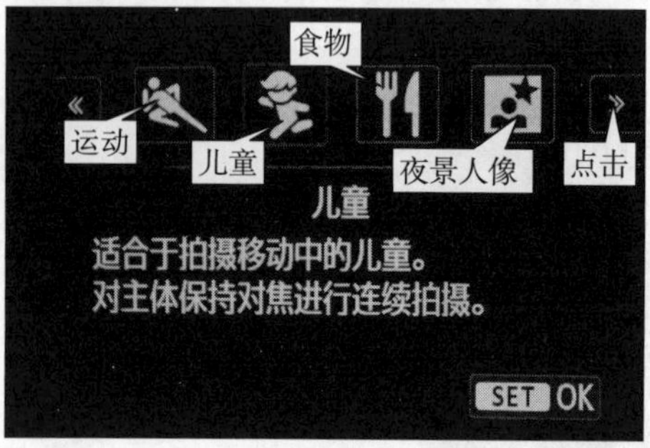

图 11. 1. 29

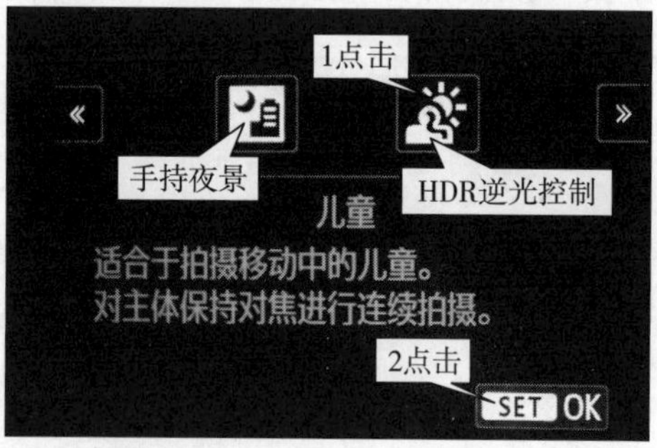

图 11. 1. 30

步骤 7 点击【PAL】（见图 11. 1. 24）。

步骤 8 按下图 11. 1. 10 中机身上的【MENU】按钮，完成设置。

图 11. 1. 28 和图 11. 1. 29 中有各种模式，它们的使用方法如下。

人像：适合拍摄人物，以使背景模糊，主题突出，肤色和头发显得平滑。

风光：可以拍摄景深广阔（前景—背景均合焦）清晰的图像。

微距：适合花卉等较小物体的微距拍摄，尽可能靠近物体拍摄。

运动:适合拍摄移动中的物体,对物体保持对焦,进行连续拍摄。

食物:用于美食的摄影,让食物看起来鲜艳悦目。

儿童:适合拍摄移动中的儿童,对主体保持对焦进行连续拍摄。

夜景人像:用于在夜景下拍摄主体,需要闪光灯,并建议使用三脚架。

手持夜景:在夜景中不用三脚架,而用手持相机的方式拍摄,相机可连续拍摄四张。

HDR逆光控制:在逆光条件下拍摄,即拍摄的物体背对着光,可连续拍摄三张。

2. 设置手动对焦模式

步骤1 将转盘拨到如图11.1.10所示的【基本拍摄区模式】位置【】。

步骤2 按下机身上的【MENU】按钮(见图11.1.10),出现图11.1.31。

步骤3 ①点击图标。②点击【对焦模式】(见图11.1.31),出现图11.1.32。

步骤4 ①点击【MF】,相机被设置成手动对焦状态(【AF】对应自动对焦状态,【AF+MF】对应自动对焦状态,并可在自动对焦后再进行手动对焦)。②点击【OK】(见图11.1.32)。

步骤5 按下图11.1.10中机身上的【MENU】按钮,完成设置。

在拍摄时,旋转镜头前面的对焦环来进行对焦。它适合拍摄很近的物体,用自动对焦的方式不能够清晰对焦的情形。

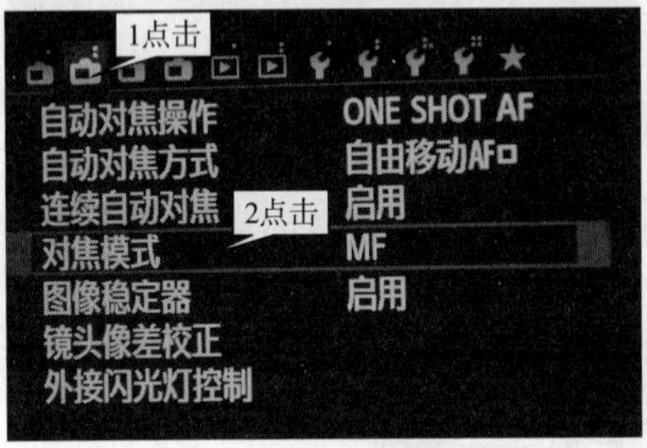

图11.1.31

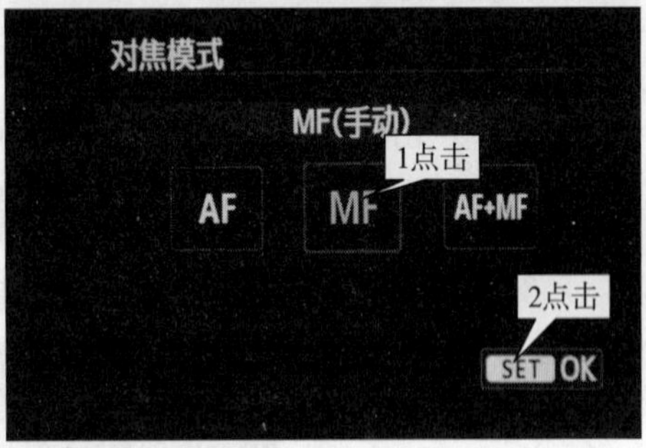

图11.1.32

3. 手动调整光圈与速度

为了充分发挥摄影者的创作技巧,该相机还允许摄影者不用自动设置的模式,而采用手动方式来设置光圈与速度,已达到任意发挥摄影者创作意图,拍出最佳效果的目的。

步骤1 将转盘拨到图11.1.9中的【创意拍摄区模式】位置【】。

步骤2 按下机身上的【MENU】按钮(见图11.1.10),出现图11.1.33。

步骤3 ①点击【】图标。②点击【拍摄模式】(见图11.1.33),出现图11.1.34。

步骤4 ①点击【M】,相机被设置成手动曝光状态(见图11.1.34),②单击【OK】(见图11.1.34),回到图11.1.33。

步骤 5 按下图 11. 1. 10 中机身上的【MENU】按钮，完成设置，出现图 11. 1. 35。

步骤 6 单击【速度】图标（见图 11. 1. 35），出现图 11. 1. 36。

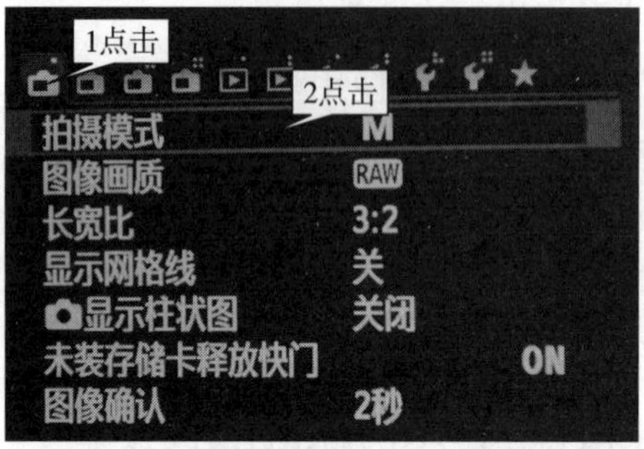

图 11. 1. 33

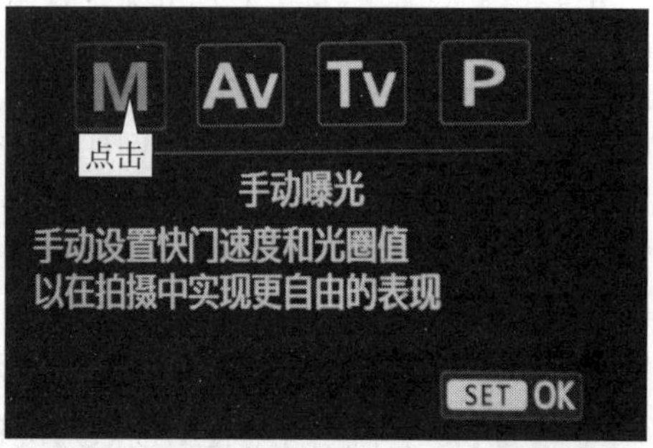

图 11. 1. 34

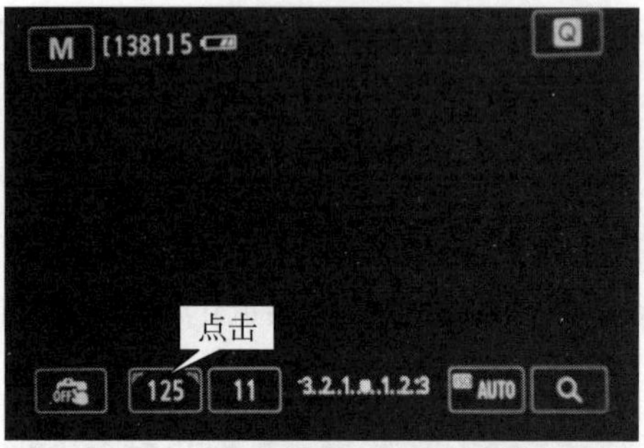

图 11. 1. 35

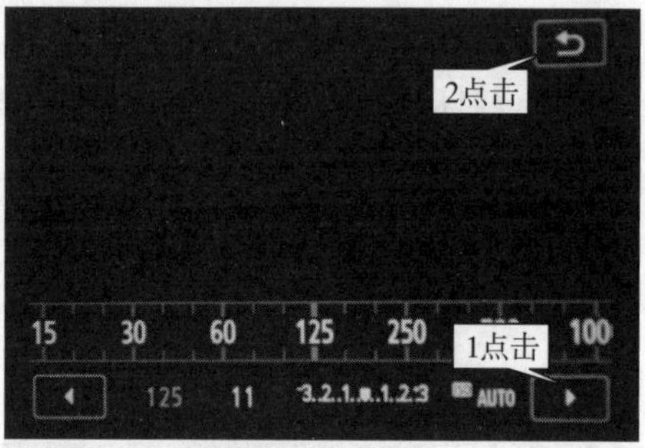

图 11. 1. 36

步骤 7 点击【▶】按钮，设置速度。点击【↩】按钮（见图 11. 1. 36），出现图 11. 1. 37。

步骤 8 ①点击【光圈】。②点击【▶】按钮，设置光圈值。③点击【↩】按钮（见图 11. 1. 37），返回图 11. 1. 35 所示的拍摄状态。

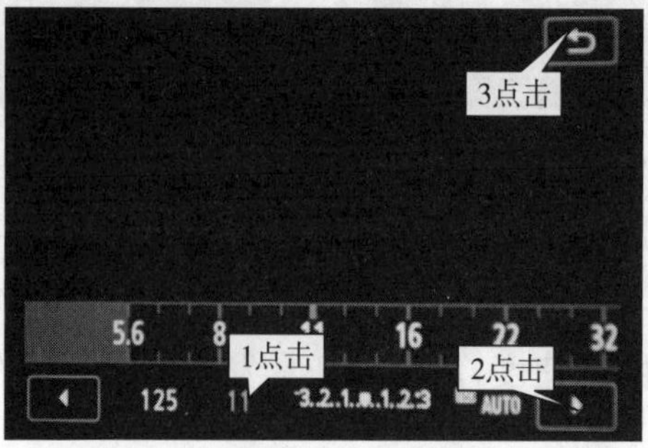

图 11. 1. 37

4. 设置液晶屏节电

该相机是使用液晶屏取景的，在取景拍摄时液晶屏必须打开才能取景。但是不取景时，开着的液晶屏会大量耗电。所以相机可以设置液晶屏的开启时间，只有按下快门时，液晶屏才打开，并保持开启一定的时间。设置较小的开启时间可以节电。

步骤 1 将转盘拨到图 11.1.9 中的【创意拍摄区模式】位置【】。

步骤 2 按下机身上的【MENU】按钮(见图 11.1.10),出现图 11.1.38。

步骤 3 ①点击【】图标。②点击【节电】(见图 11.1.38),出现图 11.1.39。

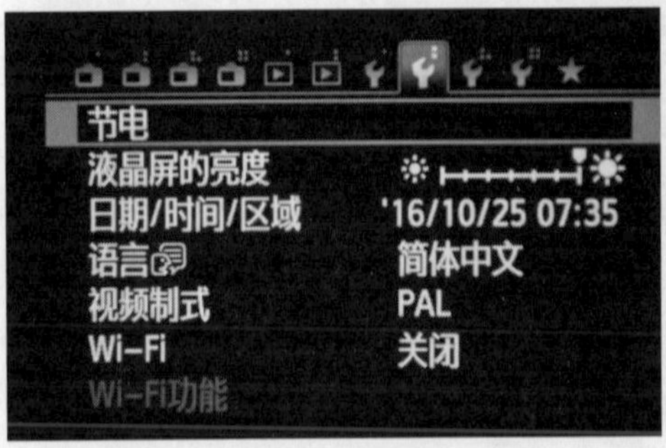

图 11.1.38

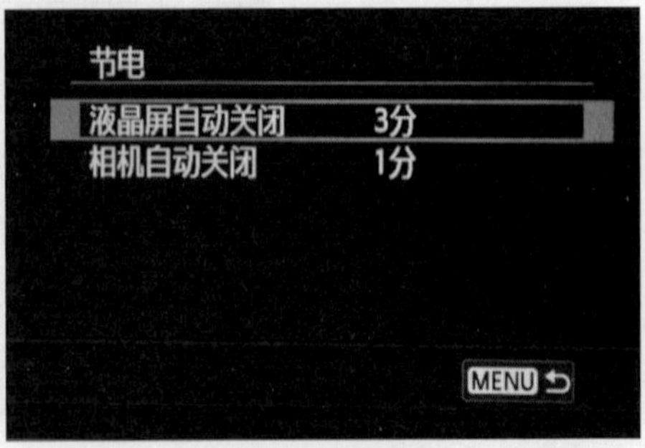

图 11.1.39

步骤 4 ①点击【液晶屏自动关闭】(见图 11.1.39),出现图 11.1.40。

步骤 5 点击【3 分】(见图 11.1.40),回到图 11.1.39。

步骤 6 点击【MENU】,回到图 11.1.39,完成设置。

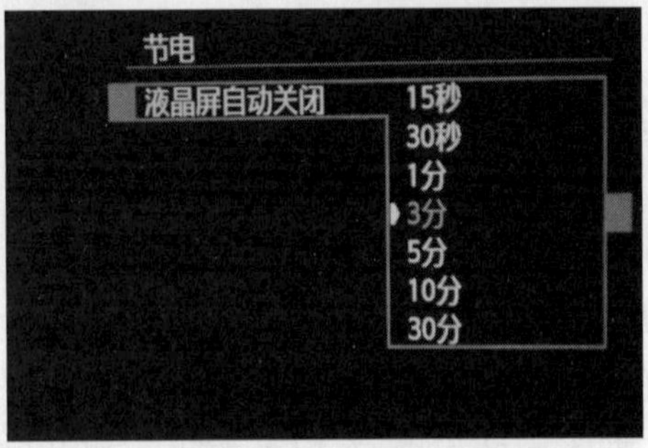

图 11.1.40

5. 设置启用闪光灯

步骤 1 将转盘拨到图 11.1.9 中的【创意拍摄区模式】位置【】。

步骤 2 按下机身上的【MENU】按钮(见图 11.1.10),出现图 11.1.41。

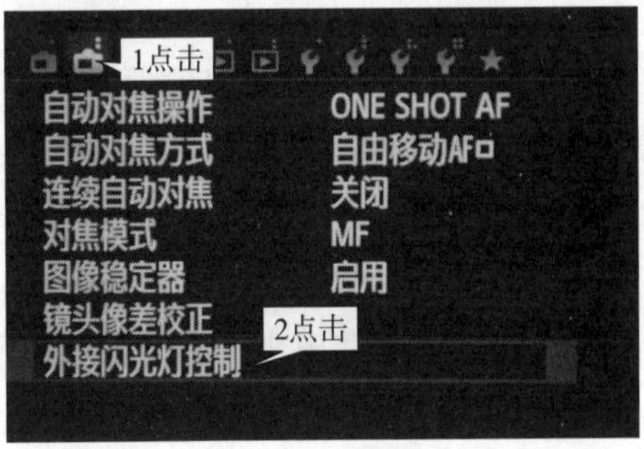

图 11.1.41

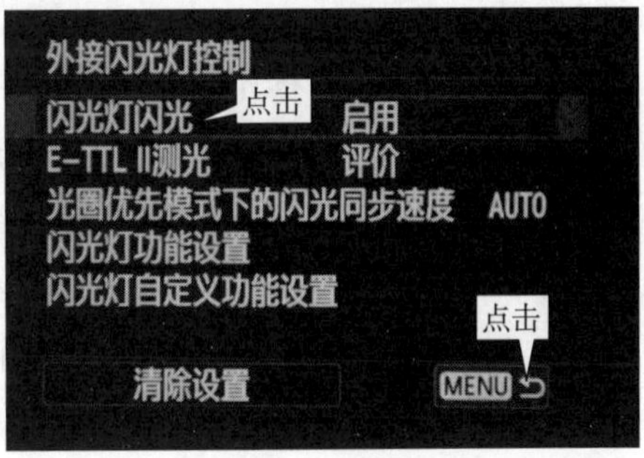

图 11.1.42

步骤 3 ①点击【】图标。②点击【外接闪光灯控制】(见图 11.1.41),出现图 11.1.42。

步骤4 点击【闪光灯闪光】(见图11.1.42)，出现图11.1.43。

步骤5 点击【启用】(见图11.1.43)，回到图11.1.42。

步骤6 点击【MENU】，完成设置。

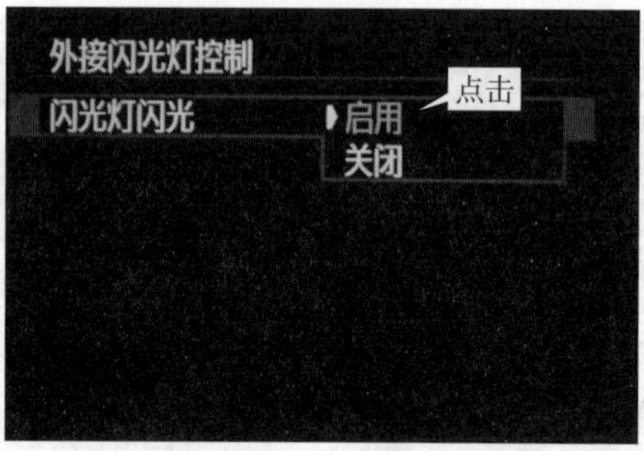

图11.1.43

项目2 数码相机的维护与保养

数码相机是精密仪器，使用时需要注意以下几点。

(1)大家平时在使用完数码相机之后，是不是拿在手上，或者揣进兜里？其实这样做都是不好的。我们可以为相机配备一个摄影包，用来装相机、数码存储卡、电池套件、辅助镜头等，而且最好为数码相机的液晶显示屏配置专门的皮套。

(2)在使用、携带和保管数码相机的过程中都应当注意避免剧烈震动，并防热、防晒、防尘和有害气体。长期不用的相机，在梅雨季节，应把相机和皮盒分开。

(3)镜头是任何一款相机最主要的部件。镜头的光学玻璃硬度不高，不能碰撞，不能随便擦拭。应尽量避免灰尘、水滴、指印等弄脏镜头。如果有灰尘，可吹气球，再鼓风吹掉，或者用软毛刷轻轻拂拭。在万不得已时，要选用好的镜头纸或脱脂棉哈气后轻轻擦拭。

(4)霉菌在生长过程中分泌的酸性物质可以腐蚀透镜玻璃和其他金属部分。保持相机的干燥状态是防止霉菌的根本方法，最好放一些干燥剂。冬季携带相机进入温暖的室内，如果立刻打开照相机，镜头表面会生成一层微小水珠，温差越大，水珠也随之越多。只能待镜头水珠自然挥发，不能在火炉或暖气旁烘烤。

(5)只能使用推荐的电池和推荐的电源。不配套的电池和电源可能会伤害相机本身。长期不用相机，应取出电池，因为电池可能漏液，会影响电路连接，使相机无法正常工作。并且电池即使不使用，也应当充满电，并每1～2个月充一次电。保持电池处于满的状态，有助于延长电池的使用寿命。不要拆开或改装相机。

第12章

数码摄像机

在影像产品中，数码相机和扫描仪作为图像捕捉设备，其作用都是生成静态的图像。而数码摄像机（见图 12.1.1）则是集数字信号处理技术、大规模集成电路设计制造技术和精密机械技术等高科技于一体的机电产品，主要用于捕捉景物的连续活动，生成活动图像，即电视图像。所以说数码摄像机是用来拍摄视频的专用设备。但是现在许多非专业的数码摄像机在拍摄电视的同时也具有数码相机的功能，也就是说还可以拍摄静态的数码照片。数码摄像机在办公中可以用来记录各种活动现场的视频，拍摄培训用教学片和各种技术资料片等。

图 12.1.1

项目 1　数码摄像机的选购与使用

任务 1　数码摄像机的选购

1. 数码摄像机的分类

按数码摄像机的外观形状划分，可将数码摄像机简单分为两种类型：专业摄像机和微型掌中宝式摄像机。微型掌中宝式摄像机是家用摄像机中最常见的机型，摄像者可以右手持机，左手辅助调节。

目前存储卡已是摄像机记录视频图像的主流载体，它将拍摄的视频信号进行数字化处理以后，再进行压缩编码，最后生成视频数据文件，保存在摄像机所自带的各类存储卡中。存储卡的容量一般为 8GB～128GB。

按记录图像的清晰度划分，数码摄像机可分为：高清数码摄像机、标清数码摄像机、4K数码摄像机。高清数码摄像机拍摄的图像可以达到高清晰度电视的标准，而标清数码相机所拍摄的图像只能达到普通电视的清晰度标准。4K数码摄像机拍摄的图像可以达到超清4K电视的标准。

2. 主要技术指标

（1）光学变焦。数码摄像机的光学变焦有10倍～35倍不等，光学变焦倍数越大，其所能拍摄的景物就越远，即镜头推拉的距离就越大，性能也越好。

（2）格式标准。格式标准是数码摄像机清晰度的指标。如果格式为标清，则视频分辨率为720×576。如果格式为高清，则视频分辨率为1920×1080。如果格式为超清4K电视，则视频分辨率为3840×2160。

（3）存储介质。数码摄像机的存储介质目前主要为存储卡。64G的存储卡能记录120分钟～280分钟的视频。

（4）文件格式。目前，各类数码摄像机都采取压缩文件格式，即我们最常见的MPEG2、MPEG4、MOV格式，这种格式的文件可以十分方便地在计算机中利用视频处理软件进行编辑和处理。

（5）动态有效像素。数码摄像机的动态有效像素在200万～600万，像素数越高，图像越清晰。

3. 数码摄像机的价格

数码相机的价格，根据其用途和性能，差别很大，普通家用数码摄像机的价格通常为两千到一万，而专业的数码摄像机的价格为一万到十几万。

任务 2 数码摄像机的使用

本任务以数码摄像机SONY HDR-CX610E为例，介绍数码摄像机的使用方法，其他数码摄像机的使用方法与此数码摄像机的使用方法类似。

1. 电池的安装与充电

步骤1 将电池按图12.1.2所示箭头的方向装入，注意电池有金属触点的那头对着机身有金属触点的位置。

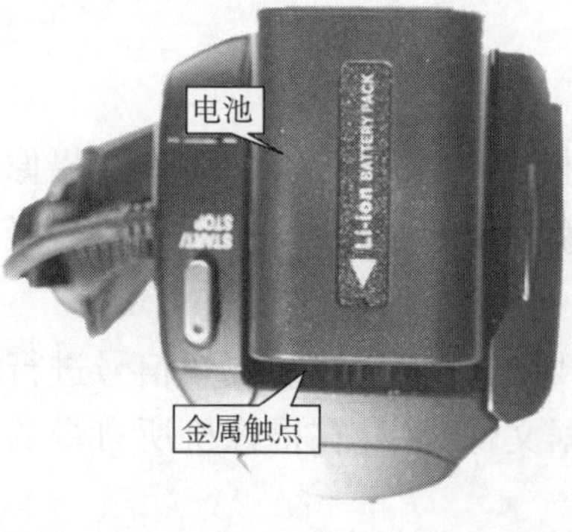

图12.1.2

图12.1.3

步骤2 取出电池时，只要向左滑动图12.1.3中的锁扣然后推出电池即可。

步骤3 ①装入电池。②将USB延长线与摄像机的USB线连接（见图12.1.4）。

步骤4 将USB延长线另一端与充电器连接，并插到交流电源上即可充电。

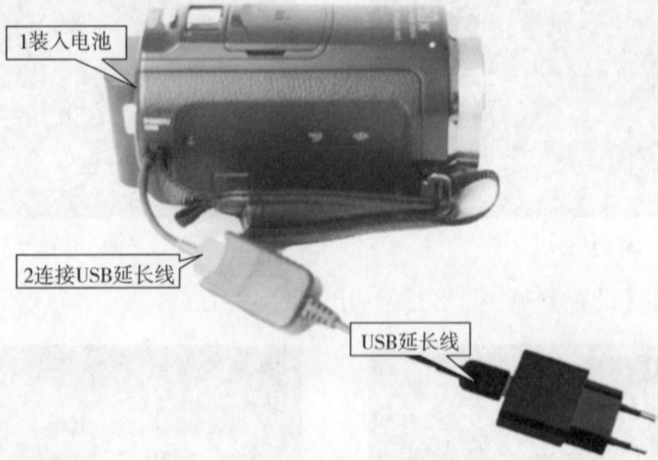

图12.1.4

2. 存储卡的安装

本机自带存储卡，当自带存储卡存满时，可插入外接存储卡记录。

步骤1 打开存储卡盖子（见图12.1.5）。

步骤2 插入存储卡，向里按压存储卡，直到发出"咔嚓"声（见图12.1.5）。

步骤3 合上盖子。

在拍摄前要决定是用自带的存储卡，还是插入外接的存储卡。

图12.1.5

3. 设置日期和时间

步骤1 打开显示屏（当屏幕是触摸屏时，直接用手点击即可）。

步骤 2 点击【MENU】(见图 12.1.6)，出现图 12.1.7。

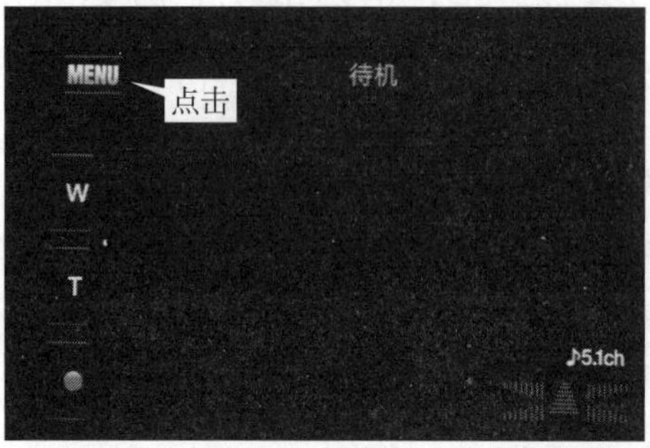

图 12.1.6

图 12.1.7

步骤 3 点击【设置】(见图 12.1.7)，出现图 12.1.8。

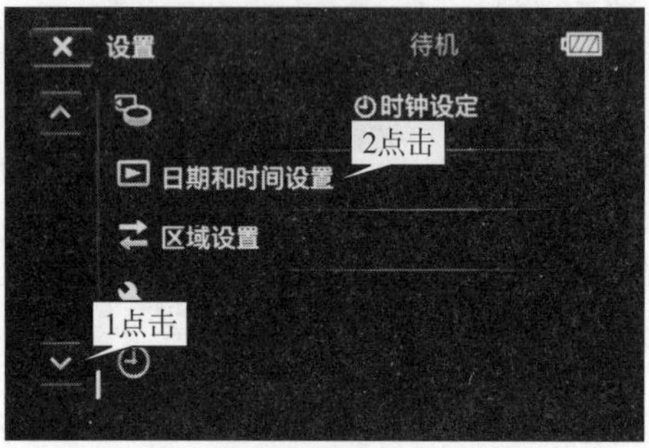

图 12.1.8

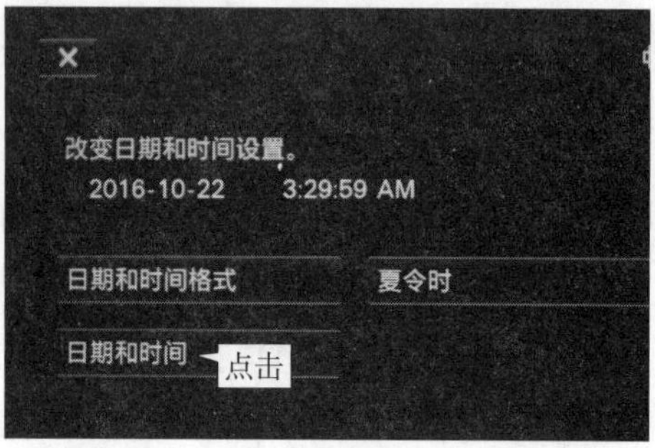

图 12.1.9

步骤 4 ①点击【∧】按钮，找到【时间日期设置】。②点击【时间日期设置】(见图 12.1.8)出现图 12.1.9。

步骤 5 点击【时间日期】(见图 12.1.9)，出现图 12.1.10。

步骤 6 ①点击【年】位置。②点击【∧】按钮，调整年。月、日、时、分的调节用同样方法。③点击【OK】(见图 12.1.10)，完成设置。

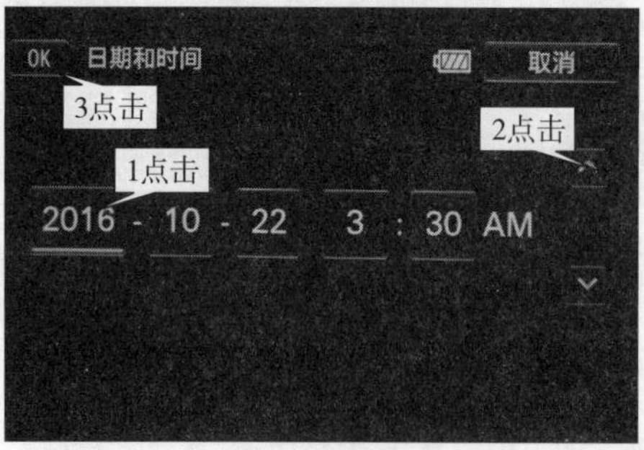

图 12.1.10

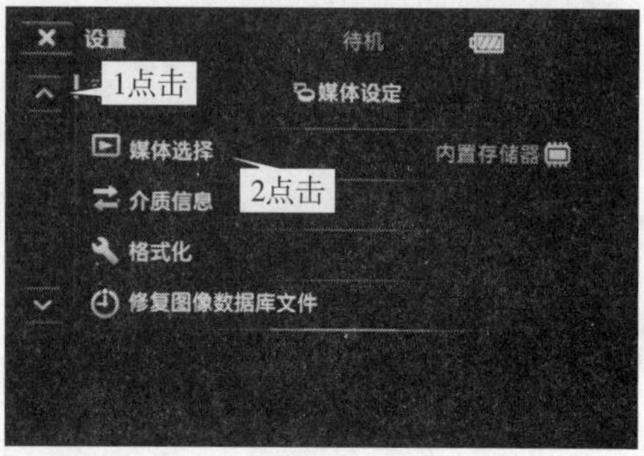

图 12.1.11

4. 存储卡的选择

步骤 1 点击【MENU】(参见图 12.1.6),出现图 12.1.7。

步骤 2 点击【设置】(参见图 12.1.7),出现图 12.1.11。

步骤 3 ①点击【∧】按钮,找到【媒体选择】。②点击【媒体选择】(见图12.1.11),出现图 12.1.12。

步骤 4 ①点击【内置存储器】,表示用内置存储器;点击【存储卡】,表示用插入的存储卡。②点击【×】按钮(见图 12.1.12),完成设置。

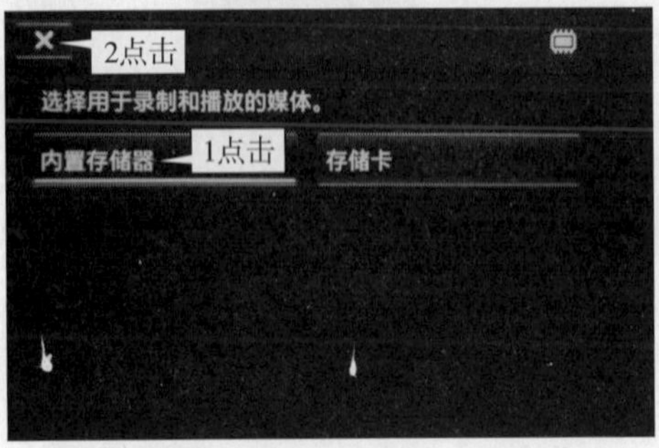

图 12.1.12

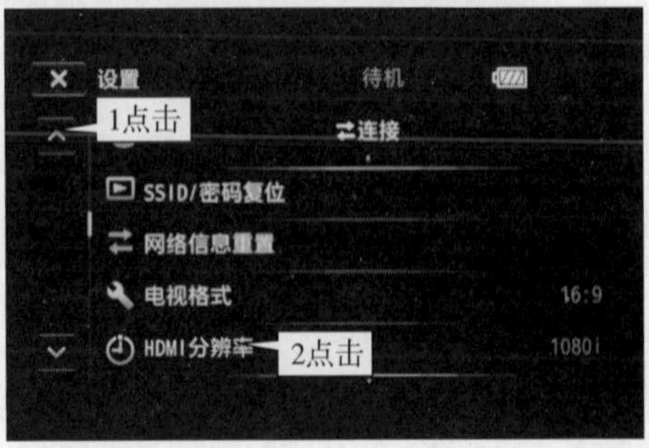

图 12.1.13

5. 拍摄画质设置

步骤 1 点击【MENU】(参见图 12.1.6),出现图 12.1.7。

步骤 2 点击【设置】(参见图 12.1.7),出现图 12.1.13。

步骤 3 ①点击【∧】按钮,找到【HDMI 分辨率】。②点【HDMI 分辨率】(见图 12.1.13),出现图 12.1.14。

步骤 4 ①点击【1080i】。②点击【×】按钮(见图 12.1.14),完成设置。

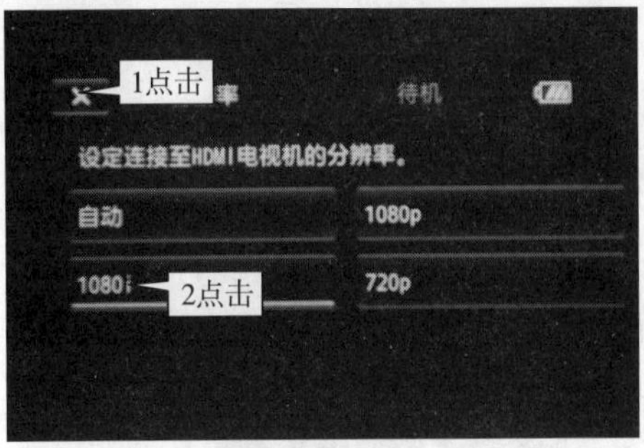

图 12.1.14

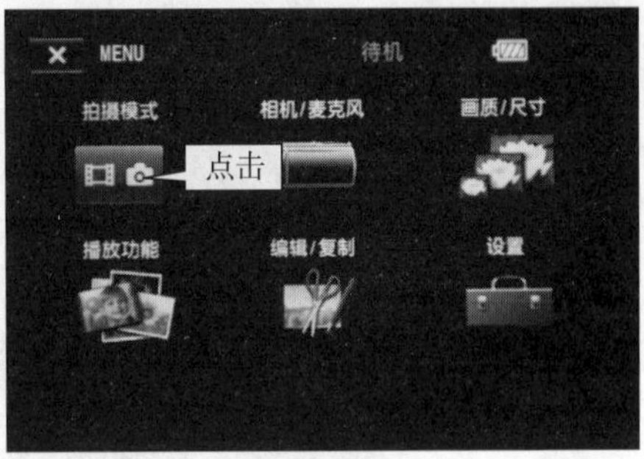

图 12.1.15

6. 拍摄模式设置

步骤 1 点击【MENU】(参见图 12.1.6),出现图 12.1.7。

步骤 2 点击【拍摄模式】(参见图 12.1.15),出现图 12.1.16。

步骤 3 ①点击【动画】,表示将摄像机设置成拍摄视频状态,如点击【照片】,则表示将摄像机设置成拍摄照片状态(见图 12.1.16)。②点击【✕】按钮,完成设置。

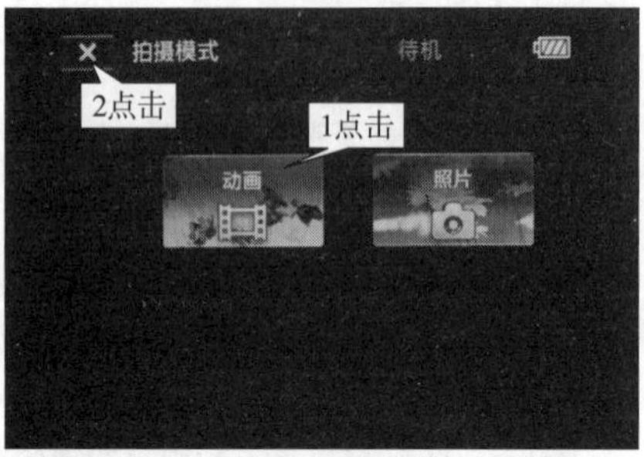

图 12.1.16

图 12.1.17

7. 拍摄视频

步骤 1 打开显示屏。

步骤 2 按一下图 12.1.17 中的【START/STOP】按钮,开始拍摄。

步骤 3 按照图 12.1.18 中箭头所指的方向扳动电动变焦控制杆,可以推拉镜头。

步骤 4 再次按一下图 12.1.17 中的【START/STOP】按钮,暂停拍摄。

8. 拍照片

步骤 1 打开显示屏。

步骤 2 轻按图 12.1.18 中的【PHOTO】按钮,开始对焦,对焦后图像清晰,然后将【PHOTO】按钮按到底,即可完成照片拍摄。

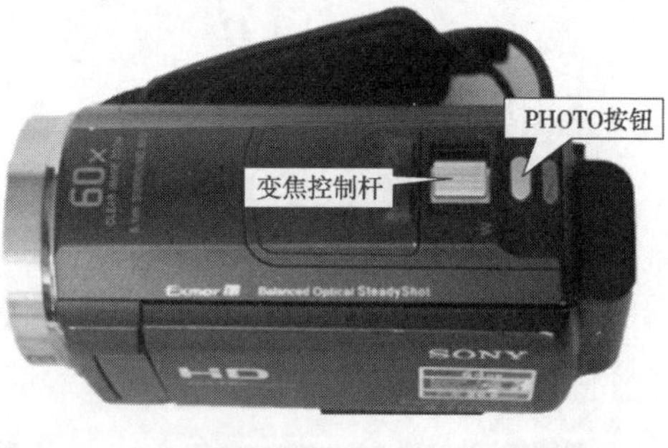

图 12.1.18

9. 播放视频和照片

步骤 1 打开显示屏。

步骤 2 按图 12.1.19 中的【播放】按钮,显示屏出现图 12.1.20 所示的画面。

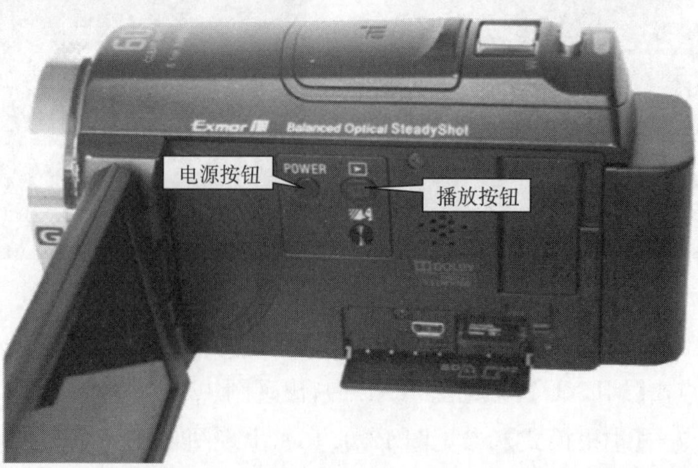

图 12.1.19

步骤 3 ①点击【▶】按钮，找到拍摄时间。②点击显示屏中间的图片部分（见图 12.1.20），出现图 12.1.21。

步骤 4 ①点击【∧】按钮，找到要看的照片或视频。②点击要看的照片或视频，即可播放相应的照片或视频（见图 12.1.21）

图 12.1.20

图 12.1.21

10. 连接电视播放

步骤 1 打开存储卡盖子。

步骤 2 将 HDMI 线插入图 12.1.22 所示的【HDMI OUT】中，将 HDMI 线的另一端插入电视机的【HDMI】插口。

图 12.1.22

11. 导出拍摄的视频和图片

如果选择将拍摄的视频和图片存储到外接存储卡上，只要取出存储卡，然后将存储卡放入读卡器，就可在计算机上对拍摄的视频和图片进行播放和后期编辑处理了。

如果选择了将拍摄的视频和图片存储到【内置存储器】上，则需要按图 12.1.4 的接法，用 USB 延长线将摄像机与计算机连接起来，并打开摄像机电源。这样摄像机中的视频和图片文件就可以像 U 盘中的文件一样被复制到计算机上处理了。

任务 3 摄像技巧的运用

1. 拿稳摄影机

拍摄时最好是用两只手来把持摄像机，这绝对比单手要稳，或利用身边可支撑的物品，或用摄像机机架，无论如何做其目的都是尽量减轻画面的晃动，尽量避免边走边拍的方式，这也是许多人常犯的毛病。边走边拍的拍摄方式只是在特殊情况下才运用的，千万记住画面的稳定是动态摄影的第一要件。

2. 固定镜头

固定镜头即镜头对准目标后，做固定点的拍摄，即不做任何移动进行拍摄。一般也不做镜头的推近拉远动作或上下左右的扫动拍摄。平常拍摄时以固定镜头为主，不需要做太多变焦动作，以免影响画面稳定性。拍摄全景时摄像机靠后一点，想拍其中某一部分时，摄影机就往前靠一点。对一个物体的拍摄可以根据需要采用变换位置的方法。如从侧面，高处，低处等不同的位置对其进行拍摄。这样拍摄后呈现的效果也就不同，画面也会更丰富。如果因为场地的因素无法靠近所拍摄的物体，就要用到变焦镜头将物体画面拉近或给以特写。但是切记，不要固定站在一个点上，用变焦镜头不停地拉近推远拍摄。

3. 正确运用镜头

在对活动物体或者是人物拍摄的时候，不要将镜头始终跟随其移动。因为这样拍摄出来的画面会使人有晃动感。如果要拍摄的对象移动到另外一个位置，可以先暂停摄像机的拍摄，然后再移动摄像机对准被测物体开始拍摄。对一个物体拍摄的时间一般不要少于 8 秒，因为若时间过短，拍摄的画面在播放时就会给人一闪而过的感觉。不要逆光拍摄，因为逆光拍摄会使被拍摄物体发黑，以至于看不清楚所拍摄的物体。例如当一个人站在窗口时，如果我们正对着这个人进行拍摄，那么拍摄的结果会使人的脸部轮廓十分暗淡，看不清楚。解决的方法是变化拍摄角度，不要让镜头正面迎着较强的光线。

一般情况下，拍摄大多采用自动对焦。但是在特殊情况下，如隔着铁丝网或玻璃，抑或摄像机与目标之间有人不停地移动等，往往会让画面焦距一下清楚一下模糊，因为自动对焦的情形下，摄像机是依据前方物体反射回来的讯号判断距离，然后调整焦距的，所以才会发生上述情形。因此只要将自动对焦切换到手动对焦，再将焦距锁定在固定位置（由于各品牌显示及调整的方式不同，具体方法请参照说明书），焦距就不会变来变去了。

如果需要拍摄扫动镜头，摄像机的扫动（运动）一定要慢。切忌不停地来回扫动或者是快速扫动，扫动的速度标准可以这样来确定：例如当我们的镜头要扫动 90 度时，其扫动的时间要大于 10 秒，否则拍摄出来的效果就会给人一闪而过的感觉。

4. 各种拍摄位置的运用

如果我们要拍摄地面上的物体，可以采取卧拍的方式，即俯卧在地面上进行拍摄。如果我们要拍摄仰视效果，就可以蹲在地上，将摄像机拿到与脚面等高的位置，将摄像机的液晶显示器旋转，使液晶面朝上，以便拍摄者方便地观看显示器中的图像（见图 12.1.23）。如果我们要拍摄游行或者活动场面，可以利用人体作为支架进行俯拍，也就是将摄像机举过头顶，液晶显示器旋转使其面朝下，这样拍摄者就能够仰头看到画面进行拍摄（见图 12.1.24）。

图 12.1.23

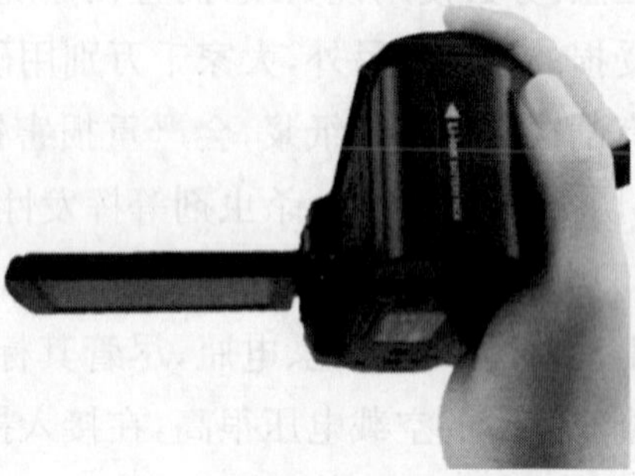

图 12.1.24

项目 2　数码摄像机的维护与保养

数码摄像机属于精密设备，无论在电路还是机械上，都比其他电器产品精密得多，使用上也应更加注意，以防故障发生，从而延长使用寿命。一般在使用中应特别注意以下几点。

(1)注意防潮。潮湿是摄像机的大敌，过分潮湿会造成摄像机内部的金属部分生锈，电路部分短路，镜头部分的镜片发霉等。因此摄像机应随时注意防潮，在存放摄像机的包里最好能放一点防潮剂。冬天将摄像机从寒冷的环境带入温暖的环境里时最好将机器放置 30 分钟再使用。在海边、河边，以及雨天使用时应避免机器溅水。

(2)注意防振。振动会对摄像机的机械部分产生不良影响。现在的数码摄像机机械部分十分精密，有的机械元件厚度不到 0.5 毫米，而其导柱的定位精度是以微米计算的，因此较强烈的振动有时会造成机械错位，甚至电路板松脱。所以在使用时应尽量避免强烈的振动，特别要防止机器摔到地上。

(3)注意防电击。乍听起来有点不可思议，摄像机还能被电击？的确如此。摄像机不同于其他电器，要经常地与监视设备（如电视），记录设备（如录像机）进行连接。现在的数码摄像机还经常和计算机进行连接。如果在连接过程中，所连接的设备漏电，那么在连接的过程中极易将摄像机烧毁，严重时甚至会造成摄像机报废！因此连接上述设备时最好能在其电源插头拔掉的情况下进行，以免造成不必要的损失。

(4)镜头保护。镜头在不使用时，最好盖上镜头盖，以保护镜头不被污染，减少清洗的次数。清洗镜头时，先使用软刷和吹气球去除尘埃颗粒，然后再使用镜头清洗布。滴一小滴镜头清洗液擦拭(注意不要将清洗液直接滴在镜头上)，然后用一块干净的镜头纸擦净镜头，直至镜头干爽为止。如果没有专用的清洗液，可以在镜头表面哈口气，虽然效果不比清洗液，但同样能使镜头干净。

注意：务必使用镜头纸，而且在擦洗时，不要用力挤压，因为镜头表面覆有一层比较易受损的涂层。另外，大家千万别用硬纸、纸巾或餐巾纸来清洗镜头。这些产品都包含有刮擦性的木质纸浆，会严重损害镜头上的易损涂层。在清洗摄像机的其他部位时，切勿使用溶剂苯、杀虫剂等挥发性物质，以免机器变形，甚至溶解。

(5)电池保养。不管在什么情况下，不要使用非厂家指定的电源及电池。特别是市场上销售的一些电池、电瓶，尽管其标称的电压符合摄像机的供电要求，但一些电池刚刚充满时的空载电压很高，在接入摄像机的瞬间极易将机器烧毁。

①电池的充电要求：充电时间取决于所用充电器和电池，以及使用电压是否稳定等因素。通常情况下给第一次使用的电池(或好几个月没有用过的电池)充电，锂电池一定要超过 6 小时，尽量不要重复充电，以确保电池寿命。

②电池的使用：使用过程中要避免出现过放电情况。过放电就是一次消耗电能超过限度。否则即使再充电，其容量也不能完全恢复，对于电池是一种损伤。由于过放电会导致电池充电效率变坏，容量降低，为此摄像机均设有电池报警功能。所以在出现此类情况时应及时更换电池，尽量不要让电池耗尽而使摄像机自动关机。

③电池的保存：如果您打算长时间不使用数码摄像机时，必须要将电池从数码摄像机中或是充电器内取出，并将其充满电，然后存放在干燥、阴凉的环境。

第13章

多功能一体机

多功能一体机(MFP,Multi Function perherial,或译作多功能事务机)可集成打印、复印、扫描、传真、电话等多种功能。一般集成了两种以上功能的,即可称为一体机。常用的一体机大多数是打印、复印、扫描三功能合为一体的机型,价格范围在300～4000元。应用较广的产品多集中在350～2000元。

项目1　多功能一体机的选购与使用

本项目内容请扫描下方左侧的二维码阅读,内容讲解请扫下方右侧二维码观看。

项目2　多功能一体机的维护与保养

本项目内容请扫描下方的二维码阅读。

第14章

传真机

传真机是应用扫描和光电变换技术，把文件、图表、照片等静止图像转换成电信号，通过电话线路传送到接收端的传真机上的设备。

传真机将需发送的原件按照规定的顺序，通过光学扫描系统分解成许多微小单元(称为像素)，然后将这些微小单元的亮度信息由光电变换器件顺序转变成电信号，经放大、编码或调制后送至电话线路的信道中。接收机将收到的信号放大、解码或解调后，按照与发送机相同的扫描速度和顺序，以记录形式复制出原件的副本。

传真机按其传送色彩，可分为黑白传真机和彩色传真机。按占用频带可分为窄带传真机(占用一个话路频带)和宽带传真机(占用12个话路、60个话路或更宽的频带)。占用1个话路的文件传真机，按照不同的传输速度和调制方式可分为以下几类：①采用双边带调制技术，每页(16开)传送速度约6分钟的，称为一类机；②采用频带压缩技术，每页传送速度约3分钟的，称为二类机；③采用减少信源多余度的数字处理技术，每页传送速度约1分钟的，称为三类机；④将可与计算机并网、能储存信息、传送速度接近于实时的传真机，定为四类机。按用途可分为气象图传真机、相片传真机、文件传真机、报纸传真机等。记录方式多用电解、电磁、烧灼、照相、感热和静电记录等。

传真机能直观、准确地再现真迹，并能传送不易用文字表达的图表和照片，操作简便。

项目 1　传真机的选购与使用

本项目内容请扫描下方的二维码阅读。

项目 2　传真机的维护

本项目内容请扫描下方的二维码阅读。

第15章

一体化速印机

一体化数码速印机主要用于快速印刷小批量文档，如印刷文件、试卷、问卷等。从外形上看，一体化速印机和复印机非常相似，尤其在制版时，同样也是将原稿放在玻璃稿台上。在功能上，一体化速印机与复印机也有许多相似之处，但一体化速印机的工作原理和复印机有着本质的差别。一体化速印机是通过数字扫描、热敏成像制版的方式工作，它将原稿进行数字扫描，然后制成印刷底版，再通过本机印刷，其印刷清晰度较高，制作底版的版纸一般能印刷 3000 张左右，印刷成本较低，印刷速度可达每分钟 100 张。绝大多数机型还支持电脑打印直接输出，同时具有缩放印刷、拼接印刷、图文自动辨别、自动分纸控制等多种功能。

项目 1 一体化速印机的选购与使用

本项目内容请扫描下方的二维码阅读。

项目 2　一体化速印机的维护与保养

本项目内容请扫描下方的二维码阅读。